Autorin:

Ursula Trucco

Beiträge:

Hans Anderegg
Ernst Bösch
Anne Kaulich
Karl Ernst
Helmut Köckenberger
Stephan Kuntz
Barbara Rohner

Gesamtredaktion:

Walter Bucher

Patronat:

SVSS Schweizerischer Verband für Sport in der Schule
ASEP Association suisse d'éducation physique à l'école
ASEF Associazione svizzera di educazione fisica nella scuola

W0394616

1070 Spiel- und Übungsformen

Bewegtes Lernen

Teil 3: Ab 7. Schuljahr

Die Deutsche Bibliothek – CIP-Einheitsaufnahme

Bewegtes Lernen / Gesamtred.: Walter Bucher. – Schorndorf : Hofmann
Teil 3. Ab 7. Schuljahr : 1070 Spiel- und Übungsformen / Autorin: Ursula Trucco.
Beitr.: Hans Anderegg .... – 2000
ISBN 3-7780-2231-8

Bestellnummer 2231

© 2000 by Verlag Karl Hofmann, Schorndorf

Alle Rechte vorbehalten. Ohne ausdrückliche Genehmigung des Verlags ist es nicht gestattet, die Schrift oder Teile daraus auf fototechnischem Wege zu vervielfältigen. Dieses Verbot – ausgenommen die in § 53, 54 URG genannten Sonderfälle – erstreckt sich auch auf die Vervielfältigung für Zwecke der Unterrichtsgestaltung. Als Vervielfältigung gelten alle Reproduktionsverfahren einschließlich der Fotokopie.

Zeichnungen: Ursula Trucco
Kinder-Foto-Alphabet: Daniel Lienhard, Zürich
Grafische Gestaltung: Walter Bucher

Unser Ökobeitrag:
LENZING PAPIER Lenza Top Recycling 100g/m²

Gesamtherstellung in der Hausdruckerei des Verlags
Printed in Germany · ISBN 3-7780-2231-8

Inhaltsverzeichnis

* Mit «Fremdsprachige» sind Jugendliche mit ausländischer Herkunft gemeint.

Vorworte

«Die Lehrerinnen und Lehrer berücksichtigen die unterschiedlichen Zugänge zum Lernen. Sie gestalten Unterricht so, dass Schülerinnen und Schüler Inhalte durch Erleben, Denken und *Handeln* erfahren und Zusammenhänge erkennen. ...».

(Didaktische Leitidee aus dem Lehrplan des Kantons St. Gallen)

Neue Lehrpläne setzen Akzente im vernetzten Denken in der Schule. In der Unterrichtspraxis soll sich dies durch vermehrtes fächerübergreifendes Arbeiten und durch ein Angebot an verschiedenen Lernzugängen auswirken.

Lehrpläne geben Ideen und Ziele vor; Lehrmittel wollen deren Umsetzung in die praktische Schularbeit erleichtern. Das vorliegende Buch «1070 Spiel- und Übungsformen Bewegtes Lernen» weist auf die Möglichkeiten des Lernens durch Bewegung hin: einer Art zu lernen, die in unserer «kopflastigen» Schule besonders auf der Oberstufe oft vernachlässigt wird.

Ein Team von Fachleuten aus allen Fachbereichen der Schule, u. a. auch aus Deutschland, hat sich unter der Leitung von Walter Bucher die Aufgabe gestellt, eine Fülle von Anregungen zum Thema «Bewegtes Lernen» zusammenzustellen.

Ausgangspunkt dieser Arbeit ist der Lehrplan des Kantons St. Gallen 1997. Er gab die Strukturhilfe für die Gliederung des Buches vor. Die vielfältigen Anregungen dieses Buches lassen sich jedoch mit Leichtigkeit auch auf andere Lehrpläne im In- und Ausland übertragen.

Das Angebot an Übungen zum «Bewegten Lernen» für die Oberstufe ist riesig – es sieht verlockend aus. Bleibt zu hoffen, dass das vorliegende Buch «1070 Spiel- und Übungsformen Bewegtes Lernen» vieles im Unterricht *bewegen* wird.

Hans Anderegg
Lehrplan-Projektleiter des Kantons St. Gallen

Der Begriff *Bewegen* kann vieles aussagen, z. B.: etwas in Bewegung bringen, sich in Gedanken bewegen, ein bewegtes Leben führen; eine bewegte Vergangenheit haben, etwas bewegt mich tief, freudig, schmerzlich; mit bewegter Stimme …

Unter *bewegtem Lernen* als Bestandteil einer *bewegten Schule* werden in diesem Buch ergänzende Formen des traditionellen Lernens verstanden, bei dem die *Bewegung des Körpers* in den Lehr-Lern-Prozess einbezogen wird.

Diese Form des *ganzheitlichen Lernens* unterstützt die Idee der Rhythmisierung des Unterrichts, kommt den Interessen der Jugendlichen entgegen, regt zum *freudvollen Lernen* an und baut Lernbarrieren und Ängste ab.

Beim bewegten Lernen werden *mehrere Sinne* einbezogen, Lernsituationen durch ganzheitliches Handeln erfahren und Lerninhalte sinnbezogen und *körpernah* erlebt.

Diese Ansätze des Lernens und Handelns im Unterricht sind nicht neu. Bereits Pestalozzi forderte das ganzheitliche Unterrichtsprinzip «Kopf, Herz und Hand».

Der Unterrichtsalltag sieht aber oft anders aus. Vielfach erfolgt das Lernen nur über den Kopf. *Ganzheitliches Lernen*, insbesondere *Lernen durch Bewegung*, ist vielseitiger, eröffnet weitere Zugänge zu Lerninhalten und wird dem Bewegungsbedürfnis der Jugendlichen gerecht.

Jugendliche können gut über verschiedene «bewegte Lernformen» zum aktiven Lernen motiviert werden. Ursula Trucco hat viele Formen gesucht, ausprobiert und systematisch geordnet.

Wir hoffen, mit dieser Übungssammlung einen zusätzlichen Beitrag zum *freudvollen bewegten Lernen* und *Üben* zu leisten.

Walter Bucher

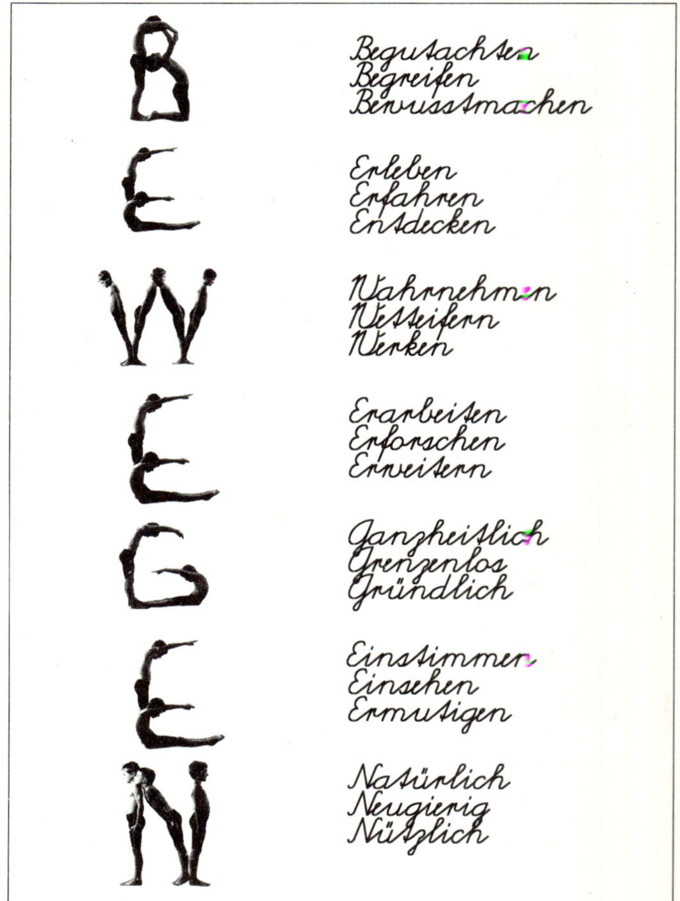

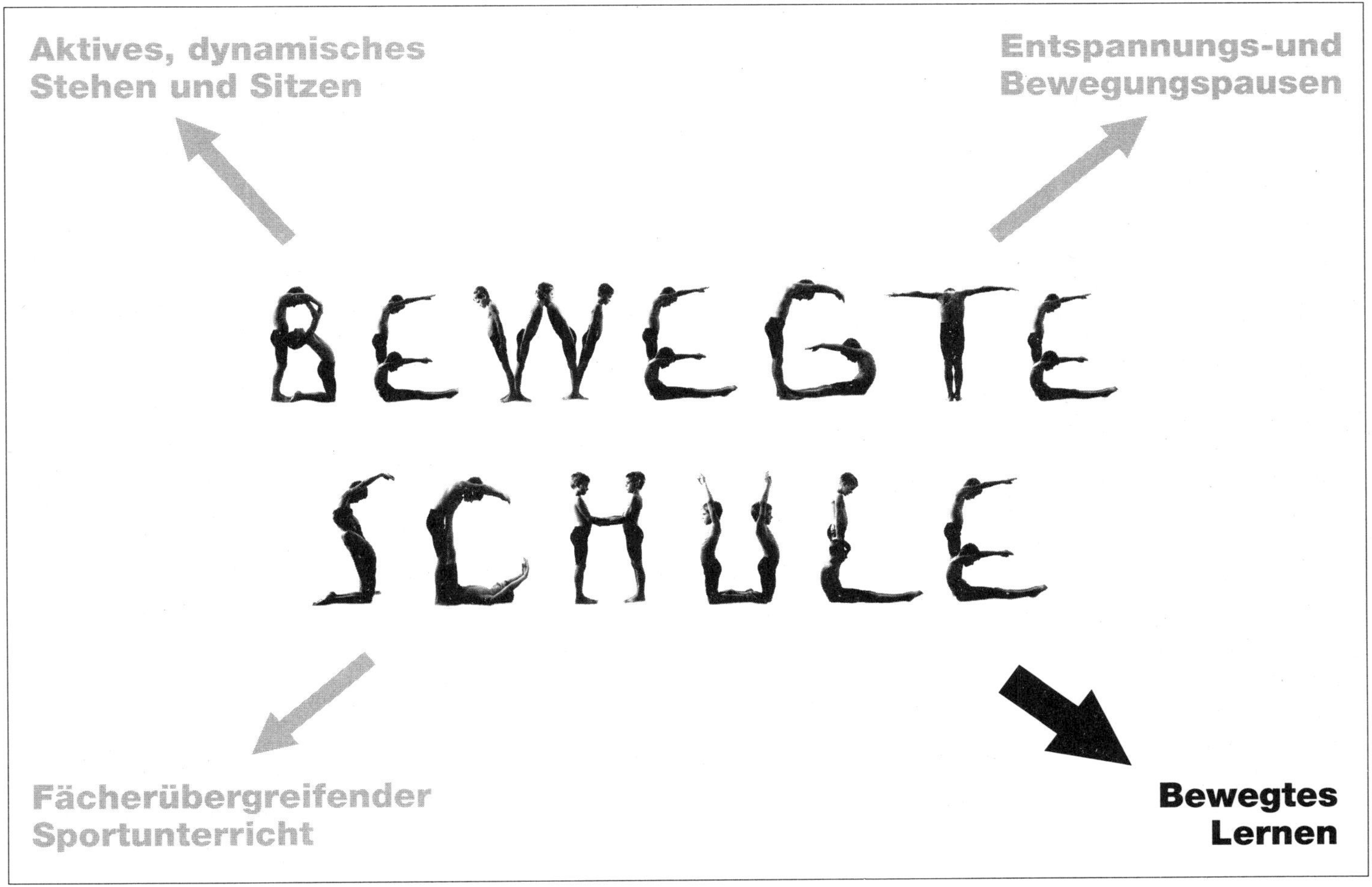
Aktives, dynamisches Stehen und Sitzen
Entspannungs-und Bewegungspausen
BEWEGTE SCHULE
Fächerübergreifender Sportunterricht
Bewegtes Lernen

Einleitung

Bewegter Unterricht, bewegtes Lernen? In der Unter- und Mittelstufe, ja, in der Oberstufe mangeln die Möglichkeiten, fehlt die Zeit. Da wird *richtig* und *diszipliniert* gelernt, da muss viel Stoff vermittelt werden. So wird oftmals argumentiert.

Bewegter Unterricht motiviert durch die aktive Einbindung der Jugendlichen in das Erarbeiten von Themen zum Lernen, denn das Sprichwort «aus Fehlern wird man klug» bestätigt sich nicht, viel mehr lernen Kinder aus ihren erfolgreichen Arbeiten.

Mit «Bewegtem Unterricht» bietet sich die Möglichkeit, eine scheinbar negative Stimmung positiv zu nutzen, denn hinter Unlust und Unruhe steckt oft ein unbefriedigtes Bewegungsbedürfnis.

Der natürliche Bewegungsdrang jedes Jugendlichen wird im Verlauf der Schulwoche eingeschränkt und lässt sich nicht durch zwei oder drei Turnstunden kompensieren.

Bewegung ist ein menschliches Urbedürfnis und für die psychische und physische Gesundheit wichtig. Durch Bewegung lernen wir uns, die Mitmenschen und die Umwelt kennen und schätzen. Bewegung fördert die Körperwahrnehmung, das Körperbewusstsein, die Selbstsicherheit und das Selbstwertgefühl.

Bewegung verstärkt zudem die Hirndurchblutung und erhöht die Denk-, Merk- und Konzentrationsfähigkeit. Die geistige Leistungsfähigkeit wird gesteigert und das Erleben und Begreifen verbessert.

Bewegung trägt ausserdem dazu bei, entspannter und ausgeglichener zu werden und zu erhöhtem Wohlbefinden zu gelangen. Dieses Wohlbefinden ist wiederum wichtige Voraussetzung für hohe geistige Leistungsfähigkeit.

Das vorliegende Buch regt zu bewegtem, abwechslungsreichem, rhythmisiertem Unterricht an, in dem sich die Jugendlichen aktiv mit sich, mit der Gruppe und mit dem Thema auseinander setzen und aufzeigen, dass bewegter Unterricht sehr wohl auch in der Oberstufe möglich ist.

Der Lehrplan des Kantons St. Gallen (1997) ist Ausgangspunkt dieses Buches. Er gab die Strukturhilfe für die Gliederung und Suche von Unterrichtsbeispielen. Diese Übungssammlung erhebt keinen Anspruch auf Vollständigkeit. Sie setzt sich aus bereits bekannten sowie neuen Ideen zusammen. Nicht alle Themen und Fächer sind behandelt. Das Buch regt an, den Unterricht vielseitiger, rhythmisierter und experimentierfreudiger zu gestalten. Die Jugendlichen sollen sich vermehrt bewegen, sollen handeln, forschen, erklären und dabei selbständig Erkenntnisse gewinnen, Lösungen finden und lernen, fächerübergreifend Zusammenhänge zu erfassen.

Viele Beispiele eignen sich auch für andere Schulstufen beziehungsweise andere Fächer. Es lohnt sich, Unterrichtsideen anderer Themen oder Fachbereiche zu lesen. Oft lässt sich ein Experiment, eine Spielidee oder eine bewegte Lernaufgabe schnell in eine neue Aufgabenstellung verwandeln und auch fächerübergreifend einsetzen. Einzelne Ideen sind aus Platzgründen nicht ausformuliert.

Ich hoffe, dass dieses Buch vielen Unterrichtenden einerseits zusätzliche Anstösse für einen interessanten Unterricht gibt und andererseits auch dazu dient, weitere bewegte Lernaufgaben zu kreieren.

An dieser Stelle bedanke ich mich herzlich bei Michaela Krempl und Myriam Rohrer für das Durchlesen meiner Arbeit.

Luzern im Frühling 2000 Ursula Trucco

GRUNDLAGEN

1.1 Lernen durch Bewegung

Viele Erkenntnisse, welche früher nur in der Motopädagogik bei Kindern umgesetzt wurden, finden heute auch in der Jugend- und Erwachsenenbildung eine grosse Akzeptanz. Ganzheitlich lernen, Lernen mit allen Sinnen, handelnd lernen usw. sind effiziente und attraktive Lehr-Lernformen, auch für Jugendliche.

Bewegung ist das Fundament kindlicher Weltaneignung. Im aktiven Erkunden der Welt mit allen Sinnen erschliesst das Kind sich die Aussen- zur Innenwelt. Mit Kopf, Hand und Herz lernt das Kind im Sinne Pestalozzis ganzheitlich. Ausgangs- und Endpunkt allen Lernens ist der Leib. Der Bewegung schreibt Johann Heinrich Pestalozzi eine ausgeprägte pädagogische Bedeutung zu:

«Wem es gelingt, durch Körperübungen leuchtende Augen zu schenken, der tut Grosses auf dem Gebiet der Erziehung».

Bewegung und aktives Erkunden sind Grundformen des Lernens. Hierbei wird man eins mit dem, was man tut. Im Wortsinn wird die Welt *begriffen:* Vom *Greifen* gelangt man zum *Begreifen* und zum *Begriff.*

Über die Sinne und die Bewegung gelingt es nach und nach, sich seine eigene Wirklichkeit anzueignen und aufzubauen. Mit Hilfe von Symbolen wie Zeichnungen, Abbildungen, Gestik, innerer Sprache (Vygotsky, 1977), gesprochenen Worten und Geschriebenem, stellt sich das Kind seine Welt vor und versucht, sie sprachlich aufzunehmen (Affolter 1987).

Spüren, Fühlen und Denken durchdringen sich dabei wechselseitig und bilden die Grundlage für die Persönlichkeitsentwicklung. Bewegtes Lernen trägt als ein wichtiger Teilaspekt zur ganzheitlichen Entwicklung bei. Schule ist für Kinder und Jugendliche erleb- und gestaltbar als «konstruktiver Ort der eigenen Weltfindung» (Reich, 1997).

So wird der Ausspruch eines Kindes zum Leitmotiv der Pädagogik Maria Montessoris:

«Hilf mir es selbst zu tun!»

Montessori geht davon aus, dass nichts im Intellekt ist, was nicht vorher in den Sinnen gewesen ist. Für Montessori ist die «... physiologische Sinnesbildung der Königspfad zur Bildung der Intelligenz. Erfahrung, nicht Gedächtnis ist die Mutter der Idee« (Montessori, 1985).

Die Pädagogen und Philosophen des 18. und des 19. Jahrhunderts gehen davon aus, dass die Grundlagen des Denkens in der Selbsttätigkeit, dem Handeln und in der Bewegung liegen. So schreibt Goethe:

«Man begreift nur, was man selber machen kann, und man fasst nur, was man selbst hervorbringen kann».

Die selbstgestalteten Bewegungserlebnisse bilden in der Form des aktiven Erkundungsverhaltens (Fischer, 1996) den Ausgangspunkt kognitiver Entwicklung (Piaget, 1971) und des Lernens. Das menschliche Denken organisiert sich dabei ständig in den komplexen Wechselwirkungen zwischen Emotionen und Erkenntnissen (Ciompi, 1997).

Erfolgreiches, zielgerichtetes Lernen ist gebunden an subjektiv-forschende Selbstaktivität in Wahrnehmung und Bewegung. Im Mittelpunkt steht dann das erzählend-interaktiv angelegte Verarbeiten des Erlebten in der vorstellenden Handlung.

Lebendiges Lernen findet hier seine Wurzeln und Fehler werden in dieser Form des Lernens Quelle der Erkenntnis.

Pädagogische Leitideen und bewegtes Lernen

Über die Bewegung, in emotionaler Absicherung, erschliessen sich Lernende ihre materiale und soziale Umwelt. Der Erfolg dieses Lernweges ist abhängig von einer intakten Wahrnehmungs- und Bewegungsentwicklung.

Die in neueren Lehrplänen aufgezählten pädagogischen Leitideen wie z. B. Leistung, Lernkompetenz und Verantwortungsbewusstsein, ruhen auf dem Fundament ganzheitlicher, über die Bewegung und die Sinne erfahrener Lebensbejahung. Die Eigenständigkeit und Urteilsfähigkeit der Lernenden entsteht aus ihrer Selbsttätigkeit: *Greifen* wird zum *Begreifen, Staunen* führt zur *Erkenntnis*, *Halten* und *Gehalten* werden zum inneren *Halt.*

Die verinnerlichten Erfahrungen der Lernenden spiegeln sich in der sinnvollen Gestaltung der Lebenswelt (vgl. Lehrplan Kanton St. Gallen, S. 7) und in der über die Bewegung und über die Schärfung der Sinne gewonnenen Selbsterkenntnis.

Bewegtes Lernen ermöglicht einseitige mediale Beanspruchungen von Auge und Ohr durch selbst bewirkte Bewegungserfahrung zu bereichern.

Grundlagen aus der Motopädagogik

Die Motopädagogik mit ihrem persönlichkeits- und entwicklungsorientierten, ganzheitlichen Ansatz versucht, die Bewegung als Mittel zur Persönlichkeitserziehung zu nutzen. Eine Erziehung durch Bewegung will eine allmähliche Verbesserung der adaptiven Umweltbewältigung und der Handlungsfähigkeit im sozialen Kontext.

Motopädagogik zielt auf die Gesamtheit menschlicher Bewegungshandlungen. Die Motopädagogik unterstützt die Persönlichkeitsentwicklung der Lernenden in der Auseinandersetzung mit sich selbst, ihrer materialen und personalen Umwelt.

Aus einer variantenreichen Vielfalt von Entwicklungsangeboten ergeben sich in der Motopädagogik drei Lernfelder und Kompetenzbereiche:

- ***Ich***-Kompetenz
- ***Sach***-Kompetenz
- ***Sozial***-Kompetenz

Die Ich-Kompetenz als Befähigung, sich in der Einheit von Körper, Seele und Geist wahrzunehmen, zu erleben und zu verstehen und mit seinem Körper umzugehen, mit sich selbst zufrieden zu sein sowie die eigene Wandlungsfähigkeit als Grundlage zur vielfältigen Wahrnehmung von Erfahrungen zu sehen.

Die Sach-Kompetenz als die Fähigkeit, die materiale Umwelt auf vielfältige Weise zu erfahren und zu erleben und in die eigene Persönlichkeit zu integrieren sowie sie aktiv zu gestalten.

Die Sozial-Kompetenz als Erfahren und Erkennen, dass sich alle Lernprozesse im Spannungsfeld zwischen den eigenen und den Bedürfnissen anderer vollziehen und diesbezüglich Verantwortung innerhalb der sozialen Umwelt zu übernehmen ist.

In der Vernetzung dieser drei Kompetenzbereiche mit der Wahrnehmung entstehen in der Praxis die vielfältigsten Möglichkeiten zur Gestaltung von Bewegungserlebnissen und -erfahrungen als Grundlage der Persönlichkeits- und Identitätsentwicklung.

Die Kompetenzbereiche neuerer Lehrpläne stehen denen der Motopädagogik sehr nahe. Ich-, Sach- und Sozialkompetenz durchdringen sich gegenseitig. Sie dienen analog neueren Lehrplänen der allseitigen «Entfaltung der Persönlichkeit« (vgl. Lehrplan St. Gallen 1997).

Eine mehrdimensionale Vernetzung (vgl. Abb. 1, S. 12) prägt die Lehr- und Lernfelder der Motopädagogik und führt zu einer erweiterten Handlungsfähigkeit.

In den Praxisfeldern der Motopädagogik erfährt die in den neueren Lehrplänen enthaltene Forderung nach vernetztem Denken einen konkreten Ausdruck. Diese Erkenntnis kann auch im bewegten Lernen genutzt werden.

Lern- und Erfahrungsfelder vernetzen

Sinnes-wahr-nehmung	Taktil	Optisch	Akus-tisch	Statisch dyna-misch	Kinästhe-tisch	Alfoka-torisch	Gusta-torisch
Sinnes-organe	**Haut**	**Auge**	**Ohr**	**Innen-ohr**	**Gelenke Sehnen Muskeln**	**Nase**	**Mund Zunge**
Körperliche Erfahrung							
Materiale Erfahrung							
Soziale Erfahrung							

Abb. 1: Die mehrdimensionale Vernetzung von Lern- und Erfahrungsfeldern in der Motopädagogik

Die Motopädagogik ist Teil des noch relativ jungen Wissenschaftsgebietes der Motologie. *Motologie* definiert sich als Lehre von der Bewegung, welche die Grundlage für die Handlungs- und Kommunikationsfähigkeit des Menschen bildet.

Inhaltlich geht dabei die Motologie von dem Grundgedanken aus, «dass Persönlichkeitsentwicklung durch Handeln, in dem Wahrnehmungs- und Bewegungstätigkeit, Erleben und Kognition eine untrennbare Einheit bilden, durch die tätige Auseinandersetzung mit der materialen und sozialen Umwelt geschieht» (Schilling, 1990).

Die enge Verknüpfung und Verschränktheit von Wahrnehmungs- und Bewegungshandlungen in der Motopädagogik (vgl. Abb. 2) hat bereits eine lange Tradition.

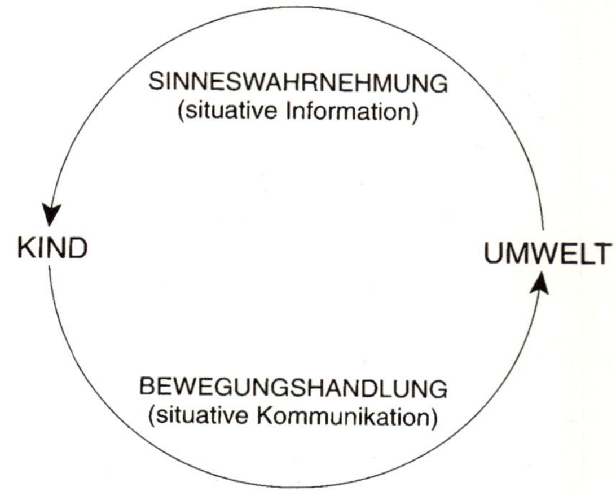

Abb. 2: Der Weizsäckersche Gestaltkreis nach Kiphard (1979, S. 13)

Körpernahes, sinnliches Lernen in ganzheitliche, pädagogische Konzepte zu übertragen, ist demnach nicht neu. Der Arzt, Philanthrop und Philosoph Edouard Séguin (1812–1880) entwickelte auf der Grundlage des Anschauungsunterrichtes von Jean Gaspard Itard (1774–1838) eine ganzheitliche «psychophysiologische Erziehungsmethode», die bis heute eine unvergleichliche Grundlage zum Verständnis des *bewegten Lernens* bildet.

Ein Kernstück dieses ersten systematischen Konzeptes bewegten Lernens ist die von Séguin so genannte «sensorische Gymnastik». Séguin erkannte bereits in der Mitte des vorigen Jahrhunderts die Bedeutung der Berühr- und Spürerfahrung. Ganz im Sinne aktueller Aspekte der Motopädagogik beschreibt Séguin den Einsatz von Schaukeln, Massage- und Entspannungstechniken sowie Tastbuchstaben aus Buchenholz.

Séguin «... geleitet das Kind gleichsam an der Hand von der Erziehung des Muskelsystems zu den Sinnen, von den Sinnen zu den Begriffen und von den Begriffen zu den Ideen» (Séguin, 1912).

Die Förderung und Entfaltung der Bewegung und der Sinne trägt dabei zur Harmonisierung und Entwicklung in den Persönlichkeitsbereichen der Aktivität, der Intelligenz und des Willens bei (vgl. Abb. 3). Séguin zielt damit auf die von ihm so genannte «Intellektualisierung der Muskeln».

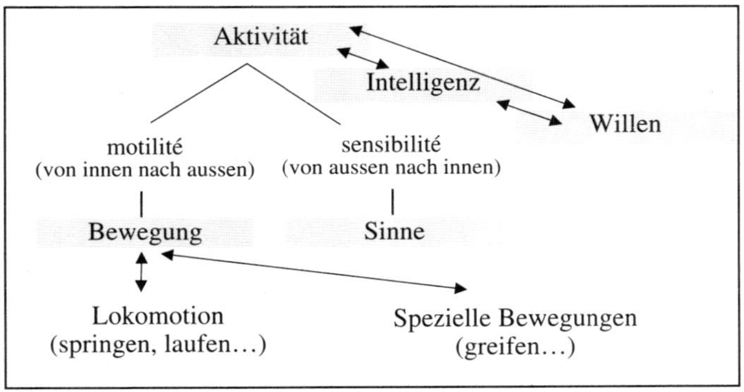

Abb. 3: Die psychologisch-physiologische Erziehungsmethode Edouard Séguins (Aus: Die drei Lebensäusserungen des Menschen. In: Kuntz / Grunwald, 1990).

So betrachtet, sind *die Ideen der Motopädagogik* Bestandteil einer (hoch-)aktuellen, aber oft vergessenen *ganzheitlichen Tradition bewegten Lernens.*

Die Förderung der Bewegung und der Sinne nach Séguin wurden von der italienischen Ärztin Maria Montessori aufgegriffen und in ihren «Sinnesmaterialien« realisiert. Maria Montessori bezeichnet das taktil-kinästhetische Lernen als «Muskelgedächtnis».

Die *körpernahen Sinne* sieht Montessori ebenso wie ihr Lehrer Séguin als Grundbausteine der Persönlichkeitsentwicklung. Montessori geht ebenso wie Pestalozzi davon aus, dass nichts im Intellekt sei, was nicht vorher in den Sinnen gewesen ist.

Im Vorgriff auf aktuelle, entwicklungspsychologische Erkenntnisse des 20. Jahrhunderts (Piaget, Affolter u. a.) betonen sie die Bedeutung der Sinnes- und Bewegungsförderung für die Erziehung.

So ging Edouard Séguin bereits von einem für die Motopädagogik noch immer aktuellen, ganzheitlichen Persönlichkeitsmodell aus, worin er die Dreieinheit von *Aktivität* (Motorik), *Intelligenz* und *Willen* betont (vgl. Abb. 3). Dies entspricht der Idee Pestalozzis, *«Kennen, Können und Wollen...»* in der Ausbildung der Kinder und Jugendlichen stets zu verbinden.

Mit der Einteilung in kognitive, affektive und psychomotorische Dimensionen greifen die aktuellen Lehrplantheorien die Forderung ganzheitlich bewegten Lernens mit «Kopf, Herz und Hand» erneut auf.

So fordert z. B. der Lehrplan des Kantons St. Gallen die ausgewogene Förderung der Heranwachsenden in «Verstand, Gemüt und Handeln».

Motopädagogik und schulisches Lernen

Lesen, Schreiben und Rechnen bedürfen in ihren speziellen Leistungsanforderungen einer ungestörten sensomotorischen Entwicklung (Piaget). In der Verfeinerung der Sinneswahrnehmung sowie der rhythmisch-akustischen Gliederungsfähigkeit liegen nach umfangreichen Untersuchungen (Breuer, 1981; Probst, 1987) die wichtigsten Voraussetzungen für das Lesenlernen. Die Schärfung der Sinne in der Motopädagogik fördert so auch den Erwerb von besseren Voraussetzungen für das Lesen und Schreiben.

Sprachkompetenz und die Fähigkeit zum abstrakten Denken erwirbt man über die auf Bewegung und die Sinne angewiesene *vorstellende Handlung.* Sich eine Situation, einen Sinneseindruck und eine Bewegung vorzustellen, führt so zum urteilsbildenden, freien Denken.

Die vorstellende Handlung verbindet das konkret-sinnliche und bewegte Lernen mit dem abstrakten Denken. Im Konzept des struktur- und niveauorientierten Lernens ist dieser für eine ganzheitliche Organisation von Lernen so entscheidende Zusammenhang erstmalig systematisch für den Spracherweb und für mathematisches Denken aufgearbeitet worden (vgl. Abb. 4).

Bewegtes Lernen bildet einen zentralen Bezugs- und Ausgangspunkt des schulischen Lernens (vgl. Kutzer, 1983 und Wiedenmann, 1997). Das vorstellende Handeln verbindet dabei die Denkprozesse mit den elementaren bewegungsgebundenen Handlungen. Pädagogisch gesehen kommt der Beachtung der Sinn- und Zielorientierung eine besondere Beachtung für die sprachliche Aufarbeitung sowie für die Verminderung von Lernstörungen zu.

So bedarf der Erwerb des Zahlenbegriffes nach Kutzer (1983) z. B. der differenzierten Erfassung von Farb-, Form- und Grössenunterschieden (Invarianz) alltäglicher Gegenstände.

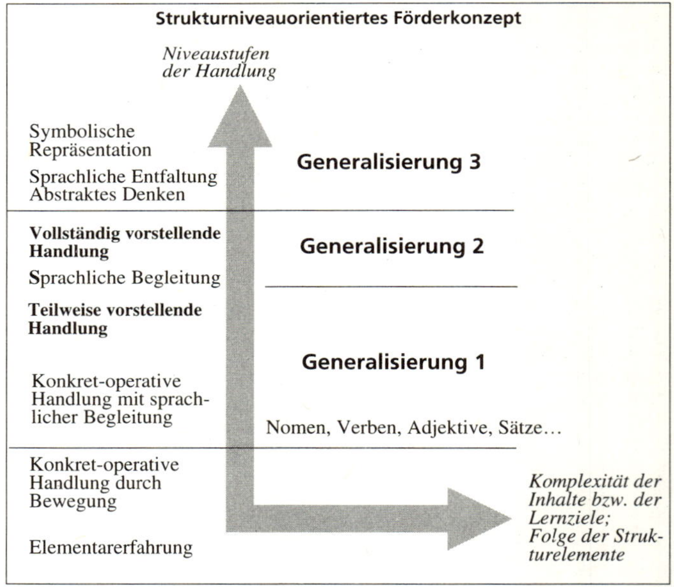

Abb. 4: Von der konkreten zur vorstellenden Handlung. (Grafik modifiziert nach Holler-Zittlau, 1997, S. 250).

Grundlage für den Erwerb des Zahlen-Begriffes ist somit eine am Körperschema orientierte Qualifikation in der Körper- und Raumwahrnehmung.

Kinder mit Schreibschwierigkeiten können sich z. B. die Grundelemente der Schrift wie Kreis, Bogen, Schleife, Punkt, Girlande etc. in graphomotorischen Angeboten (Schilling, 1983) spielerisch aneignen (Wendler, 1995).

Der Erwerb kognitiver Leistungen schreitet also einerseits voran, vom *bewegten Umgang* mit Gegenständen und Personen über die bildhaft-vorstellende Handlung bis hin zum abstrakten Denken (Piaget, 1971). Andererseits bedingt und ermöglicht das bewegte Lernen eine Zunahme an Erfahrungen und Erkenntnissen bezüglich der Komplexität des Lerngegenstandes.

Die Kenntnis der jeweiligen Lernvoraussetzungen wie z. B. der rhythmisch-akustischen Gliederungsfähigkeit für das Lesen und Schreiben (vgl. Kutzer, 1983) oder der Invarianz für das Rechnen, ist zentral für die Umsetzung der Lehrplanziele im Sinne der Strukturierung des nächst möglichen Lern- und Entwicklungsbereiches des Kindes (Vigotsky, 1977).

Die Motopädagogik kann hierbei eine Nahtstelle zwischen Bewegen, Wahrnehmen, vorstellendem Handeln und schulischem Lernen bilden.

Schlussbemerkungen

Der «bewegte Mathematikunterricht», «Rollbrett-fahrendes Lesen», «Bewegtes Erleben und Erkunden des eigenen Körpers» o. Ä. im fächerübergreifenden Unterricht sollten ebenso wie die spielerische Körperwahrnehmung in der Sportstunde in Zukunft fester Bestandteil des Unterrichts, bzw. des bewegten Lernens sein.

Motopädagogik dient somit im Elementaren der Entwicklung des eigenständigen «Denkens, Fühlens und Handelns» (Klafki, 1997), und dies nicht nur bei Kindern, sondern auch bei Jugendlichen und Erwachsenen.

Es gilt, diese Erkenntnisse in der Unterrichtspraxis umzusetzen und zu nutzen.

1.2 Mit dem ganzen Körper lernen

Mehr Bewegung in der Schule – mehr Abwechslung im Schulalltag! Diese Forderungen sind nicht neu. Reformpädagogen wie Montessori, Freinet, Dewey u. a. propagierten schon vor Jahrzehnten, was heutzutage aufgrund massiv auftretender Haltungsschäden, steigender Teilleistungsstörungen, fehlender Spiel-, Frei- und Bewegungsräume, einseitiger Freizeitgestaltung und Reizüberflutung, auf ein Minimum reduzierter Handlungsanforderungen, ständiger Reglementierung in allen Lebensbereichen und stark abnehmender Motivation zum Lernen als dringend notwendige Antwort erscheint. Dies gilt für alle Schulstufen.

Die Idee des *Bewegten Lernens* versucht, diesen Problemen entgegenzuwirken. Allgemein betrachtet gibt es keinerlei Lernen ohne Bewegung. Jegliches Lernen benötigt den Körper mit all seinen Sinnen, seinen Wahrnehmungssystemen und seiner Fähigkeit, reflexartig oder über Handlungspläne Neugier und Wissen in Aktivität umzusetzen.

Das Kind lernt in allen Bereichen – mit Hilfe seines Körpers – über Ausprobieren und Nachahmen, über konkrete Erfahrungen und Reaktionen. Das Kind lernt, sich mit der Umwelt – von der es pausenlos und immer wieder umgeben wird – auseinander zu setzen, sich der Umgebung und den Lebensbedingungen anzupassen und gleichzeitig sich diese Umgebung einzuverleiben, seinen Bedürfnissen anzupassen und zu verändern. All dies kann nur über Bewegung erfolgen. Der Körper als Bindeglied zwischen dem Subjekt (Mensch) und dem Objekt (Aussenwelt). Der Körper als Antenne für alle inneren und äusseren Ereignisse und Bewegungen. Der Körper als kreative oder reaktive Ausdrucksmöglichkeit innerer Erlebnisse, Bilder, Gedanken und Wirklichkeiten. Die Überprüfung, Koordination und Verbindung beider Welten und Wirklichkeiten benötigt die körperliche Filterfunktion.

Keine Kommunikation, sei es durch Sprache, Gebärden oder Mimik, ohne Bewegung. Keine soziale Interaktion ohne Berührung, Austausch und Ausdruck. Keine Konzentration und Entspannung ohne bewusste oder unbewusste Muskeltätigkeit. Selbst das Lesen, Schreiben und Rechnen benötigt nicht nur frühkindliche Bewegungserfahrung als unbedingte Basis und sensomotorische Voraussetzung, sondern den tatsächlichen, konkreten und höchst differenzierten Einsatz einer Vielzahl von komplexen Wahrnehmungs- und Handlungsabläufen.

Das Kind weiss intuitiv von der Untrennbarkeit, der Ganzheitlichkeit und der ständigen Zusammenarbeit seiner persönlichen Erfahrungsbereiche. Für das Kind gibt es vor dem Besuch der Schule noch keine Aufteilung in Lernen mit dem Kopf und den Gedanken, Lernen mit dem Körper und Bewegung, Lernen mit Gefühlen und sozialen Begegnungen.

Das Kind lernt spielerisch nach einem inneren Entwicklungsplan, ohne von den Erwachsenen erzogen oder «geschoben» zu werden. Dazu benötigt es allerdings eine entsprechend reizvolle Umgebung, die erforscht werden will und einen weiten, aber zuverlässigen Rahmen für Geborgenheit und Sicherheit. Jedes Kind *will* lernen. Es will aber kindgemäss (und nicht wie «kleine Erwachsene») lernen. Soll es auf Art und Weise der Erwachsenen lernen, fühlt es sich nicht nur missverstanden und überfordert, sondern verliert auch schnell die Freude am Lernen. Das einjährige Kind übt von sich aus Aufstehen und Gehen. Es benötigt dazu nicht die Aufforderung durch seine Eltern.

Dagegen bereitet ein vorzeitiges Üben des Gehens allen Beteiligten Stress und Frustration und endet meist in einer Verweigerungshaltung des Kindes.

Es erscheint schon als Normalität, dass Kinder, die von den ersten Lebenstagen an sich ständig wissbegierig um Erweiterung ihrer Horizonte bemühen, oder solche, die noch vor der Einschulung eigenständig anfangen, die Geheimnisse der ersten Rechen- und Schreibschritte zu ergründen, dass diese Kinder nach spätestens zwei Jahren Schulerfahrung den Ehrgeiz und die Motivation zum Lernen verlieren. *Effizientes Lernen* bedeutet: handelndes Entdecken von Problemlösungen, wenn möglich nach eigenen Bedürfnissen und Ideen, neugierig und lustbetont.

Viele Gründe sprechen für ein «Bewegtes Lernen»

Motivation: Attraktives Material weckt die Spiel- und Bewegungsfreude und Neugier, sich mit dieser Situation auseinander zu setzen. Man lernt freiwillig, um das Material zu erfahren, um Neues zu entdecken und ohne Leistungsdruck die Aufgabe mit seinen Bewegungsmöglichkeiten zu bewältigen. Andererseits kann eine bekannte oder interessante kognitive Aufgabe animieren, Neues auszuprobieren.

Multisensomotorisches Lernen: Das Lernen mit Hilfe des ganzen Körpers, mit allen Sinnes- und Bewegungssystemen, schafft eine sichere Basis für logisches Denken, nicht nur beim Kleinkind, sondern auch im Schul- und Erwachsenenalter. In allen unbekannten Situationen greift das Kind auf bewährte Vorgehensweisen und Lernmethoden zurück, um sich schrittweise an das Neue anzunähern. Dazu setzt es vertraute Bewegungs- und Handlungsmuster ein und viele verschiedene Wahrnehmungsleistungen, um ein möglichst umfassendes *Begreifen*, *Erfahren* und dadurch *Wissen* zu erreichen. Erst diese Vertrautheit und Sicherheit ermöglicht einen weiteren experimentellen oder logischen Umgang.

Das Lernen mit Hilfe des ganzen Körpers schafft Abwechslung. Die einzelnen Sinneseindrücke und die Beanspruchung verschiedener motorischer Leistungen wechseln sich ab und erhalten genügend Erholungszeit. Sie ergänzen sich im Begreifen der gesamten Problemstellung. Sie helfen, sich immer wieder neu in Bewegung und Denken der Situation anzupassen.

Kognitive Inhalte werden dabei von verschiedenen Seiten und in ihren unterschiedlichen Aspekten verstanden.

Die grosse Anzahl der einzelnen sensorischen, motorischen und praktischen Verständnis- und Erinnerungszentren hilft über den Zugriff und Vergleich auf früher Erlebtes und Abgespeichertes. Abgesehen davon können sich Lernende das Erlebte bei Beanspruchung aller dieser Zentren durch die wesentlich grössere Speicherkapazität besser einprägen und merken.

- *Konkrete Handlung:* Das konkrete Erleben und das aktive Handeln unterstützen ein sinnvolles Verständnis einer Situation. Auch kognitive Inhalte lassen sich dadurch direkter und sicherer begreifen und erfahren. Es wird eine stabile Abspeicherung ermöglicht. Die Anwendung eines auf diese Weise erworbenen Wissens wird leichter fallen. Ähnliche und veränderte Bedingungen werden schneller bewältigt.
- *Spiellust:* Verbissenheit, Anstrengung und Stress erschweren oder blockieren die Lernbereitschaft. Im direkten Vergleich werden alle Lernenden die Spielsituation der Prüfungssituation vorziehen. Sie sind während des spielerischen Lernens offen für neue Erfahrungen, aber in Prüfungssituationen nicht. Die Lust am Spielen und die Ungezwungenheit beim Lernen ermöglichen es, die Angst vor Überforderung, Versagen oder Unfähigkeit abzulegen. Wenn möglich sollte deshalb das Lernen spielerisch stattfinden.
- *Ganzheitlichkeit:* Jugendliche werden als Gesamt-Persönlichkeit wahr- und in ihrer Komplexität ernst genommen. Die Vielfalt des Ganzen ermöglicht den Lernenden individuelle Zugänge zu einer Problemstellung (eine «eigene Methodik», Neues zu begreifen und Freiräume nach ihren Bedürfnissen zu besetzen).

- *Integration:* Der Bewegungsmangel, die Haltungsschäden, die vermehrten Defizite in einzelnen Teilleistungsbereichen, die Bewegungsunruhe und Hyperaktivität, die fehlende Bewegungserfahrung und Bewegungsängstlichkeit, die sensomotorischen Ausfälle oder Entwicklungsrückstände bedürfen einer speziellen Berücksichtigung. Dies kann nicht alleine im Sportunterricht oder durch Bewegungstherapie aufgefangen werden. Die Integration von sensorischen und motorischen Förderungsinhalten in den Schulalltag bedeutet eine grosse Hilfe. Die Jugendlichen erhalten dadurch Gelegenheit, ihren Bewegungsdrang zu befriedigen und ihre motorischen Defizite und ihre Bewegungsängste abzubauen. Weniger gut ausgebildete Wahrnehmungsbereiche können durch andere Sinneskanäle ergänzt, beeinflusst oder ersetzt werden.

Verschiedene Arten des «Bewegten Lernens»

- *Abwechslung von kognitiver und sensomotorischer Belastung:* Durch die sich öfters wiederholende Abwechslung wird der Ermüdung und Unaufmerksamkeit in einzelnen Bereichen begegnet. Der Körper kann sich durch die Bewegungssituation entspannen, die Durchblutung wird gefördert und somit auch das Gehirn vermehrt mit Sauerstoff versorgt. Die Konzentrationsfähigkeit wird erneuert, u. a. auch durch Stimulierung des Gleichgewichtssystems.
- *Gleichzeitige Reizsetzung ohne Verknüpfung:* Jugendliche dürfen sich bewegen, während sie bestimmte kognitive Aufgaben lösen. Dies kann für sie eine Motivationshilfe bedeuten. Durch die Bewegung kann die Aufmerksamkeit erhöht werden. Es schafft Abwechslung und Unterscheidung im Vergleich zu anderen Aufgaben. Die kognitive Anforderung steht aber in keinem direkten Zusammenhang mit der Bewegungsaufgabe.
- *Inhaltliche Verknüpfung:* Jugendliche erfahren durch die konkrete Handlung in der Bewegungsaufgabe den Sinn und Inhalt der kognitiven Aufgabe. Sie lernen über die Bewegungs- und Körpererfahrung, den Inhalt zu verstehen. Ohne diese Verknüpfung wäre die einzelne Bewegungsaufgabe sinnlos.
- *Geeignetes Material für «Bewegtes Lernen»:* Grundsätzlich ist jedes Material aus der Sporthalle, der Heilpädagogik, der Gymnastik und Ergotherapie, der Psychomotorik und aus dem Alltag geeignet. Es sollte jedoch einen hohen Aufforderungscharakter besitzen und einen variationsreichen Einsatz ermöglichen. Meist motiviert das angebotene Material, sich freudig, spielerisch und freiwillig damit auseinander zu setzen und die gestellte (Bewegungs-) Aufgabe zu lösen. Die Auswahl des Materials richtet sich nach dem momentanen Bedürfnissen der Jugendlichen und der Zielsetzung des Lernspiels. Es empfiehlt sich, unterschiedliches Material an verschiedenen Stationen einzusetzen. Dies spricht in der Vielfalt mehrere Sinne und Bewegungsbereiche an.

Materialien für «Bewegtes Lernen»

Rollbrett, Pedalo, Balancierkreisel, Walzenbrett, Rollschuhe, Inline-Skates, Roller, Fahrrad, Schwungtuch, Luftballon, Schaumstoffball, Medizinball, grosser Sitzball (Fitball), Basketball, Fussball, Zeitlupenball, Jonglierbälle und -tücher, Diabolo, Devil Sticks, Bettbezug, Sonnenschirm, Luftmatratze, Spiegel, Holzklötze, Zeitungspapier, Weichbodenmatte, Kästen, Langbänke, Leitern, Seile, Taue, Sandsäckchen, Wäscheklammern, Tennisbälle, Stelzen, Matratzen, Klorollen, Trampolin, Autoreifen, grosse Kartons, Kopfkissenbezug, Ziegelsteine, Kreiden, Schnüre, Leinen, Gummischnüre, Würfel usw.

1.3 Von Grundfertigkeiten zu Anwendungen

Im gesamten Unterricht erwerben Schülerinnen und Schüler Grundfertigkeiten und Orientierungswissen (Basisunterricht) und lernen in Sinn- und Anwendungszusammenhängen (Thematischer Unterricht).

Basisunterricht

Für die Bearbeitung von ganzheitlichen Themen und für die Bewältigung des täglichen Lebens sind Fähigkeiten, Fertigkeiten, und Wissen notwendig. Im Basisunterricht werden intellektuelle, gestalterische, musikalische, handwerkliche und sportliche Fähigkeiten und Fertigkeiten erworben. Neben Lesen, Schreiben, Rechnen werden die Arbeitstechniken der einzelnen Fachbereiche erlernt und geübt.

Thematischer Unterricht

Kinder und Jugendliche erleben die Welt als Ganzheit und empfinden sich als Teil von ihr. Im Thematischen Unterricht erfolgt das Lernen in Sinn- und Anwendungszusammenhängen. Lehrende und Lernende setzen sich an exemplarisch ausgewählten Themen mit elementaren Bildungsinhalten aus allen Lebensbereichen auseinander. Dabei werden die vielfältigen Wahrnehmungs-, Ausdrucks- und Verarbeitungsmöglichkeiten gefördert.

Die beiden Unterrichtsbereiche ergänzen sich gegenseitig: Die im Basisunterricht erworbenen Fähigkeiten und Fertigkeiten werden im Thematischen Unterricht geübt, vertieft und angewendet. Umgekehrt gibt der Thematische Unterricht Hinweise auf Lernbedürfnisse im Basisunterricht.

Bildungsverantwortliche sind sich einig, dass beide Unterrichtsbereiche notwendig und sinnvoll sind. Über die Gewichtung der beiden in der praktischen Unterrichtsarbeit gehen die Meinungen oft auseinander.

Eine stärkere Betonung des Basisunterrichtes verstärkt das traditionelle Fächerdenken; eine stärkere Gewichtung des Thematischen Unterrichts führt zum fächerübergreifenden, vernetzten Unterricht.

Neuere Lehrpläne setzen stärkere Akzente im Thematischen Unterricht. «Vernetztes Denken brauchen wir heute mehr denn je» (Vester). Vester verweist zum Vergleich auf die Malerei des Neoimpressionismus: Von der Nähe betrachtet offenbaren sich die Bilder dieser Künstler als eine Vielzahl farbiger Tupfer und Kleckse, von denen jeder einzelne – genau betrachtet und analysiert – über das Gesamtwerk gar nichts aussagt. Erst aus der richtigen Distanz, wenn man das System der Tupfer und Kleckse richtig erfassen kann, ergibt sich ein Bild – und damit eine Aussage. Das Ganze ist mehr als die Summe seiner Teile. Einer allzu starken Betonung des Basisunterrichtes droht deshalb die Gefahr, sich zu stark in den Einzelheiten zu verlieren und die Zusammenhänge zu wenig zu erkennen.

Diese stärkere Betonung des zusammenhängenden fächerübergreifenden Lernens in der Schule führte zur Bildung von Fachbereichen, in denen mehrere traditionelle Fächer zusammengefasst werden.

In neueren Lehrplänen (z. B. Lehrplan des Kantons St. Gallen 1997) werden Fachbereiche, die ihrerseits auch wieder in Teilbereiche gegliedert sein können, unterschieden (vgl. Kap. 1.4).

1.4 Aufteilung in Fachbereiche

Fachbereich «Mensch und Umwelt»

In diesem Fachbereich setzen sich Schülerinnen und Schüler mit sich selbst, mit ihren Mitmenschen und mit der Umwelt auseinander. In den Teilbereichen werden folgende traditionellen Fächer zusammengefasst:

Räume und Zeiten:	Geschichte und Geographie
Natur und Technik:	Biologie, Physik, Chemie
Individuum und Gemeinschaft:	Lebenskunde, Gemeinschaftskunde, Gesundheitslehre, Berufswahlvorbereitung

Dem Fachbereich «Mensch und Umwelt» sind auch die traditionellen Fächer «Hauswirtschaft» (Sekundarstufe I) und «Religion» zugeordnet.

Fachbereich «Sprachen»

In diesem Fachbereich werden die Gemeinsamkeiten aller Sprachen betont. Folgende «Fächer» sind zusammengefasst:

Deutsch, moderne Fremdsprachen (Französisch, Englisch, Italienisch) und Latein.

Fachbereich «Mathematik»

Dieser Fachbereich gliedert sich in die Teilbereiche:

Arithmetik / Algebra, Funktionen / Relationen, Geometrie.

Fachbereich «Gestaltung und Musik»

In diesem Fachbereich sind die musisch-handwerklichen Fächer zusammengefasst:

Bildnerische Gestaltung, Handarbeit, Werken, Musik.

Fachbereich «Sport»

Der Fachbereich Sport lehnt sich an die Inhaltsstruktur der neuen Schweizerischen Lehrmittelreihe «Sporterziehung» (1997/98) an, in welchem u. a. auch konkrete Anregungen zum «Bewegten Lernen» enthalten sind. Die sechs Teilbereiche sind:

Bewegen, Darstellen, Tanzen
Balancieren, Klettern, Drehen
Laufen, Springen, Werfen
Spielen
Sport im Freien
Übergreifende Anliegen

Vom Lehrplan- zum Buchkonzept

Die inhaltliche Gliederung des vorliegenden Buches «1070 Spiel- und Übungsformen Bewegtes Lernen» lehnt sich an die Struktur des Lehrplans des Kantons St. Gallen (1997) an. Der Zugang zu Formen des «Bewegten Lernens» ist damit sowohl über den Basisunterricht wie auch über den Thematischen Unterricht möglich. Das Sachregister (S. 253 ff.) ermöglicht zudem einen schnellen Zugriff zu den verschiedenen Lernzielen und -inhalten.

1.5 Verwendete und weiterführende Literatur

Affolter, F.: Wahrnehmung, Wirklichkeit und Sprache. Villingen 1987.

Ayres, J. A.: Bausteine der Kindlichen Entwicklung. Berlin 1985.

Balz, E.: Die bewegte Schule – Konzept und Kritik. In: sportunterricht, 10, S. 417–424. Schorndorf 1999.

Ciompi, L.: Die emotionalen Grundlagen des Denkens. Entwurf einer fraktalen Affektlogik. Göttingen 1997.

Dederich, M.: In den Ordnungen des Leibes. Zur Anthropologie und Pädagogik von Hugo Kükelhaus. Münster / New York 1996.

Eidg. Sportkommission ESK (Hrsg.): Lehrmittelreihe Sporterziehung Bände 1–6 (von der Vorschule bis zur Matürität). Bern 1998.

Erziehungsdepartement Kt. St. Gallen: Erziehungsplan Kindergarten / Lehrplan Volksschule. St. Gallen 1997.

Fischer, K.: Entwicklungstheoretische Perspektiven der Motologie des Kindesalters. Schorndorf 1996.

Hammer, R.: Alles im Griff – Elementare Bewegungserfahrungen mit der greifenden Hand. In: Motorik, 4, S. 150–157. Schorndorf 1987.

Holler-Zittlau, I.: Themenbezogene Spielfolgen zur struktur-niveauorientierten Sprachförderung. In: Wiedenmann, M. (Hrsg.): Handbuch Sprachförderung mit allen Sinnen. Weinheim 1997.

Illi, U. u. a.: Bewegte Schule – Gesunde Schule. Zürich / Wiesbaden, Graz 1998.

Kiphard, E.: Motopädagogik. Dortmund 1979.

Klafki, W.: Studien zur Bildungstheorie und Didaktik. Weinheim 1974.

Krüger, M.: Wie viel Bewegung bringt die «Bewegte Schule?» In: sportunterricht, 8, S. 324–329. Schorndorf 1999.

Kuntz, S. / Häusermann, S. / Nell, R.: Vernetzte Motopädagogik – Entwicklung und Perspektiven in der Schweiz. In: Schweiz. Zeitschrift für Heilpädagogik, Heft 1. Luzern 1997.

Kuntz, St.: Vernetzte Psychomotorik in Theorie und Praxis. In: Gerber, Reinelt (Hrsg): Schriftenreihe der Arbeitsgruppe für Sonder- u. Heilpädagogik der Universität Wien. Wien 1997.

Kuntz, St.: Wahrnehmungstherapie bei hyperaktiven Kindern und Jugendlichen. In: Passot, M. (Hrsg.) Mototherapeutische Arbeit mit hyperaktiven Kindern. München 1995.

Kuntz, St.: Tonischer Dialog in der Wahrnehmungstherapie und Sprachentwicklungsförderung. In: Lotzmann (Hrsg.): Psychomotorik in der Sprach-, Sprech und Stimmtherapie. Dortmund 1992.

Kuntz, St.: Körpererfahrung im Sportunterricht einer Schule für Lernbehinderte. Schorndorf 1982.

Kutzer, R.: Mathematik entdecken und verstehen. Frankfurt a. M. 1983.

Montessori, M.: Grundlagen meiner Pädagogik. Heidelberg / Wiesbaden 1985.

Pestalozzi, J. H.: Über Körperbildung als Einleitung auf den Versuch einer Elementargymnastik in einer Reihe körperlicher Übungen. Weinheim 1962.

Petzold, H. G.: Integrative Therapie. Modelle, Theorien und Methoden für eine schulenübergreifende Psychotherapie. Paderborn 1996.

Piaget, J.: Das Erwachen der Intelligenz beim Kind. Stuttgart 1971.

Pühse, U. / Illi, U.: Bewegung und Sport im Lebensraum Schule – Bewegung ist Leben. Kongressbericht. Schorndorf 1999.

Reich, K.: Systemisch-konstruktive Pädagogik. Berlin 1997.

Schärli, O.: Der Sinn der Schule ist die Schulung der Sinne. In: die neue Schulpraxis, 7/8, 1999.

Tobold, I.: Kleine Zellen – grosse Leistung. Ein Themenheft (mit Übungen) über das Gehirn. Naturhistorisches Musem. Wien 1999.

Vigotsky, L. S.: Denken und Sprechen. Frankfurt a. M. 1977.

Weizsäcker, C.: Der Gestaltkreis. Theorie und Einheit von Wahrnehmen und Bewegen. Stuttgart 1950.

Zimmer, R.: Bewegte Kindheit. Kongressbericht. Schorndorf 1997.

Zimmer, R.: Handbuch der Psychomotorik. Freiburg/Basel 1999.

Zollinger, B.: Die Entdeckung der Sprache. Wien/Bern 1995.

1.6 «Auf einen Blick»: Bewegt lernen – Vernetzt denken und handeln

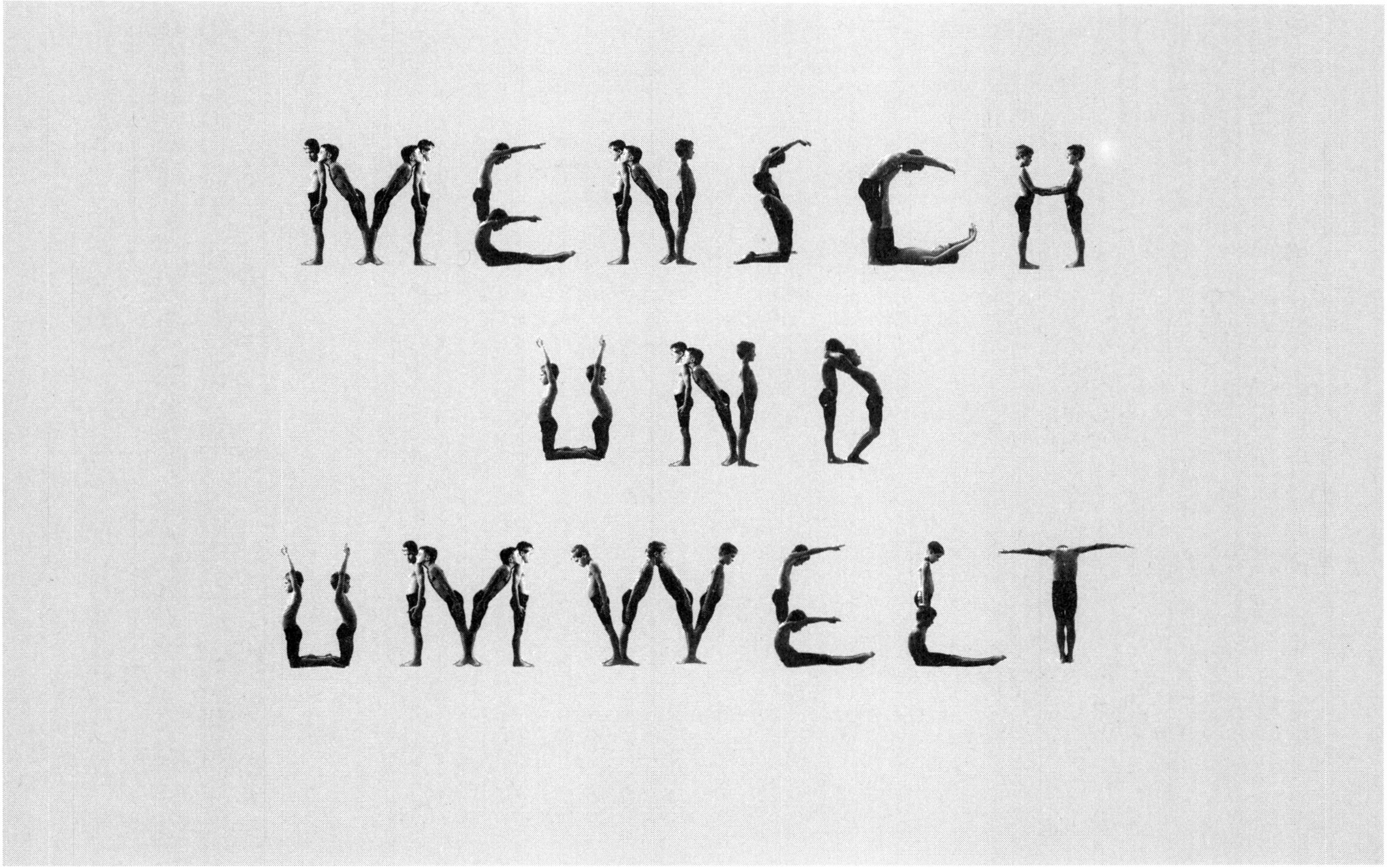
MENSCH
UND
UMWELT

Nr.	Name der Spielform Ziele / Akzente	Idee / Beschreibung	Hinweise / Organisation
1	**JAHRESZEITEN** Sommer- / Winterzeit Naturbeobachtungen	Globus in Sommer- und Winterstellung, je 3 Minuten mit Infrarotlampe (Abstand ca. 1 m) bestrahlen, dabei ein schwarzes, zu einer Tasche gefaltetes Kartonstück bei Mitteleuropa anbringen (Endgrösse 5 x 5 cm). In der Tasche steckt der Fernfühler eines Digitalthermometers. Temperatur vergleichen. • Tiere / Landschaften zu verschiedenen Jahreszeiten beobachten. • Kochen / sich kleiden wie in anderen Ländern zu derselben Jahreszeit.	
2	**WETTER-BEOBACHTUNG** Naturbeobachtungen	Schwalben (Mauersegler) beobachten. Flughöhe mit dem Wetter vergleichen. – Wann verzieht sich der Frühlingsmistkäfer (in Kuhmist / auf Pferdeäpfeln auf der Weide) in seine Erdgänge? – Verhalten der Bienen bei Wetterveränderung beobachten. – Wetterveränderung beim Bauern (Enten / Hühner) mitverfolgen. – Disteln vor Schlechtwettereinbruch betrachten. – Luftfeuchtigkeit mit Hilfe von Tannenzapfen messen. – Wetterentwicklung fotografieren.	
3	**WETTERSTATION EINRICHTEN** Wetterbeobachtungen	Thermometer, Barometer, Hygrometer (Luftfeuchtigkeitsmesser), Anemometer (Windmesser) und Wetterfahnen selber bauen, Wetterstation einrichten und Wetter beurteilen bzw. voraussagen. • Wetterbeobachtungen über einen längeren Zeitraum (Temperatur, Luftdruck, Luftfeuchtigkeit, Bewölkung, Windrichtung, Windstärke, Niederschlag, Niederschlagsmenge, Besonderheiten) notieren.	
4	**DER NATÜRLICHE TREIBHAUSEFFEKT** Treibhauseffekt Klimaveränderung	Etikette einer durchsichtigen 1.5-Liter-PET-Flasche entfernen, 2 Stückchen Schaumstoff / Sagex (15 x 15 x 20 mm) der Länge nach durchbohren und ein Thermometer hindurchstecken. Thermometer sorgfältig durch die Öffnung der PET-Flasche schieben, die Flasche verschliessen und an einen sonnigen Platz stellen. Ein zweites Thermometer daneben hinlegen und die Temperaturen in Minutenabständen in einer Tabelle notieren.	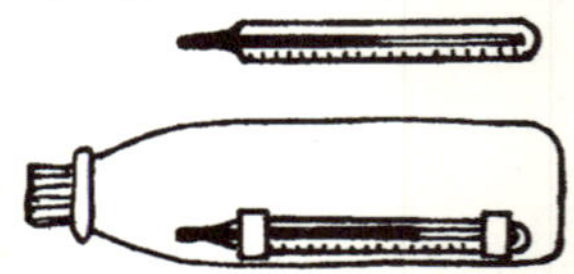
5	**KÜNSTLICHER TREIBHAUSEFFEKT** Treibhauseffekt Klimaveränderung	Etiketten zweier durchsichtiger 1.5-Liter-PET-Flaschen entfernen, 4 Stückchen Schaumstoff / Sagex (15 x 15 x 20 mm) der Länge nach durchbohren und Thermometer durch jeweils zwei Stücke hindurchstecken. Eine Flasche mit Kohlendioxid (aus der Druckflasche) füllen. In beide Flaschen ein Thermometer hineinschieben und die Temperaturen in Minutenabständen in einer Tabelle festhalten.	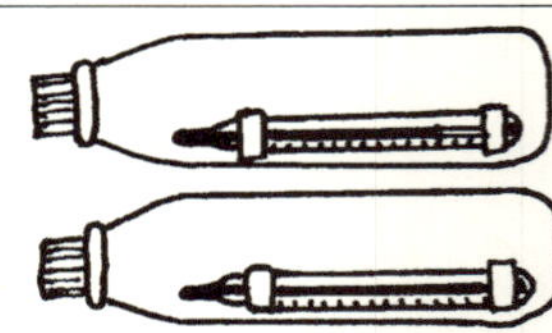

Nr.	**Name der Spielform** / Ziele / Akzente	**Idee / Beschreibung**	**Hinweise / Organisation**
6	**KLIMA-ERWÄRMUNG** Erwärmung der Erdatmosphäre	In doppelt durchbohrten Stopfen Laborthermometer (Messspitze ragt 25 mm hinaus) und Glasrohr (unteres Ende bündig mit Stopfen) einführen, mit Tinte gefärbtes Leitungswasser in Erlenmeyerkolben füllen, Stopfen aufsetzen, ca. 5 cm Wasser ist im Glasrohr sichtbar. Pyroceranplatte auf Dreibein, Erlenmeyerkolben daraufstellen. Temperatur des Wassers messen, Wasserstand markieren, bei 5°, 10°, 15° und 20 °C Erwärmung wiederholen.	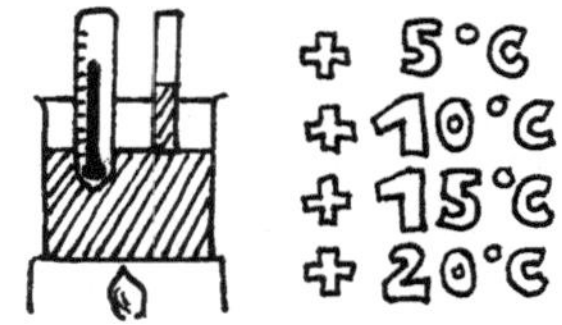
7	**VERBRENNUNGS-PRODUKTE 1** Reaktion, wenn Verbrennung gestört wird Brennstoffteile	Weisse Porzellanschale in Kerzenflamme halten, Rückstände untersuchen. – 250-ml-Becherglas mit kaltem Wasser kühlen, gut abtrocknen, gekippt über Kerzenflamme halten. Beobachtung? Das Glasinnere untersuchen. – Wäscheklammer als Griff an Glastrichter, Verbrennungsgase einer Kerze durch das Trichterrohr steigen lassen. Brennendes Streichholz an die Öffnung des Trichterrohrs halten. Beobachtung?	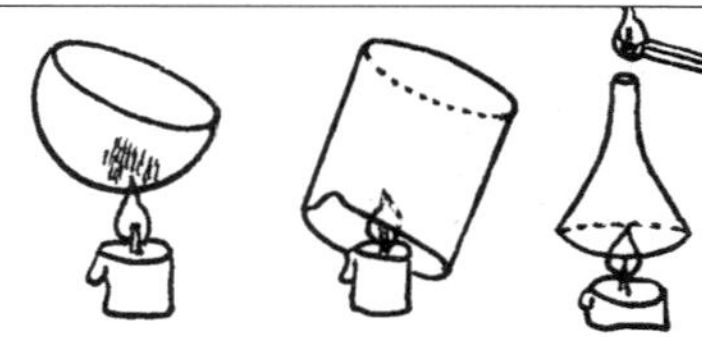
8	**VERBRENNUNGS-PRODUKTE 2** Reaktion, wenn Verbrennung gestört wird Brennstoffteile	Über das Trichterrohr (siehe Versuch Verbrennungsprodukte 1) Reagenzglas stülpen, Verbrennungsgase auffangen, mit dem Daumen verschliessen, 1 ml Kalkwasser hinzugeben, mit dem Gummistopfen verschliessen, schütteln. Reaktion? – Reagenzglas mit 1 ml Kalkwasser füllen, mit Trinkhalm vorsichtig Ausatmungsluft hineinblasen. – Verbrennungsgase bei der Verbrennung eines Stück Papiers (Brennspiritus) untersuchen.	
9	**WELT-PUZZLE** Kontinente Nord-, Süd-, Ost-, West- und Mitteleuropa	Jede Gruppe erhält den Auftrag, einen Kontinent in einem bestimmten Massstab auf festes Papier zu zeichnen, zu beschriften, auszuschneiden und auszumalen. Die Teile zu einer Weltkarte vervollständigen. • Europa-Puzzle, Gruppen gestalten Nord-, Süd-, Mittel-, Ost und West-Europa und fügen die Teile anschliessend zu einer gemeinsamen Europakarte zusammen. Welche Länder gehören zu welchem Teil?	
10	**ZEITSTRAHL** Epochen kennnen Geschichtliche Ereignisse Persönlichkeiten Stoffrepetition	Auf einer Wiese zwischen zwei Haken mit einem Gummiseil einen Zeitstrahl darstellen. Zeltpflöcke markieren die Jahrhunderte. • Gruppenwettkampf: Wer platziert die Fähnchen am genauesten? • Sich beim Zeitstrahl am richtigen Ort hinstellen / Quiz. • Bestimmte Zeitpunkte / Epochen entlang dem Zeitstrahl markieren (Symbole zeichnen, Fähnchen oder Modelle herstellen …).	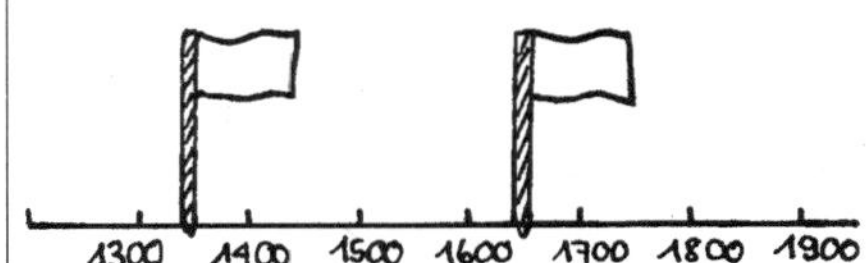

Nr.	**Name der Spielform** Ziele / Akzente	**Idee / Beschreibung**	**Hinweise / Organisation**
11	**PAUSENPLATZ-WELTKARTE** Epochen kennnen Geschichtliche Ereignisse Stoffrepetition	Auf dem Pausenplatz mit Kreide eine riesige Weltkarte zeichnen. Städte, Landschaften, Religionen, Sehenswürdigkeiten … eintragen bzw. mit Gegenständen / Symbolen markieren. • Sich am richtigen Ort hinstellen. • Personen / Steine symbolisieren Verhältnis (Bevölkerung, «BSP» …). • Quiz, Wettbewerb / sich gegenseitig Aufgaben stellen …	
12	**JAHRHUNDERT-PULTE** Epochen kennnen Geschichtliche Ereignisse Persönlichkeiten	Pulte in einer Reihe stehend stellen verschiedene Jahrhunderte dar (Epochen, Herrscher, Religionen …). Auf Zettel geschriebene Stichwörter (Erfindungen, Bauwerke, Kunststile, Könige, Kriege …) nun richtig platzieren. • Einzel-, Gruppenauftrag. • Quiz, Wettbewerb / sich gegenseitig Aufgaben stellen …	
13	**WELT-OL** Epochen kennnen Geschichtliche Ereignisse Persönlichkeiten Stoffrepetition	Aufgaben bzw. Antworten zum jeweiligen Zeitabschnitt befinden sich in verschiedenen Zonen (im Umkreis von 10 m, 20 m, 50 m, 100 m …, je nach Jahrzehnt, Jahrhundert oder Epoche). • Stern-OL: Fragen am Start (Station), Antworten an der Station (Ziel). • An jeder Station steht eine neue Aufgabe. • Jede Gruppe steckt einer anderen Gruppe einen Orientierungslauf aus.	
14	**WELT-LEITERSPIEL** Epochen kennnen Geschichtliche Ereignisse Persönlichkeiten Stoffrepetition	In Gruppen ein Leiterspiel spielen. Jede Gruppe bewegt ihre Spielfigur auf dem Spielbrett gemäss der gewürfelten Augenzahl. Die entsprechende Nummer im Schulhaus / draussen suchen (nummerierte, aufgehängte Zettel). Die Frage auf der Rückseite lesen und bei der Lehrperson beantworten. Richtig: weiterwürfeln. Falsch: drei Felder zurück, diese Nummer suchen. Wer bringt die Spielfigur zuerst ins Ziel?	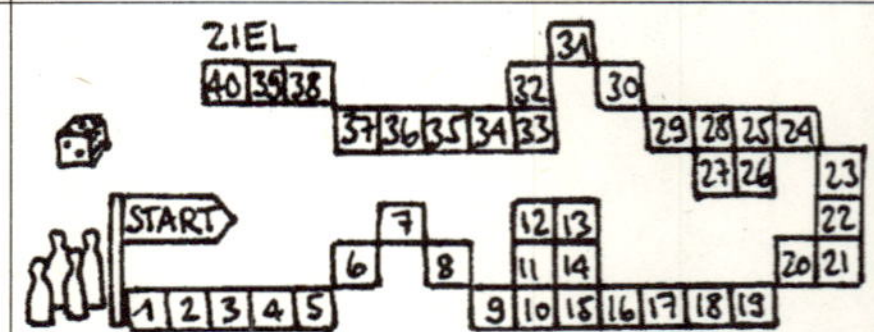
15	**WELT-AUSSTELLUNG** Epochen kennnen Geschichtliche Ereignisse Stoffrepetition	Zu einem bestimmten Thema eine Ausstellung gestalten: Modelle anfertigen, Plakate gestalten, Materialien organisieren, Personen interviewen, Gegenstände testen, Experimente durchführen, fotografieren, filmen … • Werkstatt in der Klasse / Werkstatt für das ganze Schulhaus organisieren. • Informationsveranstaltung. • Die Klasse gestaltet ein Quiz.	

Nr.	Name der Spielform Ziele / Akzente	Idee / Beschreibung	Hinweise / Organisation
16	**BAUEN – WOHNEN** Lebensstil Behausungen Kulturen	Behausungen und Lebensstil verschiedener Kulturen kennen lernen: Tipi, Lehmhütte, Iglu, Baumhütte … bauen und den Alltag erleben (wohnen, essen, feiern …). • Jede Gruppe stellt einen Lebensstil vor. • Entsprechende Kleider nähen, Bilder malen … • Biwak bauen.	
17	**BILDER-POSTENLAUF** Veränderung des Ortes, der Landschaft Früher – heute	Alte Postkarten / Fotos aus der Umgebung besorgen und die abgelichteten Orte gruppenweise suchen. • Neugestaltung / neues Gebäude fotografieren. • Daraus ein Memory / einen Postenlauf gestalten. • Mit einer alten Wanderkarte einen Orientierungslauf durchführen.	
18	**GESCHICHTE-LOTTO** Veränderung des Ortes, der Landschaft Früher – heute	Mit alten (neuen) Postkarten / Fotos eine Lottokarte herstellen. Wer findet zuerst alle Strassen, Gebäude, Markierungen …? Wie heissen die (neuen) Gebäude? Was steht neu an dieser Stelle? Wie verläuft die Strasse heute? • In Gruppen Lotto-Spielkarten herstellen: Objekte fotografieren, Karten suchen …	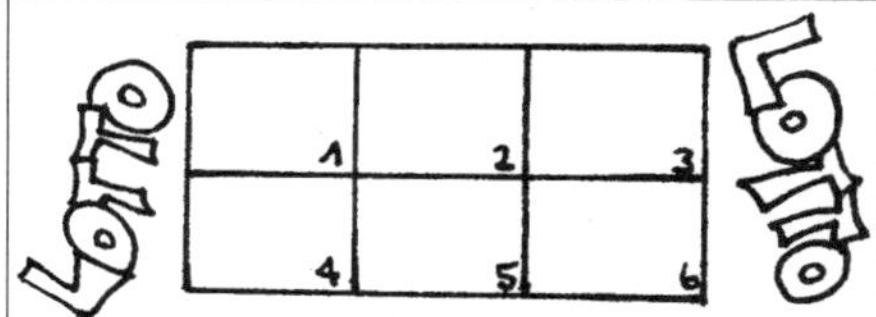
19	**TONBILDSCHAU** Geschichte des Ortes, der Familie …	Die Geschichte des Wohnortes / der Familie / der Gemeinde in einer Tonbildschau präsentieren und kommentieren. • Dia-Ratequiz: Wer, was, wo, wann, wieso …? • Dia-Veranstaltung für die Eltern, das Schulhaus … planen.	
20	**ZEITUNGSQUIZ** Sich aus Zeitungen informieren Allgemeinbildung	Anhand von aktuellen Zeitungen Spiele, Quiz, Spielkarten, Fragekärtchen … gestalten: Memory, Rommee, Ratequiz, Wer bin ich?, Quartett, Scharade, Montagsmaler … spielen. • Andere Klassen zum Spielen einladen. • Lexika benützen.	

Nr.	Name der Spielform Ziele / Akzente	Idee / Beschreibung	Hinweise / Organisation
21	**TIBERIUS GRACCHUS** Reformversuche des Tiberius Gracchus 133–132 v. Chr. Rollenspiel	In Gruppen über die Reformversuche von Tiberius Gracchus diskutieren, dann abstimmen. A: Senatoren. B: Tiberius und Mutter Cornelia. C: Kleinbauern. D: Handwerkersfrauen und Proletarierinnen … Jede Person erhält eine Rolle (Tiberius, Cornelia, Volkstribun, Konsul, Beamter, Priester, Pächter, verarmter Kleinbauer, reicher Grossgrundbesitzer …), informiert sich über das Thema, die Rolle und schreibt den entsprechenden Rollentext.	
22	**MARKTTAG IM MITTELALTER** Ein Fall für den Marktrichter 1250 n. Chr. Rollenspiel	Rollenspiel (Bäuerin mit Sohn, Magd, Torwächter, Marktbüttel, Marktrichter, Schreiber …): Markttag in einer mittelalterlichen Stadt um 1250. Die Bäuerin zieht drei Stunden ihren Karren zum Stadttor, kann nicht hinein, die Stände sind vergeben. Wenn sie Zoll zahlt, kann sie hinein. Die Bäuerin hat kein Geld und muss dringend ihre Lebensmittel verkaufen. Sie schlägt ihren Stand vor den Stadtmauern auf, da erscheint der Marktbüttel …	
23	**ERFINDUNGEN ENTDECKUNGEN EROBERUNGEN** Weltbilder Unbekannte Erdteile Unbekannte Waren	Die Klasse stellt zum Thema «Die Zeit der Erfindungen, Entdeckungen und Eroberungen» (Alte / neue Weltbilder, unbekannte Erdteile um 1490, Erfindungen, Entdecker, Seefahrer, Entdeckungsreisen, Kolonialismus, Überseehandel, neue Waren von Europa nach Amerika, zerstörte Hochkulturen Lateinamerikas …) Quartett- bzw. Memorykarten her. Anschliessend in Gruppen spielen.	
24	**LEBENSBEREICHE EPOCHEN** Epochen in Lebensbereiche gliedern	Verschiedene Epochen miteinander vergleichen, jede Gruppe spielt zu einem Lebensbereich eine Szene: Alltagsleben (Ernährung, Kleidung, Behausung, Gesundheit), Zusammenleben (Familie, Gesellschaft, Herrschaftsform, Staatenbildung), Arbeiten (Bergbau, Landwirtschaft, Handwerk, Industrie, Handel / Verkehr), Lernen (Schulbildung, Wissenschaft), Erholung (Musik, Spiel), Glauben (Bekenntnisse, Kult).	
25	**ZUKUNFTS-REISE** Fantasiereise in die Zukunft	Reise in die Zukunft: Futuristische Kleider nähen, Gegenstände erfinden, Fahrzeugmodelle herstellen … • Szene spielen: Jemand aus dem Mittelalter trifft auf einen Menschen aus der Zukunft. • Fest im Jahr 3000 planen / durchführen.	

Nr.	**Name der Spielform** Ziele / Akzente	**Idee / Beschreibung**	**Hinweise / Organisation**
26	**GESCHICHTE DES KOCHENS 1** Römische Luxusküche Gewürze Spezielle Präparationen Ernährung früher – heute	Gewürze (Gemüse / Früchte) aus verschiedenen Zeiten besorgen bzw. spezielle Präparationen, z. B. der Römer um 400 n. Chr., herstellen und testen: Passum (süsser, extraktreicher, mit Traubenmost vermischter Wein), Defrutum (eingekochter herber Traubenmost), Garum (Würzsauce aus in der Sonne verfaulten Sardellen) … • Geröstete Dattelkerne, Pastinak, Anis, Koriander, Linsen …	
27	**GESCHICHTE DES KOCHENS 2** Rezept von Apicius 4. Jh. n. Chr. Römische Luxusküche Frikassee mit Aprikosen	Frikassee mit Aprikosen (minutal ex praecoquis): 1 kg Schweineschulter vom Fett befreien, 1 Std. köcheln. Brühe abgiessen. Fleisch in Würfel schneiden, mit 4 Schalotten, 4 EL Olivenöl und $^{1}/_{4}$ l trockenem Weisswein $^{1}/_{2}$ Std. kochen. $^{1}/_{2}$ TL gemahlener Kümmel, 1 Msp. schwarzer Pfeffer, je 2 TL Minze, Dill und Honig, je 2 EL Weinessig und Tokajer, 400 g Aprikosen und 3 in Wein aufgeweichte Butterkekse beigeben und dünsten, bis alles weich ist.	
28	**GESCHICHTE DES KOCHENS 3** Rezept vom Koch eines deutschen Fürstbischofs Mitte 14. Jh. n. Chr. Huhn in Eierkuchen	6 Eier, 150 g Mehl, $^{1}/_{2}$ l Milch rühren, quellen lassen, 4 Eierkuchen backen. Huhn kochen, würfeln. 4 Scheiben altes Weissbrot in Milch tauchen, durch 2 verquirlte Eier ziehen, backen. Scheiben von 2 Äpfeln anbraten. Alles warmstellen. Huhn in $^{1}/_{2}$ TL Zimt, Ingwer, je $^{1}/_{4}$ TL Anis, Safran und Pfeffer, 1 Msp. Nelken, Salz, $^{1}/_{4}$ l Weisswein, 2 TL Honig erhitzen, absieben. Saft zur Hälfte einkochen. Alles schichtweise in Eierkuchen, zusammenklappen.	
29	**GESCHICHTE DES KOCHENS 4** Rezept vom Koch eines deutschen Fürstbischofs Mitte 14. Jh. n. Chr. Met	2 Mass Wasser und 1 Mass Honig rühren, etwas stehen lassen. So lange kochen, wie man braucht, um einen Acker abzuschreiten. Mit Löffel abschäumen, den Met umgiessen. Davon wenig Flüssigkeit mit halbem Topf voll Hopfen und einer Handvoll Salbei so lange kochen, wie es dauert, eine halbe Meile zu gehen. Würzbrühe in Met sieben. Etwas frische Hefe dazugeben, 3 Tage gären lassen. Durch Tuch sieben. 8 Tage stehen lassen.	
30	**GESCHICHTE DES KOCHENS 5** Rezept von Sabina Welserin 16. Jh. n. Chr. Augsburg Birnentorte	Geschälte Birnen in zwei Hälften teilen, entkernen und in Schnitze schneiden, so breit wie die Birne ist. In Weizenmehl wenden. In heissem Schmalz braten, bis sie etwas braun sind. Zucker, Zimt und Weinbeeren mischen, die Hälfte auf einen Mürbeteigboden geben, die Birnen darauf legen, die andere Hälfte der Mischung darüber. Malvasier (Süsswein) mit Zucker und Zimt kochen, über den Kuchen giessen, kurze Zeit backen.	

Nr.	Name der Spielform Ziele / Akzente	Idee / Beschreibung	Hinweise / Organisation
31	**GESCHICHTE DES KOCHENS 6** Rezept von Sabina Welserin 16. Jh. n. Chr. Augsburg Terrine vom Kalb	1 kg Kalbfleisch würfeln, anbraten, mit 300 g Speck und eingeweichter Semmel 2x im Wolf «bearbeiten». Mit 4 verquirlten Eiern, $^{1}/_{10}$ l Portwein, je 1 TL schwarzem Pfeffer und Zimt, $^{1}/_{10}$ l Fleischbrühe, Salz, 3 EL Rosinen, je $^{1}/_{2}$ TL Muskat und Safran kneten. Form mit Speck auslegen, Teig einfüllen, mit Speck abdecken. Mit Deckel in Wasserbad $1^{1}/_{2}$ Std. bei 200 °C garen. Auskühlen, Deckel abheben, mit Brett beschweren. 4 Tage kaltstellen.	
32	**TISCHSITTEN** Essen und Trinken in verschiedenen Jahrhunderten Tischsitten in verschiedenen Schichten	Tischsitten kennen lernen. Den Tisch decken und dementsprechend essen und trinken (passende Sitzordnung, Diener, Gerichte, Sitten, Musik …) • Bankett vornehmer Herren nachstellen. • Vergleich: Arme Familie – reiche Leute (zwei Tische decken …). • Verschiedene Tische – verschiedene Jahrhunderte …	
33	**SCHULSITTEN** Schulstrafen früher – heute	Schulsitten kennen lernen und frühere Strafen «erleben» / nachstellen und anschliessend kritisch beurteilen: Eckestehen, Bücher auf ausgestreckten Armen halten, auf Holzscheit, Kirschkernen oder Erbsen knien, auf Schulesel mit kantigem Rücken sitzen, Esels- und Faulbanksitzen, Maulschellen, Esel und Narrenkappe, Ohren und Nase umdrehen, der Delinquent wird dem Gespött preisgegeben …	
34	**WOHNEN KLEIDEN** Leben und Wohnen Kleidung und Schmuck im Laufe der Zeit Wertvorstellungen	Wohnen, Kleiden, Essen während verschiedenen Epochen vergleichen. • Sich je nach Epoche anders kleiden / Modeschau / Szene spielen. • Schmuck aus verschiedenen Zeiten herstellen / nachbilden. • Besuch eines Kostümverleihs. • An jedem Abend gemäss anderer Epoche leben, essen und übernachten (im Freien, in einer Höhle, im Zelt, im Stall …).	
35	**MUSIK** Musik im Wandel der Zeit Jahreszeitenfeste	Musik verschiedener Epochen hören, spielen, vergleichen. • Konzert veranstalten. • Verschiedene Instrumente testen und vergleichen. • Instrumente erfinden, herstellen / nachbauen. • Konzertbesuch. • Jahreszeitenfeste kennen, feiern bzw. bewusst erleben.	

Nr.	Name der Spielform Ziele / Akzente	Idee / Beschreibung	Hinweise / Organisation
36	**HIMMELS-RICHTUNGEN** Haupt- und Zwischenrichtungen	Auf dem Pausenplatz mit Kreide ein Spielfeld aufzeichnen (Pausenplatz-Schachbrett benützen, wenn vorhanden) und sich nach den Angaben der Lehrperson / der Klasse verschieben: Vertikal (N – S), horizontal (O – W), diagonal (NO – SW, NW – SO). • Spiel: Fangende und Flüchtende, zwei Verschiebungsmöglichkeiten pro «Spielzug» … / jemanden einengen etc.	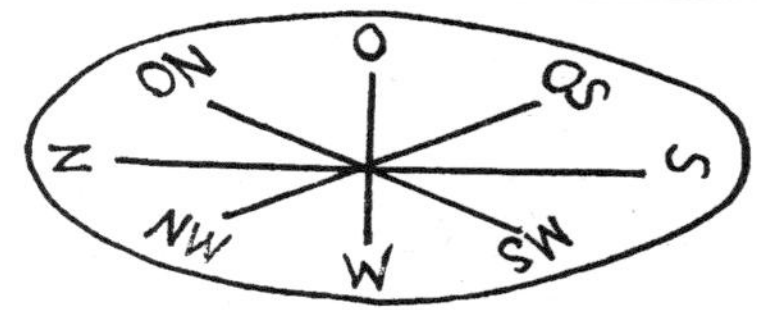
37	**BREITEN- UND LÄNGENANGABEN** Orte durch Breiten- und Längengrade lokalisieren	Auf dem Pausenplatz mit Kreide Breiten- und Längengrade aufzeichnen (Pausenplatz-Schachbrett benützen, wenn vorhanden). Dann einen «Ort» angeben, auf den man sich möglichst schnell stellen soll. • Vier Eckpunkte eines Koordninatenfeldes angeben. • Sich nach Angaben auf der «Weltkarte» verschieben / irgendwo hinfliegen. • Gebiete nach Koordinatenangaben einzeichnen / suchen.	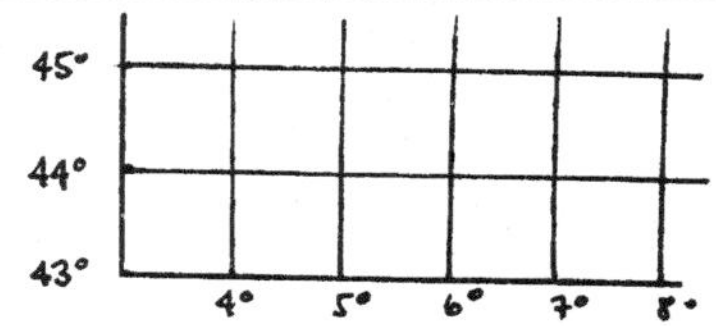
38	**GEO-ROMMEE** Politische und physische Hauptmerkmale eines Kontinents oder einer Region	Die Klasse stellt zu einem behandelten Kontinent oder einer Region (Hauptstädte, Länder / Staaten, Flüsse, Gebirge und Berge, Ozeane / Meere / Seen, Sümpfe / Moorlandschaften, Wüsten …) selber Rommee-, Quartett- oder Memorykarten her. Anschliessend in Gruppen spielen. • Landschaftskarten zerschneiden, wieder zusammenfügen (Puzzles). • Lottokarten herstellen, mit passenden Bildern abdecken (Lotto spielen).	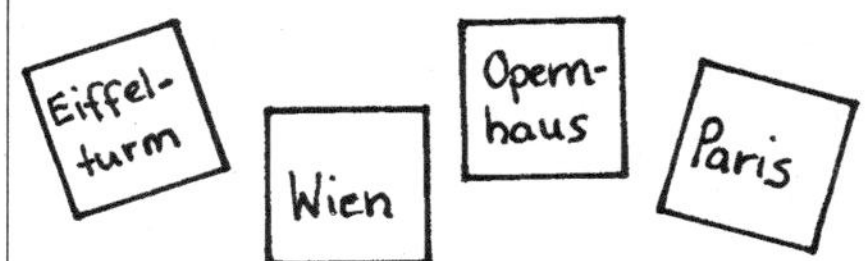
39	**ANBAUPRODUKTE** Auswirkung klimatischer Bedingungen auf die landwirtschaftliche Produktion Klimatische Regionen	Während 2–3 Wochen ein erfolgreiches landwirtschaftliches Unternehmen errichten. Gitter mit 48 Felder à 7.5 cm Seitenlänge, ein Feld = 40 ha kultivierbares Land. Pro Gruppe drei Klimagebiete (Maritim, Gebirge, Wüste, Savanne …). In verschiedenen Lektionen beantworten die Teams Fragen. Wenn die Antwort korrekt ist, kultiviert die Gruppe 40 ha. Anbauprodukte passen zu den Klimabedingungen, höchstens ein Pflanzentyp pro 200 ha …	MARITIM: Weizen, Zuckerrüben, Obstbäume, Gemüse, Mais, Roggen GEBIRGE: Tee, Kaffee, Baumwolle WÜSTE: Gemüse, Zitrusfrüchte SAVANNE: Mais, Hirse, Bohnen, Weizen
40	**HAUPT-WIRTSCHAFTS-FAKTOREN** Wirtschaftsmärkte Vergleich reich – arm	Jede Gruppe recherchiert das Pro-Kopf-Einkommen (PKE) und die Hauptexportartikel seines Landes (Bahrain, Irak, Jemen, Ägypten, Kuwait …). Auktion mit Flohmarktartikel durchführen. Für je 100 Dollar PKE ein Zahlungsschein (ZS). Mit dem Verkauf von Produkten Zahlungsscheine erwerben. Jedes Team kann nur einen Gegenstand pro 500 Dollar PKE einbringen. Zusätzlich versteigert die Lehrperson Leckereien an die Meistbietenden.	KUWAIT 6200 $ (1991) ÄGYPTEN 720 $ (1991) LIBANON 1400 $ (1991)

Nr.	Name der Spielform Ziele / Akzente	Idee / Beschreibung	Hinweise / Organisation
41	**BEVÖLKERUNG BSP** Globale Bevölkerungs- und Einkommensverteilung Bruttosozialprodukt	Die Klasse stellt die Weltbevölkerung dar, jede Person verkörpert mehrere Millionen Menschen. Nun soll sich die Klasse auf die Kontinente verteilen. Wo stehen wie viele Personen? Vergleich Industrieländer (inkl. Japan) mit Dritter Welt. Dann Aufteilung nach Bruttosozialprodukt. • Aufteilung nach Einkommensverteilung innerhalb von (Entwicklungs-) Ländern im Verhältnis reich – arm / Export verschiedener Länder …	
42	**ORTSBILD 1** Plätze und vorbeigehende Menschen beobachten	Einen zentralen Platz im Ort (in der Stadt) zu verschiedenen Tageszeiten beobachten. Was sehe, rieche, höre ich? Menschen beobachten: Sprache, Gesichtsausdruck, Bewegungen, Fortbewegung, Kleidung, Benehmen … Berufe verschiedener Personen erraten. Randgruppen beobachten. • Fotos knipsen, eine andere Gruppe sucht den Standort des Fotografen. • Fotos verändern. Was ist falsch? Was befindet sich an dieser Stelle …?	
43	**ORTSBILD 2** Ort in Räume aufgliedern Gebäude beobachten, vergleichen	Den Ort in verschiedene Bereiche einteilen: Einkaufen, Arbeiten, Erholen, Unterhaltung / Kultur, Wohnen. Wie wirken grosse Gebäude (Geschäftshaus, Schule, Einkaufszentrum …)? Unterschied alte / neue Gebäude. • Ortsbild der Zukunft gestalten. • Fotos von verschiedenen Gebäuden, Plätzen knipsen, eine zweite Gruppe sucht den genauen Standort und macht ein zweites Foto. Vergleichen.	
44	**ZIVILSCHUTZ-ANLAGE** Flüchtlingsproblematik Ausländer Arbeitslosigkeit	Zivilschutzanlage / Flüchtlingsunterkunft besuchen. Betrieb, Einrichtung … kennen lernen. • Leben, Unterkunft, Arbeitsmöglichkeit eines Flüchtlings recherchieren. • Mithilfe an Ort und Stelle. • Foto- / Filmreportage (Alkohol, Arbeitslosigkeit, Ausländer …). • Integrationsmöglichkeiten, -problematik / Ausländerhass dokumentieren.	
45	**KRIEG** Krieg und Frieden Glaubenskriege Flüchtlinge	Auf dem Pausenplatz auf einer gezeichneten Weltkarte Kriegsorte eintragen. Verschiedene Kriege (Konflikt, Dauer, Opfer, mögliche Lösung, Flüchtlinge, Verbreitung, Weg …) markieren. • Angriffe simulieren / Verteidigung nachvollziehen. • Sammlung für Kriegsopfer. • Friedensbeitrag.	

Nr.	**Name der Spielform** Ziele / Akzente	**Idee / Beschreibung**	**Hinweise / Organisation**
46	**MIKROSKOP LUPE** Arbeiten mit Mikroskop und Lupe Mikroskopische Übungen	Unter dem Mikroskop Insektenflügel, Löwenzahnschirmchen, Blütenstaub, Kopfhaar, Gänseblümchen … untersuchen. Lupen- und Mikroskopvergrösserungen vergleichen (Arbeiten mit dem Feintrieb, Einstellen verschiedener Objektive, Abdecken mit dem Deckglas mit und ohne Wasser, mikroskopische Skizzen anfertigen …).	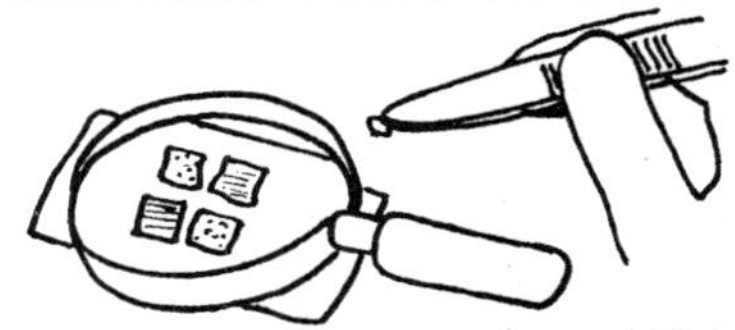
47	**ZELLE VON PFLANZE, MENSCH** Mikroskopische Übungen Modell einer Pflanzenzelle	Schnittpräparate eines Flaschenkorken anfertigen, unter dem Mikroskop untersuchen (ohne Wasser auf Objektträger). Präparate von Sternmoos, Zwiebelhäutchen und Blättchen der Wasserpest sowie Zellwände und Poren in Zellen des Fruchtfleisches der Birne untersuchen. Mundschleimhautzellen (mit Teelöffel abschaben) präparieren und untersuchen. • Modell einer Pflanzenzelle bauen (Schuhkarton, Plastikschachtel, Watte).	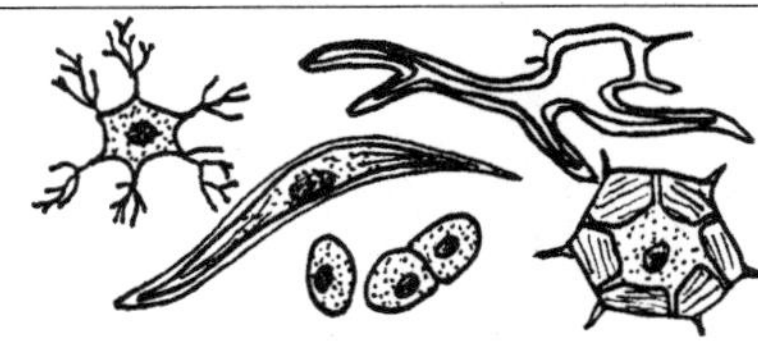
48	**ZELL-UNTERSUCHUNGEN** Räumlichkeit von Zellen Einzeller	Mikroskopische Untersuchungen der Zellplasmaströmung im Bereich der Mittelrippe des Wasserpest-Blättchens, der Stärkekörner aus Speicherzellen einer Banane, Weizen und Kartoffel. Mikroskopische Zeichnung des bandförmigen Chloroplasten der Schraubenalge Spirogyra. Einzeller untersuchen (Kulturen von Kieselalgen, Pantoffeltierchen, Euglena, Amöben). Bestimmen und Zeichnen verschiedener Einzeller im Heuaufguss …	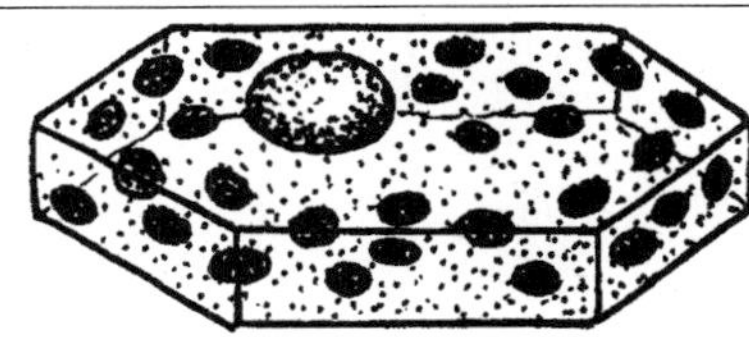
49	**BAKTERIEN** Jogurt, Sauermilch Zahnbelag	Material: Naturjogurt, H-Milch, frische Buttermilch, Mikroskopiermaterial, Heuaufguss. • Jogurt und Sauermilch herstellen. • Mikroskopische Untersuchungen des Zahnbelags. • Mikroskopische Untersuchungen von Bacillus subtilis in der «Kahmhaut» (aus Pilz- bzw. Bakterienart gebildete Haut) auf dem Heuaufguss.	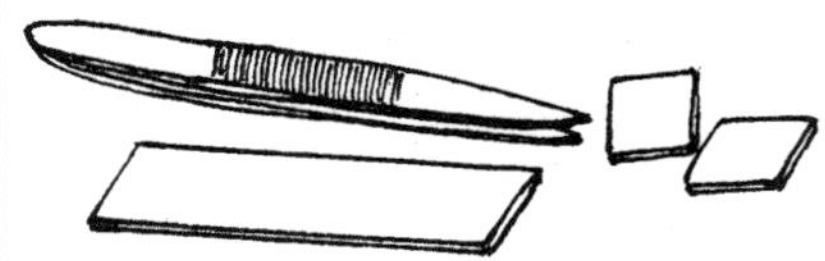
50	**HEFEPILZE** Hefe untersuchen Hefegärung	Bäckerhefe unter dem Mikroskop untersuchen (in verdünnter Hefeaufschwemmung sind Einzelzellen mit Zellkern, Fetttröpfchen, Vakuole und Zellplasma zu finden). Nach Zusatz von etwas Zucker kann man nach rund einer Stunde Knospungsstadien sehen. • Einen Mehlteig mit / ohne Hefe herstellen / Versuch: Hefe vergärt Zucker. • Nachweis von Kohlendioxid als ein Endprodukt der Hefegärung.	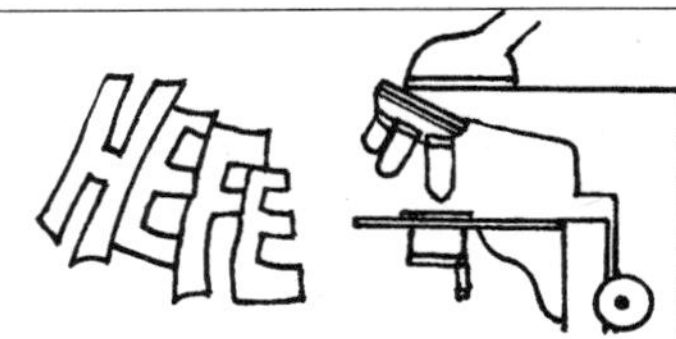

Nr.	Name der Spielform Ziele / Akzente	Idee / Beschreibung	Hinweise / Organisation
51	**ARBEIT MIT MIKROSKOP** Mikroskopische Übungen Mikroskopische Präparate	Material: Mikroskop und Zubehör, Dauerpräparat eines Blattquerschnittes. • Berechnen der Gesamtvergrösserung. • Einstellen eines Präparates im Hellfeld, Gebrauch der Kondensorblende. • Mikroskopische Präparate zeichnen, beschriften (Objektname, Bezeichnung des Details, Schnittrichtung, Behandlung und Gesamtvergrösserung).	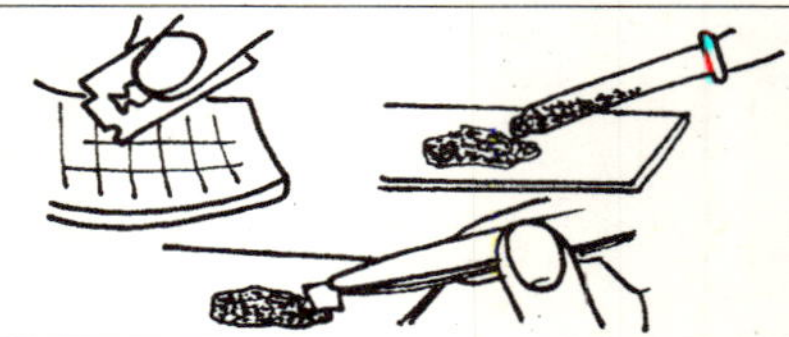
52	**EINFACHE ZELLPRÄPARATE** Herstellen einfacher Zellpräparate Mikroskopische Übungen	Kern- und Vakuolenfärbung eines Zwiebelhäutchen-Präparates (zuerst die Kernfärbung mit Methylenblau, Vakuolenfärbung ca. 5 Min. mit Neutralrot); Mikroskopieren von Chromoplasten (Tomatenfruchtfleisch), von Amyloplasten (Kartoffel), von chloroplastenreichen Blattzellen (Tradescantia spathacea). Zupfpräparate von Muskelgewebe (Rindfleisch) untersuchen. Schnittpräparate von Zypergras herstellen, verdickte Zellwände untersuchen.	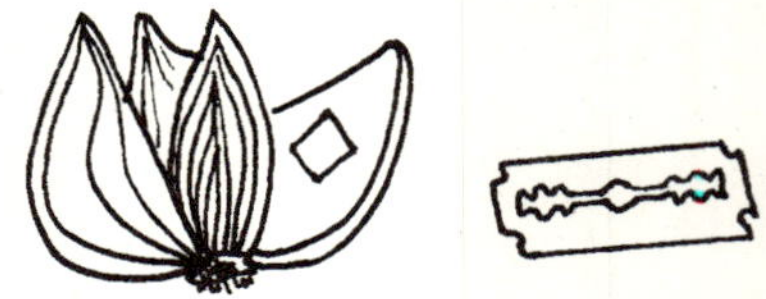
53	**DIFFUSION OSMOSE** Mikroskopische Untersuchungen	Plasmolyse in reifen Ligusterbeeren mikroskopisch untersuchen: einen Tropfen konzentriertes Zuckerwasser auf Objektträger, etwas Fruchtfleisch der Ligusterbeere «einschaben». Wird nach Einsetzen der Plasmolyse am Rande des Deckglases destilliertes Wasser aufgetragen, kann eine Deplasmolyse beobachtet werden.	
54	**EINZELLER** Mikroskopische Untersuchungen	Phagozytose bei Amoeba proteus (Euglene zu Frischpräparat) untersuchen. Cilienbewegung (zu Frischpräparat 1 Tropfen 1%iger $NaSO_4$-Lösung), Nahrungsvakuolen (zu Frischpräparat 1 Tropfen Kongorot gefärbte Hefesuspension), Chemotaxis (zu Frischpräparat kleinen $KMnO_4$-Kristall geben) bei Paramaecium untersuchen. Langzeitversuch: Zystenbildung bei Amöben. Fototaxis bei Euglena (umhüllen, Schlitz, 30 Min. an Lichtquelle) untersuchen.	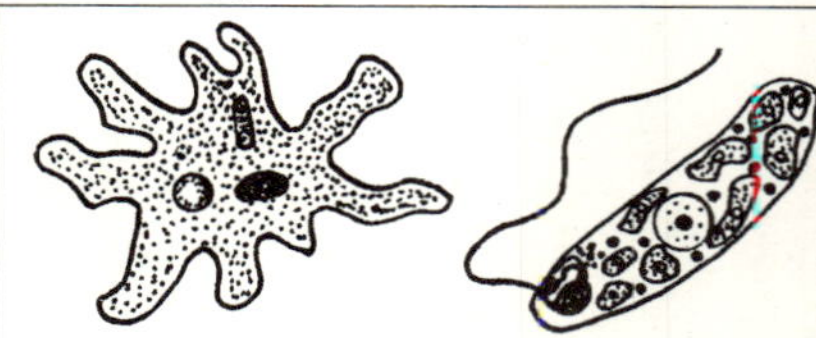
55	**WASSERPFLANZEN UND -INSEKTEN** Pflanzen und Tiere untersuchen, bestimmen Entwicklung Schneckenlaich	Gewässerschlamm, Wasserproben, einheimische Wasserpflanzen, Mückenlarven, Wasserinsekten suchen. Pflanzen und Tiere untersuchen, bestimmen. – Entwicklung von Schneckenlaich (von Glaswand auf Objektträger, mit Objektträger bis zur nächsten Untersuchung wieder ins Aquarium) untersuchen. – Vegetative Vermehrung bei Wasserpest (andere Wasserpflanzen) experimentell nachvollziehen. – Stechmückenlarven beobachten …	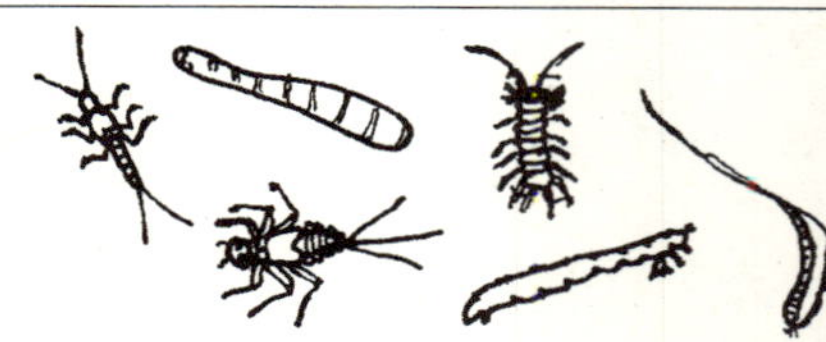

Nr.	**Name der Spielform** Ziele / Akzente	**Idee / Beschreibung**	**Hinweise / Organisation**
56	**PFLANZEN, TIERE BEI DER SCHULE** Tiere, Pflanzen, Vögel bestimmen, kartieren Vogelfelder	Tiere in Pflasterritzen, unter Steinen sowie im Boden mit Pinsel und Pinzette in Plastikbeuteln und Gläsern sammeln, bestimmen. Kartieren der Pflanzen und Tiere rund um das Schulhaus. Bestimmen der Vögel auf dem Schulgelände, verlassene Vogelnester suchen, den Bau und die Eigenschaften der Vogelnester untersuchen …	
57	**BEOBACHTUNGEN AN TIEREN** Verhalten der Tiere Versuche Metamorphose Entwicklungsstadien	Hunde, Mäuse, Katzen, Fische, Spinnen … beobachten: Jagdverhalten, Körperpflege, -sprache, Lernverhalten, Verständigung, Kampf-, Balzverhalten … Protokolle führen, Experimente durchführen. • Pawlow-Versuch. • Aquarien / Zuchtgefässe einrichten, pflegen. • Metamorphose (Mehlwürmer), Entwicklungsstadien (Stabheuschrecken).	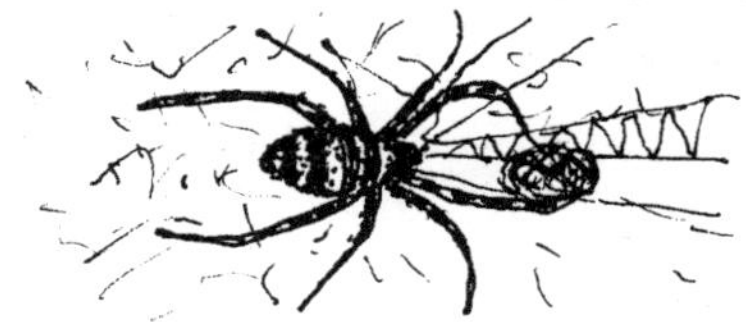
58	**BEOBACHTUNGEN AQUARIENFISCHE** Balzverhalten bei Guppys	Guppyweibchen und -männchen zeichnen, Geschlechtsunterschiede festhalten. Welche Flossen sind wann beteiligt? Sechs ausgewachsene Männchen und Weibchen unterschiedlicher Grösse drei Tage voneinander isolieren (zwei Becken à 10 Liter). Balzverhalten nach dem Zusammenbringen der Fische beobachten, protokollieren. Balzverhalten: angeboren?	
59	**ZWEIFLECK-GRILLE 1** Geschlechtsunterschiede Akustische Verständigung	Zweifleckgrillen (Zoofachhandel) in 10-Liter-Becken mit Sandboden, Laub und kleinen «Verstecken». Ab und zu mit Wasser besprühen, mit Fischfutter, Grünfutter … versorgen, feuchte Watte als Tränke. Ausgewachsenes Grillenpaar in Petrischale untersuchen: Insektenmerkmale, Geschlechtsunterschiede. Wie verständigen sie sich (ein Aquarium: zwei Männchen, ein Weibchen)? Wer? Womit? Wie wird Schall verstärkt bzw. gerichtet? Hörorgane?	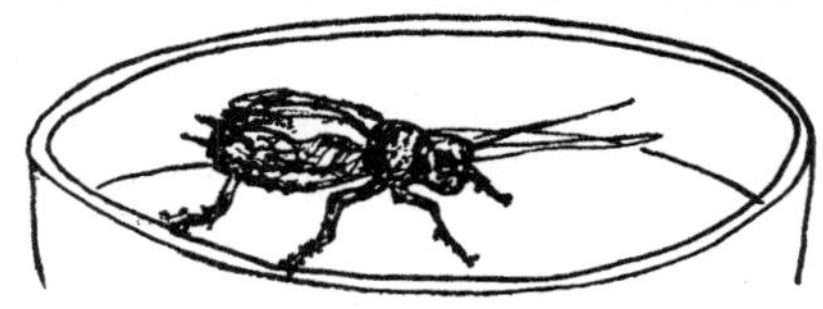
60	**ZWEIFLECK-GRILLE 2** Balz, Paarung Revierverhalten Eiablage und Entwicklung	Zweifleckgrillen-Weibchen und -Männchen drei Tage isolieren, dann zwei Weibchen zu einem Männchen setzen. Reiz-Reaktionsschema gruppenweise protokollieren. Zwei zuvor isolierte Männchen zusammenführen, Verhalten schriftlich festhalten. Vergleich mit zwei Weibchen. Begattete Weibchen in Einmachglas (2 cm mit feuchtem Torf gefüllt), gelegte Eier entnehmen, Entwicklung protokollieren, mit Mehlkäfer vergleichen …	

Nr.	**Name der Spielform** Ziele / Akzente	**Idee / Beschreibung**	**Hinweise / Organisation**
61	**SCHNECKE 1** Beobachtungen an Schnecken	Schnecke auf Glasscheibe betrachten: Beobachtung des Schneckenfusses. Geschwindigkeit mit Stift markieren und ausrechnen. Wie reagiert die Schnecke auf chemische Hindernisse (parfümierter Lippenstift)? Morphologie der Schnecke. Wie kann sie senkrecht kriechen (Vergleich mit zwei angefeuchteten Glasplatten, Kontraktionswellen betrachten)? Wie bewegt sie sich auf trockenem / feuchtem Papier bzw. auf Sandpapier fort?	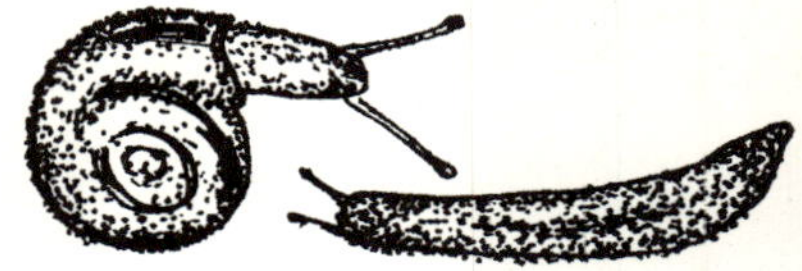
62	**SCHNECKE 2** Sinnesleistung Nahrungsaufnahme	Die Sinnesleistungen der Schnecke beobachten: Die Schnecke an den Fühlern berühren, Ton in der Nähe der Schnecke erzeugen, den Tisch erschüttern, mit der Taschenlampe anleuchten, mit Wattestäbchen einen Halbkreis aus Zitronensaft oder Essig um die Schnecke ziehen. Nahrungsaufnahme beobachten (Brei aus Mehl, Kalkpulver und Wasser). Schneckenhäuschen mit Nagellack markieren und ihren Aktionsradius untersuchen.	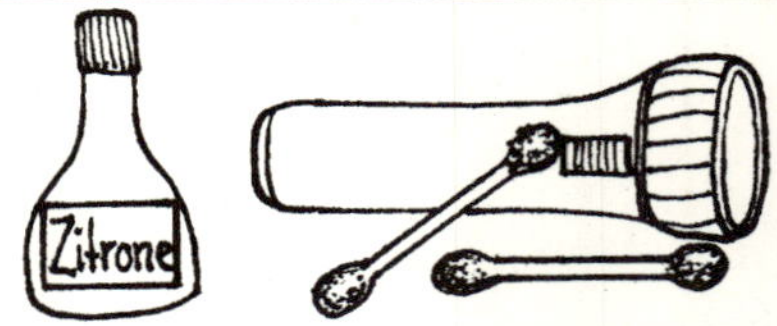
63	**RENNMAUS** Labyrinthversuche Lernen durch Versuch und Irrtum	Ein Labyrinth (besser Hochlabyrinth) herstellen. Die Rennmäuse 24 Stunden nicht füttern, dann an einem bestimmten Ort Nahrung anbieten. Wie durchlaufen sie das Labyrinth bei den nächsten Fütterungen? Zeit messen, Fehler notieren … Lernkurve anfertigen. • Morphologie, Verhalten, Nahrungsaufnahme, Putzritual, Nestbau, Gruppenzusammenhalt … der Rennmäuse kennen lernen.	
64	**BIOLOGIE-LEITERSPIEL** Einstieg in Thema Stoffrepetition	In Gruppen das Leiterspiel spielen. Jede Gruppe bewegt ihre Spielfigur auf dem Spielbrett gemäss der gewürfelten Augenzahl. Die entsprechende Nummer im Schulhaus suchen (Zettel hängen im ganzen Schulhaus, auch versteckt). Die Frage auf der Rückseite lesen, bei der Lehrperson beantworten. Richtig: weiterwürfeln, neue Nummer suchen. Falsch: drei Felder zurück, diese Nummer suchen …	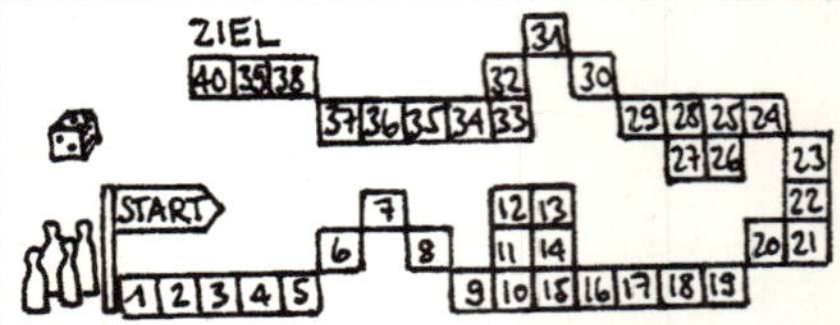
65	**ZOO-PARCOURS** Tiere, Pflanzen beobachten Informationstafeln studieren	Jede Gruppe gestaltet einen Parcours durch den Zoo. Eine andere Gruppe sucht die Orte auf und beantwortet die gestellten Fragen: Fragen zu Informationstafeln, Tiere zählen, lateinische Namen suchen, den Zoowärter befragen … • Im Zoo in Gruppen verschiedene Fotos herstellen, die anderen Gruppen suchen (bei einem zweiten Besuch) die Orte, Pflanzen bzw. Tiere.	

Nr.	**Name der Spielform** Ziele / Akzente	**Idee / Beschreibung**	**Hinweise / Organisation**
66	**SAMMELN, PRÄPARIEREN** Sammeln, Fangen, Präparieren, Sezieren	Pflanzen konservieren: Aufhängen und trocknen, pressen (Herbarisieren), Blütenpräparation in natürlicher Form und Färbung durch Trockenmittel. Glyzerinaufnahme der Pflanze, Gefriertrocknung. Tiere konservieren: Skelett-, Balg-, Abguss-, Paraffin-, Flüssigkeits- oder Trockenpräparate sowie Kunstharzeinschlüsse. • Filmen, Fotografieren / Vergrösserungen.	
67	**BIOLOGISCHE VORGÄNGE** Biologische Vorgänge simulieren	Biologische Prozesse und Handlungen durch Nachgestaltung verständlich machen (Rollen-, Simulations- und Planspiele): Evolution, Tierverhalten, Ökologie, Naturschutz, Erfahrungen tierischer Handlungsmuster, Konfliktsituationen im Alltag. • Rollenspiel: Tiere erzählen sich am Abend, was sie den ganzen Tag erlebt haben.	
68	**TIERE IM KLASSENZIMMER** Tierpflege Beobachtungen Versuche	In der Klasse Tierpflege organisieren (Wissen über Lebewesen aneignen, Einblicke in biologische Zusammenhänge, Rücksichtnahme, Verantwortung, Hygiene, Pflege, Fütterung). Beobachtungen protokollieren, Hypothesen aufstellen, Versuche durchführen, Daten interpretieren. • Vogelhaltung, Terraristik, Aquaristik, Insektarien …	
69	**PFLANZEN IM KLASSENZIMMER** Pflanzenhaltung Untersuchungen Beobachtungen	In der Klasse mikroskopische Untersuchungen, physiologische und ökologische Versuche, Vermehrungsversuche sowie blütenbiologische Beobachtungen durchführen. Pflanzenhaltung und -pflege kennen lernen und in der Klasse organisieren. • Zimmerpflanzen, Hydrokultur, Flaschengarten, Blumen-, Naturecke …	
70	**STEINE** Gesteine bestimmen, anmalen, untersuchen Steinspiele Steinfiguren	Sich an verschiedenen Stationen im Klassenzimmer (Werkstattunterricht) mit Steinen auseinander setzen: Steine anmalen, Steine mit der Lupe untersuchen, Steinfiguren herstellen, Steine mit Hammer und Meissel bearbeiten, Steinspiele, Spiele mit Steinen erfinden, Volumen der Steine mit verdrängter Flüssigkeit bestimmen, Gesteinsbestimmung …	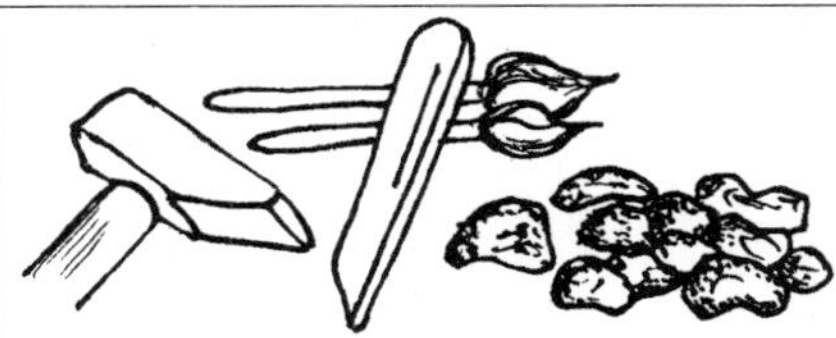

Nr.	Name der Spielform Ziele / Akzente	Idee / Beschreibung	Hinweise / Organisation
71	**BIOLOGIE DER BLÜTE 1** Von der Apfelblüte zum Apfel	Vorhandenes Wissen erkunden, indem Apfelblüten und Äpfel zunächst rein phänomenologisch betrachtet, dann in ihre Einzelbestandteile zerlegt werden. Anschliessend die Funktionen der Teile erkunden und ihre Bezeichnungen erarbeiten.	
72	**BIOLOGIE DER BLÜTE 2** Pollenanalyse Technik der Präparation	Eine Gruppe spielt einen Krimi, der Täter bzw. die Täterin soll eine Blumenvase mit Amaryllis umgestossen haben. Die Klasse sucht nun den Täter oder die Täterin, indem sie unter dem Binokular Pollen (Tulpe, Osterblume, Apfelblüte, Amaryllis …) untersucht, welche sie an Kleidungsstücken der Darstellenden fand.	
73	**BIOLOGIE DER BLÜTE 3** Bestäubung Befruchtung Entwicklung der Früchte	Nach Möglichkeit zusätzlich mit Mikroskop und rasterelektronenmikroskopischen Aufnahmen arbeiten: Verschiedene Pollen zeichnen, Grössenverhältnisse und Formen darstellen. Zusammenhang zwischen Pollenstruktur, Pollenhaftung und Oberfläche der Narbe erkennen. • Bestäubung / Befruchtung. • Selbst-, Fremdbestäubung / Entwicklung der Früchte beobachten.	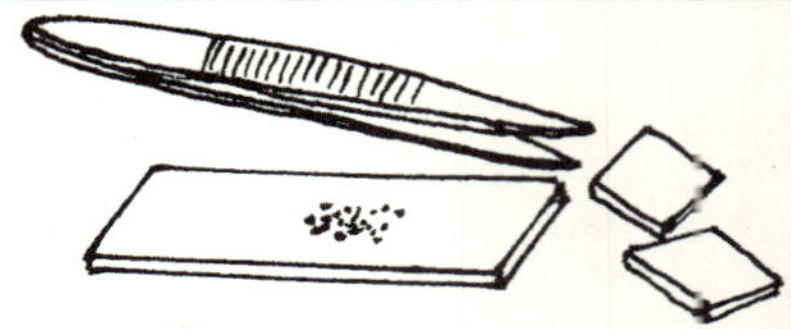
74	**BIOLOGIE DER BLÜTE 4** Blüten und Insekten Bauplan und Lebensweise der Bienen	Garten / Blumenbeete beobachten und Protokolle führen: Welche Insekten finden wir im Garten, womit sind sie beschäftigt? Zu welchen Pflanzen begeben sich Bienen, wie lange bleiben sie …? • Beobachtungen / Erkenntnisse vergleichen, darstellen. • Fotodokumentation / Quiz / Memory.	
75	**PFLANZEN ERZEUGEN GAS** Wasserpflanze erzeugt Sauerstoff	Eine Wasserpflanze in ein Einmachglas setzen, Trichter darüberstülpen und Reagenzglas daraufsetzen. Die ganze Anordnung vollständig in einen Eimer Wasser tauchen, dann aus dem Eimer nehmen und ins Licht stellen. Die Wasserpflanze gibt Gasbläschen ab, die aufsteigen. Warum? • An Stopfen Kerze mit Draht befestigen. Gefäss verschliessen und Zeitdauer messen, bis Flamme erlischt. Gleicher Versuch mit Pflanze im Gefäss.	

Nr.	**Name der Spielform** Ziele / Akzente	**Idee / Beschreibung**	**Hinweise / Organisation**
76	**PFLANZEN ERZEUGEN STÄRKE** Stärkenachweis Chlorophyll	Einige Blätter einer Geranie zwei Tage lang mit schwarzer Plastikfolie komplett abdecken. Dann Wasser erhitzen und Methyl-Spiritus erwärmen. Die Blätter zuerst in das heisse Wasser, dann in den Spiritus tauchen. Mit der Pipette Jod darauf tropfen, das unverhüllte Blatt wird schwarz (enthält Stärke), das verhüllte Blatt nicht.	
77	**PFLANZEN-WACHSTUM** Beeinflussung des Pflanzenwachstums durch Düngung, Streusalz, Waschmittel…	Bewurzelte Stecklinge des Fleissigen Lieschens in Standzylinder mit abgekochtem Leitungswasser bzw. mit Flüssigdünger und Wasser mit Watte fixieren. Wachstum beobachten. – 3 Töpfe mit Kressesamen, einen mit Wasser, einen mit Wasser bis zum Keimen der Saat, dann mit verdünnter Salzlösung (Seifenwasser), einen nur mit Salzlösung (Seifenwasser) giessen. – Dose randvoll mit Erbsen, Wasser bis zum Rand, Ziegelstein auflegen.	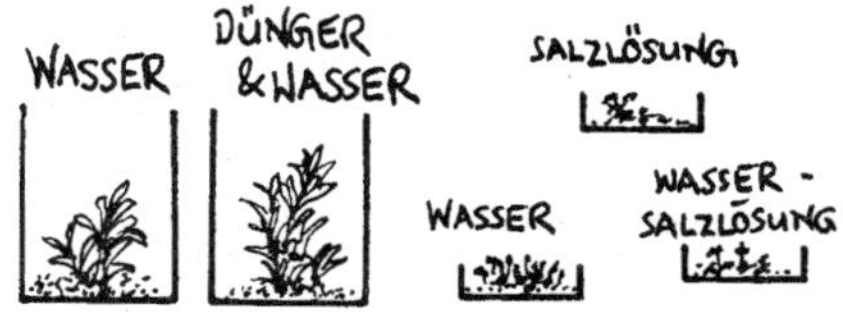
78	**FOTOTROPISMUS** Wachstum dem Licht entgegen	Aus einem Schuhkarton ein Pflanzenlabyrinth herstellen (Öffnung an der oberen Wand, zugeschnittener Karton mit Löcher zum Einsetzen). Stangenbohne einen Tag ins Wasser einlegen, dann in Topf pflanzen, begiessen. Den Topf in die Schachtel stellen, den ersten Kartonboden einsetzen, die Schachtel mit dem Deckel verschliessen. An hellen, warmen Ort stellen. Wenn der Keimling durchs erste Loch schlüpft, zweites Kartonstück einsetzen, usw.	
79	**FOTOSYNTHESE** Abhängigkeit der Fotosynthese von der Lichtintensität und dem Kohlendioxid	Sprosse der Wasserpest an der Spitze mit einer Büroklammer beschweren und kopfüber in ein mit Wasser gefülltes Reagenzglas legen, mit dem Diaprojektor aus verschiedenen Distanzen (20 cm, 40 cm, 80 cm) beleuchten. Die Sauerstoffbläschen, die an der Schnittstelle der Sprosse austreten, zählen. • Ebenso: Drei Reagenzgläser mit destilliertem Wasser, Leitungswasser bzw. aus einer Mischung von Leitungs- und Mineralwasser. Sauerstoffbläschen?	
80	**WASSER-VERDUNSTUNG** Wasserverdunstung der Blätter	Bewurzelter Spross (Fleissiges Lieschen) in wassergefüllten Standzylinder stellen, Oberfläche des Wassers mit Öl bedecken (Schutz vor Verdunstung), Plastiktüte über den Spross stülpen, verschliessen. Die folgenden Tage beobachten. Bedeutung der Verdunstung für den Wasser- / Mineralstofftransport? • Ebenso: Zwei Standzylinder, ohne Plastiktüte, bei einem der beiden Sprosse alle Blätter entfernen. Höhe des Wasserspiegels nach 2–3 Tagen?	

Nr.	Name der Spielform Ziele / Akzente	Idee / Beschreibung	Hinweise / Organisation
81	**NATURNAHER GARTEN** Entstehung eines naturnahen Gartens	Sich mit der Entstehung eines naturnahen Gartens auseinander setzen. Mischkulturen anlegen, Kompost statt Kunstdünger verwenden, verblühte Stauden als Winterquartiere für Insektennachwuchs liegen lassen, Reisighaufen für Zaunkönige und Igel aufschichten …	
82	**TROCKENMAUER** Bestandesaufnahme von Flora und Fauna Standort	Nach Genehmigung der Schulleitung günstigen Standort auswählen, die anzusiedelnden Pflanzengesellschaften bestimmen, Pflanzen- und Steinmaterial beschaffen. Trockenmauer bauen, bepflanzen und pflegen.	
83	**HECKE 1** Hecke untersuchen Pflanzenbestand	Den Pflanzenbestand einer Naturhecke während einer Vegetationsperiode aufnehmen. Hecke in Abschnitte unterteilen, in Gruppen Bäume, Sträucher, Kräuter erfassen. Nach Braun-Blanquet Individuenzahl (Abundanz) und Deckungsgrad (Dominanz) bestimmen. Die Geselligkeit, in der Pflanzen der «Krautschicht» vorkommen, ermitteln.	
84	**HECKE 2** Lichtintensität Luftfeuchtigkeit Lufttemperatur	Die Lichtintensität mit einem Fotometer in verschiedenen Schichten der Hecke messen, Auswirkung auf die Entwicklung und das Vorkommen der Pflanzen (Lage, Grösse, Färbung und Ausrichtung der Knospen, Blätter, Blüten und Früchte, Reifezustand der Früchte …) ermitteln. An verschiedenen Orten zu unterschiedlichen Zeiten die Luftfeuchtigkeit (Hygrometer) und die Temperatur (bei unterschiedlicher Witterung) messen und erklären.	
85	**HECKE 3** Windgeschwindigkeit Bodentemperatur Humusgehalt PH-Wert, Kalkgehalt	An verschiedenen Stellen zu unterschiedlichen Zeiten die Windgeschwindigkeit in der Hecke und der Umgebung messen (Schalenkreuz-Anemometer / Beaufort-Skala). Die Bodentemperatur in unterschiedlichen Tiefen (5 cm, 10 cm, 20 cm / Erdbohrstock) an den Heckenrändern, in der Heckenmitte und im umliegenden Freiland messen. Proben von den entsprechenden Stellen nehmen, Humusgehalt, pH-Wert und Kalkgehalt ermitteln.	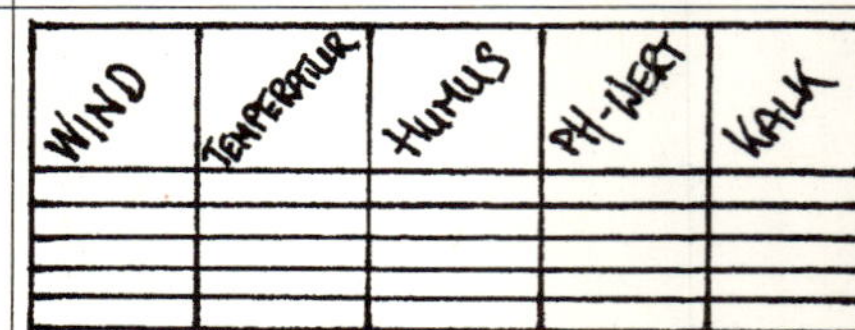

Nr.	**Name der Spielform** Ziele / Akzente	**Idee / Beschreibung**	**Hinweise / Organisation**
86	**TRITTPFLANZEN** Anpassung der Trittpflanzen an besondere Umstände	1 m x 1 m einer häufig betretenen Fläche (Trampelpfad, Sportplatz …) abstecken und die vorkommenden Pflanzenarten untersuchen. Wie haben sich die Pflanzen an die Bedingungen angepasst? Auf einem Plan des betroffenen Areals die Individuenzahl (Abundanz) der vorkommenden Pflanzen mit Symbolen eintragen. Monografien der gefundenen Arten erstellen und mit verwandten Arten vergleichen.	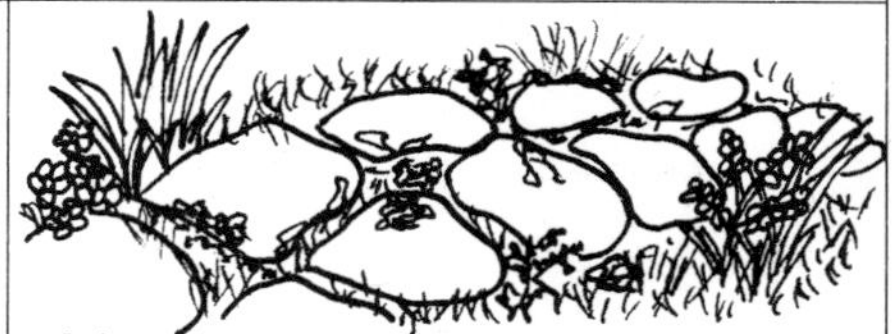
87	**FASSADEN-PFLANZEN** Merkmale, Vor- und Nachteile begrünter Fassaden	Pflanzen, die in der Umgebung vorkommen, bestimmen und fotografieren. Fassaden begrünen. Merkmale festhalten. Begrünte Wand mit einer unbegrünten vergleichen: Vor- und Nachteile, Insekten an der begrünten Wand beobachten, Temperatur / Luftfeuchtigkeit an dicht begrünter und unbegrünter Hauswand (über längere Zeit) messen und vergleichen … • (Schulhaus-) Fassade begrünen.	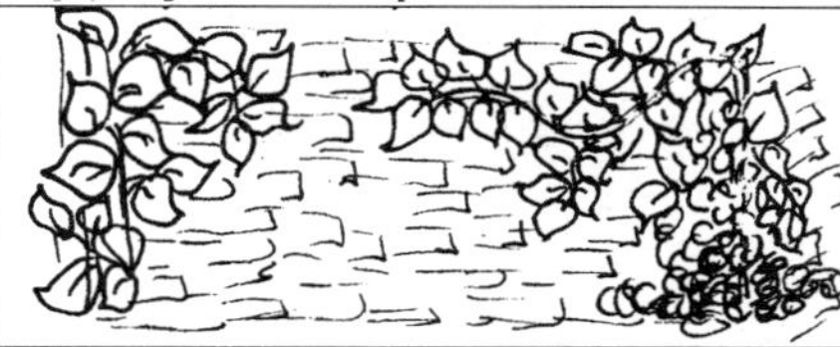
88	**FLIESSGEWÄSSER** Merkmale und Besonderheiten eines Fliessgewässers	Alle Merkmale und Besonderheiten eines Abschnittes eines Fliessgewässers notieren (Zu- und Abläufe, Vorfluter …, Wassertemperatur, Breite des Gewässers, Trübung, Geruch, Lichteinfall und Beschattung, Strömungs-geschwindigkeit …). An verschiedenen Tagen wiederholen und vergleichen. • Wasserproben mit Wassertestgeräten untersuchen. • Sammeln und bestimmen tierischer Organismen, Häufigkeit der Arten …	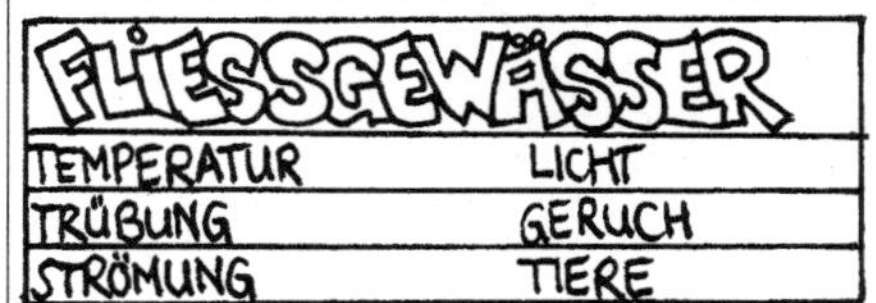
89	**BERGLANDSCHAFT** Berglandschaft bewusst wahrnehmen Landschaften vergleichen	Einen Berg erklimmen und die Landschaft beobachten: Pflanzen zählen und bestimmen, Baumgrenzen ausmachen, Luft- und Lärmmessungen, Bodenuntersuchungen, Wasserproben, Temperaturen und jeweilige Luftfeuchtigkeit messen … • Vergleich mit Landschaft im Tal.	
90	**DETEKTIVSPIEL** Pflanzen bestimmen Pflanzen suchen Tiere aufspüren	In Gruppen in einem abgegrenzten Feld / Bereich (Wiese, Wald, Garten, am Fluss …) bestimmte Pflanzen bzw. Tiere suchen. • Mit / ohne Bestimmungsbücher / Tiere, Pflanzen fotografieren. • Pflanzen bzw. Tiere bekannt oder wer findet am meisten / zuerst …? • Gruppenwettkampf / Wettbewerb. • Stoffrepetition / Fotoreportage.	

Nr.	Name der Spielform Ziele / Akzente	Idee / Beschreibung	Hinweise / Organisation
91	**ÖKO-CAMP** Natur beobachten In der Natur leben	Eine Woche in der Natur leben, Zelte bauen und sich selbst versorgen. Die Natur untersuchen, in Ausschnitten beobachten, erkunden und vergleichen. Lebensräume und Lebensbedingungen untersuchen. Zerstörung von Naturräumen erkunden (Eingriffe von Menschen in die Natur beurteilen). • Naturzerstörung / Artenschutz (z. B. Biotopzerstörung durch Skianlagen, Gefährdung seltener Arten durch Kletterer, Brutstörungen durch Kanuten …).	
92	**NATURLEHRPFAD** Im Freien lernen Informieren	Gegend erkunden und Themen (Waldschäden, Artenkenntnis, Kleinbiotope, Naturzerstörung, Landwirtschaft …) für Stationen (Hecke, Wald, Steinbruch, Raststelle, Obstwiese …) eines Naturlehrpfades sammeln. Weg festlegen, Beobachtungen anstellen, Fachleute befragen, Themen bearbeiten, Tafelbilder herstellen … Lehrpfad einrichten. • Eltern / Klassen durch den (einen) Naturlehrpfad führen.	
93	**WALD-OL** Natur beobachten Natur kennen lernen	Streckenposten auf der Karte einzeichnen. An den einzelnen Stationen beantwortet man Fragen oder löst eine Aufgabe: Wie alt ist der gefällte Baum? Wie heisst die geschützte Pflanze, die gerade blüht? … • Aufgaben entlang der Strecke: 10 Gegenstände sammeln, die nicht in den Wald gehören, Tonabdruck der Rinde einer Eiche / Birke … mitbringen, einen essbaren Pilz pflücken …	
94	**WASSERLEBEN** Gewässer-Güteklassen Gewässergüte berechnen	Berechnung der Gewässergüte: Tiere suchen, bestimmen, für jede Art Häufigkeit schätzen (1 = selten, 2 = mittelhäufig, 3 = massenhaft). Nach Bestimmungsschlüssel «Wirbellose Tiere des Süsswassers» (Friedrich-Verlag, Im Brande 15, D-3016 Seelze 6) Protokollliste ausfüllen. • Gewässer nach Färbung, pH-Wert, Sauerstoffgehalt, Geruch … einordnen.	
95	**WASSERLÄUFER HAKENKÄFER** Oberflächenspannung Luft verdrängt Wasser	Glasschüssel mit Wasser. Aluminiumfolie (4 cm x 4 cm) auf die Oberfläche legen, vorsichtig eine kleine Münze (einen Wasserläufer) darauf legen. Einige Tropfen Spülmittel beigeben, mit Streichholz umrühren. Vergleich Natur. • Atmung des Hakenkäfers mit zwei Gläsern demonstrieren: Erstes auf den Wasserboden stellen, zweites verkehrt unter Wasser drücken, knapp über dem Boden leicht kippen. Mit dem ersten Glas aufsteigende Luft auffangen.	

Nr.	Name der Spielform Ziele / Akzente	Idee / Beschreibung	Hinweise / Organisation
96	**ATMUNG UND KREISLAUF 1** Brust-, Bauchatmung Atemvolumen	Den Bauch- und Brustumfang beim Atmen messen. Bauch- und Brustatmung vergleichen, Funktionsweise am Modell studieren. Atemvolumen messen: Nach dem Einatmen in einen Schlauch blasen, der in ein umgedrehtes mit Wasser gefülltes Glas reicht, das in einem Wasserbecken steht (Luft drückt Wasser aus dem Glas). – Wie lange brennt eine Kerze in einer Glasglocke, die mit Atemluft bzw. frischer Luft gefüllt ist?	
97	**ATMUNG UND KREISLAUF 2** Blutdruck Blutzuckerspiegel Blut untersuchen Blutgerinnung	Blutdruck messen, vergleichen. – Blutzuckerspiegel ermitteln. – Blut untersuchen (Stethoskop, mit Oxalat versetztes Blut vom Schlachthof, $CaCl_2$-Lösung, O_2- und CO_2-Flasche, Kalkwasser, Gummischlauch): Farbveränderung an Oxalatblut bei Aufnahme von O_2 und CO_2 vergleichen, begründen. – Nachweis Blutgerinnung mit Calciumchlorid-Lösung. – Nachweis des CO_2 in Atemluft. – Mikroskopische Untersuchung eines Anstrichs von Tierblut.	
98	**HERZFREQUENZ** Herz-Kreislauf-System Pulsmessung Werte kennen und vergleichen	Pulsmessungen durchführen. Ruhepuls, Puls nach verschiedenen Bewegungen, Puls am Morgen, Puls am Abend, Puls vor einer Prüfung, Puls im Schwimmbecken … • Werte vergleichen: Gruppe, Klasse, Erwachsene / Kinder … • Tabellen erstellen. • Pulsmessung vor und nach 2-monatigem Ausdauertraining.	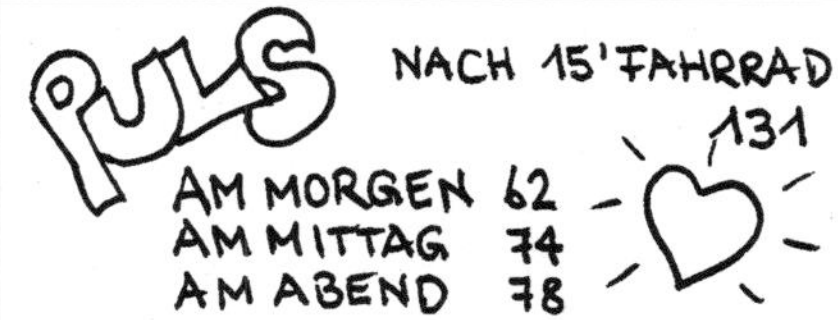
99	**CONCONITEST** Fitnesstest durchführen Aerobe-anaerobe Schwelle	Mit dem Conconi-Test den aktuellen Leistungsstand und die aerobe-anaerobe Schwelle feststellen (Fahrradergometer, Laufbahn mit schneller werdenden Signalen). • Tests (Medical Fit-Test, FSM-Fit-Check, Cooper-Test, Fettmessung … zur Feststellung der körperlichen Fitness / Gesundheit durchführen. • Aktionen (Tests, Trainings, Freizeitaktivitäten) planen und anbieten.	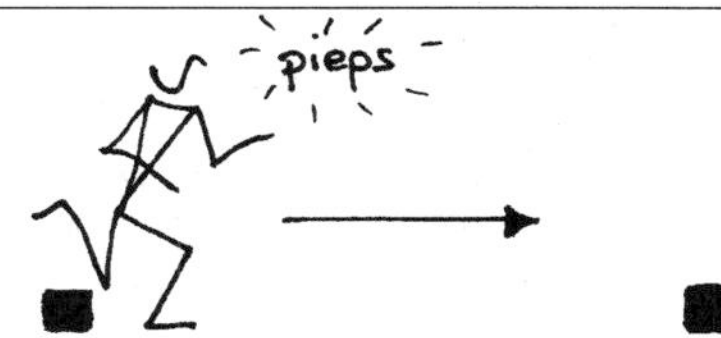
100	**BEWEGUNGS-APPARAT** Wirbelsäule Belastung Rücken Knochen, Gelenke	Mit Holzstücken und Schaumstoff ein Bandscheibenmodell anfertigen und die Belastungen bei verschiedenen Bewegungen studieren. – Einen Metalldraht (1 mm Durchmesser) c-förmig, den anderen s-förmig biegen, das Ende mit Schlaufe an Styroporplatte (250 g) befestigen, das obere Ende mit Gewichten belasten und die Biegung des Drahtes diskutieren. • Modelle aus Papier / Modelliermasse (Knochen, Gelenke, Fussgewölbe).	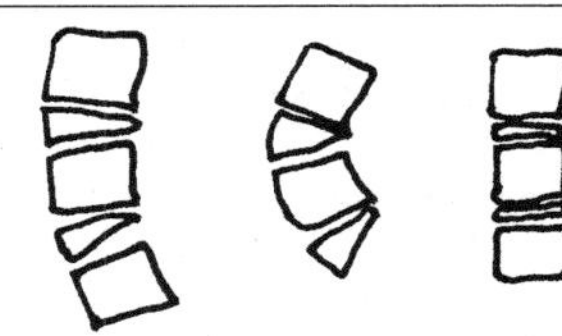

Nr.	Name der Spielform Ziele / Akzente	Idee / Beschreibung	Hinweise / Organisation
101	**MUSKULÄRE DYSBALANCE** Körperwahrnehmung Haltungsbewusstsein Sitzen als Belastung	Muskuläre Dysbalancen am Körper entdecken. Was muss gedehnt bzw. gekräftigt werden? Wie? Haltungsprobleme, -schäden erkennen. • Haltung gegenseitig beurteilen, korrigieren. • Sitzpositionen kritisch hinterfragen / korrigieren (Gymbälle, Sitzkeil …). • Rücken gegenseitig betrachten und beurteilen (sind beide Schultern / Beckenknochen gleich hoch? Skoliose? Hohl-Rundrücken? …).	KRÄFTIGEN: Bauch, Gesäss, Rücken … STRETCHEN: Brust, Hüftbeuger, Oberschenkel …
102	**ÜBUNGS-PROGRAMM** Zur Abschwächung / Verkürzung neigende Muskulatur	Die Muskulatur, die zur Abschwächung bzw. zur Verkürzung neigt am Körper suchen. Kräftigungs- bzw. Stretchingübungen kennen lernen und gemeinsam durchführen. Jede Person stellt für sich ein Programm zusammen unter Berücksichtigung seiner muskulären Dysbalance und / oder seines körperlichen «Veränderungswunsches». Während 2–3 Monaten führen alle regelmässig ihr Programm aus. Rückmeldung, Vergleich vorher / nachher …	
103	**GYMBALL** Dynamisches Sitzen Spiel- und Übungsformen mit dem Gymball	Dynamisches / statisches Sitzen vergleichen. Auf dem Gymball dynamisch sitzen, Übungen (Kraft, Ausdauer, Beweglichkeit, Entspannung / Entlastung) und Spiele (im Schulunterricht / im Sport) mit dem Ball kennen lernen und durchführen. Den Gymball als Sitz-, Bewegungs- und Spielgerät in der Schule, in der Freizeit und zu Hause einsetzen (Anregungen in TRUCCO, U.: «1019 Spiel- und Übungsformen mit dem Gymball»; vgl. Lit. S. 259).	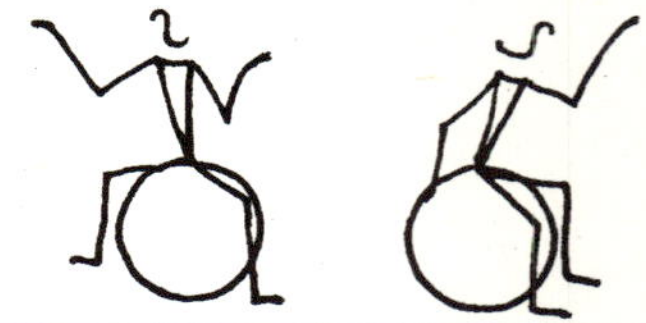
104	**BIKE-HASH** Ausdauer Ausdaueranlässe Parcours organisieren	Gesundheitliche Auswirkungen eines regelmässigen Ausdauertrainings kennen lernen. Jede Woche Ausdauer trainieren: Vita-Parcours, OL, Schnitzeljagd, Aerobic … Eine Gruppe plant z. B. eine Fahrrad-Schnitzeljagd und steckt den Parcours (am Vorabend) aus. Dabei Sackgassen, zusätzliche Wegstrecken, Schlaufen für die stärkere Fahrergruppe einplanen.	
105	**SINNE UND NERVEN** Wärmeempfindung Sehen Blinder Fleck Nachbild	Wärmeempfindung: Gleichzeitig eine Hand in 35 °C und die andere in 10 °C warmes Wasser, dann beide in 20 °C warmes Wasser tauchen. – Knochenleitung des Schalls: Schwingende Stimmgabel am Kopf ansetzen. – Sehen: Abwechselnd mit rechtem / linkem Auge durch ein Papierrohr schauen. Bild mit geschlossenem rechten Auge fixieren, dann heranführen und entfernen. Zeichen auf Farbkarton fixieren, dann auf weisses Blatt schauen.	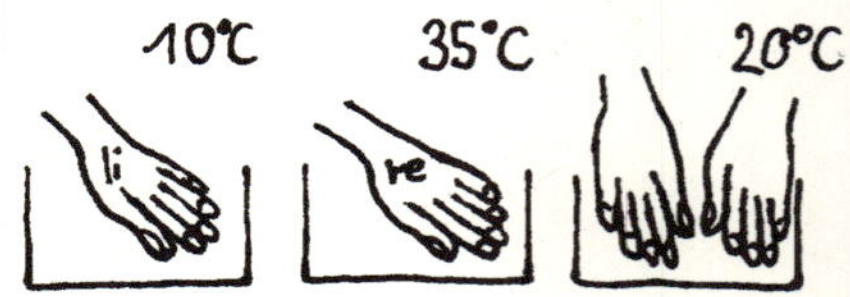

Nr.	**Name der Spielform** Ziele / Akzente	**Idee / Beschreibung**	**Hinweise / Organisation**
106	**SINNE 1** Tastsinn	Zu zweit Druckpunkte auf dem Ober- / Unterarm mit der Tastborste nachweisen: In unregelmässigen Abständen Punkte auf dem Arm reizen, erkannte Reizpunkte markieren (Filzstift), zur Kontrolle immer wieder auch unempfindliche Stellen reizen. Gleichzeitige Berührungspunkte untersuchen: Zwei Spitzen eines Stechzirkels gleichzeitig mit geringem Druck auf die Haut setzen, Abstand variieren. Werden eine oder zwei Spitzen wahrgenommen?	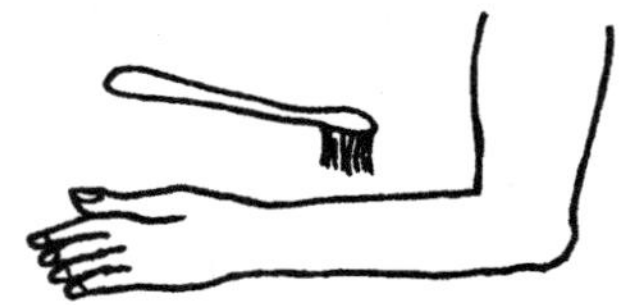
107	**SINNE 2** Geschmackssinn	Die verschiedenen Geschmacksrezeptoren auf der Zunge lokalisieren: Mit Wattestäbchen verschiedene Lösungen (Rohrzucker- / Kochsalz-, Essigsäurelösung) auf die Zungenspitze, auf den Zungengrund, auf den mittleren und vorderen Zungenrand aufbringen.	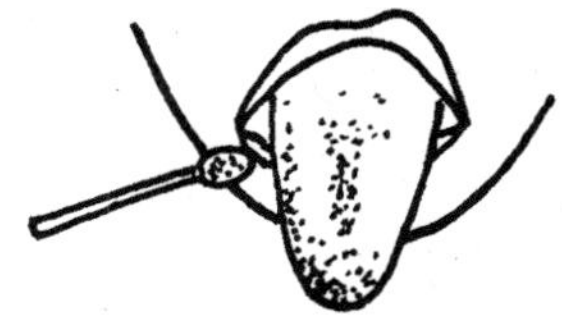
108	**AUGE** Dioptrischer Apparat Linse Komplexaugen-Modell von Insekten	Tiefgefrorene Rinderaugen mit einer Metalllaubsäge (sehr feine Blätter) in zwei Hälften teilen und den dioptrischen Apparat zeichnen. Die Linse herauspräparieren und ihre Funktionsweise untersuchen (über einen gedruckten Text halten, Abstand vergrössern). • Aus 20–30 sechseckigen Pyramidenstumpfen (sechs Facetten) rundes Gebilde zusammenkleben (Komplexauge von Insekten), hindurchschauen …	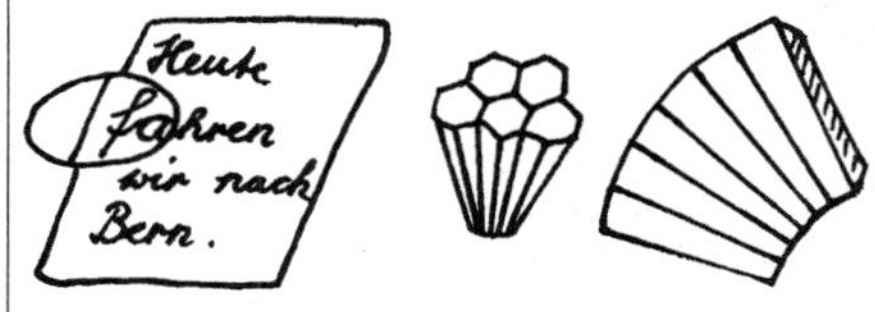
109	**CHROMOSOMEN** Chromosomen-Modell Phasen der Mitose Verdichtete Chromosomenstrukturen	Chromosomen-Modell: Vier Druckknöpfe (11 mm Durchmesser), vier weisse (je 40 cm lang), vier rote (je 20 cm lang) Drahtstücke. Jedes Drahtstück durch zwei benachbarte Löcher einer Druckknopfhälfte ziehen, verschieden lange Abschnitte entstehen. Die beiden weissen und die beiden roten Drahtstücke über dem Druckknopf miteinander verbinden: weisses und rotes Chromosomen-Modell. Der Realität zuordnen. Phasen der Mitose darstellen.	
110	**VERERBTE MERKMALE** Erbmerkmale untersuchen	Innerhalb der Klasse Erbmerkmale untersuchen und notieren: Haaransatz, Ohrläppchen, Behaarung des mittleren Fingergliedes, Biegbarkeit des Daumens, Zungenrollen, Augenfarbe, Sehschwäche … Merkmale vergleichen. Welche Erbmerkmale kommen in der Familie vor?	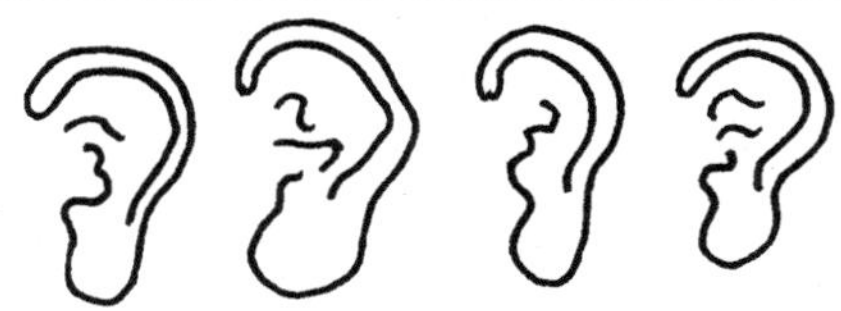

Nr.	Name der Spielform Ziele / Akzente	Idee / Beschreibung	Hinweise / Organisation
111	**HÄNDE 1** Hände vergleichen Koordinationsaufgaben	Hände vergleichen, vermessen, aufeinander legen. Finger, Nägel, Narben, Knöchel, Hautbeschaffenheit, Beweglichkeit der Gelenke vergleichen. Verschieden grosse und schwere Gegenstände mit der rechten, dann mit der linken Hand festhalten (aufheben, in die Weite / Höhe werfen). Gegenstände mit verbundenen Augen / unter einem Tuch ertasten. • Koordinationsaufgaben / Geschicklichkeitsspiele (vgl. S. 216, 222, 229 f.).	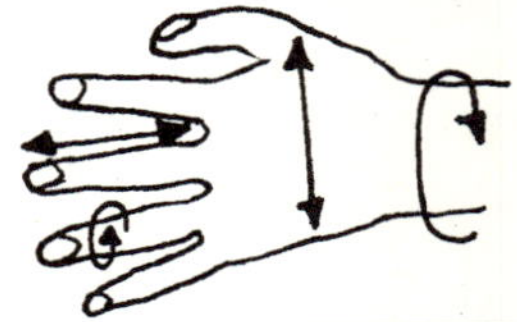
112	**HÄNDE 2** Hände und Beruf Hände und Körpergrösse Handlinien Fingerabdruck	Verschiedene Hände vermessen und fotografieren. Hände in Zusammenhang mit der beruflichen Tätigkeit und der Körpergrösse betrachten. • Handlinien und Fingerabdrücke vergleichen. • Hand-, Fingerschmuck / Mehandi. • Maniküre.	
113	**ARME** Arme vergleichen Koordinationsaufgaben	Arme vermessen. Hebel vergleichen. Ellbogengelenk / Gelenkigkeit vergleichen. Muskeln vergleichen, Umfang messen. Arm-Masse mit der persönlichen Sportart in Verbindung bringen. • Koordinationsaufgaben lösen, z. B. ein Arm bewegt sich hoch und tief, der andere Arm hoch, seitwärts, tief, seitwärts …; die Arme (und Füsse) bewegen sich in verschiedenen Takten.	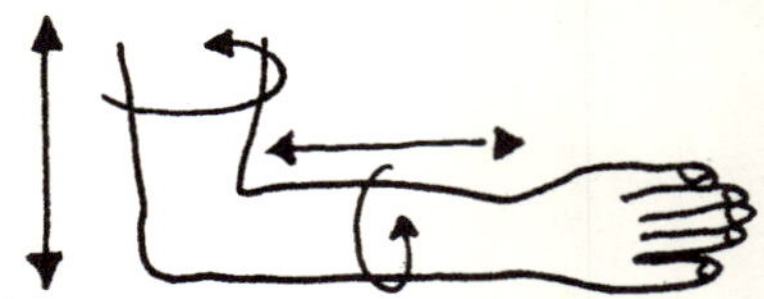
114	**BEINE** Beine vergleichen Koordinationsaufgaben	Beine vermessen. Hebel vergleichen. Kniegelenke und Muskeln vergleichen, Umfang der Muskulatur messen. Bein-Masse mit der persönlichen Sportart in Verbindung bringen. • Einen Sportler vermessen. • Muskelarbeit bei einer Sportart analysieren (Film, Zeitlupe, Modell …).	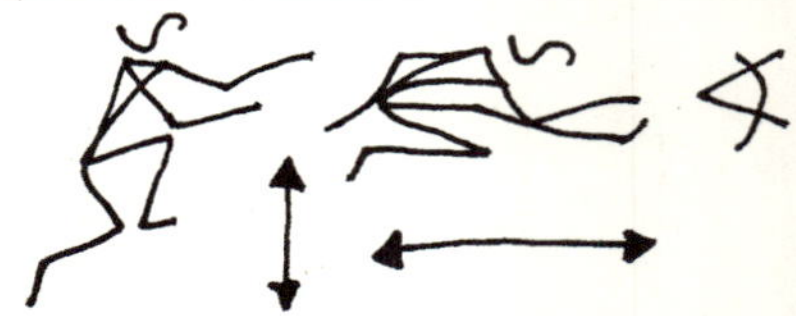
115	**KÖRPER-PROPORTION** Körperproportion und Alter Skelett	Kinder, Jugendliche und Erwachsene vermessen und die Körperproportionen in einer Grafik festhalten. • Körperproportionen in der Klasse vergleichen (Wandplakat). • Körperproportionen bei Schulbeginn / Ende Schuljahr. • Beweglichkeit / Kraft vergleichen (Tests). • Lebensgrosse Puzzles (Skelett-Puzzleteile) herstellen / zusammensetzen.	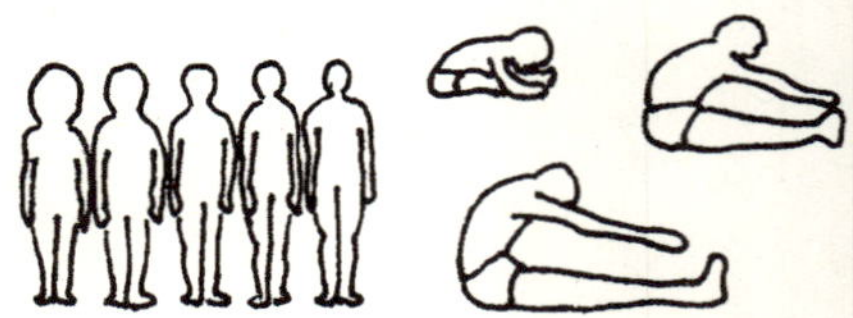

Nr.	Name der Spielform Ziele / Akzente	Idee / Beschreibung	Hinweise / Organisation
116	**FÜSSE 1** Füsse kennen lernen Füsse vergleichen Gesunde Schuhe Problemfuss Gangart	Die Füsse in der Klasse messen / vergleichen. Grösse, Zehenlänge, Besonderheiten, Hohlfuss, Knickfuss, Plattfuss … Unterschiedliche Fussstellungen vergleichen, Ursachen und Probleme erkennen. Gesunde, ungesunde Schuhe (Fussbett, Einlagen) betrachten und diskutieren. Im Klassenraum (im Freien) mit / ohne Schuhe umhergehen. Gangarten vergleichen. Gangarten wechseln. Vorgegebene Gangart nachahmen.	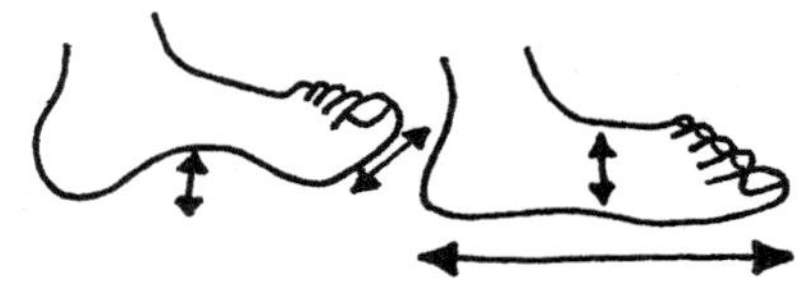
117	**FÜSSE 2** Barfuss gehen Gangart	Barfuss über verschiedene Böden gehen (Wiese, Asphalt, Kieselsteine …). Materialien auf den Boden legen und barfuss darüber gehen. Mit nackten Füssen verschiedene Gangarten ausprobieren: Abrollen von Ferse zur Zehe, auf den Zehenspitzen, den Aussen- bzw. Innenkanten gehen. Stehen, die gesamte Fusssohle behält Bodenkontakt, sich so in immer grösser werdenden Bewegungen wiegen. Die Füsse behalten immer Bodenkontakt.	
118	**FÜSSE 3** Zehenspiele Koordination Fusskräftigung Fusstheater	Gegenstände (Tuch, Bleistift, Streichholzschachtel, Spielbänder, Knöpfe …) mit den Zehen ergreifen / anheben / weiterreichen / einsammeln. Etwas mit den Gegenständen bewerkstelligen: Turm bauen, zeichnen, schreiben, Stafette (Bänder / Knöpfe mit den Füssen weitergeben) … • Fussgymnastik. • Fusstheater: Puppenmütze über Fuss stülpen, Gesicht auf Fussrücken.	
119	**FÜSSE 4** Koordination Bewegungsaufgaben Tastfähigkeit	Mit dem einen Fuss auf den Boden tippen, der andere zeichnet Kreise auf den Boden. Der rechte Fuss klopft einen Zweier-, der linke einen Dreierrhythmus. Ein Fuss stampft rhythmisch, der andere schreibt etwas … • Gegenstände, unter einer Decke versteckt, mit den Füssen ertasten. • Mit den Füssen Tücher so oft wie möglich falten. • Mit den Füssen malen / mit Kreide den Pausenplatz bemalen.	
120	**FÜSSE 5** Zonen des Fusses Lebensenergie wecken Reflexzonentherapie Reflexzonenmassage	Die Zonen des Fussrückens, der Fussinnenseite, der Fussaussenseite sowie der Fusssohle kennen lernen. Bestimmte Zonen reiben, drücken … Massagegriffe lernen. Massieren. • Pediküre. • Akupunktur-Punkte kennen lernen.	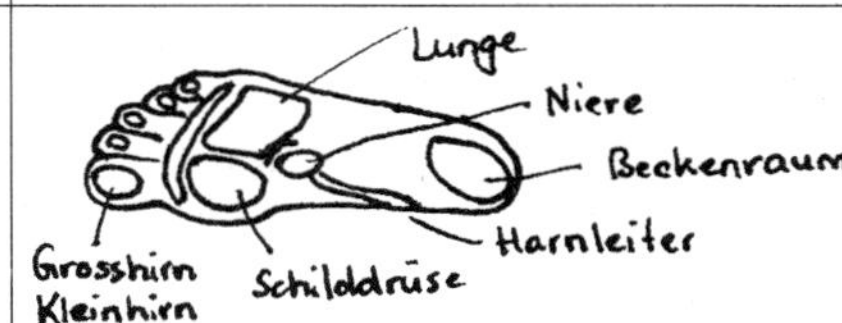

Nr.	Name der Spielform Ziele / Akzente	Idee / Beschreibung	Hinweise / Organisation
121	**MASSAGE STREICHEN** Einstimmung Anwärmen Vorbereiten	Mit offenen Handflächen über den Körper «fahren» und fortwährend Hautkontakt halten. Der Druck beider Handflächen ist kontrolliert und gleichmässig. • Variante: Mit dem Unterarm über den Rücken streichen. • Anfang: Drei einleitende Streichungen pro Körperteil. • Schluss: Den ganzen Körper von oben nach unten ausstreichen.	
122	**MASSAGE REIBEN** Blutkreislauf anregen Verhärtungen lösen	Beim flächigen Reiben werden Daumen, Daumenballen, Handwurzel und Handkante stärker belastet als beim Streichen und spiralig in die Haut «eingetaucht». Beim punktuellen Reiben wirken zudem Fingerkuppen oder Fäuste tief auf das Gewebe ein. Dies regt den Blutkreislauf an, erhöht die Sauerstoffzufuhr, Verhärtungen oder Muskelkater werden gelöst. • Pression: Ohne Bewegung drücken.	
123	**MASSAGE KNETEN** Muskulatur durchkneten	Mit beiden Händen ununterbrochen rhythmische, kreisende Bewegungen ausführen, das Gewebe mit der Mittelhand «ansaugen», durchtasten und dann entlassen, bis der nächste Griff angesetzt wird. Die Muskulatur so in Längs- und Querrichtung durchkneten. • Walken: Gesteigertes, noch stärker saugendes Kneten.	
124	**MASSAGE SCHÜTTELN** Körper in Schwingungen versetzen	Nach einer Dehnung der Muskulatur den Muskel selber oder mit Hilfe des Partners in Schwingung versetzen. Zu zweit: an den Füssen halten und so die Beine und die Wirbelsäule lockern; an den Händen halten und die Arme schütteln; in der Bauchlage den Körper hin- und herbewegen; in der Rückenlage Griff an den Beckenknochen und das Becken isoliert bewegen; den Kopf in der Rückenlage vorsichtig ziehen, drehen oder schütteln.	
125	**MASSAGE SCHLAGEN** Reizung, Lockerung der Muskulatur	Mit der offenen Hand seitlich auf das Gewebe schlagen. • Zupfen: Hautpartien anheben und fallen lassen. • Klopfen: Eine Hand auf den Körper legen, mit der anderen daraufklopfen. • Klatschen: Beide Hände klatschen locker auf einen Körperteil. • Hacken: Mit der Handkante und lockeren Fingerspitzen leicht federnd arbeiten.	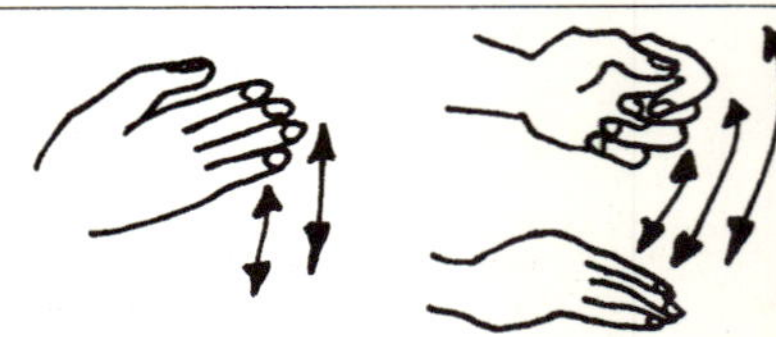

Nr.	**Name der Spielform** Ziele / Akzente	**Idee / Beschreibung**	**Hinweise / Organisation**
126	**MASSAGE TENNISBALL** Pause Entspannung Wohlbefinden	Sich gegenseitig mit einem Tennisball massieren. • Zu zweit im Klassenzimmer / in der Turnhalle (Gymnastikmatten). • Pause / Bewegungs-, Entspannungspause während einer Lektion. • Massage mit Gymball / Igelball. • Die Füsse massieren, indem man sich auf den Ball / die Bälle stellt.	
127	**VERSPANNUNGEN LÖSEN** Entspannung Körperwahrnehmung Energieblockaden lösen	Sich gerade und entspannt hinlegen, -setzen oder -stellen und tief einatmen. Beim Ausatmen sich auf die Körperstelle konzentrieren, die sich besonders verspannt anfühlt. Faust auf diese Stelle legen, und Finger für Finger mit jedem Ausatmen öffnen. • Allein / zu zweit.	
128	**OFFENE KÖRPERHALTUNG** Körperwahrnehmung Körperhaltung Fortbewegung	Sieben Regeln für eine aufmerksame, offene Körperhaltung üben / testen. 1. Mit den Füssen guten Bodenkontakt halten. 2. Gleichmässig, ruhig atmen. 3. Den Oberkörper aufrecht und beweglich halten. 4. Aufmerksamer Blick. 5. Versuchen, die innere und äussere Haltung in Einklang zu bringen. 6. Beim Gehen auf eine feste, kräftige und bewegliche Körperhaltung achten. 7. Häufige und auffällige Selbstberührungen vermeiden.	
129	**GUTER KONTAKT** Gesten Blickkontakt Lächeln	Sieben Regeln für einen guten Kontakt üben, Wirkung beobachten … 1. Blickkontakte ermöglichen. 2. Keine drohenden, abwertenden Gesten. 3. Auf einen angemessenen Abstand zum Gesprächspartner achten. 4. Dynamik und Gestik dem Gesprächspartner angleichen. 5. Den anderen nur berühren, wenn er es zulässt. 6. Von innen heraus lächeln. 7. Sich auch mit der Fuss- und Beinstellung dem anderen zuwenden.	
130	**GUTES GESPRÄCH** Haltungswahrnehmung Stimmvariation Mimik Gestik	Vier goldene Regeln für ein gutes Gespräch üben / testen. 1. Worte und Gesten stimmen überein (gebeugte Haltung = glücklich sein?). 2. Aufrechte Haltung, entspannte Gestik, Mimik und Stimme. 3. Keine verschränkten Arme, verkniffenen Augen, aufeinander gepresste Lippen, Drohungen, Abwertungen, Abwehrreaktionen. 4. Sich bewegen, um das Gespräch lebendig zu halten, freundlich bleiben.	

Nr.	Name der Spielform Ziele / Akzente	Idee / Beschreibung	Hinweise / Organisation
131	**DIE VIER TEMPERAMENTE** Körpersprache Ausstrahlung Körperwahrnehmung	Das Temperament der Mitschüler bestimmen bzw. verschiedene Temperamente in Szenen darstellen: Der heitere Mensch (Sanguiniker, Luft), der traurige Mensch (Melancholiker, Erde), der aufbrausende Mensch (Choleriker, Feuer), der schwerfällige Mensch (Phlegmatiker, Wasser). • Szenen filmen, analysieren / Einteilung in vier Temperamente reflektieren. • Andere Temperamente beschreiben / darstellen.	
132	**BEWEGUNGSTYP** Körpersprache Ausstrahlung Körperwahrnehmung Haltungsbewusstsein	Einander beobachten und den Bewegungstyp bestimmen (8 Dynamikformen nach Rebel). • Sich beim Bewegen filmen, analysieren / versteckte Kamera. • Bewegungsabläufe beobachten, dann imitieren. • Beckenboden kennen lernen / Beckenbodentraining. • Dynamikformen kritisch betrachten.	
133	**KÖRPER-HALTUNG** Körperwahrnehmung Haltungsbewusstsein	Verschiedene Körperhaltungen einnehmen, sich gedanklich in die andere Person versetzen und beobachten, was welche Körperhaltung aussagt: Positiv-offene, offen-herausfordernde, offen-verschlossene, verschlossene Haltung («Mehr Ausstrahlung durch Körpersprache» nach Rebel). • Welche Haltung nehme ich an? Wie wirke ich? • Wie wirke ich auf andere?	
134	**KÖRPER-WAHRNEHMUNG** Entspannung Körperwahrnehmung Energieblockaden lösen	Aufstehen und einfache Übungen zur Körperwahrnehmung durchführen: 1. Handflächen aneinander reiben und anschliessend auf die Augen legen. 2. Mit den Fingerknöchelchen die Ohren reiben. 3. 3x mit der Zungenspitze am Gaumen entlangfahren. 4. 3x Augenrollen. 5. 20x mit den Zähnen klappern. 6. Ausatmen und «Guten Tag» sagen.	
135	**INNERE, ÄUSSERE BALANCE** Entspannung Körperwahrnehmung Energieblockaden lösen	Langsam und tief einatmen, das Gewicht auf das rechte Bein verlagern und das linke Bein leicht anheben: Die linke Gehirnhälfte wird aktiviert. Mit dem Ausatmen das Gewicht auf das linke Bein verlagern und das rechte Bein anheben: Die rechte Gehirnhälfte wird aktiviert. • Entspannte Unterrichtspause. • Welche Gehirnhälfte ist für welche Aufgaben zuständig?	

Nr.	Name der Spielform Ziele / Akzente	Idee / Beschreibung	Hinweise / Organisation
136	**PHYSIKALISCHE EIGENSCHAFTEN 1** Festigkeit (Zustand): fest, flüssig, gasförmig Schmelzpunkt Siedepunkt	Schmelzpunkt bestimmen: Teststoff ins Reagenzglas geben, Wasser im Becherglas (Kasserolle) langsam erhitzen, Reagenzglas hineinhalten und sachte schütteln. Wenn der Teststoff zu schmelzen beginnt, das Reagenzglas herausnehmen und die Wassertemperatur messen. (Vorgang 2x wiederholen). • Siedepunkt messen und vergleichen (Reagenzglas mit Zange über Brenner halten, Thermometer knapp in Flüssigkeit tauchen). Vergleich im Gebirge.	
137	**PHYSIKALISCHE EIGENSCHAFTEN 2** Festigkeit (Zustand): fest, flüssig, gasförmig Feststoffe sind kleiner	Abgekühlte Flüssigkeiten werden fest, ihre Atome und Moleküle liegen enger zusammen. Verschiedene Teststoffe (auch Lebensmittel; Butter, Schokolade …) erwärmen, in ein Glas abfüllen, Höhe markieren und abkühlen lassen (Kühlschrank). Vergleichen. • Mit Wasser vergleichen (Gefrierschrank).	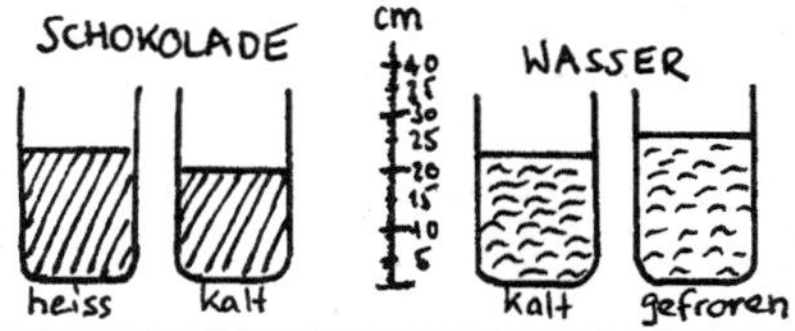
138	**PHYSIKALISCHE EIGENSCHAFTEN 3** Festigkeit (Zustand): fest, flüssig, gasförmig Viskosität	Marmeladegläser gleich hoch mit unterschiedlichen Flüssigkeiten füllen (Milch, Öl, Glyzerin, Wein, Wasser, Sirup …). Die Gläser nach Viskosität ordnen, indem man zwei Gläser nebeneinander stellt und gleichzeitig je eine Murmel ins Glas fallen lässt, während jemand die Zeit misst. • Vergleich mit erwärmten Flüssigkeiten. • Vergleich, wenn man mehr Kraft aufwendet, den Druck vergrössert.	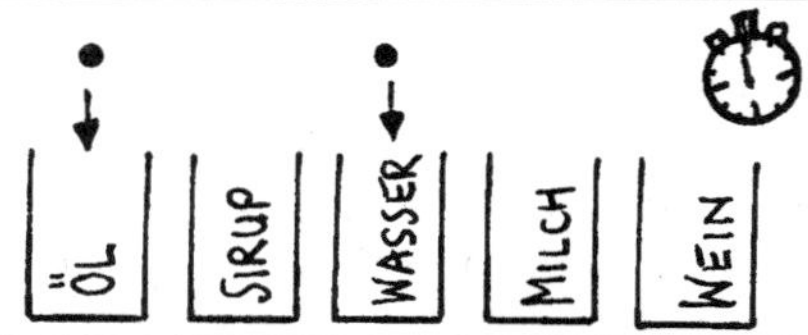
139	**PHYSIKALISCHE EIGENSCHAFTEN 4** Festigkeit (Zustand): fest, flüssig, gasförmig Volumen von Gasen	Flasche mit engem Hals zu 1/4 mit (warmem) Essig füllen. Einen Luftballon mit Hilfe eines Trichters mit Natron füllen. Den Ballon über den Hals der Flasche stülpen und ihn anheben, so dass das Natron in die Flasche fällt. Wenn das Natron in die Flasche fällt, beginnt die Flüssigkeit zu sprudeln, Kohlendioxid wird freigesetzt und bläst den Ballon langsam auf.	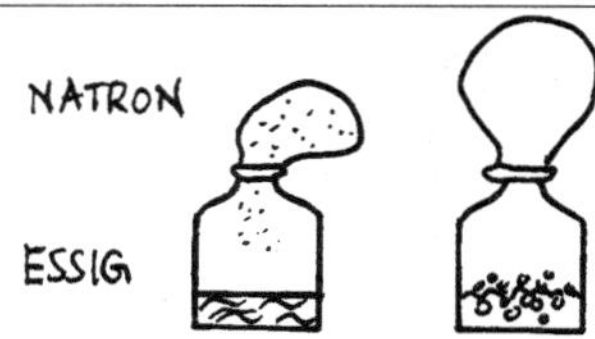
140	**PHYSIKALISCHE EIGENSCHAFTEN 5** Festigkeit (Zustand): fest, flüssig, gasförmig Diffusion	Zwei Bechergläser, eines enthält Luft, das andere Bromdampf, stehen mit ihren nur durch eine Glasscheibe verschlossenen Öffnungen aufeinander. Die Glasscheibe entfernen. Das Brom dehnt sich nach oben aus (obwohl es schwerer ist als Luft), die Luft nach unten. Nach ca. 1 Stunde entsteht ein gleichmässiges Brom-Luft-Gemisch.	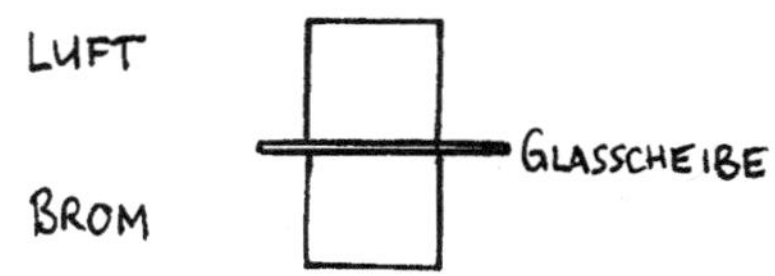

Nr.	Name der Spielform Ziele / Akzente	Idee / Beschreibung	Hinweise / Organisation
141	**PHYSIKALISCHE EIGENSCHAFTEN 6** Aussehen: Farbe, glänzend, matt, klar, undurchsichtig, dunkel, hell	Reflektor (Spiegel, weisse oder mattschwarze Pappe) und Bildschirm (weisse Pappe) im rechten Winkel aufstellen. Taschenlampe auf den Reflektor richten. Wie reflektiert das Licht auf die weisse Pappe? • Klar / undurchsichtig: Sonnen- und Mondfinsternis mit Globus, Lampe (Sonne) und kleinem Ball (Mond) simulieren. Diamantring-Effekt: Kurz vor totaler Sonnenfinsternis, Sonnenstrahl scheint durch Mondtal.	
142	**PHYSIKALISCHE EIGENSCHAFTEN 7** Struktur: rau oder glatt Puder oder Kristall Dichte: «Gewicht»	Strukturen verschiedener Stoffe vergleichen. – Die Dichte messen: Rohr mit Modelliermasse wasserdicht an einer Plastikflasche befestigen. Messbecher unter das Rohr stellen. Wasser bis zum Rand des Rohres füllen (überschüssiges Wasser läuft durch das Rohr ab, dann Becher leeren). Gegenstand in einen Messbecher geben. Menge, die in den Messbecher überläuft, notieren. Mit trockenem Gegenstand vergleichen (g/cm^3). Feststellung?	
143	**PHYSIKALISCHE EIGENSCHAFTEN 8** Elastizität Formbarkeit: dehnen, zusammendrücken, biegen, brechen	Die Formbarkeit verschiedener Stoffe feststellen: In einem Diagramm die Ausdehnung einer Feder für bestimmte Gewichte festhalten. Wo ist die Elastizitätsgrenze? Ausdehnung in einem Diagramm festhalten. • Das Hookesche Gesetz / folgt Gummi dem Hookeschen Gesetz? • Wann nimmt eine Feder ihre ursprüngliche Form nicht mehr an? • Verschiedene Materialien dehnen, biegen, zusammendrücken …	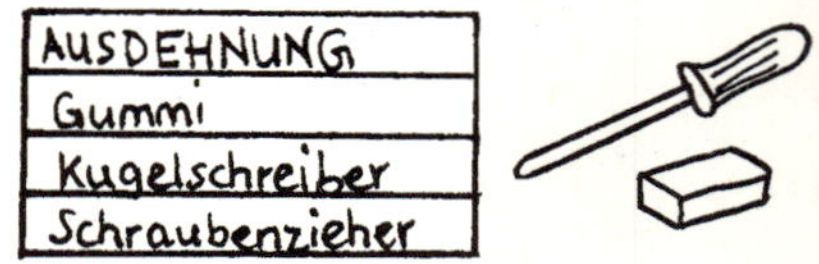
144	**PHYSIKALISCHE EIGENSCHAFTEN 9** Härte: Wie hart ist es?	Skala überprüfen bzw. mit entsprechenden Stoffen testen. Jedes Standardmaterial kann das unter ihm stehende ritzen und von dem über ihm stehenden geritzt werden: 1. Talk mit Fingernagel zerdrückbar, 2. Gips mit Fingernagel ritzbar, 3. Kalkspat mit Münze, 4. Flussspat mit Glas, 5. Apatit mit Taschenmesser, 6. Feldspat mit Quarz, 7. Quarz mit harter Stahlfeile, 8. Topas mit Korund, 9. Korund mit Diamant und 10. Diamant mit sich selbst.	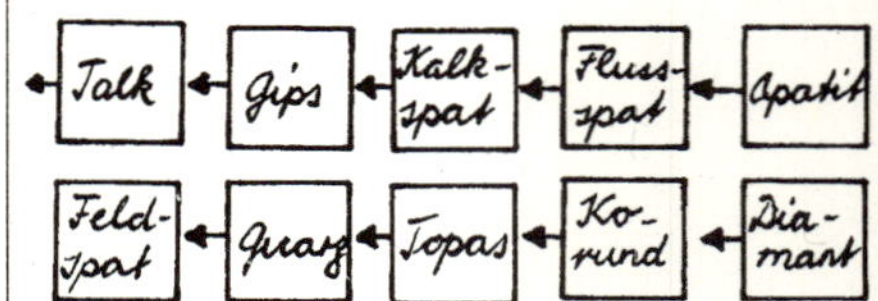
145	**PHYSIKALISCHE EIGENSCHAFTEN 10** Auftrieb: Schwimmt es? Magnetismus: Ist es magnetisch?	Auftrieb: Messungen mit Archimedischem Zylinder / mit Messgerät für Auftrieb in der Luft. – Magnetismus: Die Kraftlinien des Magnetfeldes mit Eisenfeilspänen und kleinen Kompassen sichtbar machen (Was passiert, wenn ein nicht magnetisch geladenes Material wie Eisen einem Magneten nahe kommt? Wie reagieren die Eisenspäne? Wie die Kompasse? Ungleiche / gleiche Pole …? Magnet Erde / Magnetosphäre?).	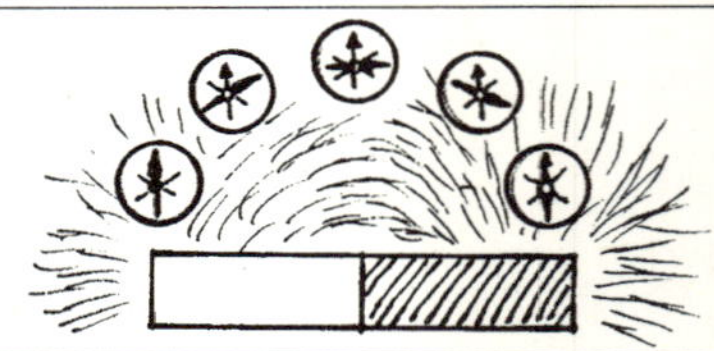

Nr.	**Name der Spielform** Ziele / Akzente	**Idee / Beschreibung**	**Hinweise / Organisation**
146	**PHYSIKALISCHE EIGENSCHAFTEN 11** Leitfähigkeit: Leitet es elektrischen Strom? Leiter, Isolatoren	Wenn Elektrizität leicht durch ein Material fliesst, ist es ein Leiter, fliesst es nur mühsam, ist es ein Isolator. Flachbatterie (4.5 Volt) und Glühbirne wie abgebildet verbinden (insgesamt drei Kabel). Testobjekt mit der Lampe und dem freien Pol der Batterie verbinden. Leuchtet die Birne auf, ist das Objekt ein Leiter, wenn nicht, ein Isolator.	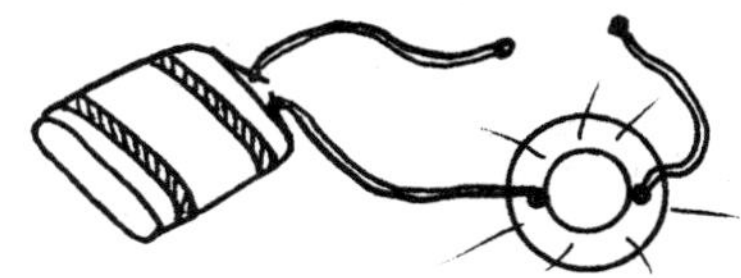
147	**METALLE** Physikalische Eigenschaften von Metallen	Gegenstände aus folgenden Metallen mitbringen: Kupfer, Messing, nichtrostendem Stahl, Bronze, Nickel, Gold, Eisen, Chrom, Stahl, Zinn, Aluminium, Silber, (Quecksilber). Zweck und Eigenschaften (Farbe, Härte, Schmelzpunkt, Legierung …) notieren. Die Ergebnisse vergleichen, überprüfen, ordnen …	
148	**ATOMMODELL** Anordnung verschiedener Atome Modell zur Veranschaulichung	Atommodell bauen: Vier Kreise (Elektronenschalen, für jede die Farbe wechseln) ausschneiden, aufeinander kleben. Von einem Plastikrohr 37 dünne Abschnitte abtrennen (Halterung für Perlen), einen im Mittelpunkt (Atomkern, rote Perle), 2 auf Ring 2, 8 auf Ring 3, 18 auf Ring 4 und 8 auf den Aussenring (Elektronen, blaue Perlen) kleben. Elemente auf dem Modell darstellen und Perlen auf die Plastikringe legen. – Modelle aus Styroporkugeln herstellen und je nach Bindung zusammen- / umstecken.	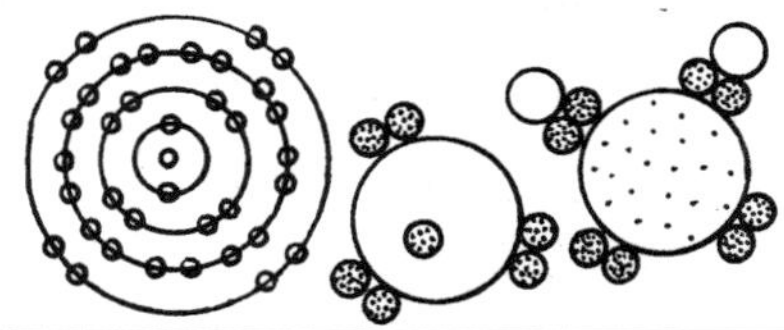
149	**MOLEKÜLE** Moleküle bauen Molekülgrösse messen	Moleküle aus Draht und Perlen bauen: Wasser, Chlor, Kohlenstoffdioxid, Kohlenstoff, Methan …, wobei die grossen roten Perlen Sauerstoffatome, die kleinen gelben Wasserstoffatome, die grossen grünen Chloratome und die grossen blauen Kohlenstoffatome sind. • Moleküle messen: Wasserglas, dünne Talkumpuder-Schicht, 0.5 mm-Öltropfen mit Drahtschlinge aufs Wasser setzen, Durchmesser messen. Formel?	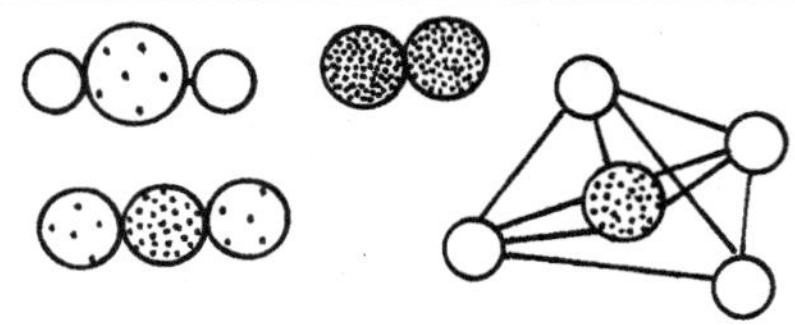
150	**CHEMISCHE REAKTIONEN** Ionenbindungen Elemente und Verbindungen Experimente, Rollenspiel	Chemische Reaktionen am Atommodell zeigen (vgl. Nr 148), beispielsweise Ionenbindungen (Chlor / Natrium, …). • Chemische Reaktionen hervorrufen, zum Beispiel Essig mit Natron … • Chemische Prozesse durch Nachgestaltung verständlich machen: Atome «verkörpern» und Reaktionen «darstellen» (in unterschiedlicher Höhe stehen, um unterschiedliche Energieniveaus zu verdeutlichen) / Rollenspiele.	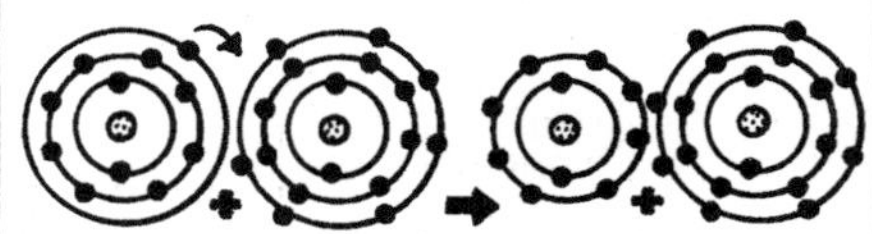

Nr.	Name der Spielform Ziele / Akzente	Idee / Beschreibung	Hinweise / Organisation
151	**STOFFAUFBAU** Beschreibung des Stoffaufbaus Volumenverringerung	Zweimal 50 ml Wasser in einen Messzylinder geben, 100 ml Wasser werden angezeigt. Zweimal 50 ml Alkohol in einen Messzylinder geben, 100 ml Alkohol werden angezeigt. 50 ml Wasser und 50 ml Alkohol mischen, wie viele ml zeigt der Messzylinder an? Mit Hilfe der Modellvorstellung erklären: 50 ml Senfkörner und 50 ml Erbsen mischen, die kleineren Kugeln setzen sich in die Lücken der grösseren, das Volumen vermindert sich.	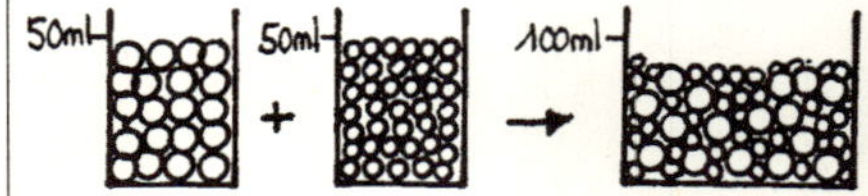
152	**WASCHMITTEL 1** Seifen Herstellung von Seifen	Zum Nachweis der Natrium- bzw. Kaliumseifen durch Flammenfärbung Magnesiastäbchen in nichtleuchtender Flamme des Gasbrenners ausglühen. Mit Magnesiastäbchen wenig Seife aufnehmen, mit Salzsäure befeuchten, in nichtleuchtende Flamme halten. – Abgeschabte Kernseife im Reagenzglas mit destilliertem Wasser erhitzen, abfiltern, Filtrat mit verdünnter Salzsäure versetzen. – Mit Seife / Waschmittel Kleider waschen / pH-Werte messen.	
153	**WASCHMITTEL 2** Eigenschaften von Seifen Wirkung der Seife beim Waschen	In Reagenzglas wenig Seife mit destilliertem Wasser / Leitungswasser versetzen, schütteln, Lichtstrahl einer Reuterlampe durch die Flüssigkeit schicken, pH-Wert messen. – Seife in destilliertem Wasser mit einigen Tropfen Calciumchloridlösung $CaCl_2$ versetzen, schütteln. – Auf nicht gewaschenes Stoffstück mit Pipette Wassertropfen / Seifenlösung setzen. – In Reagenzglas mit Wasser / Seifenlösung Speiseöl geben, schütteln, stehen lassen.	
154	**WASCHMITTEL 3** Synthetische Waschmittel	Waschmittellösung mit einigen Tropfen einer verdünnten Calciumchloridlösung versetzen. – Im Reagenzglas Waschpulver mit verdünnter Schwefelsäure erhitzen, einige Tropfen farbloser Titanylsulfatlösung beigeben. In zweitem Reagenzglas Wasserstoffperoxidlösung mit verdünnter Schwefelsäure ansäuern, kurz erhitzen, mit Titanylsulfatlösung versetzen. – Waschpulverproben mit UV-Licht bestrahlen (Wellenlänge 366 nm).	
155	**REINIGUNGS-MITTEL** Geschirrspülmittel Gefahren für die Umwelt	In Reagenzgläsern die Lösung eines normalen Spülmittels und eines Maschinengeschirrspülmittels intensiv schütteln, pH-Werte messen. • Verschiedene Reinigungs- und Waschmittel testen und vergleichen: Angebot-Nachfrage, Preis, Werbung, Wirkung, Umweltverträglichkeit … • Welche Wirkung haben Bleichmittel, Enthärter, Weisstöner …? • Alternativen sammeln, z. B. Kernseife auf Grasfleck, an Sonne hängen …	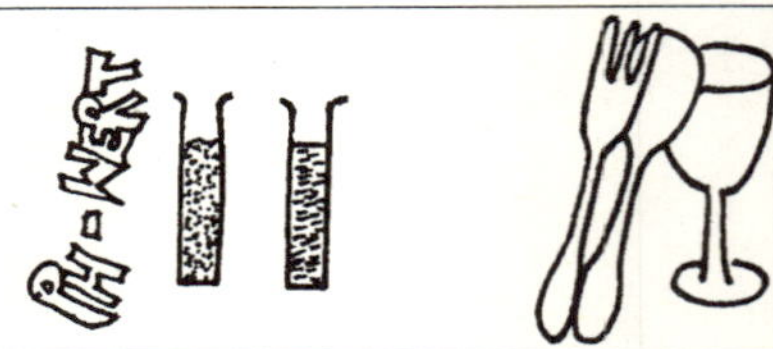

Nr.	**Name der Spielform** Ziele / Akzente	**Idee / Beschreibung**	**Hinweise / Organisation**
156	**BODEN-ENTSTEHUNG 1** Mechanische Bodenbildungsvorgänge	Die mechanische Bodenbildung resultiert aus der Ermüdung des Ausgangsmaterials durch unterschiedliche Ausdehnung und Spannungen infolge verschiedener Temperaturen. Ein weiterer entscheidender Bodenbildungsprozess ist die Sprengwirkung von Wasser beim Gefrieren. • Verschiedene Gesteinsarten abwechselnd erwärmen und abkühlen. • Einweckglas mit Wasserflasche über Nacht in den Gefrierschrank stellen.	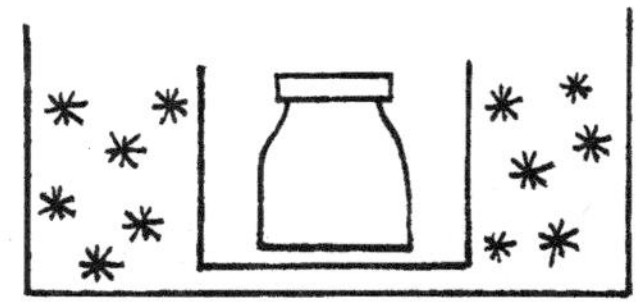
157	**BODEN-ENTSTEHUNG 2** Biologisch-chemische Bodenbildungsvorgänge Huminsäureeinwirkung Wurzelausscheidung	Torf in Einweckglas füllen, mit Regenwasser ansetzen, nach 2–3 Wochen das Wasser abtrennen. Poliertes Kalkgestein (Marmor, Kalk) in Moorwasser legen und gleichen Kalkstein im Kontrollgefäss mit destilliertem Wasser mehrere Wochen darin belassen. Kalksteine entnehmen, reinigen, Oberflächen untersuchen, mit unbehandeltem Gestein vergleichen. • Stein in unbepflanztem / bepflanztem Topf (keimen, durchwurzeln lassen).	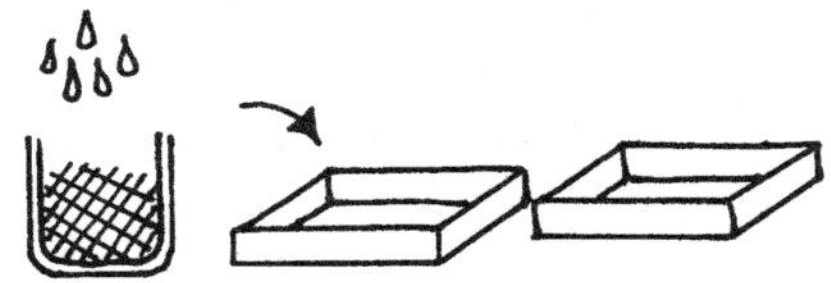
158	**BODENART BESTIMMEN** Bodenproben nehmen und prüfen Bodenfestigkeit	Mittels Spaten Bodenproben entnehmen, aus unterem Probenteil 1–2 EL Bodensubstrat mit etwas Wasser durchfeuchten und kneten. Rollbar: Lehm oder Tonboden, sonst Sandboden. Reibprobe (bei Sandboden): tonige Teile in Handlinien sichtbar, dann lehmiger Sand, sonst Sandboden. Quetschprobe: starkes Knirschen, sandiger Lehm, sonst Lehm oder Ton. Glänzende Gleitfläche sichtbar, dann Ton, sonst Lehm … Bodenfestigkeit prüfen …	
159	**BODENZUSAMMEN-SETZUNG** Bodenart Art der Schichtung Stärke der Schichten Absetzdauer	Standzylinder (Einweckgläser) etwa $^{1}/_{5}$ mit Bodenprobe (unterschiedliche, zerkleinerte Bodenproben) füllen, pro Probe gleich viel Wasser zugeben und die Behälter verschliessen. Kräftig schütteln, dann Messgefässe absetzen und beobachten. Wie viele erkennbare Schichten? Wie schnell erfolgt die Absetzung bis zur Klärung? Wie sind die Schichtstärken der einzelnen Proben? • Überstand aufgeschwemmter Probe nach Zeitplan abgiessen / Siebanalyse.	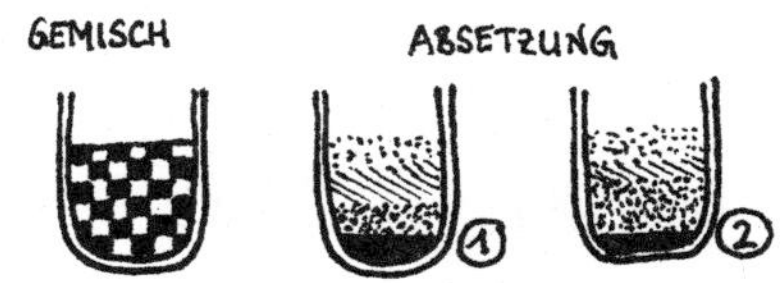
160	**WASSERSPEICHER-FÄHIGKEIT** Bodeneigenschaft Wasserspeicherfähigkeit Bodensicker-geschwindigkeit	Mit Filterpapier Abzugslöcher der Blumentöpfe verschliessen, gleich hoch mit Bodenproben (Sand, Lehm, Ton, Torf) auffüllen, gleichmässig verdichten (1–2x auf den Boden aufstossen), auf Glaszylinder stellen und die Töpfe mit je 3–5 dl Wasser füllen. Durchgetretenes Wasser mehrmals erneut über die jeweilige Bodenprobe giessen (vollständige Durchdringung mit Wasser), Durchtrittszeit stoppen, zuletzt aufgefangene Wassermenge messen.	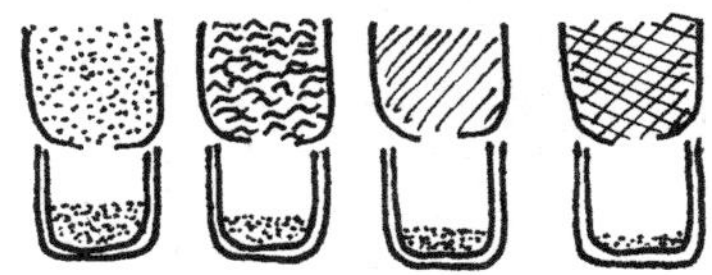

Nr.	**Name der Spielform** Ziele / Akzente	**Idee / Beschreibung**	**Hinweise / Organisation**
161	**WASSERSAUG-KRAFT** Bodeneigenschaft Wassersaugkraft Wasseranstieg	In Glaszylinder Wattebausch einbringen, mit Gummistopfen und Glasröhrchen verschliessen. Die Zylinder gleichmässig hoch und dicht auffüllen (Sand, Lehm, Ton, Torf), dann durch die vorbereiteten Löcher einer Pappscheibe stecken und so an einem Stativ befestigen, dass die Glasröhrchen in eine Wasserschale ragen (Watte steht gut im Wasser). Wie hoch / schnell steigt das Wasser? Wann ist die Bodenprobenoberfläche feucht?	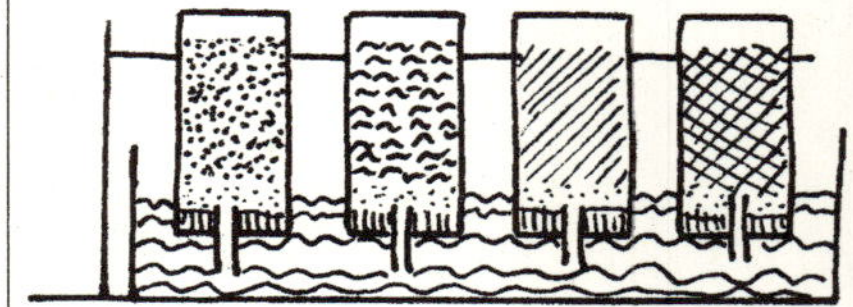
162	**LUFTDURCH-LÄSSIGKEIT** Bodeneigenschaft Luftdurchlässigkeit	Stativ aufbauen, Kolbenprober montieren, Gummistopfen mit Glasröhrchen ins Glasrohr einsetzen, Wattebausch einlegen. Bodenproben in die Glasrohre füllen, Rohre mit Stopfen und Glasröhrchen verschliessen. Erstes Versuchsglas mittels Gummischlauch mit Kolbenprober verbinden, Kolbenprober mit Gewicht belasten, Zeit messen, die benötigt wird, um festgesetzte Luftmenge durch Bodenprobe zu treiben, mit anderen Proben wiederholen, vergleichen.	
163	**ERWÄRMBARKEIT** Bodeneigenschaft Erwärmbarkeit	Versuchsgefässe gleich hoch und dicht mit den Bodenproben füllen, Versuchsgläser über die Auffanggefässe stellen und mit je 5 dl Wasser übergiessen. Die Versuchsgefässe in gleichem Abstand vor eine künstliche Wärmequelle (Heizsonne, Strahler) oder an einen sonnigen Fensterplatz stellen. Thermometer jeweils gleich tief in die Versuchsgläser stecken und Temperaturänderungen in gleichen Abständen (z. B. 10 Min.) notieren.	
164	**HUMUSANTEILE IM BODEN** Humusgehalt in Bodenproben ermitteln	Bodenproben trocknen und zerkleinern, abwiegen (mit Briefwaage, 5–10 g) und in die bereitgestellten Porzellantiegel verteilen. Einen Porzellantiegel auf den Dreifuss mit Tondreieck stellen. Mit dem Bunsenbrenner die Bodenproben zur Rotglut erhitzen, gelegentlich umrühren, bis keine neue graue Masse mehr entsteht. Den Tiegel zugedeckt abkühlen lassen. Die abgekühlten Bodenproben abwiegen und vergleichen. Humusanteil vergleichen.	
165	**HUMUS** Humusproben vergleichen: Aussehen, Geruch, Herkunft, pH-Wert	Drei Gefässe mit unterschiedlichen frischen Humusproben, davon je zwei Löffel voll (Löffel jeweils säubern) auf ein weisses Blatt Papier geben und etwas flach streichen. Geruch prüfen, beschreiben und das Aussehen möglichst genau festhalten. PH-Werte der Humusproben ermitteln: Universalindikatorpapier auf Proben drücken (evtl. anfeuchten). Wenn Färbung konstant, Indikatorstreifen mit der Farbskala vergleichen und pH-Wert ablesen.	

Nr.	Name der Spielform Ziele / Akzente	Idee / Beschreibung	Hinweise / Organisation
166	**TORF** PH-Wert Zersetzungsgrad Torfverwendung in der Natur	Auf je ein weisses Blatt Papier 10 g Torf bzw. 10 g einer Bodenprobe geben, das Aussehen vergleichen. Die Proben zwischen den Fingern reiben. Die Proben in je ein Glasgefäss geben, 1 dl destilliertes Wasser zufügen, rühren, 15 Minuten warten. PH-Wert des destillierten Wassers und der Proben ermitteln. Den Zersetzungsgrad des Torfes prüfen (den nassen Torf über einem sauberen Gefäss quetschen …). Naturzerstörung durch Torf?	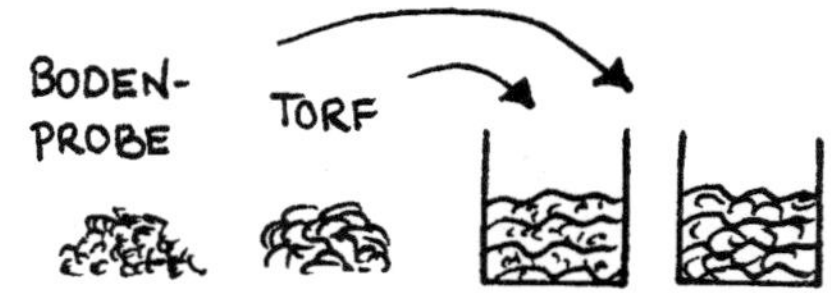
167	**SAURER REGEN** Bodenreaktion bei saurem Regen	Papierfilter auf den Boden eines Blumentopfes legen, den Topf bis unter den Rand mit einer Bodenprobe füllen und auf ein Auffanggefäss stellen. Indikatorpapier in Gefäss mit saurem Regenwasser halten und pH-Wert ablesen. 1 dl Regenwasser über die Bodenprobe giessen. Wenn nichts mehr aus dem Blumentopf tropft, pH-Wert der aufgefangenen Flüssigkeit messen. Versuch mit frischer Erde, anderen Bodenproben und Leitungswasser durchführen.	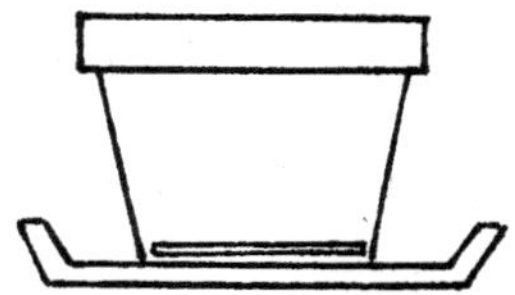
168	**ORGANISCHE ABFÄLLE** Organische Abfälle im Boden	Zwei Plastikgefässe, beide mit ca. 20 Löcher versehen. Eines mit Garten- oder Blumenerde füllen, das andere etwa zu einem Drittel mit Garten- oder Blumenerde füllen, dann mit Küchenabfällen und Pflanzenteilen mischen, anschliessend mit lockerer Erde ganz auffüllen. Die Behälter anschreiben, bei trockener Erde etwas befeuchten und tief in die Erde je ein Glasthermometer hineinstecken. Jeden Tag Temperatur notieren.	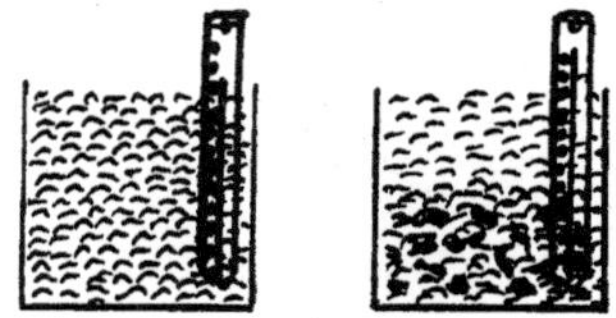
169	**ERWÄRMUNG VON BÖDEN** Reflexion Strahlungsenergie	In je ein Gefäss ca. 3 cm einer dunklen Bodenprobe (oberste Bodenschicht oder Blumenerde) bzw. eine helle Bodenprobe (weisser Sand, ersatzweise Mehl) geben, Thermometer senkrecht hineinstecken und unter die Wärmequelle stellen. Die Temperatur nach 5, 15 und 30 Minuten notieren. Die Ergebnisse besprechen.	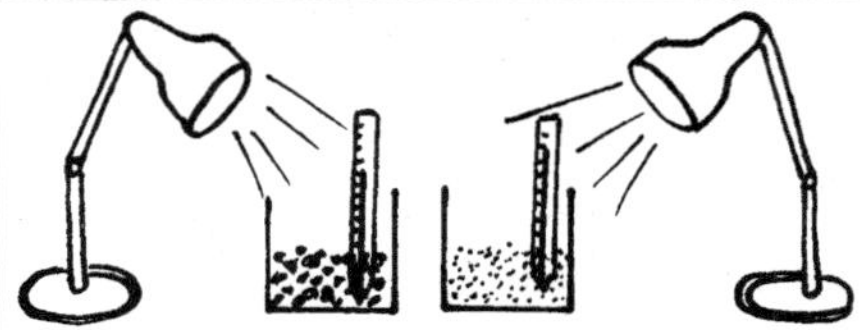
170	**KALKGEHALT DES BODENS** Kalkgehalt in Bodenproben ermitteln	1 EL verschiedener luftgetrockneter Bodenproben in Porzellanschälchen füllen und mit einigen Tropfen Salzsäure (Vorsicht!) betropfen. Reaktion der Salzsäure beobachten: Keine Reaktion sichtbar / hörbar (kein Kalk); kein sichtbares Aufbrausen und leises Zischen (unter 1 % Kalk); schwaches, nur kurzes Aufbrausen (1–2 % Kalk); deutliches, nicht anhaltendes Aufbrausen (2–4 % Kalk); starkes, anhaltendes Aufbrausen (über 5 % Kalk).	

Nr.	**Name der Spielform** Ziele / Akzente	**Idee / Beschreibung**	**Hinweise / Organisation**
171	**PH-WERT DES BODENS** Boden hinsichtlich des pH-Wertes beurteilen	Universalindikatorpapier auf Proben drücken (zu trockene Böden anfeuchten). Wenn Färbung konstant, Indikatorstreifen mit der Farbskala vergleichen und pH-Wert ablesen (Universal-Indikatorpapier für pH-Bereich 1 bis 10 mit 1-Grad-Abstufung oder Spezialindikatorpapier für pH-Bereiche 3 bis 5 bzw. 5 bis 7, bei Abstufung von 0.5 pH-Graden; Apotheke). 0–4.5 stark sauer, 4.6–5.2 sauer, 5.3–6.4 schwach sauer, 6.5–7.4 neutral, > 7.5 basisch.	FARBE – pH-ZAHL ROT 4 ORANGEROT 5 GELB 6 OLIVGRÜN 7 GRÜN 8 BLAUGRÜN 9
172	**WASSEREROSION** Bodengefährdung durch Wassererosion Sicherung von Berghängen	Die Versuchsflächen (Obstkisten mit «V-Kerbe», eine mit unbepflanztem Erdsubstrat, eine andere gut durchwurzelt) mit ca. 30 % Neigung (Holzklötze / Ziegelsteine) so aufstellen, dass das Wasser nach unten in Plastikwannen abfliessen kann. Über jede Versuchsfläche langsam die gleiche Wassermenge giessen. Welche Wassermenge gibt jede Probefläche ab? Wie verhält sich die unbepflanzte / bepflanzte Erde?	
173	**FREMDSTOFF-EINWIRKUNG** Bodenveränderung bei Fremdstoffeinwirkung Absetzverhalten Umweltverschmutzung	Standzylinder (Einweckgläser) mit je 10 g zerkleinerter tonreicher Bodenprobe füllen, 1 dl destilliertes Wasser zugeben, verschliessen und kräftig schütteln. 1. Glas mit 10 g Natriumchlorid, 2. Glas mit 10 g Waschpulver, 3. Glas mit 10 g Calciumchlorid füllen und kräftig schütteln. Das 4. Glas bleibt frei von Zusätzen. Das Absetzverhalten eine Stunde beobachten, im 15-Min.-Takt messen und notieren, dann fünf weitere Tage einmal täglich.	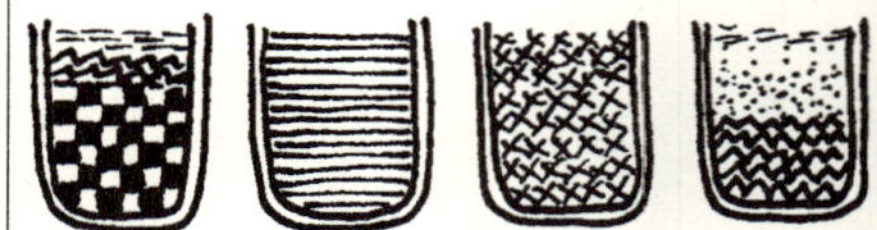
174	**PUFFERWIRKUNG DER BÖDEN** Auswirkung Pufferwirkung PH-Werte vergleichen	Stativ mit Klemmvorrichtung aufstellen, Tropftrichter mit Watteschicht auslegen, zur Hälfte mit einer Bodenprobe (Kalkboden) auffüllen. Tropftrichter in Klemmvorrichtung befestigen, leeres Becherglas unter den Trichter stellen. Säuregrad der Salzsäure (0.1 M) ermitteln (Indikatorpapier) und 50 ml Salzsäure über die Probe giessen. Die im Becherglas aufgefangene Salzsäure mit Indikatorpapier prüfen, pH-Wert vergleichen, Messergebnisse erklären.	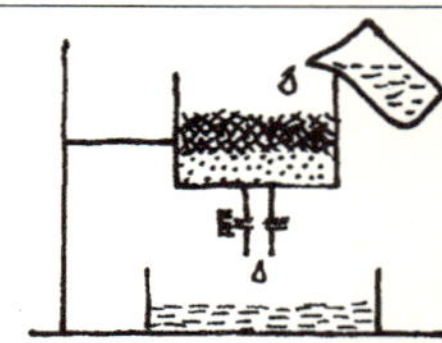
175	**BODENVERUNREINIGUNG DURCH ÖL** Umgang mit Öl Ölkatastrophen Ölbeseitigung Ölunfälle	Stativ mit Klemmvorrichtung. Glasrohr mit Gummistopfen und Glasröhrchen versehen, Watteschicht einbringen, dann Erde (Sand) ins Glasrohr füllen, am Stativ befestigen, Becherglas unterstellen. Auf die Füllung 15 Tropfen Heizöl (Petroleum), nach dem Versickern 5 dl Wasser geben. Oberfläche des aufgefangenen Wassers beobachten, daran riechen … Torf zwischen den Fingern reiben, darüberstreuen, versuchen das Öl so zu beseitigen …	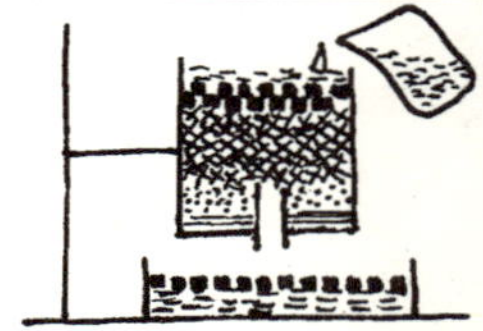

Nr.	Name der Spielform Ziele / Akzente	Idee / Beschreibung	Hinweise / Organisation
176	**REINIGUNGSKRAFT DES BODENS** Bodenfilter Reinigungswirkung	Zwei Stative mit Klemmvorrichtung aufstellen, Glasrohre mit Gummistopfen und Glasröhrchen versehen, dünne Watteschicht (Filterpapier) einlegen, Erde (Sand) ins Glas füllen. Befestigen, Becherglas unterstellen (Alternative: Blumentöpfe auf Becher stellen). Je $^{3}/_{4}$ l destilliertes Wasser mit 15 g Salz bzw. Erde (Holzkohlepulver) durch die Erdfilter giessen. Vergleich vor / nach dem Durchlaufen, Salzwasser erneut filtern (Filterpapier), probieren …	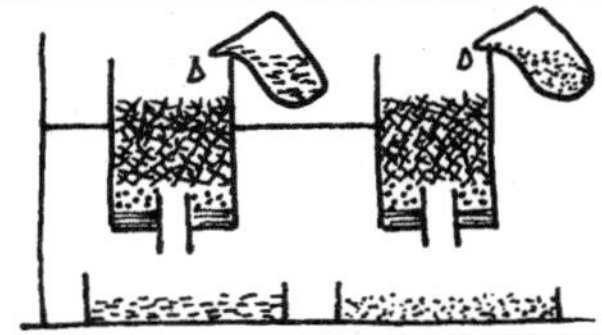
177	**AUSWASCHUNG VON STOFFEN** Bedeutung des Auswaschens von Stoffen für das Grundwasser	Stativ mit Klemmvorrichtung aufstellen, Tropftrichter mit Watteschicht (Filterpapier) auslegen, dann Erde (Sand), darüber eine Salzschicht (5–10 g) einfüllen und mit weiterem Bodensubstrat abdecken. An das Stativ bauen und Becherglas unterstellen. 5 dl Wasser langsam durch die Bodenprobe sickern lassen. Aufgefangenes Wasser nochmals filtern (Filterpapier), kosten, dann verdampfen lassen und Rückstände untersuchen.	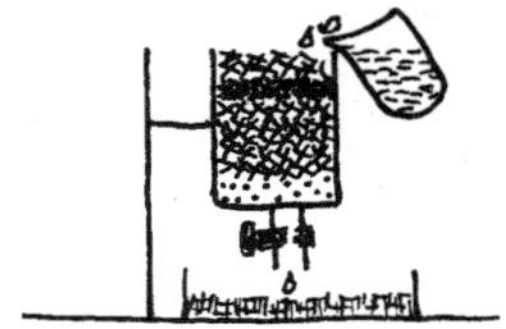
178	**ROTTEVORGANG** Zersetzung Verfaulung Kompostieren	Den Boden aus 4–6 Pflanztöpfen (10 l, Baumschule) mit einem scharfen Messer herausschneiden und Löcher in die Seitenwände stechen. Die Rottebehälter (mit Laub, Ästen, Grasschnitt, Südfrüchte und Zitrus-Schalen, Plastikbecher, Metall, Küchenabfällen … bzw. Mischgut) in die gegrabenen Löcher im Boden einsetzen. Die Behälter kennzeichnen und mit einem Drahtgeflecht abdecken. Rottevorgang beobachten und jede Woche protokollieren.	
179	**KOMPOSTIEREN** Komposthaufen Wie Kompost entsteht	Aus dem Versuch zum Rottevorgang Vorschläge für den Aufbau eines Komposthaufens ableiten. Einen Kompostplatz auswählen und aus Holz einen Kompostbehälter anfertigen. Informationsblatt (wie Kompost entsteht, was auf den Komposthaufen gehört, was nicht …) gestalten, den Klassen / Eltern den Kompostplatz zeigen und erklären, später damit Pflanzen düngen …	
180	**BODENFRUCHT-BARKEIT** Pflanzenwachstum in verschiedenen Böden Standorte von Pflanzen	In kleinen Anzuchttöpfen mit Anzuchterde Bohnenkerne zum Keimen bringen und Jungpflanzen ziehen. Pflanztöpfe (14 cm) mit Sand, Lehm, Naturtorf, Kompost … auffüllen, etwa gleich grosse Jungpflanzen in die Töpfe einpflanzen, Bambusstäbchen einbringen und Anfangshöhe festhalten. Die Pflanzen regelmässig mit der gleichen Wassermenge giessen und täglich die Pflanzenhöhe messen, weitere Beobachtungen notieren.	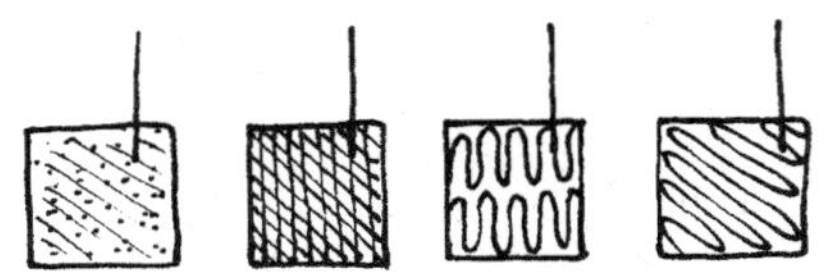

Nr.	Name der Spielform Ziele / Akzente	Idee / Beschreibung	Hinweise / Organisation
181	**NACHWEIS VON BODENLEBEN** Reaktion von Chemikalienfarbe	Drahtenden von Tondreiecken zu Tischbeinchen biegen. So auf den Boden stellen, dass 5 mm hohe Tischchen entstehen. Papp- oder Glasscheibe als Auflage anbringen, Petrischale daraufsetzen. Mittels Pipette 5 ml $Ba(OH)_2$-Lösung in die Petrischale tröpfeln, sofort Einweckglas darüberstülpen. Die Dauer bis zur Veränderung der Chemikalienfarbe festhalten (Stoppuhr), an anderen Bodenstellen (Kompost, Sand, Humus …) durchführen, vergleichen.	
182	**MIKROORGANISMEN DES BODENS** Bodenkrümel-Bewohner Aufgüsse	Erdkrümel aus den erdfeuchten Bodenproben mit Wasser aufschlämmen, davon einen Wassertropfen mit dem Glasstab auf Objektträger (Petrischale) bringen und Deckgläschen auf die Probe legen. Proben mit starker Lupe, Mikroskop oder Stereolupe betrachten. Funde notieren, skizzieren. • Bodenproben mit abgestandenem Wasser ansetzen, einige Tage stehen lassen, Aufgussflüssigkeit untersuchen, skizzieren, bestimmen …	
183	**KLEINLEBEWESEN DES BODENS** Kleinsttiere Lebewesen bestimmen	Sieb in Trichter (max. 5-mm-Maschen) einlegen, Trichter mit Pappe (Tonpapier) umwickeln und das Trichterende in das Loch einer Kartonschachtel (ca. 15 cm hoch, Boden etwa 10 cm^2) stellen. Ein Becherglas unterstellen, Streu- und Oberbodenproben aus verschiedenen Bodentiefen in den Trichter füllen. Probe 15 Min. beleuchten (Tischlampe ca. 30 cm über dem Trichter). Kleinsttiere mit Pinsel aus dem Becherglas entnehmen, zählen, bestimmen …	
184	**STREUBEWOHNER** Lebewesen bestimmen Anzahl Bewohner	Probefläche ausstecken, weisse Unterlage (Leintuch) ausbreiten und Bodenstreu auf der Unterlage locker verteilen (oder mittels Sieb über der Unterlage aussieben). Nach herumkrabbelnden Lebewesen Ausschau halten, diese mittels Pinsel in Becherglas geben. In Becherlupe (unter Binokular) zählen, nach Merkmalen sortieren, bestimmen und mit verschiedenen Fangplätzen vergleichen (Tiere nicht verletzen bzw. austrocknen lassen, wieder freisetzen).	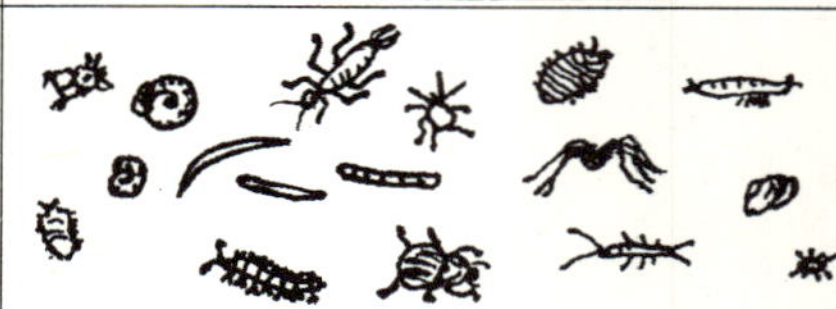
185	**REGENWURMGLAS** Regenwürmer beobachten Bedeutung der Regenwürmer für den Boden	Wurmglas aus Styropor (vorne Glas) mit Steinchen (2 cm), dünner Watteschicht, Sand (2 cm), bodenfeuchter Lehmerde (3 cm), dann im Wechsel mit Humuserde, Sand und Lehmbodenschichten (je 3 cm) füllen. 20 Regenwürmer einsetzen, mit Laubstreu-Schicht (2 cm) überdecken, mit abgestandenem Wasser anfeuchten. Futter auflegen, Gazestück über Öffnung spannen, an dunklen Ort stellen, füttern, feucht halten, Erdschichtung kontrollieren.	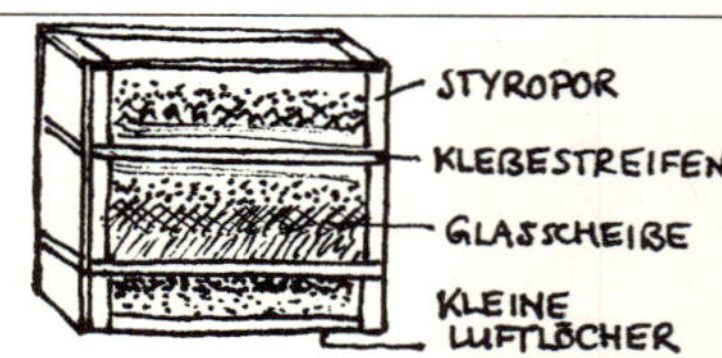

Nr.	Name der Spielform Ziele / Akzente	Idee / Beschreibung	Hinweise / Organisation
186	**SPURENSUCHE** Trittsiegelsuche Tierspuren kennen	Nach leichtem Schneefall (Winter) oder nach Regen oder Schneeschmelze (Frühling / Herbst) auf Trittsiegelsuche gehen. Was für ein Tier? Wohin ging es? Wie schnell? Wie schwer ist das Tier? Finden wir noch zusätzliche Spuren (Kot, Haare …)? Hat es unterwegs gefressen? Was? • Herstellung von Gipsabdrücken. • Frassspuren an Haselnüssen / Fichten- und Föhrenzapfen suchen.	
187	**ARTENLOTTO** Pflanzen bestimmen Pflanzen und Pflanzenteile kennen	Karten mit 10–15 Pflanzennamen herstellen. Wer findet zuerst alle Pflanzen? • Pflanzen und Pflanzenteile zeigen, wer zuerst den Namen nennt, kann das entsprechende Feld auf seiner Karte abdecken. Wer wird Lottokönig? • Fotos knipsen, dann Lotto spielen (Fotos auf Lottokarte legen).	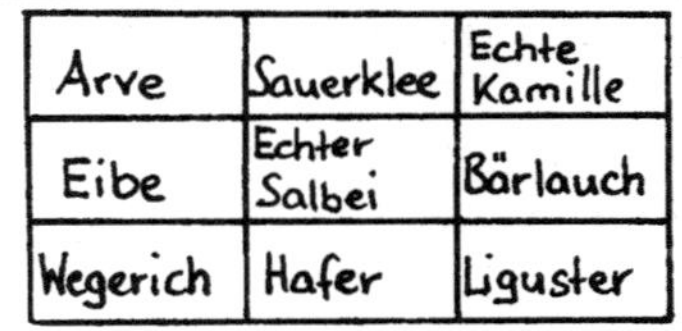
188	**AUTOMATISCHE KAMERA** Natur kennen, beobachten	Kamera, Blitzgerät, Stativ, Drahtauslöser, Wäscheklammer, Heftklammer und dünne Schnur so an einem Wildwechsel montieren, dass das vorüberziehende Tier die Kamera selbst auslöst (Verletzungsgefahr für Tiere ausschliessen).	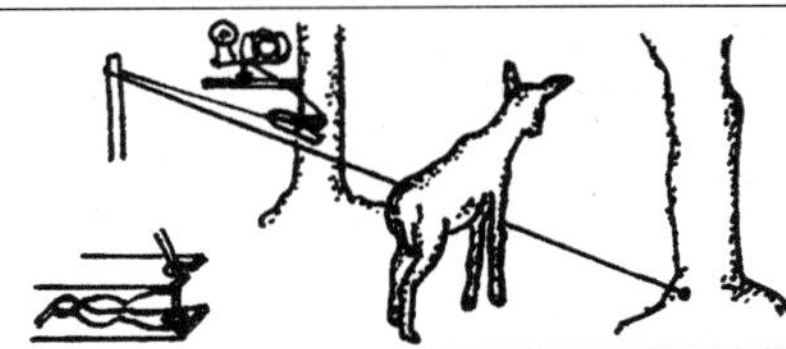
189	**STERNENBILDER** Natur beobachten, Sternenbilder kennen Sternenhimmel als Kompass	Bei klarer Nacht an erhöhter Stelle mit Sternenatlas, einer Taschenlampe mit Rotfilter und Fernglas Sternenbilder suchen. • Datum, Uhrzeit, Himmelsrichtung und ungefähre Höhe über Horizont notieren, zu einem späteren Zeitpunkt wiederholen. • Mit Hilfe des Grossen Bären und des Polarsterns die Himmelsrichtung bestimmen.	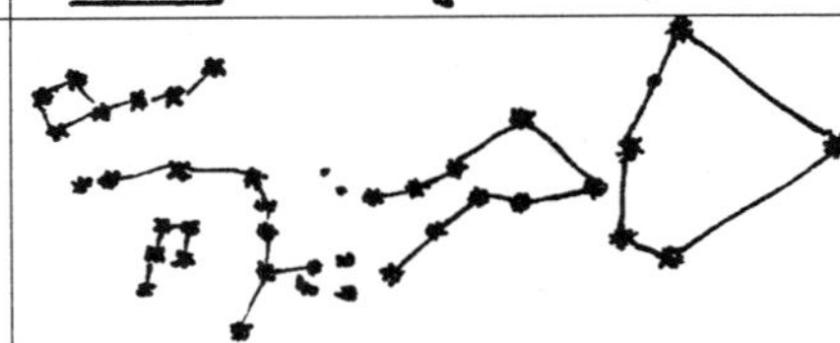
190	**TIERE ANLOCKEN** Luderplatz Tiere, die man selten zu Gesicht bekommt, beobachten	Raubtiere wie Fuchs und Marder mit Abfallfleisch anlocken. Mäuse, Spitzmäuse, Maulwürfe oder Wühlmäuse mit einer Lebendfalle einfangen. Die Tiere beobachten, bestimmen (und wieder freilassen). • Fuchs- oder Dachsbau beobachten. • Vögel (am Nest, am Futterplatz) beobachten. Vogelstimmen erkennen. • Bau eines Futterhäuschens / einer Nisthilfe / eines Futtertisches …	

Nr.	Name der Spielform Ziele / Akzente	Idee / Beschreibung	Hinweise / Organisation
191	**NATUR ERLEBEN** Höhlentour Survival Hike Mit Pflanzen gestalten	Höhlentour, Hike, Survival oder Robinson-Spiel planen (und durchführen): Material prüfen, Notfallbüchse zusammenstellen, Notvorrat kochen / herstellen, Rucksack packen. Wie baue ich eine Unterkunft? Wie entzünde ich Feuer? Was essen wir? Was brauchen wir? • Mit Pflanzen spielen, basteln: Musikinstrumente, Skulpturen, Collagen, Turmbau, Gegenstände flechten.	
192	**SPIELE AUS NATURMINERALIEN** Spiele aus Naturmineralien herstellen Im Freien spielen	Spiele aus Naturmineralien herstellen und spielen: Vier gewinnt, Mikado, Murmelspiel, Back Gammon, Serata, Boccia, Indiaca … • Geländespiele: Zöllnerspiel, Räuber und Gendarm, Waldrallye, Schnitzeljagd … • Gebiet abstecken und sich einprägen, eine andere Gruppe verändert, entfernt oder ergänzt 3–5 «Dinge».	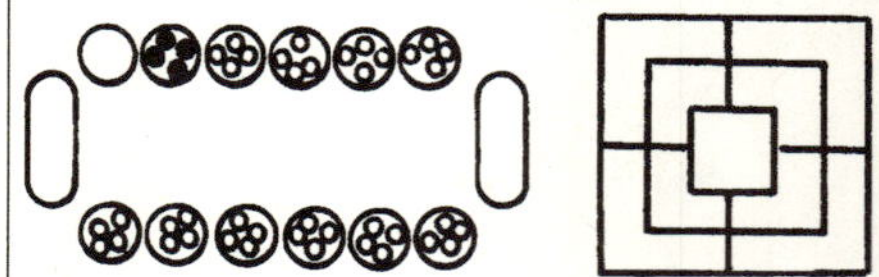
193	**WALDMEMORY WALDLOTTO** Natur kennen, beobachten	Je zwei gleiche Pflanzen, Steine oder Gegenstände aus dem Wald (vom Feld / von der Wiese) suchen und bestimmen. Die Gegenstände auslegen und mit Jogurtbecher zudecken: In Gruppen Memory spielen. • Waldlotto: Karten anfertigen mit Bildern von Pflanzen, Pilzen, Bäumen und Steinen die gesucht und bestimmt (fotografiert / in der Karte eingezeichnet) werden sollen.	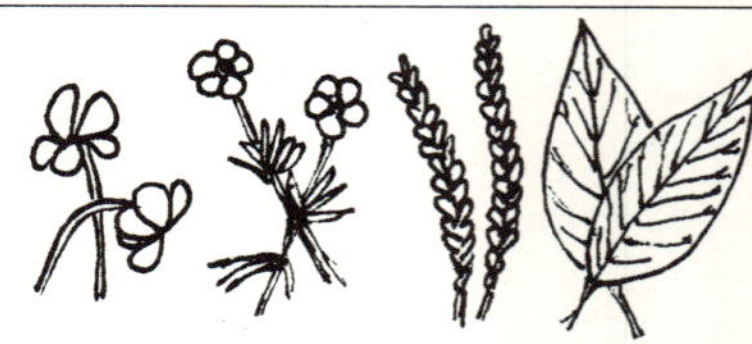
194	**ENTDECKUNGS-REISE** Natur kennen, beobachten, wahrnehmen Sinne	Mit verbundenen Augen Gegenstände ertasten, bestimmen, riechen, schmecken, hören. Jemanden irgendwo hinführen und die Natur erleben lassen. Eine Auswahl an Gegenständen (Blüten, Blätter, Baumrinden, Erde, Gras …) mit verbundenen Augen beschreiben, bestimmen oder testen.	
195	**GEOGRAFIESPIEL** Natur kennen, beobachten	Im Freien Gegenstände mit bestimmten Anfangsbuchstaben suchen: Kategorien Pflanze, Stein, Tier, Abfall … Wer zuerst zu einem genannten Buchstaben je einen Gegenstand gefunden hat, sagt «Stopp». Jede Person erhält pro richtigen Gegenstand einen Punkt. • Man erhält nur einen Punkt (zwei Punkte), wenn niemand denselben Gegenstand gefunden hat.	TIER · BLATT · BLÜTE A W Z

<table>
<tr><th>Nr.</th><th>Name der Spielform
Ziele / Akzente</th><th>Idee / Beschreibung</th><th>Hinweise / Organisation</th></tr>
<tr><td>196</td><td>WALD

Kleinklima Wald
Luftfeuchtigkeit
Windgeschwindigkeit
Temperatur</td><td>Luftfeuchtigkeit, Windgeschwindigkeit, Lichtwert (Fotoapparat mit Belichtungsmesser) in den verschiedenen Stockwerken des Waldes sowie Temperatur (in 1 m Höhe, direkt über dem Boden, in 10 cm Bodentiefe) im Wald und ausserhalb des Waldes messen und vergleichen.
• Evaporimeter aus Reagenzglas, Bierfilz, Draht und Tesafilm herstellen.
• Vogelstimmen aufnehmen und bestimmen.</td><td>
</td></tr>
<tr><td>197</td><td>HOLZVORRAT IN WALDSTÜCK

Holzvorrat der Baumstämme eines untersuchten Waldstücks</td><td>Im Wald 10x10 m abgrenzen und in einer Tabelle die einzelnen Baumstämme auflisten, ihren Durchmesser in cm (Baumstämme in 1.30 m Höhe mit Kreide umkreisen, zwei Holzstücke in dieser Höhe parallel an den Stamm legen und den Abstand messen) und den Stamminhalt in m^3 (Durchmesser im Quadrat durch tausend, $d^2/1000$) notieren. Die errechneten Stamminhalte summieren, um den Holzvorrat eines Waldstückes zu erhalten.</td><td><table><tr><th></th><th>Durchmesser</th><th>Stamminhalt</th></tr><tr><td>1</td><td></td><td></td></tr><tr><td>2</td><td></td><td></td></tr><tr><td>3</td><td></td><td></td></tr><tr><td>4</td><td></td><td></td></tr></table></td></tr>
<tr><td>198</td><td>AUSFLUG MIT FÖRSTER

Natur kennen, beobachten</td><td>Waldrundgang mit einem Förster zu Fuss / mit Fahrrad. Besonderheiten der Natur und allfällige Naturzerstörungen beobachten.
• Dem Förster Fragen stellen.
• Vorher durch den Wald gehen, sich Besonderheiten / Fragen notieren.
• Anschliessend mit einer anderen Klasse durch den Wald gehen, sie informieren.</td><td></td></tr>
<tr><td>199</td><td>BAUERNHOF

Traditioneller Anbau
Hors sol-,
Bio-Produkte</td><td>Unterschiedliche Bauernhöfe oder landwirtschaftliche Grossbetriebe … besuchen und deren Produktions- und Anbauweisen vergleichen.
• Arbeit / Produktion beurteilen, Punkte verteilen.
• Produkte testen («Warentest»).
• Viehhaltung vergleichen.</td><td></td></tr>
<tr><td>200</td><td>LEBENSRÄUME IN DER STADT

Ökologische Verhältnisse</td><td>Ein Untersuchungsgebiet bestimmen und die vorhandenen Strassen und Freiflächen abgehen. Alle Lebensräume in eine Karte einzeichnen (Gebäude, Asphalt, Steinpflaster, Kies, unbedeckter und unbewachsener Erdboden, Rasen, Beet mit Blumen / Gemüse, Hecke, Baum, Buschgruppe, Wald, Spontanbewuchs, Gewässer). Den Anteil der einzelnen Lebensräume auf der Karte eintragen (Millimeterpapier darauf legen, Fläche in mm^2, Anteil in %).</td><td>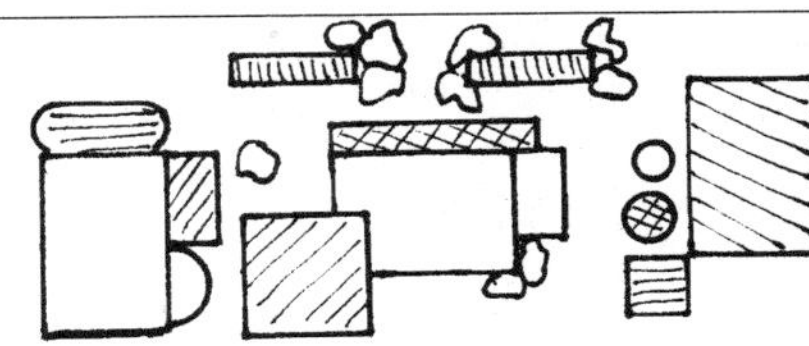</td></tr>
</table>

Nr.	Name der Spielform Ziele / Akzente	Idee / Beschreibung	Hinweise / Organisation
201	**EISENGEWINNUNG VORBEREITUNG** Eisengewinnung mit den ursprünglichen Rohstoffen Thermitverfahren	Zur Wiederholung und Festigung der Vorkenntnisse über Redoxreaktionen das Thermitverfahren demonstrieren und technische Alternativen suchen. Geschichte der Eisengewinnung kennen lernen und Vorversuche mit Holzkohle als Reduktionsmittel (z. B. Lötrohrversuch mit zerkleinertem Eisenerz auf einem Stück Holzkohle / ohne Holzkohle, Reaktionsprodukte nach dem Erkalten mit einem Magneten prüfen) durchführen.	
202	**EISENGEWINNUNG OFENBAU** Eisengewinnung mit den ursprünglichen Rohstoffen	Auf dem Schulgelände (im Wald) einen geeigneten Standort suchen, Baumaterial (Steine, Lehm) und Rohstoffe (Holzkohle, Eisenerz) beschaffen. Den «Ofen» aushöhlen, das Innere mit Lehm auskleiden. Zum Abstützen der Ofenwände und zur Wärmedämmung an mehreren Seiten Erde anhäufen. Ungefähr 20 cm oberhalb der Mulde in das Innere des Ofens das Belüftungsrohr einfügen.	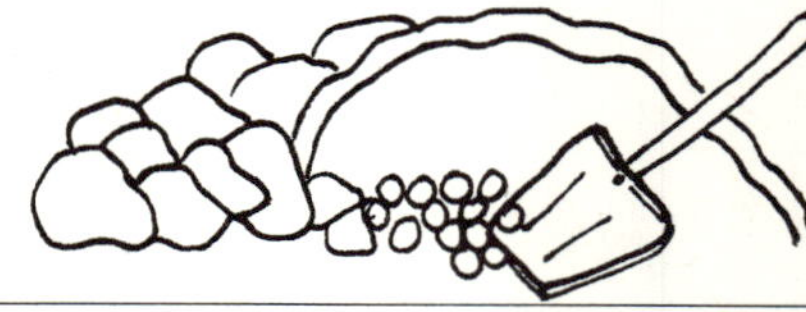
203	**EISENGEWINNUNG METALLGEWINN** Eisengewinnung mit den ursprünglichen Rohstoffen	Zuerst eine Schaufel glühender Holzkohle, dann abwechselnd Eisenerz und Holzkohle in den Ofen geben. Anstelle lederner Blasebälge Staubsaugermotor an das Belüftungsrohr anschliessen (Sicherheitsabstand). 1–2-stündiger Betrieb, Glut mit einer Schicht Holzkohle überschütten, Belüftungsrohr mit Lehm verschliessen. Wasser in den Ofen giessen (Vorsicht Dampf), Roheisen mit Feuerhaken herausbrechen. Starker Magnet sortiert Roheisenstücke.	
204	**EISENGEWINNUNG AUFARBEITUNG** Eisengewinnung mit Eisenerz mit Reduktionsmittel Verhüttungsprozess	Den Verhüttungsprozess je nach Jahrgangsstufe unterschiedlich vertiefen, vom Reagenzglasversuch mit Bleioxid und Holzkohle bis hin zum Hochofenprozess mit der Boudouardschen-Gleichgewichtsreaktion und zur stöchiometrischen Berechnung des Eisenanteils in verschiedenen Erzen.	
205	**EISENGEWINNUNG AUSSTELLUNG** Eisengewinnung mit den ursprünglichen Rohstoffen	Die Eisenerzgewinnung in einer Ausstellung vorstellen. • Fotodokumentation. • Gewonnenes Erz, Schlacke … ausstellen. • Klassen besuchen den angefertigten Ofen, man erklärt den Versuch / den Betrieb des Ofens. • Vergleich früher – heute.	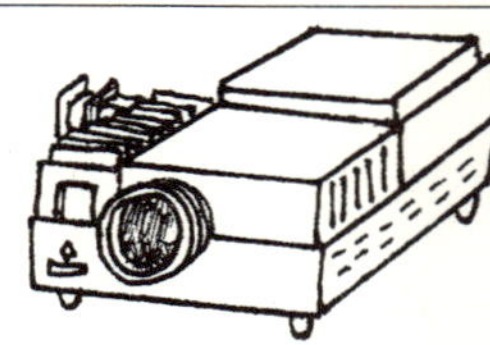

Nr.	**Name der Spielform** Ziele / Akzente	**Idee / Beschreibung**	**Hinweise / Organisation**
206	**LOKALKLIMA 1** Luft- und Bodentemperaturen Temperatureinfluss von Bodenbedeckungen	Temperaturmessungen im Schatten, dann an der Sonne: a) Bodentemperatur 5 cm im Boden, b) in der obersten Bodenschicht. Mit Bindfaden Thermometer c) dicht über unbewachsenem Boden, d) in 1.50–2 m Höhe aufhängen (10 Min. warten). Lufttemperatur (10 Min. Thermometer über Kopfhöhe leicht bewegen). – Maximum-Minimum-Thermometer 24 h auf unbedeckten Boden / an Orte mit unterschiedlicher Bodenbedeckung legen.	
207	**LOKALKLIMA 2** Gebäudebesonnung Heizenergieverbrauch	In einen Kreis (N, S) den Grundriss des eigenen Hauses einzeichnen, die Stellen markieren, an denen die Sonne auf- bzw. untergeht. Den Sonnenauf- und Sonnenuntergang während der übrigen Jahreszeiten notieren (nachfragen / beobachten). Häuser, die verschieden ausgerichtet sind, vergleichen: Sonneneinstrahlung im Winterhalbjahr messen / Heizenergieverbrauch. – Messungen an der Hauswand zu bestimmten Tages- und Jahreszeiten …	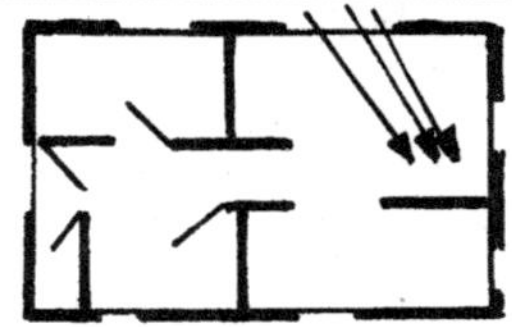
208	**LOKALKLIMA 3** Windverhältnisse	Mit einem Anemometer (über den Kopf halten) oder anhand einer Windstärke-Skala die maximale Windstärke und die Windrichtung in verschiedenen Bereichen des Untersuchungsgebietes messen und notieren. Die Messpunkte und Ergebnisse auf einer Karte einzeichnen.	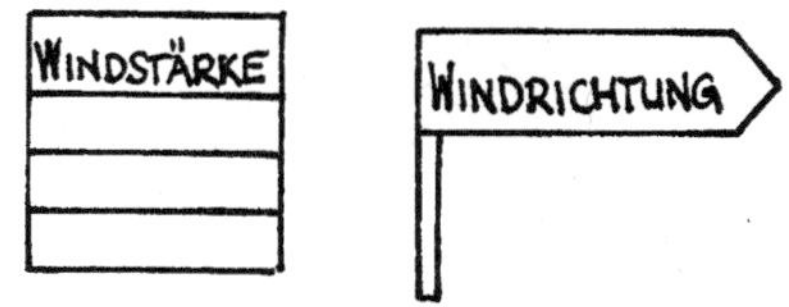
209	**LOKALKLIMA 4** Klimabeeinflussung durch Pflanzen Stammraumklima des Waldes	Einen Plastikbeutel um einen besonnten Zweig eines Baumes oder Strauches einmal «luftdicht» und einmal «luftgefüllt» verschliessen. Beobachtungen nach 5, 10, und 30 Minuten festhalten. – Die Schattentemperatur am Waldrand und an verschiedenen Stellen innerhalb des Waldes feststellen (Thermometer über dem Kopf 5–10 Minuten leicht bewegen).	
210	**LOKALKLIMA 5** Verdunstung	Die Verdunstung an unterschiedlichen Orten testen: Suppenteller mit 2 dl Wasser füllen, Wasserstand markieren. Die Wassermenge an mehreren Tagen hintereinander immer zur gleichen Zeit prüfen (am Gefäss markieren). Am Ende des Messzeitraumes für jeden Untersuchungsort die Menge des verdunsteten Wassers in Prozent ermitteln und die Abstände der Wasserstandsmarkierungen vergleichen.	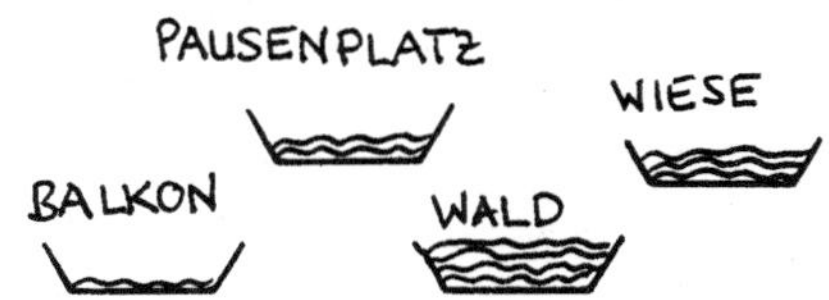

Nr.	Name der Spielform Ziele / Akzente	Idee / Beschreibung	Hinweise / Organisation
211	**STEINWERKZEUG** Steinwerkzeug herstellen	Aus Granit, Sandstein, Feuerstein oder Kalkstein Steinwerkzeuge herstellen und deren Verwendbarkeit erproben (Hackwerkzeug, Bohrer, Messer, Faustkeil, Lanze …). • Materialeigenschaften untersuchen.	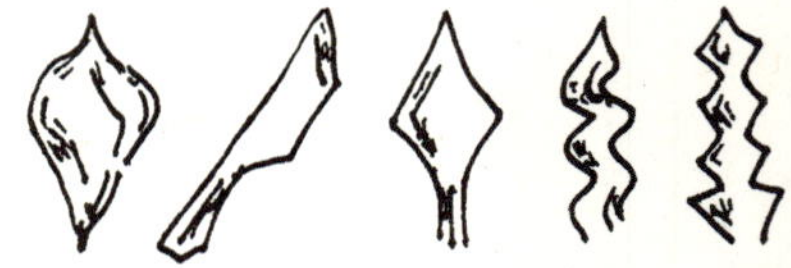
212	**VERSTEINERUNG** Steinkern Vollständige Versteinerung	2 Esslöffel Zementmörgel anrühren, ein Schneckengehäuse damit füllen (Gehäuse dabei 2–3x auf den Tisch klopfen, dass Restluft entweicht), erhärten lassen und am nächsten Tag in einem Glas mit Essigessenz bedecken. Steinkern abspülen. Wann entsteht ein Steinkern, wann eine vollständige Versteinerung?	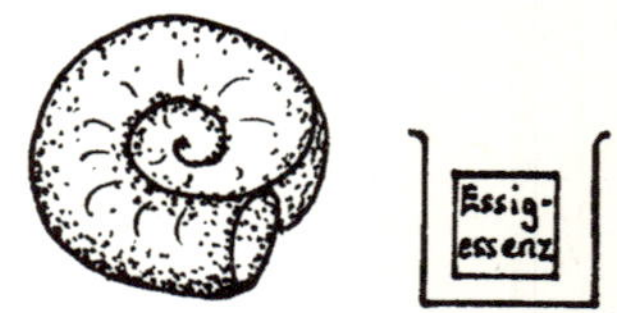
213	**GRÜN UND BLAU ÄRGERN** Prinzip der kolimetrischen Bestimmung	PH-Indikator, der im sauren Bereich rot und im alkalischen Bereich grün oder blau ist (Tetratest oder Rotkohlblatt 30 Minuten auskochen). Weisses Klopapier doppelt falten, mit wasserfestem Filzstift ein Gesicht darauf zeichnen. Dieses mit Indikator rot färben. Geschichte erzählen und Kopf in Seifenwasser (Kopf färbt sich grün oder blau) bzw. in Glas Wasser mit Essig tauchen (Kopf wird wieder rot).	
214	**SONNEN-EIERKOCHER** Sonnenenergie Solaranlage Solarspielzeug	Alufolie auf ein Stück Styropor legen, Ei in schwarzes Papier wickeln, darauflegen, Glas darüber stülpen, ein zweites Glas über das erste stellen. Eine Stunde lang an die Sonne stellen, das Ei ist gar. • Solaranlage besichtigen. • Selbstbau von Kollektoren oder Modellen.	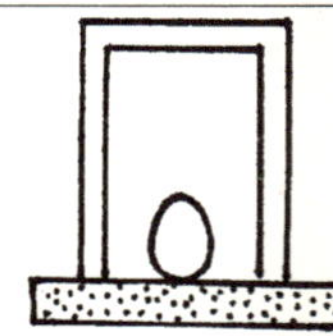
215	**SOLARSPIELZEUG** Solarspielzeug bauen	Aus Silberdraht ein Spielzeug formen und verlöten. Dieses auf einem Gestell oder Brett befestigen. Einen Motor, der von Solarzelle angetrieben wird, anschliessen. • Radler der strampelt / Auto, dessen Räder sich drehen …	

Nr.	Name der Spielform Ziele / Akzente	Idee / Beschreibung	Hinweise / Organisation
216	**KRAFT** F = m · a Krafteinsatz Kraftmesser	Kräfte messen, vergleichen. Armdrücken: Kräfte werden mit Kräften verglichen; Bewegung, wenn eine Kraft kleiner. Seilziehen: Eine Kraft wirkt nur, wo Gegenkraft ist, Kraft hängt mit Beschleunigung zusammen (loslassen). 2 Autos verschiedener Masse schieben, wie viele Personen braucht es, wie ist jeweils die Beschleunigung? Kugelstossen: Verschieden schwere Kugeln. • Grosser, kleiner Krafteinsatz / schätzen, mit Kraftmesser messen.	
217	**GLEICHGEWICHT** Schwerpunkt	Diverse Gegenstände auf ihre Standfestigkeit prüfen, in Gruppen einteilen (zusätzlich Kräfte messen, die es braucht, um sie zu kippen). – Das Gleichgewicht finden und den Schwerpunkt bestimmen z. B.: Besen, Lineale, Billard-, Skistöcke … (auf dem Finger balancieren). – Den Schwerpunkt am Hebel, bei flachen Gegenständen, bei Gebäuden und Fahrzeugen bestimmen. • Wann schwimmt eine Flaschenpost aufrecht?	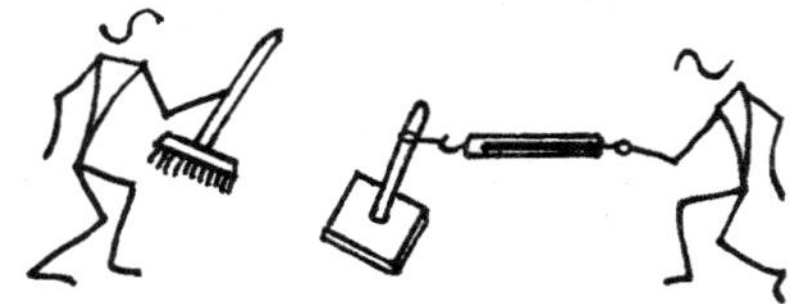
218	**MASSE** Kraft und Masse Trägheit Masse und Beschleunigung	An einem Massestück Kräfte messen, indem man mit dem Kraftmesser in verschiedene Richtungen zieht. – Tischtuch unter Geschirr wegziehen. – Gleich grosse aufgehängte Säcke mit Sand, Sägemehl oder Styroporschnitzel gefüllt in Bewegung versetzen. – Mit Kraftmesser Spielzeugeisenbahn beschleunigen, Kraftaufwand beim Start / in Bewegung messen. – Massen auf schiefen Ebenen abbremsen. – Massen am Hebel messen, vergleichen.	
219	**KREISEL** Trägheitsmoment Drehschwingung	Maxwellsche Scheibe (Jo-Jo) basteln, Trägheit am drehenden Körper beobachten. – Sich auf einen Drehstuhl setzen, drehen mit gestreckten / eingezogenen Armen (Hanteln in den Händen). – Drillachse auf Hebelstange, Zusatzmassen nahe / weiter aussen montieren. – Drehschwingung vergleichen. • Warum fällt ein Radfahrer nicht um? Langsam fahren, stillstehen. • Ein Rad aufhängen, drehen und eine Schnur durchschneiden (vgl. Skizze).	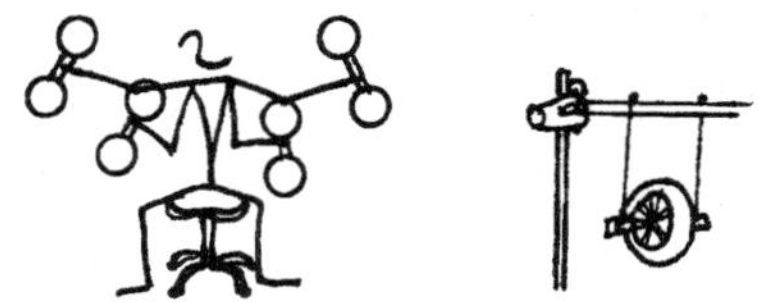
220	**GESCHWINDIG-KEIT** Geschwindigkeit messen Reaktionsweg Fallversuche	Geschwindigkeiten messen: Spielfahrzeug, Schnecke, laufende Personen. – Geschwindigkeitskontrollen an einer Strasse (50 m oder 100 m abmessen, Zeit stoppen) durchführen. – Bremswege von Fahrzeugen unterschiedlicher Geschwindigkeit berechnen und auf dem Bürgersteig abmessen. • Fallversuche durchführen (Höhe messen, verschiedene Gegenstände fallen lassen und die Zeit mitstoppen).	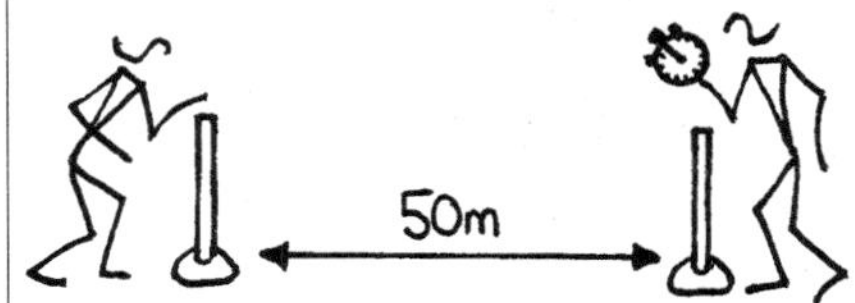

Nr.	**Name der Spielform** Ziele / Akzente	**Idee / Beschreibung**	**Hinweise / Organisation**
221	**BESCHLEUNIGUNG 1** Beschleunigung, Geschwindigkeit Schiefe, gerade Ebene	Spielfahrzeug eine schiefe Ebene hinunterfahren lassen. Dabei schlägt ein Metronom im Sekundentakt. «Standort» bei jedem Schlag markieren. Die Strecken messen, Geschwindigkeit und Beschleunigung berechnen. • Rollende Gegenstände (Murmeln, Fadenspule …). • Beschleunigung / Geschwindigkeit eines startenden Fahrrades / Mofas. • Messungen an bremsenden Gegenständen (Körper kommt zum Stillstand).	
222	**BESCHLEUNIGUNG 2** Freier Fall Luftwiderstand Erdbeschleunigung Fallbeschleunigung	Weitwurf-Lederbälle aus verschiedenen Stockwerken des Schulhauses fallen lassen: Zeit, Distanz messen, Durchschnittsgeschwindigkeit berechnen. – Verschiedene Gegenstände in Vakuum-Röhre beim freien Fall beobachten, mit / ohne Luftwiderstand. – Die Zeit einer fallenden Kugel aus verschiedenen Höhen messen / vergleichen (Abwurfgerät, Prallplatte, elektronischer Messzähler).	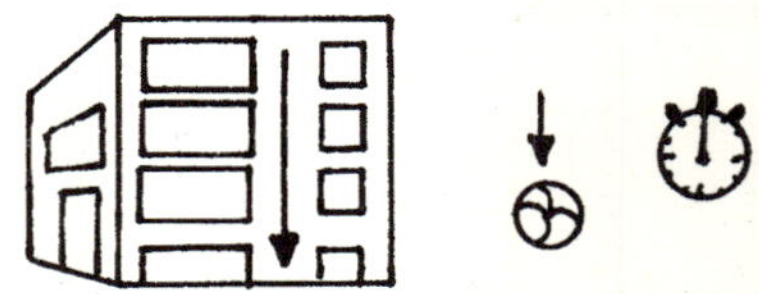
223	**IMPULS STOSS – RÜCKSTOSS** Impulsaustausch Elastischer-, unelastischer Zusammenstoss	Kugeln aus verschiedenem Material auf unterschiedliche Unterlagen fallen lassen, vergleichen. – Stahlkugel in einer Rinne auf eine andere / auf zwei sich berührende Kugeln prallen lassen. Dasselbe mit unterschiedlich grossen Kugeln. – Impulsmodell beobachten, Vorgänge erklären. – Zwei Wagen mit je einer Feder aufeinander prallen lassen, der eine Wagen steht. Dasselbe mit gleichen / ungleichen Zusatzgewichten. Dasselbe mit Prallplatte statt Feder.	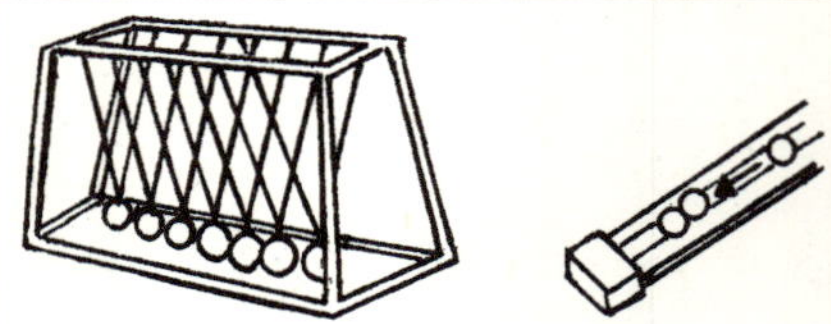
224	**STOSS – RÜCKSTOSS** Rückstossversuche	Zwei Wagen, einer mit Feder. In der Mitte der Strecke die beiden Wagen zusammendrücken, so dass die Feder gespannt ist, dann loslassen. Versuch mit einem Wagen, der das doppelte Gewicht hat, wiederholen. – Bei einem Wagen die Feder mit einem Gummiband zusammenpressen, Gummiband durchtrennen (Schere / mit Flamme).	
225	**DREHIMPULS** Drehimpulsversuche	Auf einem Drehstuhl ohne Rollen das Ende eines Besens halten, ihn nach rechts / nach links schwingen. – Auf einem Drehstuhl sitzen und ein Rad eines Fahrrades mit senkrechter Achse in den Händen halten, es in rasche Drehung versetzen. – Jemand versetzt das Rad in rasche Drehung und gibt es an die sitzende Person (mit waagrechter Achse) weiter. – Das Rad mit senkrechter Achse drehen, dann zu sich drehen, so dass die Achse waagrecht ist.	

Nr.	Name der Spielform Ziele / Akzente	Idee / Beschreibung	Hinweise / Organisation
226	**HEBEL 1** Hebel spart Kraft Zweiarmiger Hebel Einarmiger Hebel	Türe eines Kästchens an verschiedenen Stellen zuziehen (in Scharniernähe, in der Mitte, aussen), Kraftaufwand vergleichen / mit Kraftmesser festhalten. – Arbeit (Hammer, Schere, Türklinke) mit unterschiedlichen Hebeln. – Zweiarmigen Hebel mit Anhängelasten ins Gleichgewicht bringen, Ergebnis mit Kraftmesser überprüfen. – Achse durch die Mitte des Hebels, Gewichtsstück aufhängen, Hebel mit Kraftmesser in waagrechte Lage bringen.	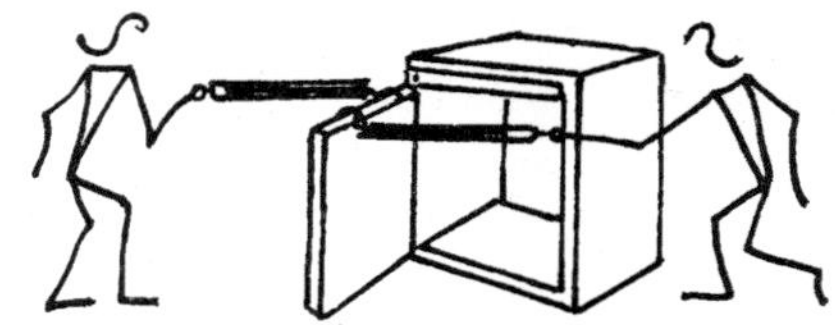
227	**HEBEL 2** Hebel im Alltag Hebel an drehenden Körpern	Gegenstände aus dem Alltag beobachten, Hebelarme und Drehpunkte bestimmen. – Verhältnisse der Hebelarme am Körper betrachten und Kraftaufwand für bestimmte Arbeiten vergleichen. – Drehscheibe aufhängen und zwei Gewichtsstücke in verschiedenen Abständen zum Drehpunkt aufhängen. Die Scheibe ins Gleichgewicht bringen. – Drehhebel im Alltag untersuchen (Fahrradübersetzung, Steuerrad, Büchsenöffner …).	
228	**ROLLE, FLASCHENZUG** Kräfte an der losen, festen Rolle	Eine Last an einen / zwei Kraftmesser hängen. Eine Last an einer Schnur über eine Rolle legen und mit dem Kraftmesser in die Höhe ziehen. Kraft an einer festen / losen Rolle messen. – Flaschenzug bauen, verschiedene Lasten heben. • Indoor-Klettern erfahren, Kräfte berechnen.	
229	**KRAFT-ÜBERTRAGUNG** Stufenscheibe Kraftübertragung mit Riemen / Zahnrädern	An der Stufenscheibe Schnüre befestigen und Gewichte anhängen, bis sie im Gleichgewicht sind (beide Schnüre über die gleiche Scheibe / über unterschiedliche Scheiben). – Gummiband über zwei gleich grosse Riemenscheiben spannen, eine Scheibe drehen. Wie reagiert die andere Scheibe? Dasselbe mit verschieden grossen Scheiben / gekreuzten Riemen. – Zahnräder auf Achsen stecken (zwei, mehrere, gleich / verschieden grosse) und drehen.	
230	**KRAFT-ÜBERTRAGUNG** Gangschaltung beim Fahrrad Getriebe mit Zahnräder	Fahrrad auf den Sattel stellen, Hinterrad an einer Stelle mit Klebeband markieren. An den Pedalen drehen und die Radumdrehungen in verschiedenen Gängen vergleichen. – Ein Zahnradgetriebe aus mindestens drei Zahnrädern bauen, mindestens zwei unterschiedliche Räder stehen auf einer Achse fest verbunden. An jedem Zahnrad einen Zahn markieren. An einem Rad drehen, Anzahl Zähne und Umdrehungsverhältnis der Räder notieren.	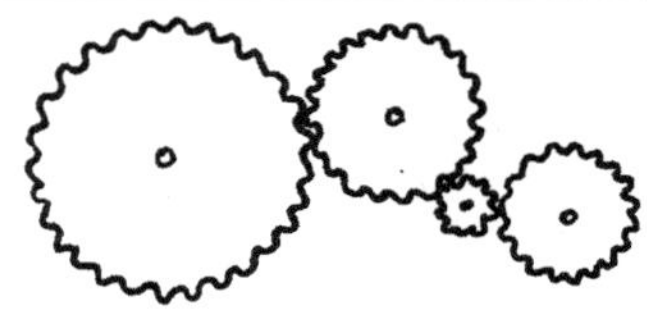

Nr.	Name der Spielform Ziele / Akzente	Idee / Beschreibung	Hinweise / Organisation
231	**WÄRME 1** Ausdehnung fester Stoffe Wärme erzeugt Kraft Temperaturschalter	Ausdehnung fester Stoffe bei Erwärmung: Metallkugel passt in kaltem Zustand durch Loch, nach Erwärmung nicht mehr. – Längenausdehnung bei Metallröhren, wenn heisses Wasser hindurchfliesst. – Bimetallstreifen verbiegt sich bei Erwärmung. – Wärme erzeugt Kraft: Metallstab dehnt sich bei Erhitzung aus, explodiert bei Abkühlung (Bolzensprengapparat). • Mit Bimetallstreifen eine elektrische Schaltung bauen (Temperaturschalter).	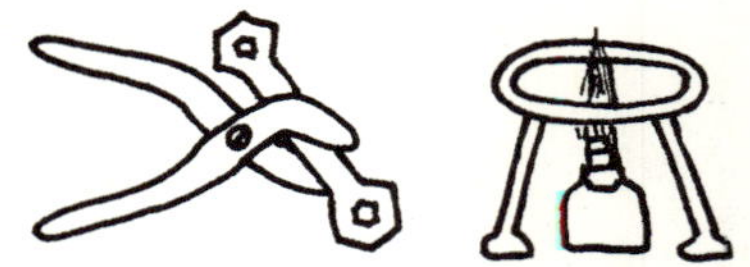
232	**WÄRME 2** Luftdruck Unterdruck Überdruck	In Rundkolben Zapfen mit Glasrohr stecken, unter fliessendem, kaltem Wasser abkühlen. Rohr anschliessend in Seifenwasser-Glas tauchen, den Rundkolben mit den Händen wärmen (Luft im Kolben dehnt sich aus, Luftblasen im Wasserbecken). Dann den Kolben mit Eisbeutel abkühlen (Luft zieht sich zusammen, Wasser wird durch äusseren Luftdruck ins Rohr gedrückt). • Gekochtes, geschältes Ei auf warmer Flasche in kaltem Becken abkühlen.	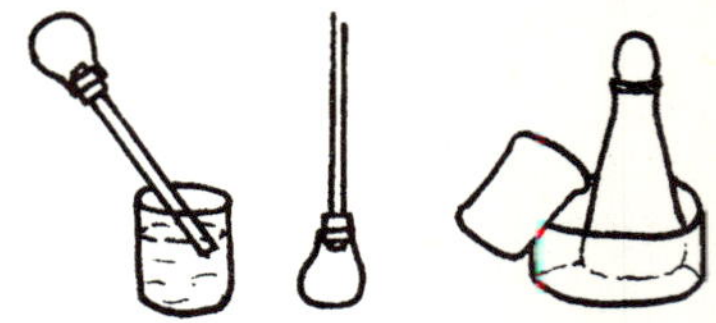
233	**DICHTE 1** Dichte messen Tauchverfahren Balkenwaage Aräometer	Verschiedene Volumen messen, vergleichen (Tauchverfahren: Messzylinder, zur Hälfte mit Wasser, Körper an Faden in Wasser tauchen). – Massevergleiche (Balkenwaage). – Dichte ausrechnen. – Verschiedene Stoffe auf ihre Schwimmfähigkeit prüfen. – Dichte von Wasser unterschiedlicher Temperatur vergleichen (Aräometer). – Aräometer basteln (Sand in Regenzglas, bis es senkrecht in Wasser schwimmt; Skala auf Papierstreifen in Röhrchen legen).	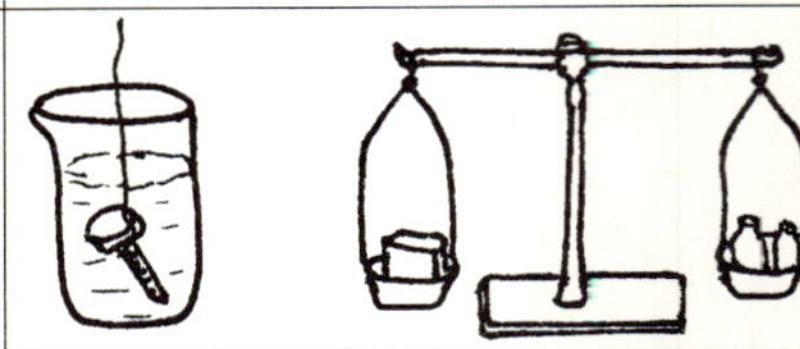
234	**DICHTE 2** Dichte verschiedener Flüssigkeiten Zentralheizungsmodell	Zwei gleiche Flaschen, eine mit kaltem, eine mit heissem, gefärbtem Wasser aufeinander stellen (eingefettetes Papier auf Flasche mit kaltem Wasser, auf andere Flasche kippen, Papier entfernen). – An gabelförmigem Glasrohr Schlauch mit Spritze befestigen, Rohr mit Stativ in je einen Becher Wasser bzw. Brennsprit stellen, Flüssigkeit ansaugen. – In U-förmiges Glasrohr gleich viel Wasser und Speiseöl giessen. – Zentralheizungsmodell bauen.	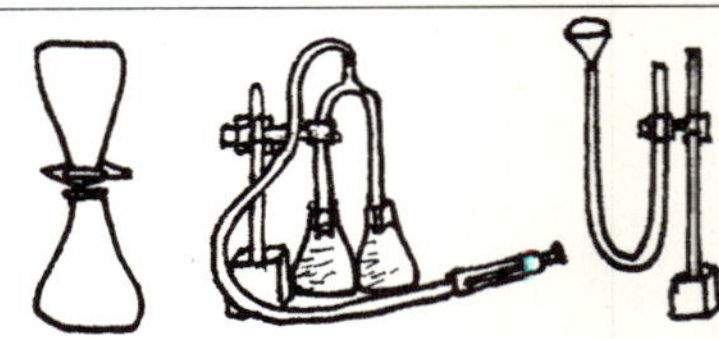
235	**AUFTRIEB** Gewichtskraft unter Wasser Archimedische Zylinder Auftrieb in der Luft	Mit dem Kraftmesser die Gewichtskraft verschiedener Gegenstände unter Wasser und an der Luft messen und vergleichen. Vergleich mit einem mit Wasser gefüllten Ballon. Auftriebskraft berechnen. • Messungen mit Archimedischen Zylindern. • Messungen mit Messgerät für Auftrieb in der Luft.	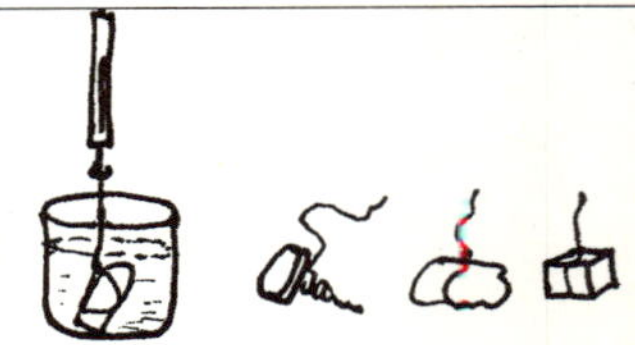

Nr.	Name der Spielform Ziele / Akzente	Idee / Beschreibung	Hinweise / Organisation
236	**DRUCK** Druck auf feste, flüssige, gasförmige Körper Schweredruck des Wassers	Druck auf feste, flüssige, gasförmige Körper ausüben (Gegenstände fallen lassen, Eindrücke auf Styropor; Wasser / Luft in Spritze zusammendrücken). – Schweredruck des Wassers (Gefäss mit Löchern auf verschiedenen Höhen), Einfluss der Form des Behälters (Hydrostatisches Paradoxon / Wasser in verbundenen Gefässen). – Ballon mit wenig Luft in Wasserflasche, durch Zapfen mittels Spritze zusätzlich Wasser einfüllen. – Ballon im Vakuum.	
237	**FLIEGEN 1** Luftwiderstand Druckverhältnisse in der Strömung	Luftwiderstand verschiedener Körper: Zweiseitigen Hebel waagrecht und drehbar auf einer Nadel lagern. An der einen Seite den Probekörper, an der anderen den Kraftmesser befestigen. Probekörper mit Föhn anblasen. Einfluss des Durchmessers / der Strömungsgeschwindigkeit? – Zwei Ballone in kleinem Abstand aufhängen, zwischen ihnen hindurchblasen. – Ping-Pong-Ball über Luftstrom schweben lassen / Ball auf Glastrichter, hineinblasen.	
238	**FLIEGEN 2** Flügelform Ruder Steuerung	Papierstreifen zu einer Rolle verkleben, verschiedene Flügelformen herstellen. Bleistift hindurchstecken, waagrecht halten und über das Modell blasen. Welche Form ist als Flügel geeignet? – Ein Stück Halbkarton an eine Stricknadel stecken, den gegenüberliegenden Rand ca. 1 cm umfalten. Die Nadel senkrecht halten und den Karton anblasen. Steuerung eines Flugzeuges? • Papierflieger / Zeitungspapier-Drachen / Flugzeuge aus Balsaholz basteln.	
239	**ENERGIE 1** Energieerhaltung Arbeit und Energie Heizwert	Wie wandeln sich die Energieformen beim Jo-Jo, Kugelpendel, Gewicht an der Zugfeder, Gummiball (fallen lassen), Flaschenzug, der mit einem Motor ein Gewicht hochzieht (zusätzlich Zeit, Spannung, Stromstärke messen) um? Beobachtungen festhalten, begründen. – 1 Liter Wasser um 10 °C erwärmen (Spiritusbrenner). Wie viel Energie geht durch die Verbrennung ins Wasser über (verbrannter Spiritus, Wärmemenge, Heizwert Spiritus)?	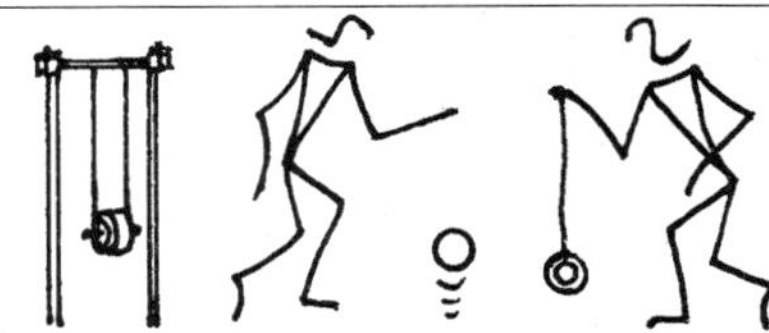
240	**ENERGIE 2** Energieverbrauch	Energie messen, die ein Tauchsieder oder eine Kochplatte braucht, um eine bestimmte Wassermenge um 10 °C zu erwärmen (Tauchsieder in Serie zu einem Amperemeter an Spannungsquelle anschliessen). Wassermenge, Zeit, Temperatur, Wärme, Spannung, Strom, Leistung, Energie und Verlust tabellarisch festhalten.	Wassermenge | | | | Zeit | | | | Temperatur | | | | Wärme | | | |

Nr.	Name der Spielform Ziele / Akzente	Idee / Beschreibung	Hinweise / Organisation
241	**ENERGIE 3** Leistung Energieverbrauch Energiekosten	An Netzgerät eine Lampe und einen Ausschalter anschliessen, in den Stromkreis (in Serie) Amperemeter einbauen, Voltmeter direkt (parallel) am Netzteil oder an der Lampe anschliessen. Vorgesehene Spannung an der Lampe ablesen und am Netzgerät einstellen. Spannung, Stromstärke, Leistung, Energieverbrauch pro Min. / Std. und Kosten ablesen bzw. berechnen. • Stromerzeugung mit Fahrrad und Dynamo (Wechselstromgenerator).	
242	**ENERGIE 4** Wärmestrahlen Sonnenkollektor Sonnenzellen	Wärmestrahlen auf verschiedenen Oberflächen (Konfitürengläser schwarz, weiss, rot, grün anmalen) messen (Thermometer durch Loch im Deckel). – Sonnenkollektor an Sonne stellen, Stutzen des Wassergefässes mit durchsichtigen Schläuchen mit Kollektor verbinden, Veränderung der Wassertemperatur festhalten. – Sonnenzelle an Sonne stellen, Messgerät anschliessen, Spannung / Stromstärke bei unterschiedlicher Sonneneinstrahlung messen.	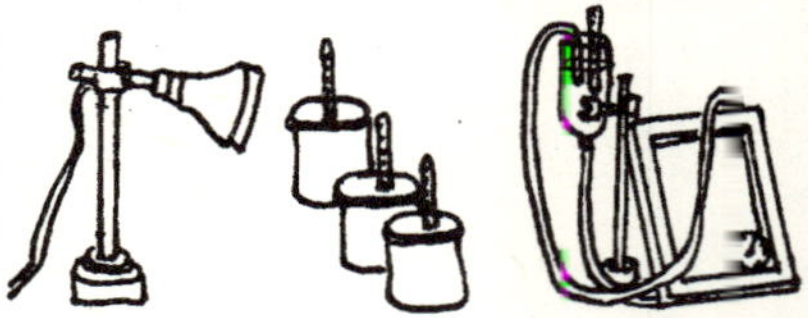
243	**MOTOR 1** Dampfkraft Kolbenmotor Zwei-, Viertaktmotor	Wenig Wasser in Metall-Tablettenröhrchen geben, mit Kunststoffzapfen «locker» verschliessen, schräg an Stativ befestigen und über Brenner erwärmen (evtl. im Freien, Abstand halten). – Mit Kolbenspritze und Schwungrad Modell eines Kolbenmotors bauen (an je einem Stativ befestigen und mit Draht verbinden). • Zwei- / Viertaktmotor am Funktionsmodell untersuchen.	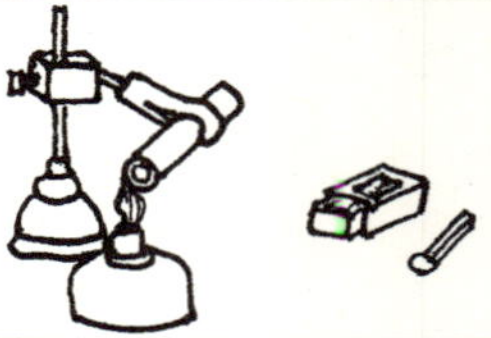
244	**MOTOR 2** Explosionsmotor Automotor	Kartonrohr unten durch Deckel fest verschliessen, oben einen Deckel lose aufsetzen. Auf der Seite in Bodennähe ein 2-cm-Loch in den Karton bohren, die Röhre am Stativ befestigen. Korkzapfen auf unteren Deckel in die Röhre legen, mit 1 ml Reinbenzin (Pipette) betropfen. Zapfen mit der Röhre schütteln, damit sich das Benzin mit der Luft mischt, dann das Gemisch anzünden. • Motor zerlegen / untersuchen.	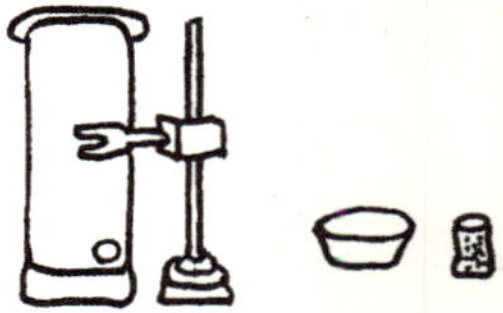
245	**ERFINDUNG** Werk- oder Fahrzeug Stromkreis Motor	Ein Fahr- oder Werkzeug erfinden / bauen, das sich bewegt, eine Arbeit verrichtet, leuchtet, ein- bzw. ausschaltet, Töne von sich gibt und / oder eine spezielle Aufgabe löst. Die Erfindung soll möglichst einmalig sein. • Wettbewerb: Wer baut das funktionstüchtigste …? • Wer erfindet eine …-Maschine?	

Nr.	**Name der Spielform** Ziele / Akzente	**Idee / Beschreibung**	**Hinweise / Organisation**
246	**DAMPFBOOT** Wärmeenergie Wärmemotor Pulsierendes Wassertriebwerk	30-cm-Boot (Balsaholz) bauen. Kupferrohr (3 mm, 46 cm lang) 6x um Rundholz (10 mm) winden, um 90° abbiegen, zwei Löcher in den Boden des Bootes und in die Blechschachtel bohren, Enden des Kupferrohrs einsetzen, abbiegen und die Löcher mit Kleber abdichten. Schraubdeckel in Blechschachtel kleben, Teelicht darauf unter Kupferrohrspirale setzen. Plastikschlauch an Rohrende anbringen, Wasser ins Rohr saugen, Kerze anzünden.	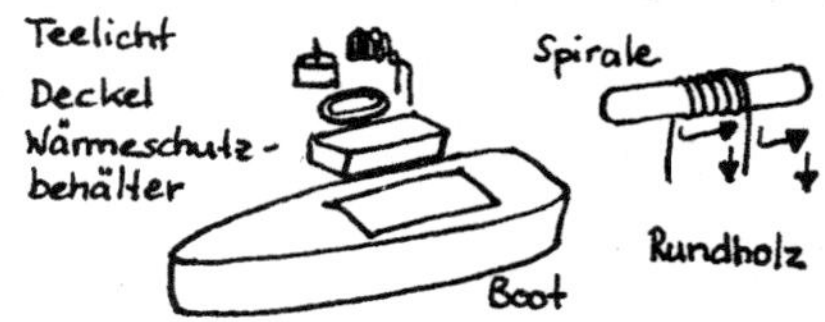
247	**BEWEGUNGS-AXIOME** Aktion und Reaktion Newtons drittes Axiom Trägheit und Impuls Newtons erstes Axiom	Newtons drittes Axiom überprüfen: Zwei Personen stehen sich auf Rollschuhen gegenüber, die Handflächen berühren sich. Wenn beide gleich schwer sind, rollen beide gleich weit voneinander weg. Wer leichter ist, rollt weiter weg. • Trägheit und Impuls beim Billardspielen beobachten.	
248	**WASSER-RAKETE** Aktion und Reaktion Reaktion zwischen Wasser und Luft Antrieb Rakete	Den Korken, der zu einer Plastikflasche passt, so durchbohren, dass das Ventil einer Fahrradpumpe (mit Schlauch) hineinpasst. Aus Balsaholz vier Flossen schneiden, an die Flasche kleben (sorgen für einen geraden Flug der Rakete) und trocknen lassen. Die Flasche zu einem Viertel mit Wasser füllen, den Korken aufsetzen, die Pumpe ansetzen. Die «Rakete» im Freien in sicherer Entfernung aufstellen und Luft in die Flasche pumpen.	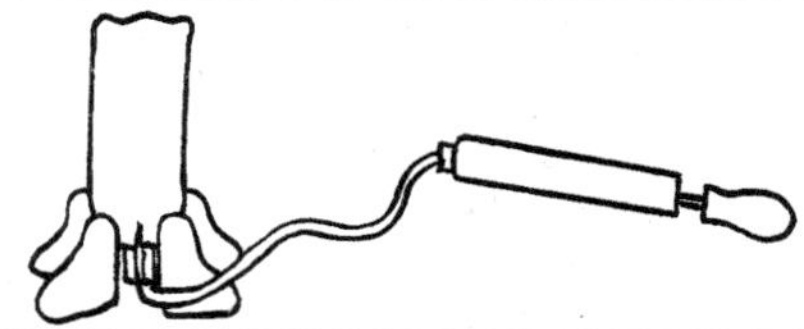
249	**GESCHWINDIG-KEITSTEST** Geschwindigkeit und Beschleunigung	Die Geschwindigkeit und die Beschleunigung auf dem Fahrrad messen bzw. berechnen: Auf einer geraden, sicheren Strecke Markierungen im Abstand von 5 m anbringen. Bei der Startlinie beschleunigt jemand auf dem Fahrrad langsam aus dem Stand. Bei jeder Markierung wird die Zeit gemessen. • Langsam, schnell beschleunigen / fliegender Start. • Verschiedene «Verkehrsmittel» (Rollbrett, In-Line, Pedalo, Mofa …).	
250	**SCHWERPUNKT** Drehpunkt Drehlinie Drehkräfte	Einen Gegenstand aus Pappe ausschneiden. Die Pappe um einen Drehpunkt schwingen lassen, an dem auch mit einem Zwirnsfaden ein Gewicht hängt. Die Linie des Zwirns auf der Pappe nachzeichnen (Drehlinie), 2–3x mit weiteren Drehpunkten wiederholen. Der entstandene Schnittpunkt ortet den Schwerpunkt. • Wann befindet sich der Schwerpunkt ausserhalb eines Objektes?	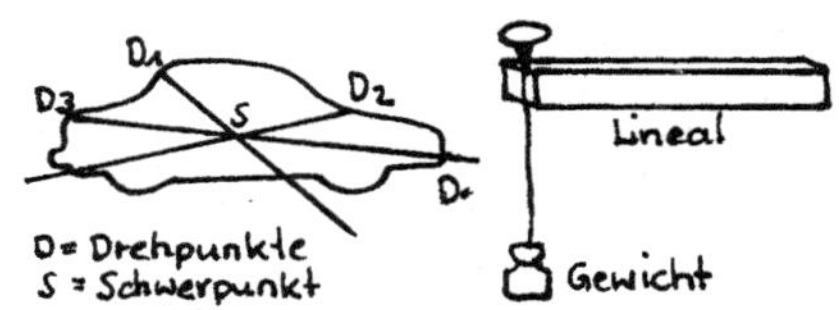

Nr.	Name der Spielform Ziele / Akzente	Idee / Beschreibung	Hinweise / Organisation
251	**HEBELKRÄFTE** Drehpunkt Drehkräfte	Aus Holzteilen einen senkrechten und zwei dreieckige Träger sägen, auf eine Bodenplatte schrauben. In eine Holzleiste in regelmässigen Abständen Löcher bohren (Dübelgrösse beachten). Last und Federwaage platzieren. • Drehpunkt zwischen Kraft und Last. • Last zwischen Kraft und Drehpunkt. • Kraft zwischen Last und Drehpunkt.	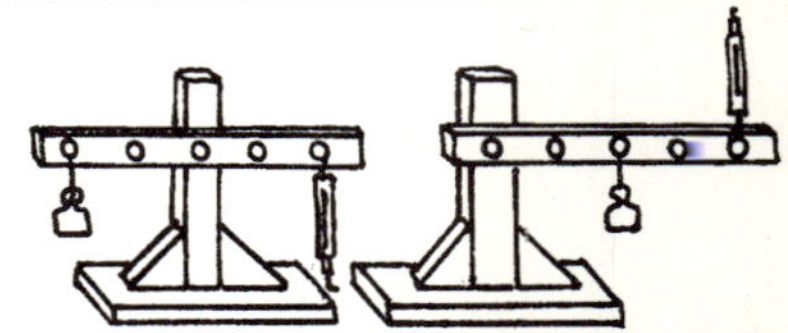
252	**KRAFT UND BEWEGUNG** Getriebe Flaschenzüge Elastizität	Übersetzungen, Kranmodelle, Flaschenzüge, Kupplungen, Automaten, Ventilatoren, Wasserräder bauen / erfinden. • Antrieb durch gedehntes Gummiband (Flugmodell antreiben).	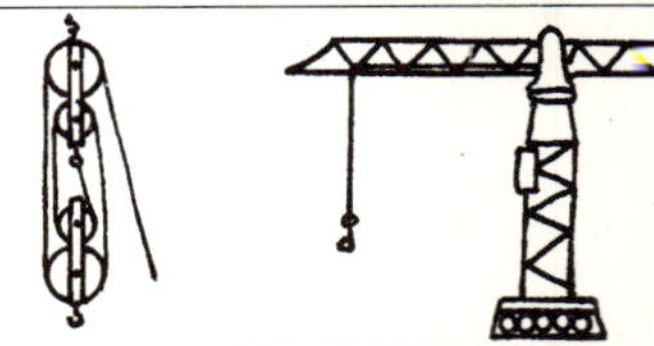
253	**LICHT-EXPERIMENT** Lichtbrechung Reflektoren Refraktoren	Häuschen bauen, an jeder Wandseite Löcher ausschneiden: Fenster (Kamm hinter Fenster kleben), 1 Schlitz, 3 Schlitze, 7 Schlitze. Lämpchen ins Haus stellen, Dach aufsetzen. Konvexe Linse vor Kammfenster, mit Wasser (Position Brennpunkt mit Glas Öl vergleichen) gefülltes Marmeladeglas vor die 3 Schlitze, Spiegel vor den einen Schlitz und verschiedene mit Wasser gefüllte Flaschen vor die 7 Schlitze stellen.	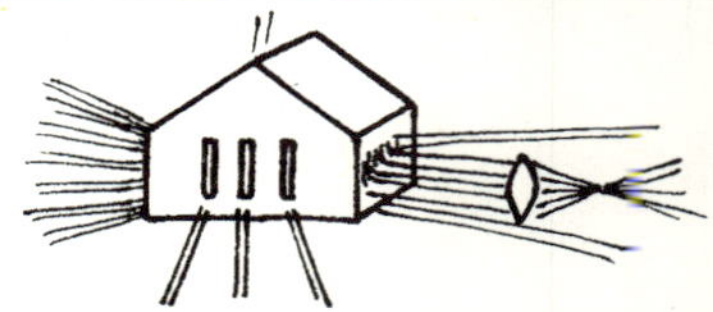
254	**LICHT UND SCHALL** Tonhöhe und Klang Schwingungen Doppler-Effekt	Jemand nähert sich auf dem Fahrrad, während mit einer Pfeife gepfiffen wird. Wie verändert sich die Tonhöhe bei langsamer / schneller Fahrt? • Plastikfolie über Kuchenform spannen, wenig braunen Zucker darauf streuen. Mit einer Holzkelle auf eine Pfanne schlagen. • Spielzeug-Pfeifchen in 1.50 m langen Gummischlauch. In das Pfeifchen blasen und das freie Ende im Kreis schwingen (Doppler-Effekt).	
255	**BATTERIE** Chemische Reaktion Positive, negative Elektrode	Ein breites Glas mit Essig füllen. Je ein Ende zweier Leitungen (zwei Kabel mit Steckern) an das Kupferröhrchen bzw. den Zinkstreifen und das andere Ende an jeden Pol der Leuchtdiode (Glühbirne) klemmen. • Zylinder, Loch mit Alufolie schliesssen, abwechselnd ein in Zitronensaft getränktes Kosmetiktüchlein, eine Münze, ein Stück Alufolie, zuletzt eine Münze. Kabel an Münze, unten an Alufolie, mit Leuchtdiode verbinden.	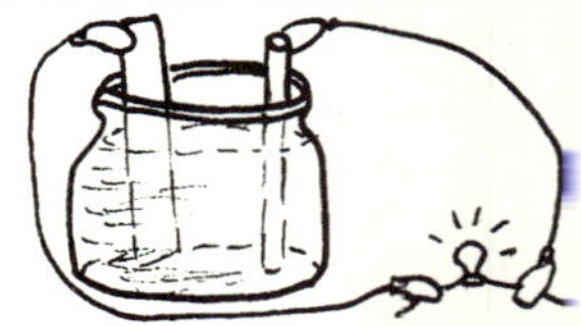

Nr.	Name der Spielform Ziele / Akzente	Idee / Beschreibung	Hinweise / Organisation
256	**LEITFÄHIGKEIT** Isolatoren Stromkreise Leiter und Nichtleiter Flüssige Leiter	Die Birne mit der 4.5-Volt-Flachbatterie verbinden, dann ein zweites Kabel von der Batterie und ein drittes von der Birne mit dem zu testenden Gegenstand verbinden. Leuchtet die Birne auf, ist es ein Leiter, sonst ein Isolator. • Verschiedene Stromkreise (Reihen-, Parallelschaltung) herstellen. • Widerstand ändern (Leiter länger und dünner / kürzer und dicker).	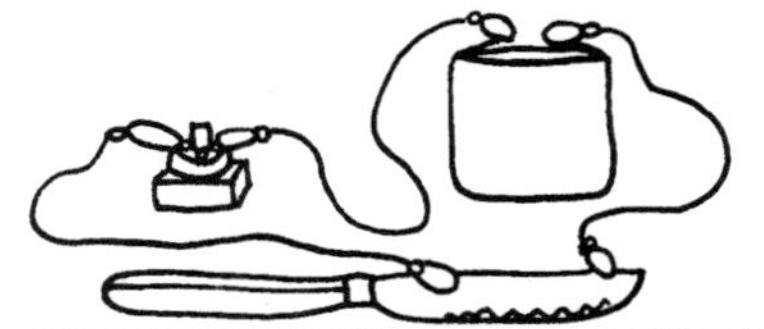
257	**DRAHT NICHT BERÜHREN** Verbindungen herstellen Konzentrationsspiel Ruhige Hand	Aus Kleiderbügeldraht eine Figur biegen, diese mit einem Pol der Batterie verbinden. Aus Balsaholz eine Kontrollfigur mit Loch für die Birne schneiden (z. B. Nase, die aufleuchtet), diese mit dem anderen Batteriepol verbinden. Für den Handgriff einen Haken in ein Rundholz schrauben, daran den Draht befestigen und ihn mit Isolierband ans Rundholz kleben, das Ende mit der Birne verbinden. Den Haken um die Figur biegen.	
258	**ELEKTRISCHE SCHALTUNGEN** Schaltungen Schaltbilder Treppenhausschaltung	Diverse Schaltungen bauen. Schaltungen nach Schaltbildern zusammenbauen. Schaltungen betrachten, Spannung und Stromstärke voraussagen, dann messen (Amperemeter, Voltmeter). • Treppenhausschaltung (1 Lampe, 2 Schalter, an jedem kann man ein- / ausschalten, bzw. an einem ein- und an dem anderen ausschalten). • UND- und ODER-Schaltung bauen.	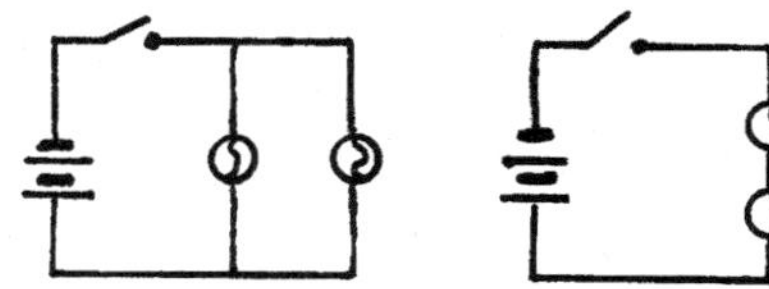
259	**BELEUCHTUNG** Blinker, Licht Elektromotor	An (selbstgebauten) Spielzeug-Autos Blinker und Beleuchtung anbringen (verschiedene Stromkreise, Schalter). • Alufolie reflektiert das Licht des Blinkers. • Batterie an Elektromotor anschliessen, Dinge bewegen.	
260	**STROM 1** Wirkung des Stroms Tauchsieder Magnetismus Eisenkern	Die mittleren 10 cm eines 30 cm langen Konstantendrahtes (0.4 mm) um einen Bleistift wickeln, Bleistift herausziehen, Enden in Elektrodenhalter, Einrichtung mit 2 Kabeln an Spannungsquelle anschliessen, Draht vollständig in Wasser tauchen. Spannung erhöhen, Temperatur beobachten. – Kupferdraht spannen und an die Pole eines Gleichspannungsnetzgerätes anschliessen. Magnetnadel unter den Draht stellen und ihn kurz / lange unter Strom setzen. Pole vertauschen.	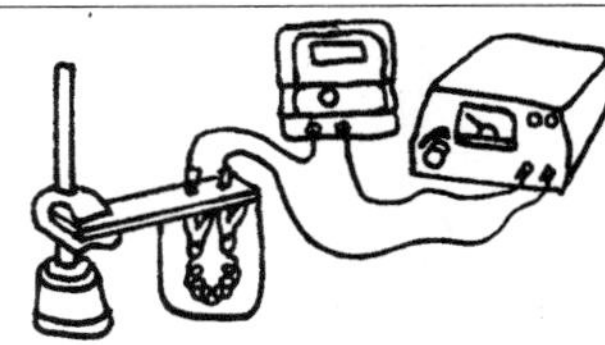

Nr.	Name der Spielform Ziele / Akzente	Idee / Beschreibung	Hinweise / Organisation
261	**STROM 2** Wirkung des Stroms Elektrochemie Galvanisieren	2 Löffel Kupfersulfat in destilliertem Wasser auflösen. Den Minuspol einer Batterie mit einem alten Messingschlüssel verbinden. 10 cm Kupferdraht zu einer Spirale drehen und mit dem Pluspol der Batterie verbinden. Kupferdraht und Schlüssel in die Lösung geben. • Wärmewirkung des Stroms: Dünnen Draht über Amperemeter und Schalter am Netzgerät anschliessen, gefaltetes Papierstück über den Draht hängen.	
262	**ELEKTRISCHE STROMKREISE** Leiter Nichtleiter Isolatoren	Zwei Metallstäbe in ein Glasgefäss stellen und in den Stromkreis einfügen. Zwischen den Metallstäben ist eine Lücke, die mit Flüssigkeit geschlossen werden kann: Säuren, Basen (Laugen) und Salzlösungen leiten. Reines Wasser, Öl und Benzin leiten nicht. • Leitfähigkeit des menschlichen Körpers: Leiterkreis mit Taschenlampenbatterie, Messgerät und «Handgriffen».	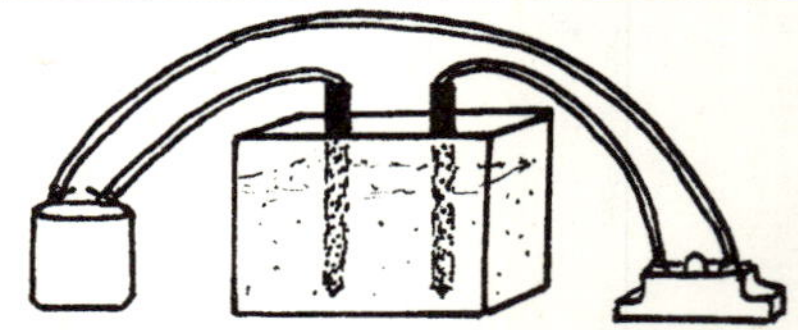
263	**MAGNETISMUS** Pole und Felder Kraftfeld, Magnetfeld Anziehung und Abstossung	Mit Magnet testen, was angezogen wird, was nicht. – Anziehungskraft vergleichen. Rund um einen Magneten Eisenfeilspäne und Navigationskompasse legen: Magnetische Kraftlinien werden sichtbar. – Stahlstricknadel magnetisieren (Magnet daran entlangziehen) / entmagnetisieren (glühen, mit Hammer schlagen). – Zwei Magnete an ungleichen / gleichen Polen zusammenbringen. – Kompass basteln.	
264	**ELEKTROMAGNET** Magnetismus Summer Glocke Gong Relais	Einen lackisolierten Kupferdraht möglichst eng um einen Eisenstab winden, die Enden des Drahtes über einen einfachen Schalter mit der Batterie verbinden. • Strom anschalten, Gegenstände (z. B. Büroklammern) anheben, Strom abschalten … • Relais, Glocke, Gong, Summer, Morsetelegraf … bauen.	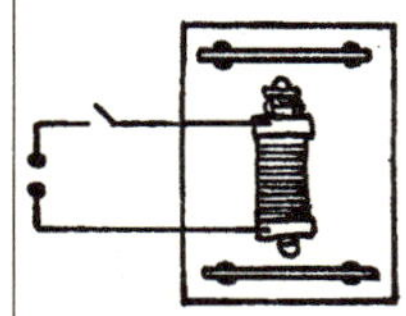 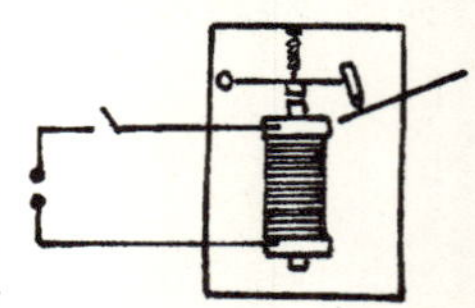
265	**ELEKTRONIK ELEKTRIK** Elektronische Schaltkreise Widerstände Transistoren	Verschiedene Widerstände in Reihen- und Parallelschaltungen testen. • Transistorschalter herstellen. • Radio selber basteln. • Ein Telefon bauen.	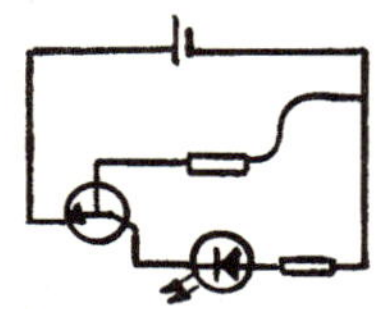 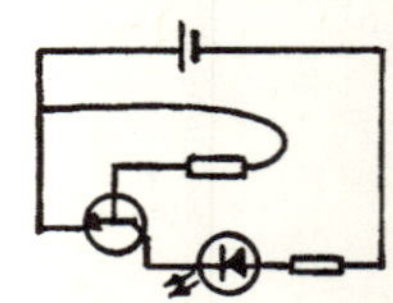

Nr.	Name der Spielform Ziele / Akzente	Idee / Beschreibung	Hinweise / Organisation
266	**BAROMETER 1** Vom Bierglas zum Barometer Experimentieren	Ein Bierglas in einem Wasserbecken mit Wasser füllen und mit der Öffnung nach unten aus dem Wasser ziehen. Was passiert? Durch weitere Experimente nach einer Erklärungen suchen (Vakuum, im Glas weniger Wasser als im Becken, Luftdruck …). • Im Glas mehr Wasser als im Becken (unter Wasser auf einen Suppenteller stellen, beides herausziehen, Wasser bleibt im Glas …).	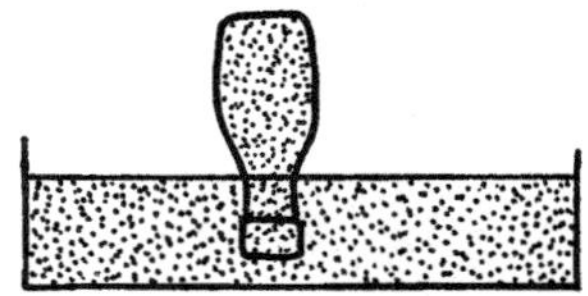
267	**BAROMETER 2** Vom Bierglas zum Barometer Experimentieren	Das Wasser kann nicht aus dem Glas (Barometer 1), weil es sonst ein Vakuum geben würde. Aus dem Glas das Wasser mit einem Schlauch heraussaugen. Was geschieht? Was passiert, wenn das Glas nicht ganz gefüllt ist? (Wasser durch Trichter, der in Stopfen auf einer Flasche steckt, einfüllen). • In Konfitüreglas Papiertaschentuch stecken, mit der Öffnung nach unten unter Wasser tauchen, herausziehen / Plastikbecher, oben Loch bohren …	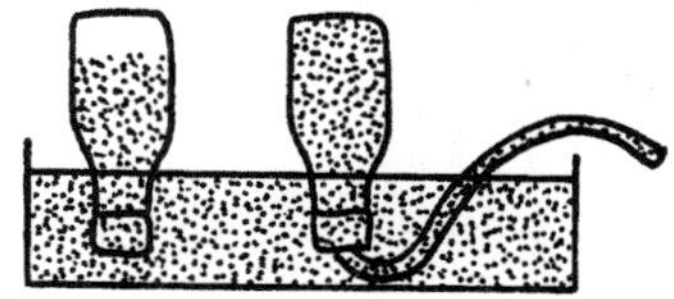
268	**BAROMETER 3** Vom Bierglas zum Barometer Experimentieren Hydrostatischer Druck	Einen Standzylinder (ca. $^1/_2$ Meter) mit Wasser füllen, Kartondeckel darauf legen, umdrehen. Ergebnis? Einen durchsichtigen Plastikschlauch (ca. 15 m lang, an einem Ende ein Absperrhahn) mit Wasser füllen, im Treppenhaus das offene Ende in einen mit Wasser gefüllten Eimer stellen und mit dem verschlossenen Ende die Treppen (mehr als 10 m) hochsteigen. Erkenntnis? Luftdruck ausrechnen. Wie hoch wäre eine Quecksilbersäule?	
269	**BAROMETER 4** Vom Luftdruck zur Barometerformel	Hat Luft Gewicht? 2-l-Weinflasche mit Gummistopfen und Hahn verschliessen, die Flasche wiegen, dann mit Wasserstrahlpumpe die Luft aus der Flasche pumpen, wieder wiegen, vergleichen. Ist noch Luft in der Flasche? Den Absperrhahn in ein mit Wasser gefülltes Becken halten und öffnen. Wie viel Wasser fliesst in die Flasche? Dichte der Luft berechnen. Gewicht der Luft im Zimmer? Quecksilberbarometer im Keller / im obersten Stock …	
270	**BAROMETER 5** Demonstration des Luftdrucks Stärke des Luftdrucks	Guericke-Demonstration mit den Magdeburger Halbkugeln. Die Halbkugeln zusammenfügen, Absperrhahn öffnen, mit Wasserstrahlpumpe Luft herauspumpen, den Absperrhahn schliessen. Die Kugeln lassen sich nicht mehr trennen. Hahn öffnen, Luft strömt ein, Trennung problemlos möglich. • Glasgefäss mit Cellophanfolie verschliessen, Luft herauspumpen / wenig aufgeblasenen Ballon (Schokoladekopf) unter Glasglocke «evakuieren».	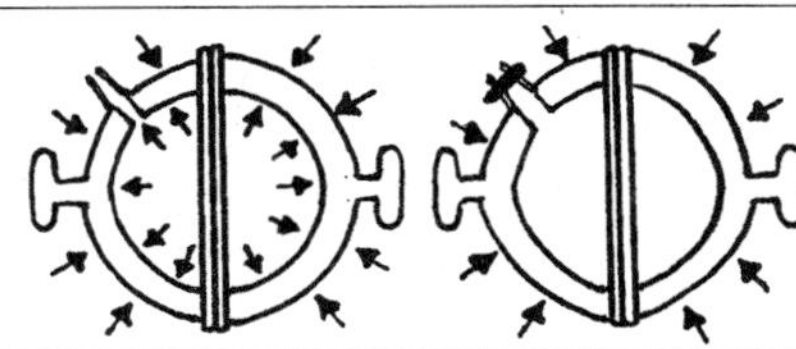

Nr.	Name der Spielform Ziele / Akzente	Idee / Beschreibung	Hinweise / Organisation
271	**BAROMETER 6** Zusammenhang Luftdruck und Wetter Barometer Thermometer Hygrometer	Barometer herstellen. Luftballon über Trinkglas streifen, mit Gummiband befestigen, Trinkhalm an einem Ende spitz zuschneiden, das andere Ende auf den Ballon kleben. Das Glas und einen Pappstreifen (mit Skala) mit doppelseitigem Klebeband auf einem Brett fixieren. Standort beachten. • Professionelles Barometer herstellen / Thermometer, Hygrometer basteln. • Wetter beobachten, voraussagen. Wetterprognosen studieren, aufstellen.	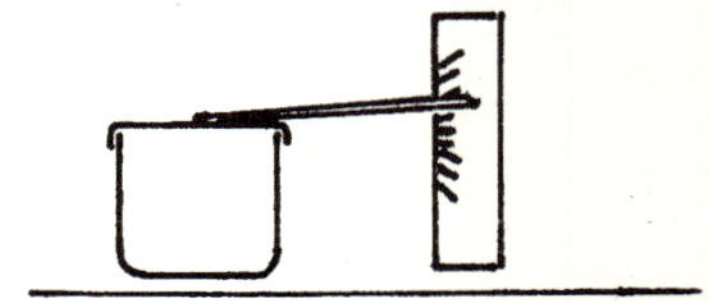
272	**LUFTDRUCK** Vakuum	In eine dünne Blechdose mit luftdichtem Verschluss ein bisschen Wasser hineingeben und offen über einer Gasflamme erhitzen. Wenn das Wasser kocht, die Dose verschliessen und auf eine Arbeitsplatte stellen: Keine Luft kann hineingelangen, der Dampf kühlt sich ab, kondensiert und es entsteht ein Vakuum. Der äussere Druck ist nun viel grösser und quetscht die Dose zusammen.	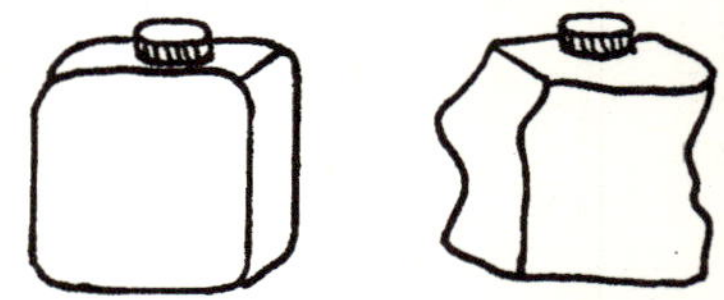
273	**THERMOMETER** Thermometer herstellen Temperaturen messen	In Flasche mit Stopfen gefärbtes Wasser (Quecksilber, Alkohol) füllen, Glasröhrchen in das Loch des Stopfens schieben und die Flasche in ein mit Eis und Wasser gefülltes Becherglas stellen. Ein Stück Pappe neben dem Röhrchen ankleben. Wasserpegel markieren und Skala anfertigen, indem man den Wasserpegel mit den Temperaturen eines Thermometers vergleicht. • Thermometer selber erfinden und herstellen / Temperaturen messen.	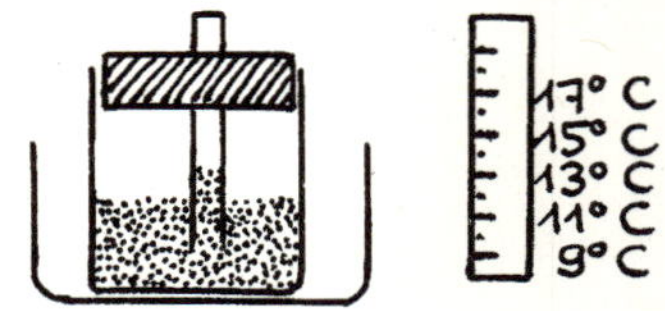
274	**WINDMESSUNG** Windmesser Windstärke Windrichtung	In Gruppen einen Windmesser erfinden und bauen. Der Windmesser soll Windstärke und -richtung angeben (eine Wetterfahne zeigt die Richtung, ein Schwenkarm mit einem Becher die Stärke und ein Kreuz die Himmelsrichtung). • Windmesser vergleichen, testen. • Während eines Monats täglich Windstärke und -richtung messen.	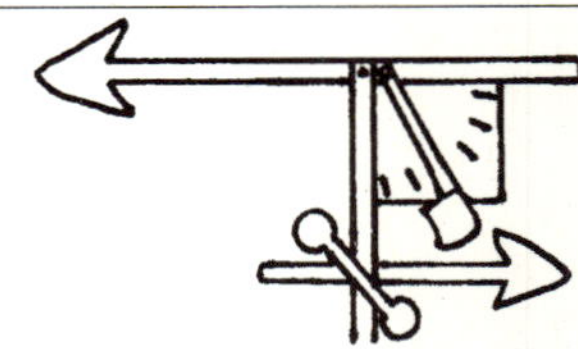
275	**LUFTSTROM** Bernoulli-Gesetz Fliegen, Vogelflug Stromlinienform Luftwiderstand	Zwei gleich lange Zwirnsfäden an zwei Tischtennisbälle ankleben und sie mit wenig Abstand voneinander aufhängen. Was passiert, wenn man einen Halm zwischen die Bälle richtet und durch den Halm schwach / stark bläst? Erklärung? Wie fliegen Flugzeuge / Vögel? • Über einem Föhn einen Tischtennisball «tanzen» lassen. • Pappe flach / tropfenförmig vor brennende Kerze stellen, dagegen blasen.	

Nr.	Name der Spielform Ziele / Akzente	Idee / Beschreibung	Hinweise / Organisation
276	**SAUERSTOFF IN DER LUFT** Sauerstoffanteil in der Luft	Eine Kerze mit Wachs in einer Schale befestigen, diese zu drei Viertel mit Wasser füllen (die Kerze darf mit der Wasseroberfläche nicht in Berührung kommen). Die Kerze anzünden, ein paar Minuten brennen lassen, dann einen Becher leicht schräg über die Kerze stülpen (damit etwas Luft austreten kann, wenn er sich der Wasseroberfläche nähert) und Wasserniveau im Becher notieren. Was passiert? Weshalb? Sauerstoffanteil in der Atmosphäre?	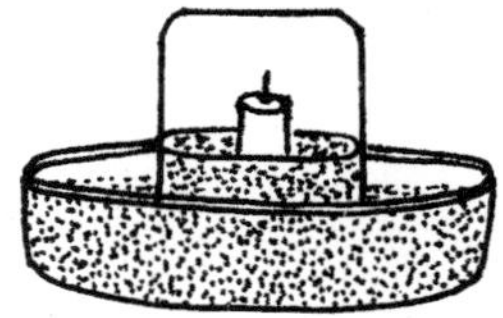
277	**KOHLENDIOXID** Kohlendioxid erzeugen Vulkanausbruch	Enghalsige Flasche zu einem Viertel mit Essig füllen, etwas Natron in einen Ballon füllen, dann den Ballon über den Flaschenhals stülpen (Natron bleibt im Ballon). Ballon anheben, Natron rieselt in die Flasche. Reaktion? • Essig mit roter Lebensmittelfarbe mischen. Kleine Flasche zur Hälfte mit Natron füllen, in grosse Schale stellen, um die Flasche Kies, dann Sand zu einem Vulkan aufschütten. Essig in die Flasche giessen.	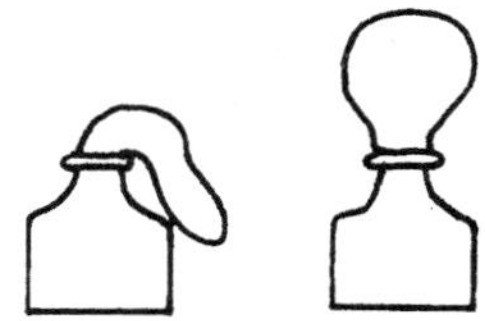
278	**EIGENSCHAFTEN VON LUFT** Entstehung von Hoch- und Tiefdruck Raumanspruch von Luft bei Erwärmung	Kochplatte stark erwärmen, Räucherstäbchen in unterschiedlicher Höhe / Entfernung darüber halten. Dasselbe über gefrorenem Kühlelement. Beobachten, vergleichen, erläutern. – Glasflasche anfeuchten, mit Geldstück bedecken, auf Kochplatte stellen, langsam erwärmen. – Flasche im Eisfach abkühlen, Geldstück darauf legen, mit (mehreren) warmen Händen umfassen. – Luftballon über Flaschenhals, in warmes / kaltes Wasser stellen.	
279	**LUFTZIRKULATION** Atmosphäre Gasdruck Wärme-, Kältequellen	An jede Schmalseite eines Aquariums ein gefrorenes bzw. ein erwärmtes Kühlelement (Tasse mit warmem Wasser) legen, das Aquarium abdecken. Mit einem Strohhalm Rauch (Räucherstäbchen) unter die Abdeckung blasen und die Luftzirkulation vor einem dunklen Hintergrund beobachten. – Kerze anzünden und Tür / Fenster zu einem Raum mit anderer Temperatur öffnen. Flamme beobachten, Kerze in verschiedenen Höhen halten.	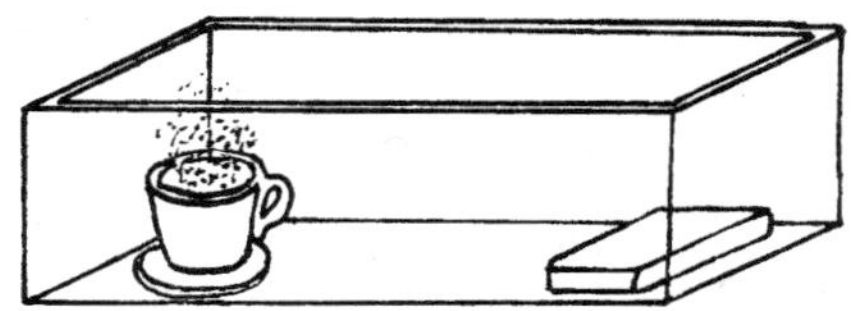
280	**LUFTSTRÖMUNG LUFTWIDERSTAND** Luftbewegungen Ablenkung des Windes	Hinter eine Flasche eine brennende Kerze stellen, in der Höhe der Flamme kräftig gegen die Flasche blasen. Die Flasche hinlegen, nochmals blasen. Ein Buch vor die brennende Kerze stellen und blasen. Beobachtungen? – Fallgeschwindigkeiten von Gegenständen messen, vergleichen und erläutern.	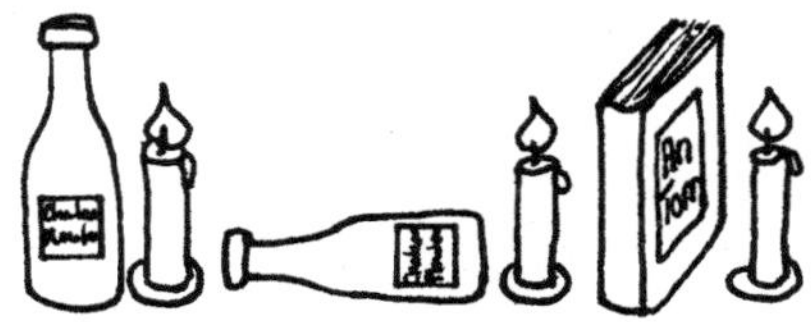

Nr.	**Name der Spielform** Ziele / Akzente	**Idee / Beschreibung**	**Hinweise / Organisation**
281	**SÜSSWASSER SALZWASSER** Eigenschaften von Süss- und Salzwasser	Zwei Glasgefässe zur Hälfte mit Wasser füllen, in eines einen Teelöffel Salz und in das andere einige Tropfen Tinte geben. Einen Strohhalm senkrecht in die Salzlösung stellen, die obere Öffnung mit dem Finger verschliessen, den Strohhalm herausnehmen und in das Tintenwasser stellen, den Finger lösen, wenn sich der Halm knapp über dem Boden befindet. Ebenso das gefärbte Wasser in die Salzlösung befördern. Beobachten, erklären.	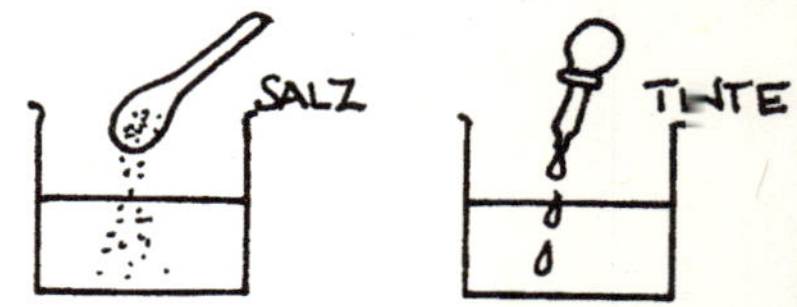
282	**KALTES WASSER WARMES WASSER** Eigenschaften von kaltem und warmem Wasser	Einweckglas (Volumen 1000 cm^3) zu drei Viertel mit kaltem Wasser füllen. 2–3 Kieselsteine in eine leere Filmdose legen, diese mit warmem Wasser fast ganz füllen, das Wasser mit etwas Tinte (Milch) färben. Die Dose mit dem Deckel leicht verschliessen, in das Einweckglas stellen, den Deckel öffnen und die Hand (möglichst ohne Wasserwirbel) aus dem Glas ziehen. Beobachtungen notieren, beim zweiten Versuch Eiswürfel in die Dose legen.	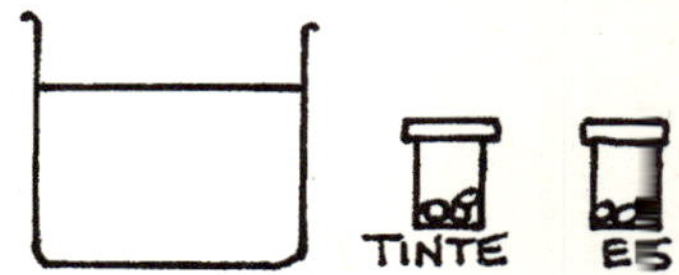
283	**WASSERDRUCK** Druckzunahme Druckabnahme Tauchen	Verschluss einer grossen Plastikflasche abtrennen und vier verschieden hohe Löcher mit einem Nagel in die Flasche bohren. Die Löcher mit einem Klebeband verdichten, die Flasche in eine Schüssel stellen und Wasser einfüllen. Das Klebeband entfernen und die Wasserstrahlen vergleichen. • Druckzunahme beim Tauchen, Druckausgleich, Vorsichtsmassnahmen, Demonstration «Lunge» in Wasserbehälter (Ballon, Schlauch, Luftzufuhr …).	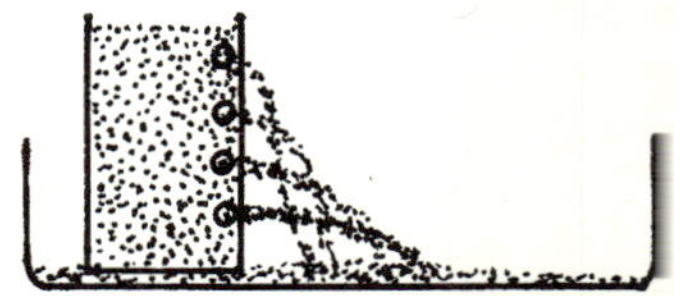
284	**DRUCKFONTÄNE** Aufsteigendes Wasser Wasserheberprinzip	In den Korkstopfen eines Glases zwei Löcher bohren. Das Glas 5 cm hoch mit Wasser füllen, mit dem Stopfen verschliessen. Halme durchstecken, einer ragt durch den Deckel, der andere zur Hälfte ins Glas (die Löcher mit Modelliermasse abdichten). Ein zweites Glas mit Wasser füllen, das erste stürzen und so platzieren, dass der kürzere Halm ins Wasser des zweiten Glases und der längere über einem leeren Glas steht. Was passiert? Erklärung?	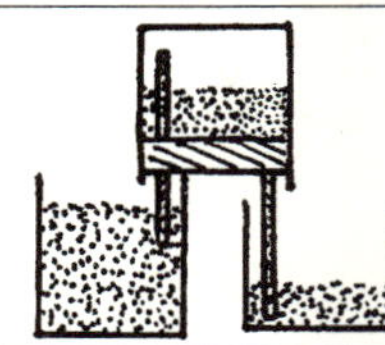
285	**HYDRAULIK** Kräfte von Flüssigkeiten Autobremsen Getriebe	Eine Tortengussspritze mit Wasser füllen, in einen Plastikschlauch stecken, die zweite Spritze zur Hälfte füllen und auf das andere Ende des Schlauches stecken (im Schlauch und in den Spritzen dürfen keine Luftblasen sein). Einen Kolben hineindrücken, der andere geht hinaus. Weshalb? Was passiert, wenn die Spritzen verschieden gross sind? • Wie funktioniert ein Getriebe (Autobremsen)? Maschine bauen.	

Nr.	**Name der Spielform** Ziele / Akzente	**Idee / Beschreibung**	**Hinweise / Organisation**
286	**AUFTRIEB BOOT** Schwimmfähigkeit Schifffahrt Schwimmen – Sinken	Eine Kugel aus Modelliermasse formen und in einen Behälter gleiten lassen, der zu $^{3}/_{4}$ mit Wasser gefüllt ist. Die Kugel geht unter. Aus der Kugel ein Boot mit hohen Seitenwänden formen und aufs Wasser setzen. Das Boot schwimmt. Weshalb? Das Boot wiegen, den Behälter bis zum Rand mit Wasser füllen und in eine Schüssel stellen. Das Boot wieder aufs Wasser setzen, das verdrängte in die Schüssel gelaufene Wasser wiegen. Folgerung?	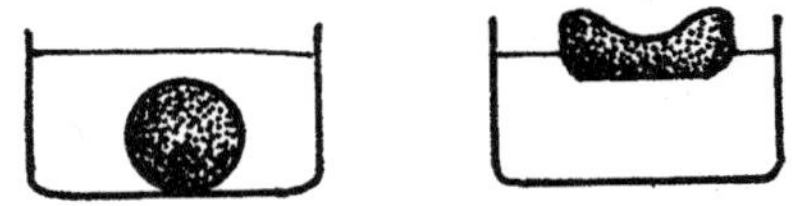
287	**FLÜSSIGKEITS-DICHTE** Dichte verschiedener Flüssigkeiten Viskosität Flüssigkeiten einfärben	Flüssigkeiten verschiedener Dichte (Sirup, Glycerin, gefärbtes Wasser, Olivenöl, medizinischer Alkohol …) über einen Löffel langsam in ein Gefäss giessen und aufeinander schwimmen lassen. Kleine Gegenstände (Traube, Bonbon …) in das Gefäss hineingleiten lassen. Erklärungen? • Verschiedene Flüssigkeit pro Glas, Murmel hineinfallen lassen, Viskosität? • Glas mit Öl und Wasser, Lebensmittelfarbe hineintropfen, warten, rühren.	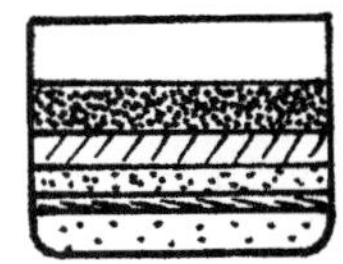
288	**ARÄOMETER** Flüssigkeitsdichte messen	Ein Klümpchen Modelliermasse auf einen Halm stecken und in einem Glas Wasser schwimmen lassen. Die Wasserhöhe am Röhrchen markieren, dann das Röhrchen in verschiedene Flüssigkeiten (Salzlösung, Alkohol, Salatöl …) tauchen. Feststellungen erläutern, beweisen, vergleichen …	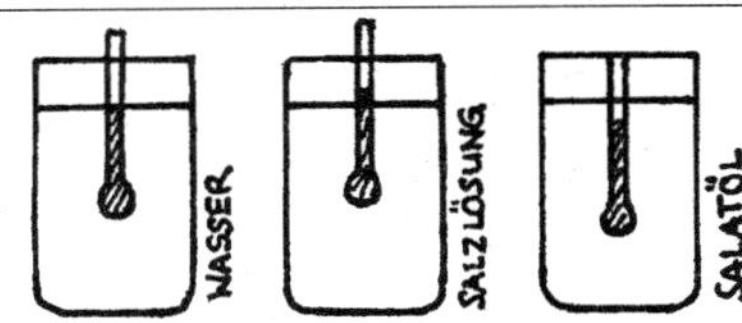
289	**WASSERHÄRTE** Mineralstoffe im Wasser Kalk Waschen Wasserverschmutzung	Je ein Schraubglas zu $^{1}/_{3}$ mit Leitungswasser, destilliertem Wasser und Seifenwasser (destilliertes Wasser mit Flüssigseife mischen) füllen. Einen Tropfen Seifenwasser in das Leitungswasser geben, verschliessen, schütteln. Wiederholen, bis das Wasser schäumt. Wiederholen mit destilliertem Wasser, Anzahl Tropfen vergleichen (je mehr Tropfen, desto härter). Leitungs-, Teich-, Bachwasser: Härte, Nitrat-, Phosphat-, Ammoniumgehalt?	
290	**SÄURE – LAUGE** Sauer – alkalisch Lauge	In verschiedene Gläser Rotkohlwasser (destilliertes Wasser mit Rotkohl aufkochen) giessen, dann in je ein Glas Zitronensaft, Essig oder Weinstein beigeben (sauer, färben das Wasser rot), in die anderen Gläser Soda (alkalisch, färbt das Wasser blau), Ammoniak oder Waschpulver (Laugen, färben das Wasser grün) beimischen. Was sind Säuren / Laugen …? • Hortensien auf saurem / alkalischem Boden wachsen lassen.	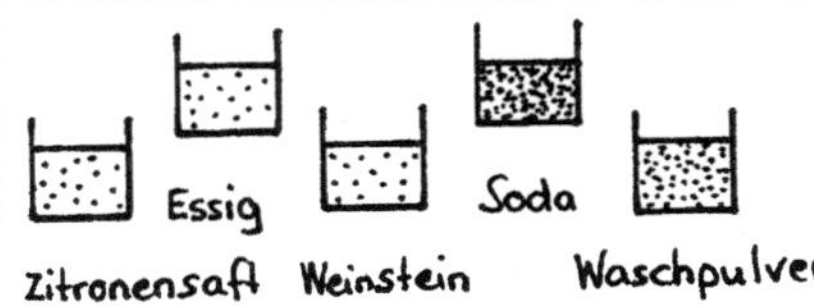

Nr.	Name der Spielform Ziele / Akzente	Idee / Beschreibung	Hinweise / Organisation
291	**WASSER-UNTERSUCHUNG** Trinkwasser Gewässer	Wasser in Flasche abfüllen. Das Aussehen mit Leitungswasser vergleichen (vor weisse Unterlage stellen), einmal nach dem Abfüllen, einmal einen Tag später. Einweckglas mit Wasser füllen, den Geruch beschreiben, die Lufttemperatur (Thermometer 5 Minuten über Kopf bewegen) und den pH-Wert ermitteln sowie die Wassertemperatur wenige cm unter der Wasseroberfläche messen. Mit anderen Gewässern vergleichen.	
292	**NITRATGEHALT VON WASSER** Sera-Nitrat-Test	Reines Wasser enthält etwa 5 mg/l Nitrat, je nach Boden bis zu 20 mg/l, Grenzwert bei 50 mg/l. Mit Sera-Nitrat-Test-Packung Nitratwerte ermitteln und bewerten. Nach 1 Minute gibt die Farbe der Flüssigkeit den Nitratgehalt der Wasserprobe an. • Aquariumwasser, Leitungswasser, Grundwasser …	
293	**SAUERSTOFFGE-HALT VON WASSER** Sauerstoffdefizit Fischsterben	Mit Tetra-Test O_2-Messungen durchführen: In einer Tabelle die Temperatur, den Sättigungswert (mg/l) eintragen und die Abweichung des gemessenen Sauerstoffgehaltes vom Sättigungswert errechnen (Sauerstoffdefizit). • Wasseruntersuchungen von verschiedenen Gewässern. • Zusammenhang Fischsterben. • «Belüftungsversuche».	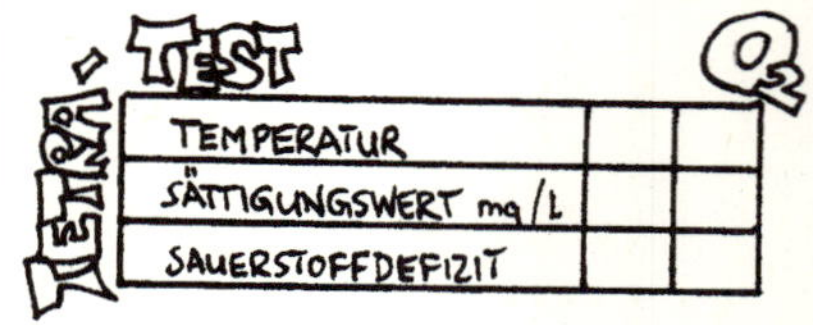
294	**SCHWEBSTOFFGE-HALT VON WASSER** Schwebstoffgehalt von Wasserproben Durchsichtigkeit von Wasserproben	Leitungswasser, destilliertes Wasser, Regenwasser, Fluss- und Tümpelwasser in je ein Glasgefäss geben, schütteln, vor weissem Hintergrund vergleichen. – Glasgefäss auf beschriftetes Blatt Papier stellen und Wasserprobe einfüllen, bis man den Text nicht mehr lesen kann, Wasserhöhe messen. – An weissem Brett (20x20 cm) Schnur befestigen, ins Wasser versenken, bis Brett nicht mehr zu erkennen ist. Sichttiefe an Schnur abmessen.	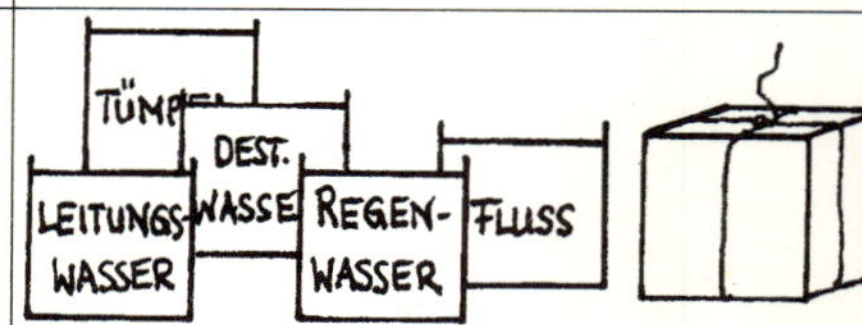
295	**TAUPUNKT TAUFALL** Begriff Taupunkt Taubildung	Aussen trockene Kondensmilchdose zur Hälfte mit Wasser füllen, auf Zeitungspapier stellen, zwei Eiswürfel ins Glas geben. Mit Thermometer ständig umrühren (Eis nachfüllen, wenn geschmolzen). Taupunkt, wenn an Dose gespiegelte Buchstaben nicht mehr lesbar. Raumtemperatur messen, Begriff Taupunkt erklären. – Mit wasserlöslichem Stift Strich auf Taschentuch ziehen, auf Stein legen, am Morgen prüfen, ob Taufall in der Nacht.	

Nr.	Name der Spielform Ziele / Akzente	Idee / Beschreibung	Hinweise / Organisation
296	**ALKOHOL** Aus Traubenzucker entsteht Alkohol Gärung Chemie im Alltag	20 g Backhefe, 10 g Traubenzucker und 10 ml Wasser mit dem Glasstab in einem Erlenmeyerkolben vermischen, mit dem Korkzapfen (mit Loch und ca. 5 cm langem Glasrohr) verschliessen und in ein Becken mit 40 °C warmem Wasser (+/- 5 °C) stellen. Die Apparatur an einen Gummischlauch schliessen, der in einem Reagenzglas mit gesättigtem Kalkwasser endet. • Alkoholnachweis: Mit Gasflamme erhitzen, Alkohol-Dämpfe anzünden.	
297	**HERSTELLUNG VON SAUERKRAUT** Mikroorganismen Fäulnisbakterien Hefe Milchsäurebakterien	Weisskohl fein hobeln, mit 1 % Kochsalz (evtl. etwas Zucker) versetzen, bis zur Bildung von Presssaft stampfen, in Becherglas füllen, mit Holzstempel abdecken und Stein beschweren. Säurebildung verfolgen und in den ersten 5 Tagen die pH-Werte des Presssaftes bestimmen und jeweils 2 ml Presssaft mit Natronlauge gegen Phenolphthalein titrieren.	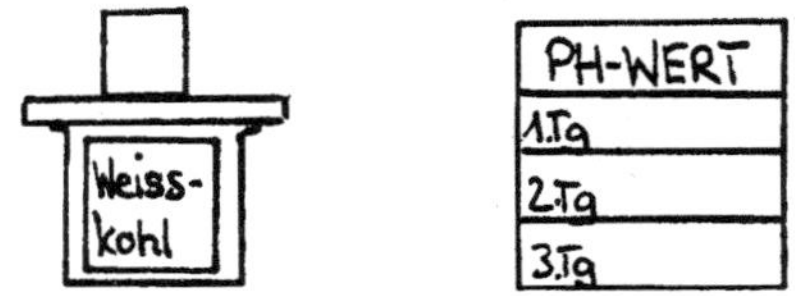
298	**KONSERVIERUNGS-MITTEL** Haltbarmachen von Nahrungsmitteln Schimmelpilz Chemie im Alltag	Tomaten pürieren, auf 12 Bechergläser verteilen. Becher etikettieren (1–6A, 1–6B). In 1A+B je 0.5 ml Ameisensäure, in 2A+B je 0.1 g Benzoesäure, in 3A+B je 6 ml Speiseessig, in 4A+B je 0.5 ml Essigsäure, in 5A+B je 2 g Kochsalz geben und mischen. 6A+B ohne Zusatz. Serie A mit Schimmelpilz (Schimmelpilz in Reagenzglas, 10 ml Wasser, schütteln) impfen (Pipette). Mit Haushaltfolie verschliessen, einige Wochen beobachten.	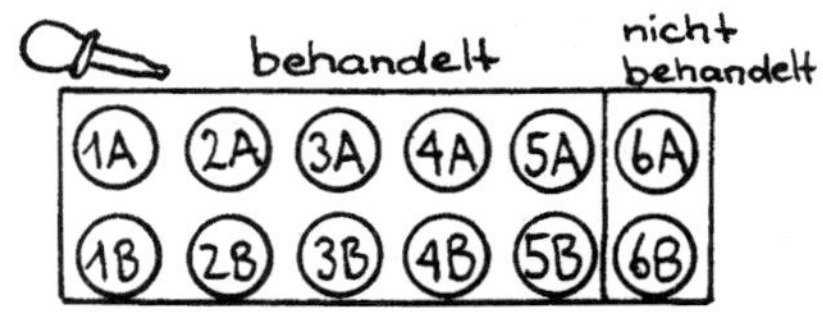
299	**LEBENSMITTEL-KONSERVIERUNG** Konservierung durch Salzen, Pökeln, Zuckern, Säuren Chemie im Alltag	Verschiedene Konservierungslösungen ansetzen. A: 1.5 g Kochsalz in 8.5 ml Wasser. B: 1.2 g Kochsalz in Wasser. C: Konzentrierte Zuckerlösung. D: Essig (10 %). E: Wasser als Vergleich. Jeweils 1 Löffel frisches Hackfleisch in ein Reagenzglas geben, mit Konservierungslösung übergiessen. Nach 14 Tagen Flüssigkeit abgiessen und Proben vergleichen.	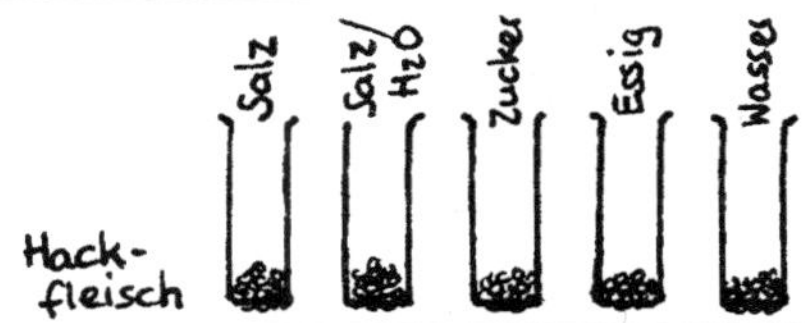
300	**NACHWEIS VON LUFTKEIMEN** Mikroorganismen Mikrobiologische Arbeitstechniken Bakterienkolonien	Je 10 ml Agar (Gallerte aus ostasiatischen Algen; als fertige Mischung kaufen oder selber herstellen) in Petrischalen giessen und nach 10 Minuten, 20 Minuten, 30 Minuten … bis zu 2 Stunden abdecken. Nach einigen Tagen bilden sich die ersten Kolonien auf den Platten. • Fingerabdrücke auf die Agarplatten machen.	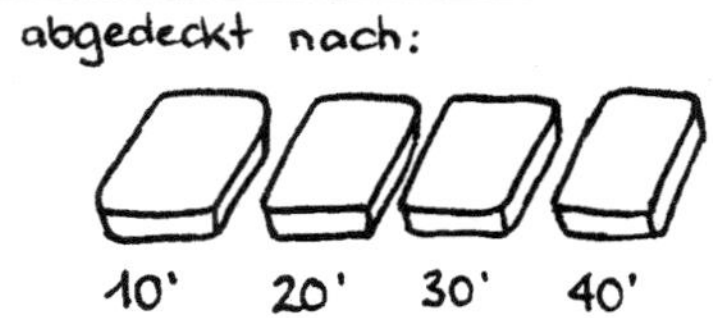

Nr.	Name der Spielform Ziele / Akzente	Idee / Beschreibung	Hinweise / Organisation
301	**NITRAT IN GEMÜSE** Nachweis von Nitrat im Zellsaft von Gemüse Vegetationsperiode Standortfaktoren, Anbau	Die Probe des Gemüses zerkleinern und mit der Knoblauchpresse bis zur Saftbildung pressen. Merckoquant-Teststäbchen in den Zellsaft tauchen und mittels Skala Nitratwert bestimmen. • Nitratgehalt einer Gemüseart über die Vegetationsperiode verfolgen. • Gemüseart aus biologischem und konventionellem Anbau vergleichen. • Einfluss verschiedener Standortfaktoren auf den Nitratgehalt untersuchen.	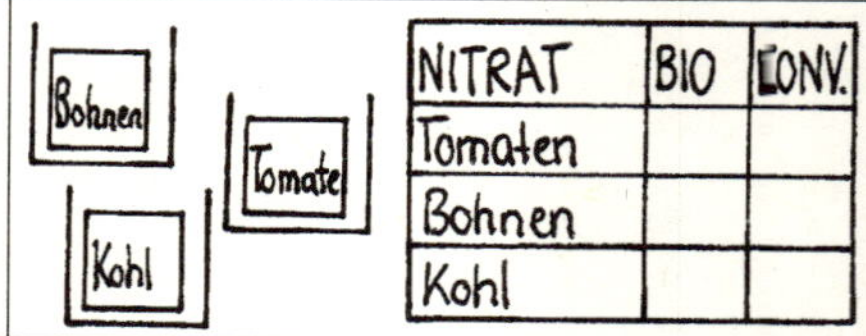
302	**FARBSTOFFE IN SÜSSWAREN** Nachweis von Farbstoffen in Süsswaren Lebensmittelzusätze	Ungefärbte, unbehandelte Wollfäden auf 10 cm zuschneiden (wenn fettig, mit Shampoo waschen, in Petrolether). Gummibärchen (Lakritzdragees, Schokolinsen …) in 10 ml Wasser legen, unter Erwärmen hin- und herbewegen. Wenn Lakritze / Schokolade zum Vorschein kommt, Bonbons mit Pinzette herausnehmen. 5 ml Essigsäure und die Wollfäden zur Lösung, das Ganze zum Sieden bringen. Mit natürlich gefärbten Bonbons wiederholen.	
303	**PHOSPHAT IN KÄSE UND WURST** Nachweis von Phosphat in Käse und Wurst	20 g Käse oder Wurst im Mörser mit je 4 g Trichloressigsäure zerreiben, 50 ml Wasser hinzufügen, rühren und filtern, bis die Lösung klar ist. 15 ml Ammoniummolybdat-Lösung und etwas Salpetersäure zufügen. Die Lösung färbt sich zunächst blau, bei weiterer Zugabe fällt bei Anwesenheit von Phosphaten ein kräftig gelber Niederschlag aus.	
304	**ZINN-IONEN IN KONSERVENDOSEN** Nachweis von Zinn-Ionen in Konservendosen	4 Wochen vor Untersuchung die erste, dann jede Woche sowie am Untersuchungstag eine weitere Ananas-Dose öffnen und in den Kühlschrank stellen. Die klare Konservenflüssigkeit mit einer Pasteurpipette entnehmen und mit der Reduzierflüssigkeit (Merckoquant-Zinntest: Stäbchen und Reduzierflüssigkeit) versetzen. Färbung der Teststreifen vergleichen.	
305	**JOGURT** Jogurt herstellen Biochemische Vorgänge Chemie im Alltag Frischkäse	1 Liter pasteurisierte Vollmilch unter Rühren auf 45 °C erwärmen, in einen Krug giessen, 3 Esslöffel Jogurt beimischen, mit einer «Isoliertasche» (Kaffeewärmer) zudecken und nach 8 Stunden für mindestens zwei Stunden in den Kühlschrank stellen. • Frischkäse herstellen.	

Nr.	Name der Spielform Ziele / Akzente	Idee / Beschreibung	Hinweise / Organisation
306	**FOTO-ENTWICKLUNG** Vom Fotopapier zum Bild Chemie im Alltag	Drei Fotoschalen (Papierentwickler-Bad, Stopp-Bad, Fixier-Bad mit je einer Fotozange) bereitstellen. Den Raum abdunkeln, bei rotem Licht Fotopapier bereitlegen (glänzende Schicht nach oben). Gegenstände auf das Papier legen, Licht für 1–2 Sekunden einschalten. Bei rotem Licht das Papier 1 Minute im Entwickler-, 10 Sekunden im Stopp- und 10 Minuten im Fixier-Bad bewegen. 10 Minuten unter fliessendes Wasser halten, aufhängen.	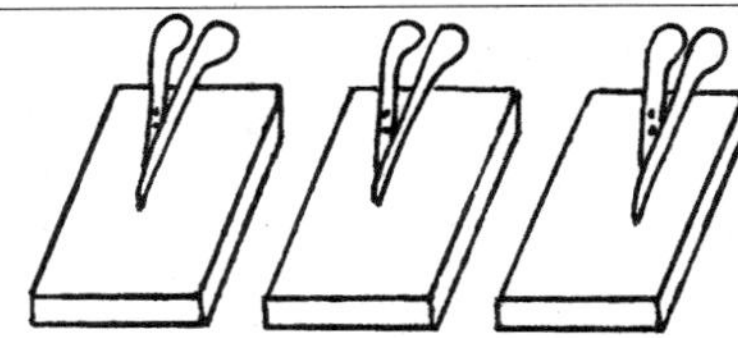
307	**UMSCHMELZEN VON KUNSTSTOFF** Kunststoff schmelzen	Kunststoffreste zerkleinern und in Metallform (Ausstechform für Gebäck oder selbst hergestellte Formen, doppelt mit Alufolie ausgelegt) erhitzen, bis der Kunststoff zusammensintert (Thermoplaste wie PVC schmilzt schon bei 150–170 °C).	
308	**FORMALDEHYD** Nachweis von Formaldehyd Körperpflegemittel Kosmetika	1 ml Haarshampoo in Reagenzglas geben, auf 10 ml verdünnen, mit 1 ml SCHIFFschem Reagenz (0.025%-wässerige Fuchsinlösung, entfärbt durch SO_2) versetzen und schütteln. Tritt sofort Rotviolettfärbung auf, ist ein Aldehyd vorhanden. • Analyse von Hautcremes: Zuerst Emulgierung vornehmen (z. B. mit Shampoo, das kein Aldehyd enthält, Weleda-Shampoo beispielsweise).	
309	**WASSERSTOFF-PEROXID** Wirkung von Wasserstoffperoxid Körperpflegemittel Kosmetika	Dunkle Haare auf ein Uhrdeckelglas legen, Wasserstoffperoxid zutropfen, dann Struktur mit unbehandeltem Haar vergleichen. • Verschiedene Haarfarben aufhellen, vergleichen. • Haare färben / entfärben. • Zusammensetzung von Haarsprays oder -lacke / unterschiedliche Wirkung.	
310	**DAUERWELLE** Wirkung von Dauerwellmittel Körperpflegemittel Kosmetika	Mit pH-Papier die pH-Werte der Dauerwellmittel bestimmen. Das alkalische Reduktionsmittel auf die Haare geben. Konsistenz der Haare und deren Veränderung unter dem Mikroskop verfolgen. Mit einer Pinzette die Dehnungsfähigkeit überprüfen. Danach Oxidationsmittel auftragen, durch welches die Quellung der Haare wieder aufgehoben wird.	pH-Wert 5.0-5.9: mässig sauer pH-Wert 6.0-6.9: schwach sauer pH-Wert 7.0: neutral pH-Wert 7.1-8.0: schwach basisch pH-Wert 8.1-9.0: mässig basisch

Nr.	Name der Spielform Ziele / Akzente	Idee / Beschreibung	Hinweise / Organisation
311	**WERBUNG** Werbung kritisch betrachten Wer wirbt wann und wo?	Werbeplakate auf dem Schulweg (in der Gemeinde / in der Stadt / bei einer Veranstaltung) kritisch betrachten: Zielpublikum, Grösse, Wirkung, Farben, Darstellung … Was ist positiv, was ist negativ? • Werbeprospekte sammeln und vergleichen (Collagen, Grafiken …). • Eigene Werbeprospekte, Werbespots / für imaginäres Produkt werben. • Werbespots im Fernsehen vergleichen (Sendezeit, Dauer, Wirkung …).	
312	**DURSTLÖSCHER** Was löscht den Durst? Energydrinks	Verschiedene Durstlöscher (nach sportlicher Leistung) testen. Was ist in den Drinks enthalten? Wie schmecken sie? Halten sie, was sie versprechen? Wo, wann und wie wird für das Produkt geworben? Wie ist die Verpackung / Entsorgung …? • Testpersonen wählen, Getränke vergleichen (Interviews, Tabellen …). • Energydrinks: Was wird wie, wo, wie teuer angeboten? Inhalt, Wirkung …	
313	**BUDGET** Geld überlegt «ausgeben» Preise vergleichen Angebote prüfen	Mit dem «erhaltenen» Budget einen Auftrag optimal lösen: Schulzimmer freundlicher und «gesünder» einrichten, einen bewegten Pausenplatz gestalten, eine Klassenfahrt mit sportlicher Leistung und gemütlichem Abschluss organisieren, einen Aufenthaltsraum planen, für den Unterhalt einer 4-köpfigen Familie einen Monat lang sorgen … Angebote suchen / testen, Preise einholen. Imaginär einkaufen, planen, auswählen …	TEPPICH 2x2.5m 120.- FARBE 8.5 l 49.- FOLIEN 6x 26.- GYMBÄLLE 15x 600.-
314	**SCHULWEG** Sensibilisierung auf Besonderheiten und Gefahren im täglichen Leben	Den eigenen Schulweg mehrmals intensiv und bewusst wahrnehmen, sich Gerüche und Geräusche merken, Reklamen, Bilder, Tafeln und Leute genau anschauen. Alles in einer Diareihe festhalten und der Klasse präsentieren (Gegenstände mitnehmen, Gerüche «einfangen», Geräusche aufnehmen, auf Gefahren hinweisen …). • Drogenproblematik, Sucht, Werbung, Strasse und Verkehr …	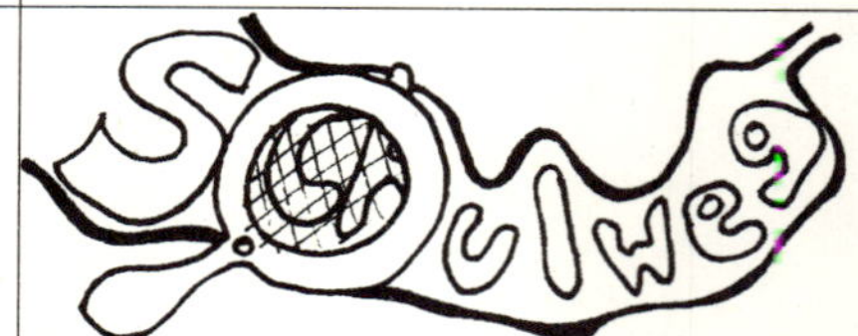
315	**RECHTS-ORIENTIERUNG** Angebote kritisch prüfen und vergleichen	Unsere Welt ist rechtsorientiert. Wir schwenken unseren Blick bei Plakaten von rechts nach links, wir gehen und fahren rechts. In den Supermärkten befinden sich deshalb Verkaufsknüller oder Ladenhüter (meist geschickt miteinander gemischt) in den Regalen rechts. Teure Angebote stehen rechts, billige und Sonderangebote links. • Angebote in den Warenhäusern überprüfen. Was ist wo / wie präsentiert?	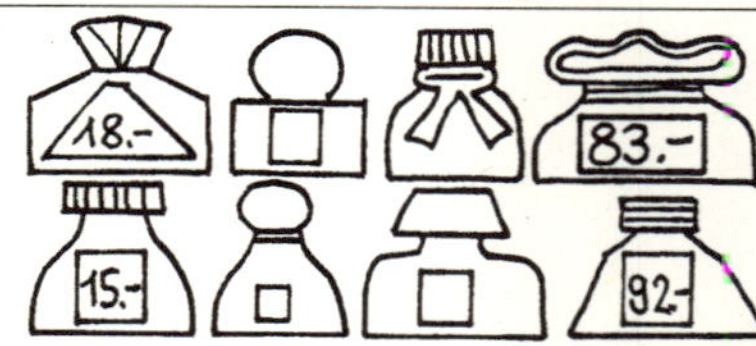

Nr.	Name der Spielform Ziele / Akzente	Idee / Beschreibung	Hinweise / Organisation
316	**GEWÜRZE 1** Herkunft von Gewürzen Gewürze ordnen Gewürze / Würzmittel	Gewürzangebot im Supermarkt überprüfen: Gewürze (gesamte Gewürzpflanze, Teile von Gewürzpflanzen) und Würzmittel (einfache oder zusammengesetzte, aus natürlichen Produkten oder künstliche) sowie einheimische und Gewürze aus tropischen Ländern unterscheiden. • Gewürze ordnen: Pflanzenfamilie, Geruch / Geschmack bzw. in Zwiebel-, Frucht-, Blatt-, Wurzel- und Rhizom-, Holz- und Rindengewürze einteilen.	
317	**GEWÜRZE 2** Geschmack Kräutermischungen, -öle Kräuter ernten Heilwirkung	Die Wirkung von Gewürzen bezüglich des Geschmacks und der Bekömmlichkeit bei verschiedenen Speisen testen / vergleichen. • Kräutermischungen und -öle selber herstellen. • Gewürzkräuter säen, ernten, trocknen / Kräuter und Pilze einsäuern. • Wirkung von Kräutern bei Heilungsprozessen beobachten / verfolgen. • Riech- und Geschmackstest.	ANIS Doldengewächs süsslich-aromatisch SAFRAN Schwertliliengewächs würzig, scharf bitter KURKUMA Ingergewächs würzig, brennend bitter
318	**DUFT-IDEEN** Duftgefässe Duftende Dekorationen Duftgarten	Duft-Igel: Aus Knetmasse Igel formen, Gewürznelken sind Stacheln. Duft-Mobile: Schiffchen aus Zimtstengeln, Lorbeerblätter als Segel. Duft-Schale: Mit Frucht- und Blattgewürzen / Blütenblätter / Frucht-, Blatt-, Schalen-, Holz- und Rindengewürzen füllen. Duft-Orgel: Reagenzglashalter, Gewürze in die Gläser füllen. • Duftgarten anlegen.	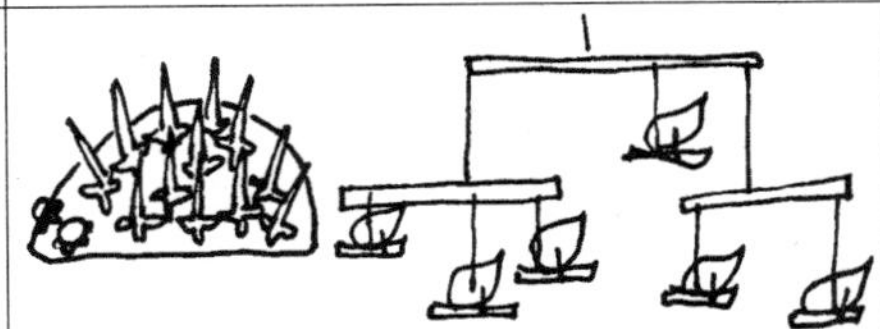
319	**PARFÜM HERSTELLEN 1** Zutaten Basisöl	Ätherische Öle (Petit-grain-, Lavendel-, Amber-, Zitronen-, Orangen-, Rosmarin-, Bergamotte-, Moschus-, Thymianöl), Weingeist und Plastikspritzen einkaufen. Grundlage für ein Parfüm ist das Basisöl: 3 ml Petit-grain-Öl, 3 ml Zitronenöl und 2 ml Bergamotteöl in einem kleinen Fläschchen vermischen, 35 ml Weingeist beigeben, gut schütteln und zwei Tage im Kühlschrank ziehen lassen.	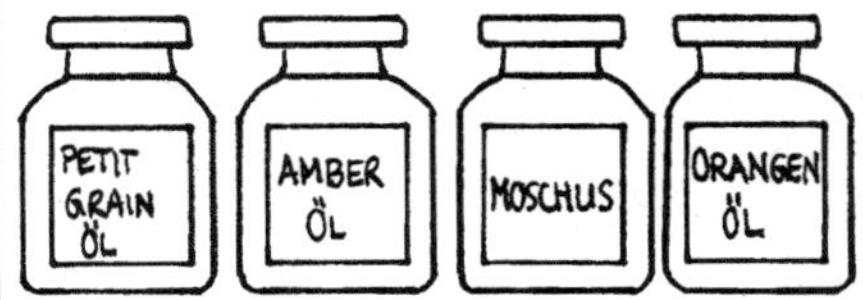
320	**PARFÜM HERSTELLEN 2** Parfüm mischen Duftkompositionen	10 Tropfen Basisöl (siehe «Parfüm herstellen 1»), 3 Tropfen Bergamotteöl, 2 Tropfen Zitronenöl, 1 Tropfen Orangenöl, 1 Tropfen Moschus, 1 Tropfen Lavendelöl und 180 Tropfen Weingeist mischen. Das Parfüm einige Tage in den Kühlschrank stellen, dann riecht es kräftiger. • Eigene Duftkreationen, zu jedem Tropfen ätherischen Öls 10 Tropfen Weingeist beigeben!	

Nr.	Name der Spielform Ziele / Akzente	Idee / Beschreibung	Hinweise / Organisation
321	**KULTURPFLANZEN-PRODUKTE 1** Reis Mais Weizenprodukte Kartoffeln	Verschiedene Reissorten vergleichen, kochen und testen. Karte anfertigen und notieren, wie viel Reis angebaut bzw. exportiert / importiert wird. Arbeit verrichten und vergleichen, wie viel ein «Reis-Arbeiter» in derselben Zeit verdient. Reisprodukte in den Läden. Preis, Nachfrage, Angebot (Umfrage, Tabellen …). Rezepte ausprobieren, Reisgerichte kreieren. • Dasselbe mit Mais, Weizenprodukten, Kartoffeln …	
322	**KULTURPFLANZEN-PRODUKTE 2** Baumwolle Textilien	Verschiedene Stoffe vergleichen. Was kann aus Baumwolle hergestellt werden? Textilien, Utensilien von zu Hause mitnehmen, prüfen, vergleichen. Mit anderen Stoffen vergleichen. – Schaf- und Baumwolle durch Brennprobe unterscheiden (Ende eines Fadens anzünden). – Aus Baumwolle etwas herstellen (Kleider, Vogelscheuchen …). – Herkunft, Verarbeitung, Preise in Warenhäusern vergleichen (Ausstellung, Projekte …).	
323	**KULTURPFLANZEN-PRODUKTE 3** Pflanzliche Öle Waschmittel Kosmetische Artikel	Angebote in verschiedenen Warenhäusern vergleichen: Preis, Menge, Werbung, Auswahl, Qualität … – Angebote testen und danach Ergebnisse vergleichen. – Selber Waschmittel herstellen. – Kosmetische Produkte auf Zusatzmittel testen.	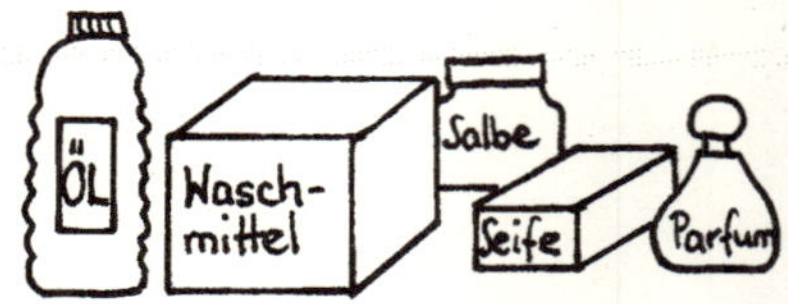
324	**KULTURPFLANZEN-PRODUKTE 4** Schnüre Seile Teppiche	Knoten kennen lernen, nach Vorlage knoten … – Indoor-Klettern: Seile, Sicherungen, Knoten kennen, jemanden sichern, abseilen … – Etwas knüpfen, weben … – Teppichgeschäfte (Werbung) kritisch überprüfen: Wer? Was? Angebot und Nachfrage, Herkunftsländer, Qualität, Kosten für das Material, die Arbeit … vergleichen. • Makramee, Flechten, Sticken, Schling-, Soumaktechnik …	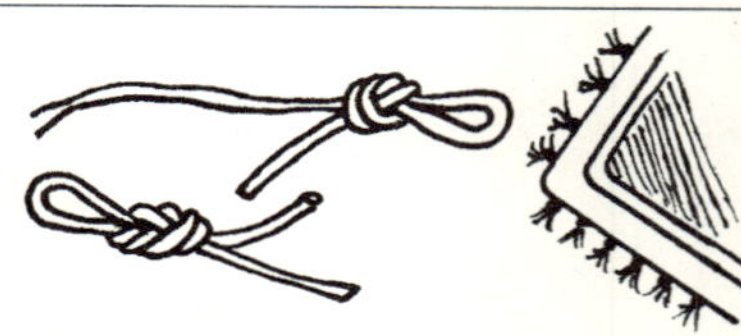
325	**KULTURPFLANZEN-PRODUKTE 5** Kautschuk Gründüngerpflanzen Färbepflanzen Arzneipflanzen	Materialien mitnehmen, in denen Kautschuk enthalten ist (Dichtungen, Treibriemen, Schläuche). Was wird wo und wie produziert? – Etwas mit Pflanzen (Zwiebeln, Tee …) färben. – Homöopathische Mittel in Apotheken suchen. Wie wirken Pflanzen? Pflanzen bei Wunden / Krankheiten (Kopf-, Bauchweh …) testen. – Naturheilgarten anlegen. • Geschichte der Kulturpflanzen in einer Diareihe dokumentieren.	

<table>
<tr><th>Nr.</th><th>Name der Spielform
Ziele / Akzente</th><th>Idee / Beschreibung</th><th>Hinweise / Organisation</th></tr>
<tr><td>326</td><td>TEE 1

Anbau, Produktion
Wirkung auf
Organismus</td><td>Woraus gewinnt man Tee? Anbaugebiete (Weltkarte herstellen, beschriften), Blattqualitäten (Teeblätter vergleichen), Produktion … Die Wirkung des Tees auf unseren Organismus testen: Am Morgen Tee in Thermoskannen füllen und zwei gleich schwierige Zahlenreihen (Fremdwörter) bereithalten. Die erste Reihe auswendig lernen, aufsagen. 30 Minuten nach Genuss einer Tasse Tee die zweite Reihe lernen, aufsagen. Ergebnisse vergleichen.</td><td>
</td></tr>
<tr><td>327</td><td>TEE 2

Tee und seine Wirkung
Teeproben
Farbe, Geschmack</td><td>Wirkungen von verschiedenen Teesorten herausfinden, in Apotheken verschiedene Teesorten und deren Wirkung notieren, Prospekte sammeln. Wirkung von Teein. Wie kommen Pestizide in den Tee? Verbraucher-informationen in Teeläden einholen. – Teeproben verschiedener Sorten 1, 3 und 5 (mehr) Minuten ziehen lassen. Farbveränderungen beobachten, Geschmack testen. Wie verändert sich der Geschmack mit Milch und Zucker?</td><td><table><tr><th></th><th>1 MINUTE</th><th>2 MINUTEN</th><th>3 MINUTEN</th></tr><tr><td>O.P.</td><td></td><td></td><td></td></tr><tr><td>E.B.</td><td></td><td></td><td></td></tr><tr><td>C.B.F.</td><td></td><td></td><td></td></tr></table></td></tr>
<tr><td>328</td><td>TEE 3

Teezubereitung und
Wassertemperatur
Japanische, englische
Teezeremonie
Teemischungen</td><td>Je einen Teelöffel Tee mit kaltem, warmem und kochend heissem Wasser übergiessen. Farb- und Geschmacksveränderungen nach 5 Minuten Ziehdauer festhalten. – Japanische Tee-Zeremonie durchführen. Englische Teezubereitung kennen lernen. Teerezepte ausprobieren bzw. selber kreieren (Kräuter mischen, Zimt, Zitronen-, Orangensaft, Honig … beifügen).
– Teeblätter sammeln (Minze, Brennnessel …), Tee zubereiten …</td><td></td></tr>
<tr><td>329</td><td>TEE 4

Tee-Service
Tee-Besteck
Tee und Kunst</td><td>Verschiedene Tee-Utensilien (Krüge, Tee-Service, Teelöffel, Teekugeln, Teelöffel …) von zu Hause mitnehmen und vergleichen oder in Geschäften anschauen (abzeichnen). – Mit Tee malen (kleine Mengen kräftigen und ergiebigen Tees lange ziehen lassen, Aquarell-Papier, weicher Pinsel).
– Mit Tee färben (Stoffe, Batik-Technik ausprobieren, Eier färben …).</td><td></td></tr>
<tr><td>330</td><td>TEE 5

Tee und Garten
Tee und Welt
Tee und Weltgeschichte</td><td>Tee im Garten pflanzen, ernten, testen. – Im Schulgarten oder zu Hause zwei gleiche Beete anlegen, eines davon regelmässig mit ausgelaugten Teeblättern düngen. Pflanzenwachstum und Veränderungen festhalten.
– Teekampagnen / Teeprojekte verfolgen, unterstützen. – Geschichte des Tees kennen lernen, sich über Handel, Markt und Mächte informieren (Vorträge, Projekte, Ausstellungen …).</td><td>
</td></tr>
</table>

Nr.	Name der Spielform Ziele / Akzente	Idee / Beschreibung	Hinweise / Organisation
331	**STUMMES KOCHEN** Kooperation Organisation Nonverbale Kommunikation	Während der Zubereitung von Speisen zu einem gemeinsamen Essen (sowie während dem Essen) kein Wort sprechen, um Bewegungen, sein Sehen und Hören bewusster wahrzunehmen. Alle alltäglichen Gesten langsamer und konzentrierter als gewöhnlich vollziehen. • Das Menu ist bekannt / nur die Zutaten sind vorhanden.	
332	**PAPIERTÜTEN HERSTELLEN 1** Aus Zeitungen Papiertüten herstellen Organisation und Effizienz in der Gruppe	Während 20–30 Minuten in Gruppen möglichst viele Papiertüten herstellen (zuerst üben, dann sich organisieren): Papierstreifen zusammenkleben, das untere Ende ca. 5 cm umklappen, auffalten, untere Ecken bis zum Falz umknicken, aufklappen, Ecken nach innen einschlagen, obere Klappe bis zur Mittellinie umschlagen, obere Fläche (Trapez) mit Klebstoff bestreichen und die untere Klappe hochklappen, bis sie die Klebstofffläche überdeckt.	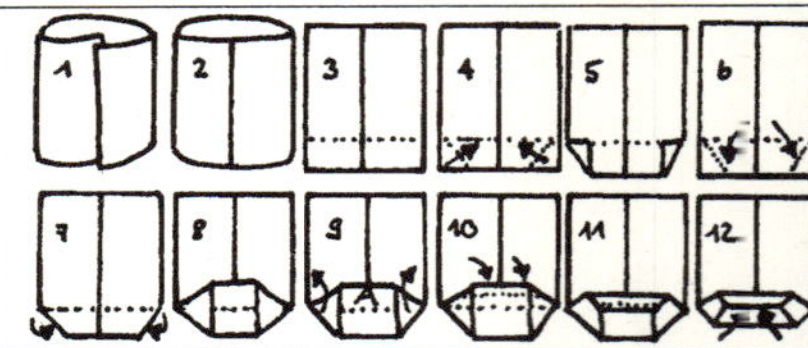
333	**PAPIERTÜTEN HERSTELLEN 2** Kinderarbeit Löhne in Indien	Parallele zu Kinderarbeit (in Indien) ziehen. Bedingungen, Erträge. Was kann man kaufen, wenn die Papiertütenproduktion der Gruppe («Papiertüten herstellen 1») auf 1 Tag ausgedehnt werden würde (ein Paisa für 10 Tüten, 100 Paisa = eine Rupie = ca. 10 Rappen / 0.14 DM. Preise in Kalkutta: 1 kg Reis oder 1 Liter Milch 2 Rupien, Hüttenmiete/Monat 40 Rupien … • Die Klasse organisiert Sammelaktion / Informationstag / Wettbewerb …	
334	**TOURISMUS** Fremde Kulturen Sehenswürdigkeiten Reiseutensilien Planung	In der Stadt Touristen zählen, ihre Herkunft erraten, sie interviewen … • Was besuchen die Touristen und warum (Collagen / Plakate)? • Angebote verschiedener Reisebüros vergleichen (Preis – Leistung). • Eine Touristenführung miterleben und auswerten. • Preise für Reiseutensilien einholen und vergleichen. • Reiseutensilien mitnehmen, vergleichen, testen.	
335	**UNMÖGLICHES LEISTEN** Teamwork Organisation Zeitdruck	Jede Gruppe stellt der anderen eine scheinbar unlösbare Aufgabe, die nur mit vereinten Kräften vollbracht werden kann: • Etwas herstellen, verpacken und vor 12.00 Uhr auf die Post bringen. • Für einen speziellen Gast innerhalb einer Stunde einen Aperitif (Fest, Essen, Empfang mit Teppich, Musik und Tanz …) organisieren.	

Nr.	Name der Spielform Ziele / Akzente	Idee / Beschreibung	Hinweise / Organisation
336	**AKTIEN-GESELLSCHAFT** Aktiengesellschaft gründen	Produkt auswählen, das in der Schule produziert und vermarktet werden kann. Aktiengesellschaft gründen. Kredit aufnehmen / Aktien verkaufen, Betriebsabteilungen gründen (Abteilungsleitende, Mitarbeitende, Aufgaben, Vorgehen …). Kaufmännische Abteilung: Einkauf, Verkauf / Vermarktung, Finanzen, Werbung … Technische Abteilung: Arbeitsablauf, -vorbereitung … Produktionsabteilung: Produktion, Qualität, Lager …	
337	**ANLASS ORGANISIEREN** Kulturen Gewohnheiten Sitten	Die Klasse organisiert einen speziellen Anlass (Mafia-Treffen, Hawaii-Abend, 1001 Nacht, Galaabend, Griechenland im Jahre …). Alle kleiden sich gemäss Motto, bereiten typische Getränke und Speisen vor, dekorieren den Raum, spielen die passende Musik, lernen sich entsprechend dazu zu bewegen / zu tanzen …	
338	**SICH EINIGEN** Gemeinsam eine Lösung finden, einen Vorschlag ausarbeiten	In Gruppen 5–10 Minuten diskutieren (Menu-Zusammenstellung / Lösungsvorschläge für ein Problem / Vorgehen bei Klassenaktion …). Dann unterbreitet jedes Gruppenmitglied seinen Lösungsvorschlag einer neuen Gruppe (z. B. AAA, BBB, CCC - ABC, ABC, ABC). Dann sich auf einen Vorschlag einigen. • Kleine Gruppen schliessen sich zu immer grösseren Gruppen zusammen.	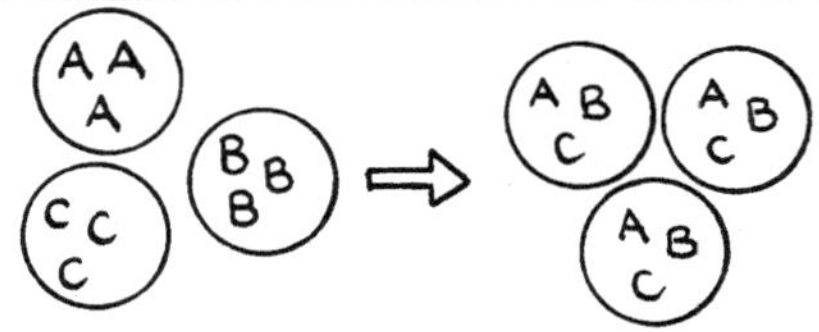
339	**PUNKTE SAMMELN** Miteinander – Gegeneinander Vertrauen – Misstrauen	Zwei Gruppen spielen gegeneinander. Jede Gruppe hat zwei Spielkarten. Ziel ist es, möglichst viele Punkte zu sammeln. Gruppe I: «As» (A) und «König» (K). Gruppe II: «Bube» (B) und «Dame» (D). Jede Gruppe bestimmt intern, welche Karte ausgespielt wird (Karte gemeinsam aufdecken). Bei AD erhält Gruppe A und B je +7 Punkte, bei KB je -7 Punkte. Bei AB Gruppe A -10 und Gruppe B +10 Punkte, bei KD umgekehrt.	
340	**PUZZLE-ÜBUNG** Zusammenarbeit Nachgeben Gemeinsam Lösung suchen	5er-Gruppen, pro Gruppe 5 Umschläge (A, B, C, D, E) mit unterschiedlich vielen Puzzleteilen. Jede Person bildet ein Quadrat. Die Gruppe ist fertig, wenn jedes Gruppenmitglied ein Quadrat vor sich liegen hat (Teile austauschen, Quadrate wieder auflösen). Dabei darf nicht gesprochen werden. Es dürfen keine Zeichen gemacht werden, noch darf man in die Figur einer anderen Person eingreifen. Teile nur in die Mitte schieben und wieder verwenden.	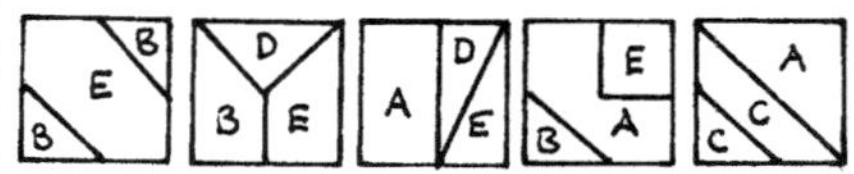

Nr.	Name der Spielform Ziele / Akzente	Idee / Beschreibung	Hinweise / Organisation
341	**ENERGIE SPAREN** Isolierungen	Isolierversuche durchführen: Zwei Schichten Aluminiumfolie (glänzende Seite zum Glas) um kleines Schraubglas wickeln, heisses Wasser einfüllen, auf Korken in grosses Schraubglas stellen, mit Kontrollglas vergleichen. – Glas mit / ohne Polystyrol-Isolierung. – Glühbirne erwärmt Thermometer, dazwischen eine, zwei bzw. drei Glasscheiben stellen. Alle 30 Sekunden Temperatur notieren. Versuche auf Wohnhäuser übertragen.	
342	**SONNENENERGIE** Sonnenenergie-Nutzung Sonnenkollektoren	Schulgebäude / Neubauten unter dem Gesichtspunkt der passiven Sonnenenergie-Nutzung studieren: Standort, Ausrichtung nach der Sonne, Gebäudeform, Windschutz, Ausrichtung der Räume … Modelle bauen … Sonnenwärme nützen, damit etwas erwärmen … • Sonnenkollektoren zur Warmwassererzeugung (umgebauter Warmwasserboiler kann als Wärmetauscher dienen) bauen.	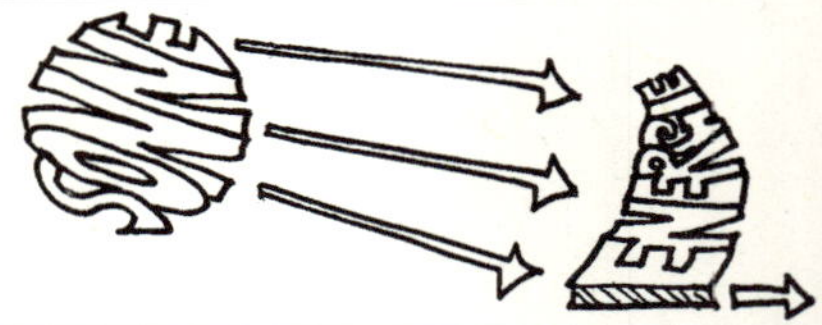
343	**ENERGIE-VERBRAUCH** Energiebilanz Energieverbrauch Lebensstil	Energiebilanz (Aussage, Grenzen) kennen lernen. Wer verbraucht wie viel? Energie, Wohlstand und Lebensqualität in Verbindung bringen (verschiedene Länder vergleichen, Grafik erstellen, z. B. mit Steinen auf dem Pausenplatz darstellen: Lebenserwartung, Kinder, Bruttosozialprodukt, Energieverbrauch, Autos, Wasserverbrauch, Klimaveränderung). • Persönlicher Energieverbrauch: Etwas essen, Sport treiben …	
344	**WASSER SPAREN** Wasserverbrauch im Alltag kritisch betrachten	Wasserverbrauch kritisch überdenken: Wann verbrauche ich wie viel Wasser? Wie oft wasche ich die Hände? Wie viele Liter fasst eine Badewanne? Wie viele Liter Wasser braucht eine Toilettenspülung? Wasserverbrauch während eines Tages / einer Woche notieren. Wo kann man sparen? • Grundwasser / Wasserverschmutzung / Wasserreinigung / «ARA»-Besuch.	(siehe Tabelle unten)
345	**LÄRM-BELASTUNG** Schallpegelmessung Hörtest Lärmschutzgesetz	An verschiedenen Stellen des Ortes zu verschiedenen Tageszeiten Fahrzeuge zählen und Schallpegelmessungen durchführen, dann auswerten. Pulsmessungen, Konzentrationsübungen und Hörtest an unterschiedlich lauten Orten (bei leiser / lauter Musik) durchführen. Lärmschutzgesetz kennen lernen und Werte an bestimmten Orten überprüfen (Disco, Restaurant, Strasse …). • Informationsstand mit verschiedenen Tests zum Thema.	

WASSER	MO	DI	MI	DO	FR	SA	SO
Hände waschen	5x	6x	5x	8x	11x	5x	7x
Duschen	1x		2x	1x	1x	2x	1x
Bad		1x					

Nr.	Name der Spielform Ziele / Akzente	Idee / Beschreibung	Hinweise / Organisation
346	**VERKEHR** Verkehrszählung Lärmmessung Lärmempfindung	Eine Gruppe steht mit verbundenen Augen am Strassenrand. Die «Blinden» raten, was für Fahrzeuge vorbeifahren, äussern ihr Lärmempfinden und beschreiben allfälligen Gestank. • Anwohner über Verkehrslärm befragen / Verkehrszählung / Lärmmessung. • Dieselbe Strecke zu Fuss, per Fahrrad, mit dem Bus … zurücklegen. • Verkehr fotografieren, einen Videofilm drehen, Geräusche aufnehmen.	
347	**ABGASE UND INSEKTEN** Wirkung von Abgase auf Insekten Schadstoffe in der Luft	Ende eines Gummischlauchs über das Auspuffröhrchen eines Mofas stülpen, das andere Ende in einen Plastiksack mit etwa 10 Insekten (Mücken, Fliegen) schieben und gut abbinden. Abgase wenige Sekunden in den Beutel strömen lassen, Schlauch herausziehen und Beutel gut verschliessen. Insekten beobachten, Verhalten protokollieren.	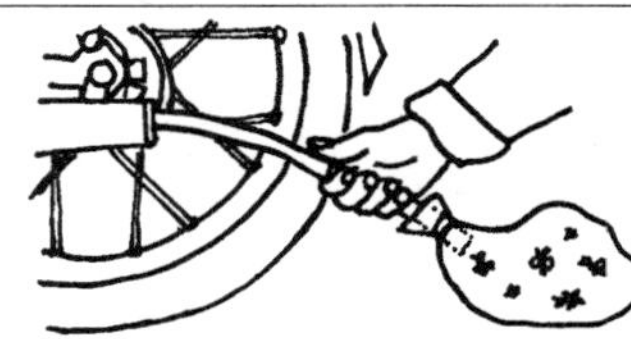
348	**ABGASE UND PFLANZEN** Wirkung von Abgase auf Pflanzen Schadstoffe in der Luft	In Petrischalen Kressesamen auf Watte keimen lassen, nach 3–4 Tagen Plastiksäcke über die Schalen stülpen und mit Abgase füllen (siehe oben). Eine Schale 60 Minuten, eine Schale 120 Minuten, eine Schale 180 Minuten im Beutel stehen lassen (eine Kontroll-Schale ohne Plastiksack). Das Pflanzenwachstum die nächsten Tage beobachten. • Kressekeimlinge mit Mofa mehrmals begasen.	
349	**ABGASE UNTERSUCHEN** Nachweis von CO und CO_2 im Abgas	Abgase in Standzylinder mit 5 cm Kalkwasser leiten, bis sich Wasser trübt. Zeit messen, Trübung erklären, zur Kontrolle Ausatmungsluft in Kalkwasser leiten. – 5 cm Silber-Reagens in Standzylinder, Abgase hineinleiten, bis sich Silber-Reagens schwarz färbt. Dabei Zeit messen. Kontrolle: In Reagenzglas je 1 cm Ameisensäure und konzentrierte Schwefelsäure erwärmen. Freiwerdendes Gas durch Silber-Reagens leiten. Überschüssiges CO entzünden.	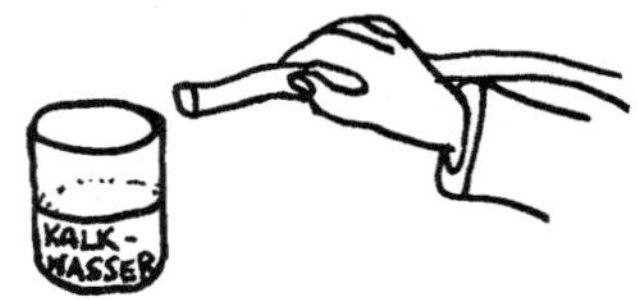
350	**BENZIN UND TRINKWASSER** Verschmutzung des Grundwassers Explosionsgefahr Benzin	Mit Pipette Benzin auf Becherglas tropfen. Anzahl Tropfen zählen, die nötig ist, um die ganze Wasseroberfläche mit einer feinen, wasserabstossenden Benzinschicht zu überziehen. Verhältnis Wasser (Oberfläche bzw. Volumen) zu Benzin (Volumen) berechnen. – Brennenden Holzstab über Becherglas halten, nach Erlöschen der Stichflamme Holzstab nochmals darüberhalten.	

<table>
<tr><th>Nr.</th><th>Name der Spielform
Ziele / Akzente</th><th>Idee / Beschreibung</th><th>Hinweise / Organisation</th></tr>
<tr><td>351</td><td>LUFTBELASTUNG

Schadstoffmessungen
Verbrennungsmotor
Abgase</td><td>An verschiedenen Stellen des Ortes zu verschiedenen Tageszeiten Schadstoffkonzentration in der Luft messen. Werte vergleichen. Versuche: Pflanzenwachstum mit und ohne Ozon- / Abgasbelastungen vergleichen.

• Funktion und Wirkungsgrad des Verbrennungsmotor kennen lernen, Vergleich Auto / Mofa. Auf dem Parkplatz Abgaswerte von verschiedenen Fahrzeugen ermitteln.</td><td><table><tr><th>LUFTBELASTUNG</th><th>8⁰⁰</th><th>12⁰⁰</th><th>16⁰⁰</th><th>20⁰⁰</th></tr><tr><td>Bushaltestelle</td><td></td><td></td><td></td><td></td></tr><tr><td>Bahnhof</td><td></td><td></td><td></td><td></td></tr><tr><td>Tankstelle</td><td></td><td></td><td></td><td></td></tr><tr><td>Poststrasse</td><td></td><td></td><td></td><td></td></tr></table></td></tr>
<tr><td>352</td><td>ABGASFAHNE

Rauchfärbung</td><td>Skala mit Grauwerten anfertigen (1–5). Sich in Richtung eines Schornsteins mit sichtbarer Abgasfahne stellen, mit Hilfe der Skala den Grauwert des Rauches ermitteln (nach 5 und 10 Minuten wiederholen). Die durchschnittliche Rauchfärbung an anderen Orten ebenfalls ermitteln.</td><td>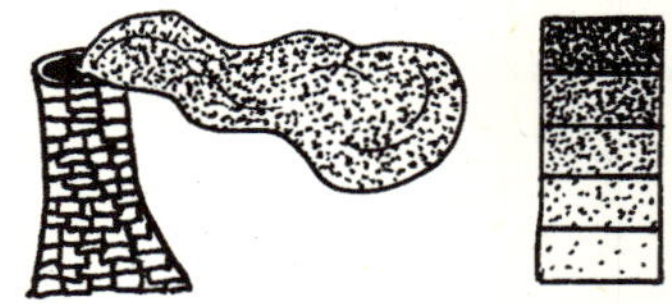</td></tr>
<tr><td>353</td><td>SAURER REGEN

PH-Wert von Niederschlägen
Luftverunreinigung
Waldsterben …</td><td>Gefäss mit destilliertem Wasser ausspülen, Gaze über die Öffnung spannen und das Sammelgefäss wenn möglich erhöht auf einer freien Fläche aufstellen. Das aufgefangene Wasser nach Regenfällen auf den pH-Wert überprüfen (Ort, Messdauer, pH-Wert destilliertes Wasser im Vergleich zum Regenwasser, Bewertung).</td><td></td></tr>
<tr><td>354</td><td>STAUB-NIEDERSCHLAG

Staubmenge messen</td><td>Staubproben an verschiedenen Orten und auf verschiedenen Pflanzen (Blätter von unbehaarten Bäumen, Sträuchern, Gräsern) vornehmen. Dazu Klebestreifen glatt auf die Objekte legen, andrücken, dann auf ein weisses Papier kleben und vergleichen. – Fensterbretter, Sitzgelegenheiten … reinigen und nach 24 Stunden / nach einer Woche die Staubmengen messen und beurteilen (Lupe).</td><td>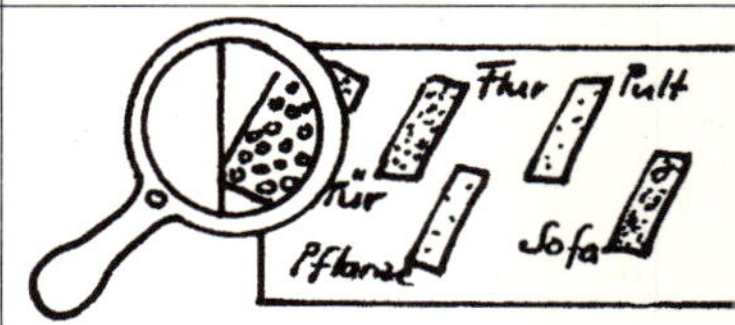</td></tr>
<tr><td>355</td><td>SCHWEFELDIOXID-BELASTUNG

Imissionsbelastungen
PH-Werte</td><td>Einen Baum mit dicker Borke (z. B. Kastanie) wählen, der sowohl an einer vielbefahrenen Strasse als auch im Wald vorkommt. Je ein 0.2–0.5 cm dickes und 2x10 cm grosses Stück Borke lösen. Jede Borke am Untersuchungsort in 3–4 Stücke brechen, in Glasgefäss geben. Den pH-Wert des Wassers ermitteln. Anschliessend je 1 dl Wasser in die Probengefässe füllen. Die Gefässe verschliessen, schütteln und stehen lassen. Die pH-Werte nach 24 Stunden prüfen.</td><td></td></tr>
</table>

Nr.	Name der Spielform Ziele / Akzente	Idee / Beschreibung	Hinweise / Organisation
356	**SCHADSTOFFE** Schadstoffe in der Luft Grenzwerte	Schneedecke an verschiedenen Orten auf den Säuregehalt untersuchen (in der Nähe einer Fabrik, an einer Autobahn, auf dem Feld … Proben nehmen). Schwefeldioxid nachweisen (Staubsauger, Wasserstoffperoxid angereicherte Sperrflüssigkeit, gravimetrische Methode). Ergebnisse mit den Grenzwerten der SMOG-Verordnung vergleichen.	
357	**SCHADSTOFF-WIRKUNG** Schwefeldioxid	In Versuchen zeigen, wie Schwefel zu Schwefeldioxid verbrennt. Schwefeldioxid oxidiert unter bestimmten Bedingungen zu Schwefeltrioxid. Beide Schwefeloxide bilden Säuren, diese greifen Kalkstein an (verdünnte Schwefelsäure auf Kalkstein). – Schwefeldioxid auf gekeimte Gartenkresse einwirken lassen (Schädigungen bereits bei 0.2 bis 0.4 ppm). – Die leichte Löslichkeit von Schwefeldioxid in Wasser demonstrieren.	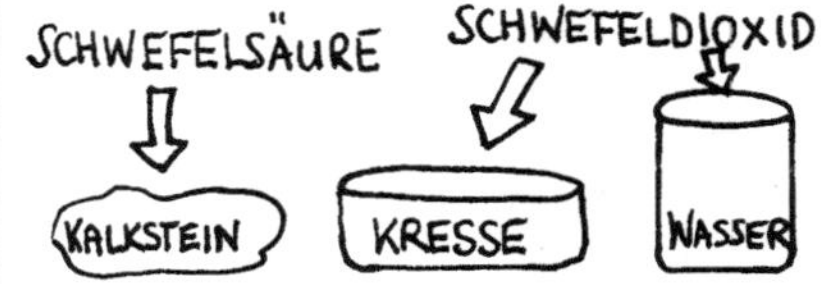
358	**SCHADSTOFF-MESSUNG** Abgas im Kamin Motorfahrzeug-schadstoffe SMOG-Situation	Schornsteinfeger in die Schule einladen. Demonstration der Messung von Abgasen der Kamine. – Schadstoffe, die von Motorfahrzeugen in die Luft gesetzt werden mit Messsonden bestimmen. – Vergasereinstellungen in einer Mofa-, Motorrad- oder Autowerkstatt beobachten. – SMOG-Situation mit Glasgerät und Zigarette simulieren (Glaszylinder mit seitlicher Öffnung in Kühlschrank kühlen, hinstellen, Zigarette in Loch stecken).	
359	**MÜLL** Abfallsäcke Mülldeponie Kehricht-verbrennungsanlage Entsorgung	Im Quartier Müllsäcke zählen, Gewicht einzelner Säcke wiegen, Haushalte bzw. Anzahl für den Abfall verantwortlicher Personen ermitteln. Wo wird der Müll hingebracht? Mülldeponie inspizieren, Kehrichtverbrennungsanlage besuchen. Mit einem Müllwagen mitfahren (helfen). Abfallsäcke untersuchen. Was sollte anders und wie entsorgt werden? • Abfalltrennung, -sammlung im Schulhaus ermöglichen / organisieren.	
360	**ÖKOLOGISCHES SCHULGELÄNDE** Schulgelände ökologisch und naturnah gestalten	Rund um das Schulhaus verschiedene Projekte verwirklichen: Teich, Schulgarten (Beete anlegen), Steingarten, Wiese, Fassadenbegrünung, Vogelschutzgehölz (Nisthilfen, Moorbeet …), grünes Klassenzimmer (Holzstämme und -bänke für Unterricht im Freien) … • Umweltschutzspiel herstellen und spielen: Würfelspiel-Brett, Aktionskarten, Spielfiguren …	

Nr.	Name der Spielform Ziele / Akzente	Idee / Beschreibung	Hinweise / Organisation
361	**STREUSALZ UND KEIMLINGE** Belastung des Bodens durch den Verkehr	Je 50 Kressesamen in Pertrischalen (mit mehreren Schichten Filterpapier belegt) keimen lassen, dabei je 4 Schalen mit 0 %- (Kontrolle), 0.1 %-, 1 %- und 5 %iger Salzwasserkonzentration tränken. Zugedeckte Schalen regelmässig beobachten und die Feuchtigkeit des Filterpapiers überprüfen. Nach 4 bis 8 Tagen gekeimte und nicht gekeimte Samen auszählen, Spross- und Wurzellänge vergleichen.	
362	**SCHADSTOFFE UND KEIMLINGE** Belastung des Bodens durch den Verkehr	An verschiedenen Stellen (auf dem Feld, neben der Strasse, neben einer Fabrik … oder in regelmässigem Abstand von der Strasse weg feldeinwärts) Bodenproben entnehmen und damit je 5 Petrischalen füllen. Anfeuchten, 50 Kressesamen säen, Wachstum beobachten, zusätzlich Blattfarbe und Wuchsform vergleichen.	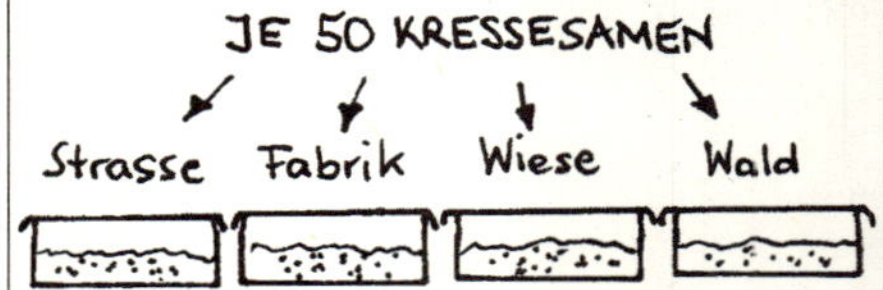
363	**STREUSALZ UND REGENWÜRMER 1** Belastung des Bodens durch den Verkehr	Mit einer Pipette über das Kopfende von Regenwürmern zuerst Wasser, dann konzentriertes Salzwasser (1 %, 5 %, 7.5 % und 10 %) geben. Von welcher Konzentration an reagieren die Regenwürmer (nach Versuchsende abspülen und wieder aussetzen)? Verhalten beschreiben. • PH-Wert der Salzwasserkonzentration messen / Geschmacksprobe.	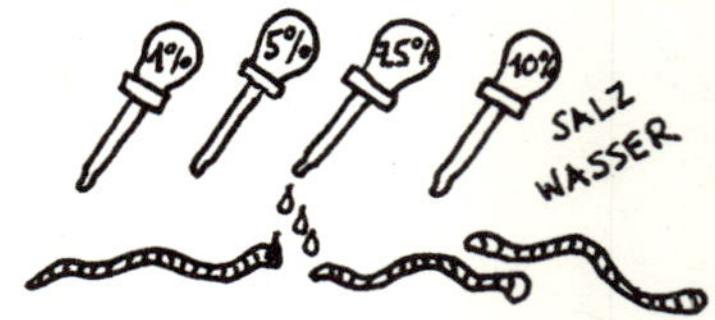
364	**STREUSALZ UND REGENWÜRMER 2** Belastung des Bodens durch den Verkehr	Vier herausnehmbare Trennwände in Blumenkiste stellen, mit Gartenerde füllen, je gleich viele Regenwürmer aussetzen. Wenn sie sich verkrochen haben, in ein Fach Wasser, in die restlichen 1 %-, 5 %-, 7.5 %-, und 10 %ige Salzwasserlösung füllen. Trennwände herausnehmen und nach 24 Stunden schauen, wo sich die Regenwürmer befinden. • Versuch mit verschiedenen Bodenproben (vgl. Nr. 362).	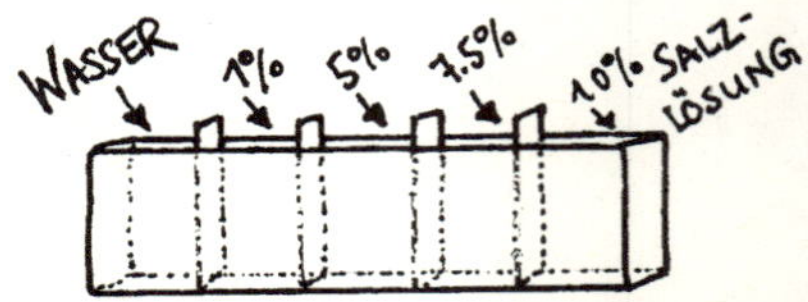
365	**BLEISALZ UND KEIMLINGE** Belastung des Bodens durch den Verkehr	Je 50 Kressesamen in Pertrischalen (mit mehreren Schichten Filterpapier belegt) keimen lassen, dabei je 4 Schalen mit 0 %- (Kontrolle), 0.1 %-, 1 %- und 5 %iger Bleisalzlösung (Bleiacetat oder Bleichlorid) tränken. Zugedeckte Schalen regelmässig beobachten und die Feuchtigkeit des Filterpapiers überprüfen. Nach 3 bis 4 Tagen gekeimte und nicht gekeimte Samen auszählen, Spross- und Wurzellänge vergleichen.	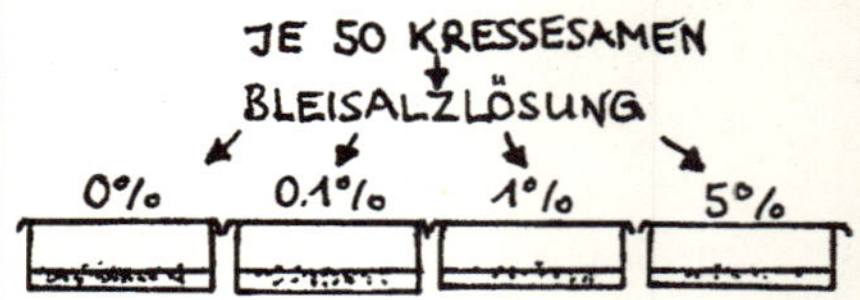

Nr.	Name der Spielform Ziele / Akzente	Idee / Beschreibung	Hinweise / Organisation
366	**NAHRUNGS-MITTELEINKAUF** Einkaufskriterien Umweltbelastung Konsumentscheid	In verschiedenen Lebensmittelläden das Angebot vergleichen: Was für BIO-, IP (Integrierte Produktion)-, Hors-sol-Produkte gibt es? Was ist gekennzeichnet als «gentechnisch verändert»? Preise? Angebot-Nachfrage? • Lebensmittel vergleichen, testen (Tabelle, Grafik, Collage, Ausstellung). • Was, wo einkaufen / verantwortungsbewusster Konsumentscheid. • Gemeinsam einkaufen gehen.	
367	**HERKUNFTS-LÄNDER** Warenverkehr Zoll Ein-, Ausfuhr	In Lebensmittelläden die Herkunftsländer verschiedener Nahrungsmittel suchen, notieren und anschliessend auf einer grossen Karte überschaubar darstellen. • Pro Gruppe verschiedene Nahrungsmittelgruppen / Läden. • Umfrage im Supermarkt: Woher stammen die gekauften Produkte, worauf achtet man beim Einkauf ...?	
368	**SOLIDARITÄTS-BANANEN** Fairer Handel Multinationale Firmen Garantiezeichen	Wo und wie werden Bananen angepflanzt? Unter welchen Bedingungen arbeiten Bananenarbeiter oder Kinder? • Einen Tag gleichwertige Arbeit ausführen für entsprechendes Geld. • Bananen multinationaler Firmen / aus fairem Handel kaufen, vergleichen. • Garantiezeichen in verschiedenen Läden suchen, deren Bedeutung kennen. • Sammelaktion: Bananenverkauf aus fairem Handel.	
369	**VERPACKUNG – ENTSORGUNG** Verpackung Was, wie, wo entsorgen	In Warenhäusern Verpackungen der angebotenen Artikel kritisch überprüfen. Welche Artikel sind übermässig bzw. umweltbelastend verpackt? Wie kauft man preiswert ein (Listen erstellen, Informationsblätter gestalten ...)? Welche Läden nehmen Plastik, Karton etc. entgegen, die ich beim Einkauf entferne? Welche Läden entsorgen PET, Batterien, Medikamente, Öl ...? • Gegenstände / Abfall mitnehmen, entsorgen. Was, wie, wo?	VERPACKUNG / Mars / Tempo / Omo übermässig umweltbewusst angemessen
370	**SAMMLUNG – ENTSORGUNG** Richtig entsorgen Umweltfreundlich leben	Im Quartier (in der Gemeinde) Sammlungen (Karton, Zeitungen, alte Batterien, Speiseöl, alte Medikamente ...) organisieren und durchführen. Anschläge gestalten: Alte Batterien werden am Tag X zur Zeit Y eingesammelt. Das Sammelgut anschliessend korrekt entsorgen. • Jede Gruppe organisiert eine Sammlung.	

Nr.	Name der Spielform Ziele / Akzente	Idee / Beschreibung	Hinweise / Organisation
371	**KALORIEN-BEDARF** Ausgewogene Ernährung Energiegehalt	Während einer Woche ein Essens-Tagebuch führen. Alle Speisen und Getränke mit Mengenangabe notieren, dann Kalorien pro Tag ausrechnen, mit Gewicht und körperlicher Tätigkeit in Zusammenhang bringen. Wie ausgewogen ist meine Ernährung? • Die Lebensmittel eines ganzen Tages / der letzten Woche mitnehmen und in der Klasse vergleichen, diskutieren. Ergebnisse grafisch darstellen.	
372	**KALORIEN-VERBRAUCH** Kalorien ausrechnen Kalorien verbrauchen	Jedes Klassenmitglied isst eine kleine Süssigkeit nach freier Wahl und verbrennt anschliessend die zugeführten Kalorien beim Joggen (Radfahren, Schwimmen …). • Alle gönnen sich ein «Mars» (50 g Chips, eine Praline), anschliessend so lange Fahrrad fahren, bis die entsprechenden Kalorien verbrannt sind. • Verschiedene Esswaren / verschiedene Tätigkeiten (bügeln, jäten …).	
373	**VOLLWERT-ERNÄHRUNG** Vollwertkost kennen lernen	Was ist Vollwertkost? Passende Lebensmittel einkaufen. Vollwertige Menüs zusammenstellen. Nährwerte, Mengen, Kosten etc. mit anderen Ernährungsformen vergleichen (Collagen, Tabellen, Grafiken …). • Eine Woche Vollwerternährung: Erkenntnisse. Positiv, negativ? • Vollkornriegel selber herstellen.	
374	**VEGETARISMUS** Formen des Vegetarismus Sich vegetarisch ernähren	Formen des Vegetarismus kennen lernen. Passende Lebensmittel einkaufen. Vegetarische Menüs ausprobieren, selber kreieren und testen. Nährwerte, Mengen, Kosten etc. mit anderen Ernährungsformen vergleichen (Collagen, Tabellen, Grafiken …). • Sich eine Woche vegetarisch ernähren: Erkenntnisse. Positiv, negativ?	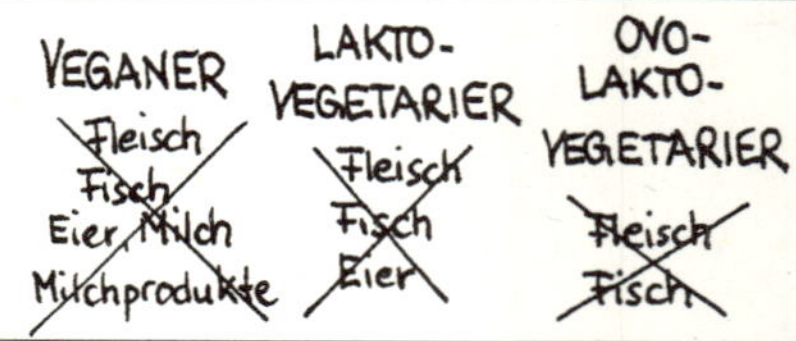
375	**FASTFOOD** Fastfood testen, vergleichen Energiegehalt Kalorien	In der Gemeinde das Fastfood-Angebot kritisch testen. Wie viele Fastfood-Stände? Angebot (auch in Lebensmittelläden), Kundschaft (Tabelle), Werbung, Aufmachung, Verpackung, Hygiene. Positiv / negativ? • Fastfood essen, Zusammensetzung, Kalorien und Nährwert bestimmen. Speichelfluss, Sättigung testen. Wie lange ist das Hungergefühl gestillt? • Umfrage / Ausstellung / Informationsblatt gestalten / Werbung vergleichen.	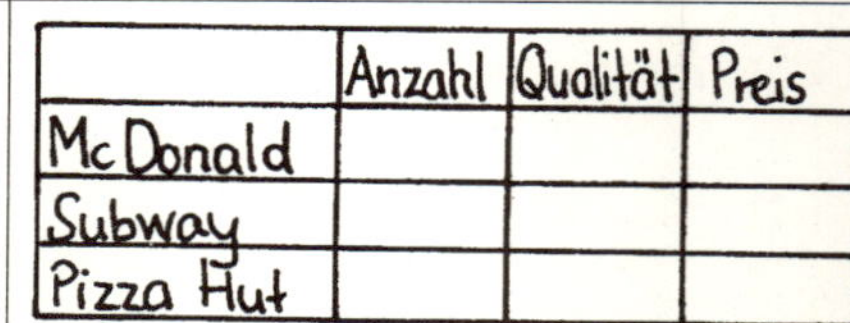

<table>
<tr><th>Nr.</th><th>Name der Spielform
Ziele / Akzente</th><th>Idee / Beschreibung</th><th>Hinweise / Organisation</th></tr>
<tr><td>376</td><td>FÜNF ELEMENTE

Chinesische Ernährungslehre
Harmonisches Gleichgewicht</td><td>Die Ernährung nach den fünf Elementen kennen lernen. Lebensmittel nach den fünf Elementen und den fünf Geschmacksrichtungen einteilen. Thermische Wirkungen von Lebensmitteln testen. Krankheitsursachen erkennen.
• Sich während eines bestimmten Zeitraumes nach dieser chinesischen Ernährungsform ernähren. Veränderungen feststellen.
• Jede Gruppe testet während einer Woche eine Ernährungsform.</td><td></td></tr>
<tr><td>377</td><td>DIÄT

Diäten
Diätprodukte
Körpergewicht</td><td>Diäten vergleichen (Kosten, Gesundheit, Aufwand, Wirkung …).
• Jede Gruppe testet während einer Woche eine Diät.
• Diätprodukte kritisch überprüfen (Inhalt, Preis, Angebot-Nachfrage …).
• Wochenprotokoll: Wann und wie viele Light-Produkte konsumiere ich?
• Normal-, Ideal-, Übergewicht: An verschiedenen Orten Menschen «beurteilen», in verschiedenen Lokalen das Essverhalten beobachten und notieren …</td><td><table><tr><th></th><th>+</th><th>–</th><th>PUNKTE</th></tr><tr><td>TRENNKOST</td><td></td><td></td><td></td></tr><tr><td>HOLUNDERKUR</td><td></td><td></td><td></td></tr><tr><td>1000cal-DIÄT</td><td></td><td></td><td></td></tr><tr><td>WEIGHT WATCH</td><td></td><td></td><td></td></tr></table></td></tr>
<tr><td>378</td><td>LEBENSQUALITÄT VERBESSERN

Essverhalten
Wellness
Sitzproblematik
Bewegungspausen</td><td>Sich überlegen, wie man persönlich seine Lebensqualität verbessern kann (Essverhalten, Bewegung, Mobiliar, Entspannung, Wellness, Zeit nehmen, Freizeitaktivität …). Dann eine gut realisierbare Veränderung vornehmen und eine Woche «testen». In der Gruppe diskutieren.
• Die Klasse (Gruppe) verbessert das Schulzimmer, den Pausenplatz, die Unterrichtssequenzierung bzw. die Pausengestaltung …</td><td></td></tr>
<tr><td>379</td><td>NÄHRSTOFFE

Nahrungsmittel auf Nährstoffe untersuchen</td><td>3–5 g Traubenzucker in Reagenzglas erhitzen (Kondenswasser, Zuckerkohle). – 0.5 g Glucose in Reagenzglas in Wasser lösen, je 1 ml Fehlingsche Lösung I und II beigeben und erhitzen (roter Niederschlag). – Stärke und Wasser in Reagenzglas, mit einigen Tropfen Iod-Kaliumiodid-Lösung versetzen (intensiv blaue Farbreaktion). – 5 g Margarine in Becherglas mit einer Lösung von 0.9 g Natriumhydroxid in 13 ml Wasser verrühren, dann 15 Minuten erhitzen (Fett wird durch Natronlauge verseift).</td><td></td></tr>
<tr><td>380</td><td>LEBENSMITTEL-VERDERB

Physikalischer, chemischer und mikrobieller Lebensmittelverderb</td><td>Lebensmittel verändern sich physikalisch (zu geringe / hohe Luftfeuchtigkeit, zu grosse Kälte), chemisch (Enzyme in den Nahrungsmitteln) und mikrobiell (Schimmel, Gärung, Sauerwerden, Fäulnis …). Geruch, Geschmack und Farbe, Standort und Bedingung festhalten und vergleichen.
• Zuerst Vermutungen äussern, dann Versuche durchführen und begründen.
• Brot trocken, feucht, in Sack. Käse, O-Saft, Milch, Salami, Zwetschgen …</td><td></td></tr>
</table>

Nr.	Name der Spielform Ziele / Akzente	Idee / Beschreibung	Hinweise / Organisation
381	**TAG DER GESUNDHEIT** Informationsveranstaltung Tests, Programme	Gesundheitstag organisieren, bei dem die Besucher an verschiedenen Ständen Informationen einholen, Tests durchführen und Programme / Demonstrationen miterleben können: Blutdruck-, Puls- (Ruhepuls, Puls bei Bewegung, bei lauter Musik), Blutzuckerspiegel-Messung; Seh-, Hör-, Fitnesstests (Conconi auf Fahrradergometer, Rückenprofil erstellen …); Fitnessprogramm; Zähneputzen; Richtige Ernährung; Dynamisches Sitzen …	
382	**RAUCHEN** Teerstoff Rauchen und Gesundheit	In ein Glasrohr Watte stopfen und mit einer Wasserstrahlpumpe Zigarettenrauch (Rauch eines Joints) durch das Rohr befördern und so den Teerstoff im Nikotin nachweisen. Auswirkungen auf den Körper und die Gesundheit (mit Modellen) erfahren. Informationsblätter, Ausstellung … • Rauchen und Gesundheit / Rauchen und Sport … • Einen Tag ohne Zigarette …	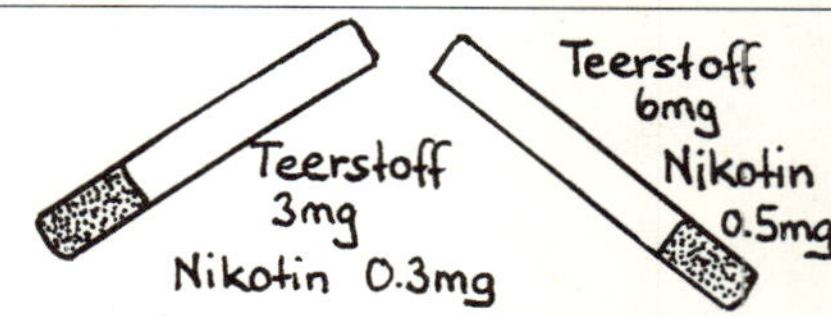
383	**GESUNDER MORGEN / MITTAG** Ausgewogene, gesunde Mahlzeit	Während einer Woche gemeinsam frühstücken oder gemeinsam das Mittagessen einnehmen. An jedem Wochentag organisiert eine andere Gruppe Speis und Trank und bereitet eine ausgewogene, gesunde Mahlzeit vor. • Plan erstellen, jede Person nimmt etwas mit.	
384	**WELLNESS LEISTEN** Sich verwöhnen lassen Entspannen	Zu zweit oder in Gruppen Wellnessangebote testen: Fangopackungen, Massage, Gesichtsmaske, Fussreflexzonenmassage, Autogenes Training, Stretching, Mentales Entspannungstraining, Dampfbad, Sauna … • Gratismuster anfordern. • Probelektionen besuchen / Entspannungstechniken kennen lernen. • Sich gegenseitig massieren / Kurpackungen selber herstellen und testen.	
385	**GESUNDE SCHULE** Bewegungsfreundliche Räume Ergonomische Sitzgelegenheiten	Die Schule (Pausenplatz, Pausenapfel, Sportangebot, Wahlfächer …) oder das Klassenzimmer (Ergonomisches Mobiliar, Gymbälle, Kletterwand Gleichgewichtsgeräte, Matten …) soll bewegungsfreundlicher und «gesünder» gestaltet werden. Jede Gruppe präsentiert einen Vorschlag mit Modell, Preis-Offerte und Realisierungsplänen. Aktionen durchführen.	

Nr.	Name der Spielform Ziele / Akzente	Idee / Beschreibung	Hinweise / Organisation
386	**HILFS-EINRICHTUNGEN** Angebot der regionalen Beratungsstellen kennen lernen	Kontakt zu Hilfseinrichtungen oder Selbsthilfegruppen in der Region aufnehmen. Beratungsstellen und Vereinigungen kennen lernen. • Mithilfe anbieten (Spielfest organisieren, Ausflüge begleiten …). • Finanzierungsplan der Organisation (Spenden, öffentliche Gelder …) kennen lernen.	JUGENDBERATUNGSSTELLE Aidshilfe CLUB MINU Castagna Jugendtreff ARBEITSGEMEINSCHAFT ESSSTÖRUNGEN
387	**BEFINDLICHKEIT IN DER GRUPPE** Austausch über Befindlichkeit, Gruppenarbeit …	Im Kreis einen Ball zuspielen, wer den Ball erhält, äussert sich zu seiner Befindlichkeit in der Gruppe, während (einer gerade abgeschlossenen) Gruppenarbeit, bei Schulbeginn, nach / vor Wochenende … • Den Ball auch ohne Aussage weiterspielen. • Sich je nach Kriterium entsprechend auf den Stuhl / auf den Boden setzen.	
388	**LEBENSTHEATER** Reaktionen provozieren und beobachten Verhaltensweisen Lebensgewohnheiten	Eine Aktion beschliessen, besprechen und durchführen: Beispielsweise im Abstand von 1–2 Minuten ein Café betreten, weder Personal noch Besucher sollen merken, dass man sich kennt. Sich entweder allein oder an den Tisch einer «fremden Person» setzen. Nach kurzer Zeit miteinander Kontakt aufnehmen (Zeitung, Wetter, zu wenig Geld, alleine …), dabei gut hörbar sprechen und die Reaktionen der anderen Gäste beobachten (filmen).	
389	**VERSTECKTE KAMERA** Reaktionen provozieren und beobachten Verhaltensweisen Lebensgewohnheiten	Verschiedene Aktionen ausdenken, besprechen und durchführen, bei denen man weiss, dass die Menschen auf der Strasse (an der Tramhaltestelle, im Park, im Bus …) sehr unterschiedlich reagieren: Geld fallen lassen, etwas neben einen Abfalleimer werfen, jemanden berühren, jemanden in Eile etwas fragen, Geld für Notschlafstelle verlangen, sich vordrängen, Sitzplatz wegschnappen … Die Szenen mit versteckter Kamera festhalten und diskutieren.	
390	**FRÜHSTÜCKS-ROLLE** Wunschrolle Rollenbilder Mimik, Gestik	Jedes Gruppenmitglied überlegt sich eine Rolle, in die es gerne schlüpfen möchte (Arzt, Playboy, Putzfrau, Vagabund, Fotografin, Frisör, Polizist, Besserwisser, Exzentriker, Träumerin …). Gemeinsam frühstücken. Jede Person spielt ihre Rolle. Dann die Rollen erraten und besprechen. • Knigge-Tag: Einen Schultag mit den besten Umgangsformen erleben.	

Nr.	Name der Spielform Ziele / Akzente	Idee / Beschreibung	Hinweise / Organisation
391	**THEATERSTÜCK** Theaterstück schreiben, inszenieren, vorführen Video herstellen	Gemeinsam ein Theaterstück schreiben, inszenieren und vorführen. Verschiedene Gruppen erhalten Spezialaufträge: Musik, Kostüme, Kulissen, Programm, Einladungen, Aperitif … • Video produzieren: Exposee, Rohdrehbuch, Drehorte, Drehbuch; filmen, schneiden, vertonen …	
392	**RADIO UND FERNSEHEN** Radioprogramm zusammenstellen Fernsehsendung gestalten	Ein Radioprogramm zusammenstellen: Planen, umsetzen. Aufnehmen und senden (abspielen). Gemeinsam eine Fernsehsendung gestalten. • Fernsehsendung filmen und / oder vorführen. • Projekt Pausenradio: Zweimal wöchentlich während der grossen Pause mit Musik und Information auf Sendung gehen (Technik / Moderation / Redaktion).	
393	**REINIGUNG** Öffentliche Plätze und Erholungszonen säubern Abfallentsorgung	Gemeinsam einen Wald / Bach säubern, einen Park, einen Friedhof, einen Kinderspielplatz oder einen Strand reinigen. Material organisieren. Abfall entsorgen. • 1x pro Woche / Monat etwas gemeinsam reinigen. • «Reinigungsunternehmen» organisieren. • Klassenzimmer selber sauber halten.	
394	**RENOVIEREN** Renovierungs-, Malerarbeiten	Gemeinsam Renovierungsarbeiten vornehmen: Im Jugendzentrum, auf einem Spielplatz, im Kinderheim … etwas reparieren, anstreichen … • Renovierungs- / Malerarbeiten gegen kleines Entgelt in der Freizeit anbieten, die Klasse organisiert sich: Werbung, Arbeitsmaterial, Kosten, Geldverwaltung, Zeitinvestition, Mitarbeitende …	
395	**MITARBEIT** Mithilfe Sammelaktion	Gemeinsam auf einem Bauernhof mithelfen, bei Unwetterverwüstungen Einsatz leisten, Bergbauern bei der Heuernte unterstützen … • Kleidersammlung organisieren. • Flohmarkt-Artikel sammeln, Erlös für einen «guten Zweck» (z. B. Hilfsorganisationen unterstützen).	

Nr.	**Name der Spielform** Ziele / Akzente	**Idee / Beschreibung**	**Hinweise / Organisation**
396	**STANDBILDER** Standbilder verschiedener Situationen gestalten	Ein Regisseur oder eine Regisseurin baut mit auserwählten Mitspielern eine Situation (ein Bild) auf, formt Haltung, Stellung und Mimik der betreffenden Personen, bis die Situation passend dargestellt wird: Unterrichtsstunde, Familienstreit, Cliquentreff, Lehrerzimmer, schlechtes / gutes Beispiel … • Während der Bauphase nicht sprechen / Szene bekannt / Szene zu erraten. • Standbild fotografieren / Bildgeschichte gestalten.	
397	**MEINUNGS-KARUSSELL** Meinungen austauschen Meinungen akzeptieren Meinungen kommentieren	Jede Person schreibt zu einem bestimmten Thema einen kurzen Kommentar, reicht das Blatt weiter und die nächste Person bezieht Stellung dazu. Das Blatt mehrmals weiterreichen. • Eigene Meinung aufhängen, andere abhängen und kommentieren. • Blatt viergeteilt: Pro Feld Stellungnahme zu einem Thema. • Aus der Sicht verschiedener Personen argumentieren.	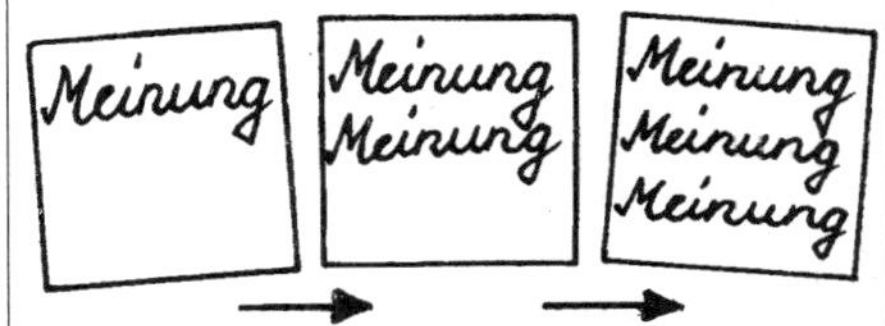
398	**PERSONEN VERÄNDERN** Kleider, Frisuren, Accessoires machen Leute	Kleider, Perücken, Schuhe, Accessoires von zu Hause mitnehmen. In Gruppen jemanden verändern (frisieren, neu kleiden, schmücken, schminken …). • Wie fühle ich mich / wie wirke ich mit einem anderen Outfit? • So gefällst du mir / uns besser. • Nach bestimmtem Stil verändern (Musik- / Sportstil, Trend, 60er-Jahre …).	
399	**SORTIEREN** Meinungen zu bestimmten Themen Wie wirken Bilder auf einzelne Personen	Die Klasse (Lehrperson) sammelt zu einem Thema (Gewalt, Liebe und Sexualität, Aussenseiter und Randgruppen, Werte und Normen, Mode …) möglichst viele Bilder. Diese nach bestimmten Kriterien in der Klasse (gruppenweise) sortieren. Anschliessend die Aufteilung begründen und diskutieren, eventuell verändern. • Die Bilder in Gymnastikreifen sortieren.	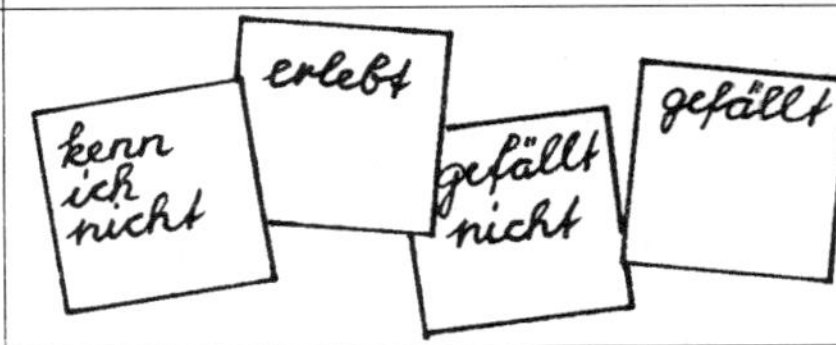
400	**KOPFSALAT** Meinungen, Wünsche, Vorstellungen, Gedanken Themeneinstieg	Zu einem Thema Zeichnung an der Tafel anfertigen (Personen mit Sprechblasen, Comicfiguren …). Die Klasse füllt die Sprechblasen, ergänzt die Zeichnung mit Meinungen, Gedanken, Wünschen, Vorstellungen, Dingen, die sie gerade beschäftigen. Dabei nicht sprechen, jede Person darf pro Weg zur Tafel nur einen Satz (ein Wort) an die Tafel schreiben, dann die Kreide (mehrere) weiterreichen. Man darf auch vom Thema abweichen.	

Nr.	Name der Spielform Ziele / Akzente	Idee / Beschreibung	Hinweise / Organisation
401	**HAND AUF HAND** Konflikte Nachgeben Machtkampf	Zwei Personen sitzen sich den rechten (linken) Ellbogen auf der Tischplatte aufgestützt gegenüber, die Handinnenflächen berühren sich. Während zwei Minuten zählen, wie oft jede Person den Handrücken des anderen gegen die Tischplatte drücken kann. Anschliessend diskutieren: Wo waren Machtkämpfe, wann war es ein Spiel, wo kooperierte man (und erzielte abwechselnd je einen Punkt) …?	
402	**KÖRPER-VERGLEICH** Toleranz Einfühlung	Paarweise oder in der Gruppe Körperteile, Besonderheiten, Gangart, Körperproportion, Haltung, Mimik, Gestik … vergleichen (messen, demonstrieren, nachmachen …). • Fingerabdrücke / Handlinien vergleichen. • Gemeinsamkeiten und Unterschiede finden. • Positives formulieren: «An dir gefällt mir …».	
403	**ÜBER ETWAS BERICHTEN** Empathie Wirkung auf andere	Vor der Klasse berichtet jemand über etwas, was ihn besonders betroffen machte (Freude, Leid, spezielles Erlebnis …). Die Klasse beobachtet die Mimik, Gestik, die Gefühlsäusserungen und merkt sich möglichst genau die verwendeten Wörter. Jemand stellt sich nun ebenso vor die Klasse und imitiert die erste Person. 2–3x wiederholen. • Filmen, vergleichen, diskutieren / echte bzw. gespielte Situation.	
404	**JUGEND-PARLAMENT** Rollen einnehmen Meinung vertreten Gemeinsam eine Lösung finden	Jugendparlament organisieren und Themen behandeln: Parlaments- und Gesprächsleitung, Diskutierende, Reporter, Fotografen … • Anliegen bei Gemeindeversammlung … vortragen. • Politiker einladen / Parlament besuchen / Sitzungen beiwohnen. • Sich in den Medien informieren / Berichterstattungen vergleichen.	
405	**AUSSERHALB DER SCHULE** Freizeit gemeinsam gestalten	Gemeinsame Unternehmungen organisieren: 1x pro Monat ins Kino, 1x pro Monat in der Schulküche essen (abwechselnd kocht eine Gruppe), einmal im Freien übernachten, Disco veranstalten, 1x pro Woche gemeinsam frühstücken, Spielnachmittag, «Gotcha» … • Die Klasse besucht gemeinsam einen Rettungsschwimmkurs, einen Erste-Hilfe-Kurs …	

Nr.	**Name der Spielform** Ziele / Akzente	**Idee / Beschreibung**	**Hinweise / Organisation**
406	**BISTRO** Freizeit gemeinsam gestalten Sinnvolle Freizeitbeschäftigung	In Eigenregie ein Bistro während der grossen Pause und nach der Schule führen. Das Bistro planen, einrichten und betreiben: Möbel aus dem Brockenhaus (Antiquitätengeschäft) neu überziehen, Tische selber herstellen, Becher im Werken brennen, Dekorationen entwerfen, kochen, Drinks mixen, backen, Einsätze planen, Gewinn sinnvoll einsetzen …	
407	**FAHRRAD-WERKSTATT** Freizeit gemeinsam gestalten Sinnvolle Freizeitbeschäftigung	Eine Fahrradwerkstatt einrichten (Spenden / Arbeiten gegen Entgelt). Im Unterricht mit der Reparatur und Pflege des Fahrrades vertraut werden, in der unterrichtsfreien Zeit Fahrräder reparieren. • Wahlfach Fahrradwerkstatt. • Verdienst sinnvoll einsetzen.	
408	**FIT ÜBER MITTAG** Freizeit gemeinsam gestalten Sinnvolle Freizeitbeschäftigung	In der Mittagspause eine Fitnessstunde organisieren, wer Lust hat, macht mit: Bodytoning, Aerobic, Konditionstraining, Koordinationsparcours, Entspannung, Circuittraining, Rollerbladen, Skateboard … • Die Schülerinnen und Schüler / Spezialisten leiten die Lektionen. • Pausenspiele, -wettkämpfe durchführen.	
409	**BERATUNGS-BÜRO** Gemeinsam Lösung finden Sinnvolle Freizeitbeschäftigung	In Eigenregie ein Beratungsbüro führen und verschiedene Dienste anbieten: Rückenprofil, Trainingsprogramm zusammenstellen, Freizeitaktivitäten anbieten / organisieren, «Sorgentelefon» (Sprechstunde), Treffen verschiedener Gruppen, Schlichtungsstelle …	
410	**XY-SPIEL** Strategie Taktik Kooperation	6 Gruppen, jede mit einer X- und Y-Karte. Wer am meisten Punkte sammelt, gewinnt. 10 Spielrunden. Pro Runde wählt jede Gruppe X oder Y. • 6X: Gruppen verlieren -1 Punkt • 6 Y: Gruppen gewinnen +1 Punkt • 5X: (+1) / 1Y: (-5) • 4X: (-5) / 2Y: (+5) • 3X: (+3) / 3Y: (-3) • 2X: (-4) / 4Y: (+2) • 1X: (+5) / 5Y: (-2). Runde 5 zählt dreifach, Runde 8 fünffach und Runde 10 zehnfach.	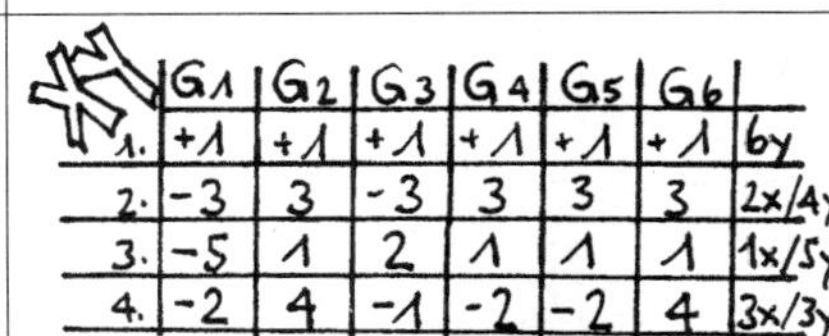

Nr.	Name der Spielform Ziele / Akzente	Idee / Beschreibung	Hinweise / Organisation
411	**LIEBE ÄUSSERN** Darstellungsformen der Liebe	In der näheren Umgebung (Stadt) sollen Darstellungsformen der Liebe gesucht werden (Spray-Bilder, Poster, Werbung, Venus / Aphrodite, Aufdrucke auf Kleidern, Geschenken …). Diese abzeichnen / fotografieren und der Klasse präsentieren. • Objekte / Liebespaare fotografieren / filmen / interviewen. • Originelle Liebeserklärung erfinden / basteln.	
412	**LIEBE EMPFINDEN** Empfindungen äussern Gefühle wahrnehmen	Verschiedene Musikstücke hören (sich entsprechend dazu bewegen) und die Gefühle äussern, die die Musik darstellt / auslöst. • Dazu Bilder malen. • Mit Farbe auf einem Plakat ausdrücken, was Liebe ist. • Liebeserklärungen, Zeichen der Liebe besprechen / ausführen.	
413	**FORMEN DER LIEBE** Verschiedene Arten der Liebe	In Zeitschriften Darstellungen von Liebe suchen, gruppieren und auf Plakate kleben: Tierliebe, Liebe von Eltern und Kindern, Geschwister untereinander, Freundschaften, Liebespaare, Ehepaare, alte Leute … • Wie drücken die verschiedenen Paare Liebe aus? • Erwartungen an den Partner / das andere Geschlecht nennen / darstellen. • Darstellungen von Homosexualität.	
414	**ROLLEN-VERHALTEN** Rollenbilder Kulturen	In kurzen Szenen verschiedene Formen von Liebe darstellen. Liebesbeweise, Gesten, Rituale anderer Völker kennen lernen und der Klasse präsentieren. • Jede Gruppe studiert Liebesäusserungen unterschiedlicher Kulturen und stellt die Beispiele der Klasse vor. • Begrüssungsrituale.	
415	**OHNE HEMMUNG** Offenheit Liebe und Sexualität Homosexualität Geschlechtskrankheiten	In der Klasse offen über Zärtlichkeit, Verhütung, Liebespraktiken, Geschlechtskrankheiten, Homosexualität … sprechen. • Homosexuelle Personen berichten über ihr «Coming out», ihren Alltag, ihre Probleme, über die Akzeptanz bei Mitmenschen … • Verhütungsmittel mitnehmen, Anwendung kennen lernen.	

Nr.	Name der Spielform Ziele / Akzente	Idee / Beschreibung	Hinweise / Organisation
416	**SPORTANGEBOT** Bewegungsfreude fördern Veranstaltungen	Eine Gruppe veranstaltet im Turnus jeden Monat mindestens vier sportliche Aktivitäten für die Klasse / Klassen: Ping-Pong-, Fussball-, Volleyballturnier, Vitaparcours, Aerobic-Stunde, Yoga, Pausengymnastik, Spiele ohne Grenzen, Leichtathletik-, Talent-, Akrobatikwettkampf … • Ausschreibungen: Wer will, kann mitmachen. • Für die ganze Klasse organisieren / Spezialisten anfragen.	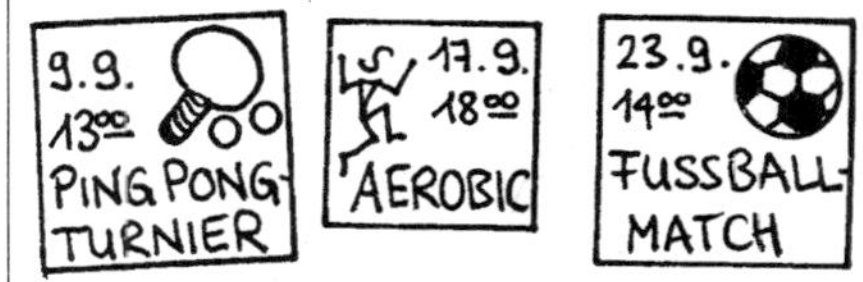
417	**GESUNDE AKTION** Etwas Gesundes anbieten Veranstaltungen Alkohol, Drogen	Jeden Monat organisiert eine Gruppe vier «gesunde» Aktionen für die Klasse / Klassen, z. B.: Stretchingstunde, Massagekurs, Information / Diskussion zu gesunder Ernährung, Fitnesscenter-Besuch, Schwimm-Nachmittag, Wanderung, Verkauf vitaminreicher Pausenverpflegung (z. B. Pausenapfel), Tag der Milch … • Experiment: Fleisch in Coca-Cola legen, Pflanze mit Alkohol tränken …	
418	**CHEMIE IM ALLTAG** Chemie-Inventar Medikamente	Zu Hause Inventar machen: Was für Medikamente, Salben, Putzmittel … befinden sich im Haushalt? Wo wirkt Chemie (Hausanstrich, Schuhsohle, gefärbte Kleider …)? Alles nach Verwendungszweck, Notwendigkeit, Umweltverträglichkeit, Gefahren, ökonomischem Nutzen einteilen. Anwendung und Entsorgung kennen lernen. Produkte durch umweltverträglichere (Hausmittel) ersetzen? Wo wirkt Chemie unbemerkt, z. B. Zähneputzen …	
419	**KONSUM-VERHALTEN** Verändertes Konsumverhalten Kunststoff im Alltag Abfall	Wie hat sich unser Konsumverhalten verändert? Gegenstände (z. B. Kinderspielzeug …) von früher und heute sammeln, vergleichen. Kosten, Aufwand, Lebensdauer … Verpackungsmaterial untersuchen (Einweg- und Mehrwegverpackungen). • Kunststoffanteil in der eigenen Wohnung oder im Schulzimmer ermitteln. • Abfallmenge und Zusammensetzung zu Hause eine Woche untersuchen.	
420	**ABFALL-VERWENDUNG** Werken mit Abfallstoffen	Vase / Glas: Halspartie einer 2–3 dl-Einwegflasche mit Glasschneider abtrennen (Flasche zwischen zwei fixierte Holzleisten legen, auf Leiste Glasschneider legen, Flasche drehen, angeschnittene Stelle erwärmen, abschrecken, Glas springt entzwei). Die Schnittflächen mit Korundfeile schleifen (alle Kanten brechen) und den Fuss mit Epoxyharz anleimen. • Andere Gegenstände herstellen / anderes Material verwenden.	

Nr.	Name der Spielform Ziele / Akzente	Idee / Beschreibung	Hinweise / Organisation
421	**KOMPETENZEN** Tätigkeiten ausführen und reflektieren	Die Klasse führt gemeinsam unterschiedliche Arbeiten aus, bei denen abwechselnd der körperliche Einsatz, das künstlerische Flair und die Fantasie, die Feinmotorik, die Konzentration und die Genauigkeit … gefragt sind. Tätigkeiten finden im Freien, im Schulhaus, sitzend oder stehend statt. Dann die ausgeführten Tätigkeiten beschreiben. Was hat mir zugesagt? Weshalb?	
422	**SOZIALE DIENSTE** Soziale Tätigkeiten ausführen und überdenken	Sich über soziale Einrichtungen in der Umgebung informieren und selber Dienste anbieten: Kinder hüten, Alte pflegen, Nachhilfeunterricht anbieten, Hunde ausführen, für alte oder kranke Menschen einkaufen / kochen, sich für den Umweltschutz / für Flüchtlinge / Kriegsopfer einsetzen, Sammlungen organisieren … Wie gefällt mir der Umgang mit Menschen? Wo möchte ich weiterhin mithelfen?	
423	**EINEN TAG ALS …** Arbeitstag erleben Berufswelt	Einen Berufstag des Vaters / der Mutter oder einer anderen Person miterleben. Protokollieren und Eindrücke notieren. • Den Tag präsentieren (Kurzfilm, Fotoreport). • Ausstellung zu verschiedenen Berufen gestalten. • Einen Tag als Vertreter / als Lehrperson erleben. • Die Klasse organisiert / rekognosziert die Klassenfahrt.	
424	**3-STUNDEN-REPORTAGE** Sich über Berufe informieren	Ihr habt 3 (mehr) Stunden Zeit, dann müsst ihr so viel als möglich über den Beruf XY erfahren haben, so dass ihr die tägliche Arbeit eines / einer XY möglichst interessant der Klasse präsentieren könnt: Bibliothek, Interview, Arbeitsortbesuch, Prospekte beschaffen, fotografieren, filmen … • Berufswettbewerb: Wer stellt «seinen» Beruf am besten vor?	
425	**BERUFS-SPIELE** Berufe kennen lernen	Zu bekannten und weniger bekannten beruflichen Tätigkeiten selber Spiele herstellen. Während dem Spiel erfährt man einiges über den Beruf bzw. beantwortet Fragen zum Beruf: Memory, Quartett, Leiterspiel, OL, Rommee, Quiz, Schulhauswettbewerb …	

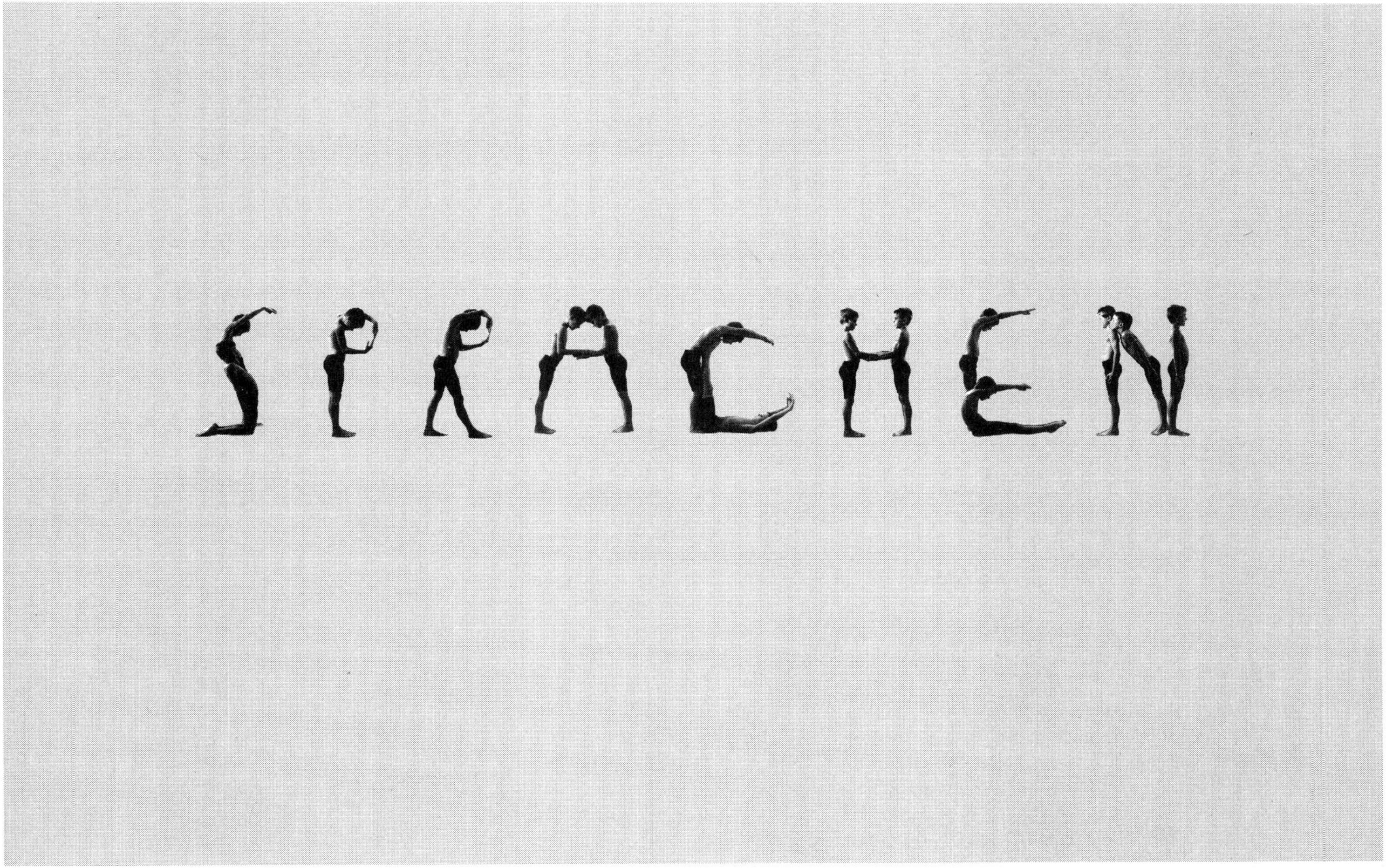
SPRACHEN

Nr.	Name der Spielform Ziele / Akzente	Idee / Beschreibung	Hinweise / Organisation
426	**GEBRAUCHS-ANWEISUNG** Konzentration Vorstellungsvermögen	Eine Person liest eine Gebrauchsanleitung vor, die zweite Person führt die Anweisungen aus. • Selber eine Anleitung schreiben (Herstellung einfacher Gegenstände mit Papier, Schere und Klebeband). Vorlesen, die Klasse bastelt.	1. Den POWER-Schalter auf ON stellen 2. Die TUNER-Taste drücken 3. Durch Drücken der TUNER-Taste das Frequenzband FM wählen …
427	**VERSTECKSPIEL** Konzentration Vorstellungsvermögen	Im Klassenzimmer oder auf dem Schulhausareal einen Gegenstand (Stift, Stein, Kaugummi …) verstecken und eine genaue Wegbeschreibung schreiben. Die Beschreibung einer zweiten Person vorlesen. Findet sie den Gegenstand? • Jemand beschreibt, wer findet den Gegenstand zuerst?	
428	**BESCHREIBUNG** Konzentration Vorstellungsvermögen	Einen speziellen Gegenstand auf dem Schulhausareal beschreiben. Wer findet ihn? • Wettkampf: Wer steht zuerst am richtigen Ort? • Geschichte auf Hellraumprojektor-Folienrolle zeichnen und ab- bzw. aufrollen, während man die Geschichte der Klasse erzählt (Folie über Projektor legen bzw. durch Kartonschachtel ziehen).	
429	**VERÄNDERUNG** Konzentration Vorstellungsvermögen	Die Lehrperson nennt einige Dinge, die im Klassenzimmer, an der eigenen Person oder am Arbeitsplatz verändert werden sollen. Wer befolgt die Anweisungen am genauesten? • Zuerst dreht ihr euren Stuhl und stellt ihn so vor das Pult, dass der rechte vordere Fuss das Pult berührt, dann …	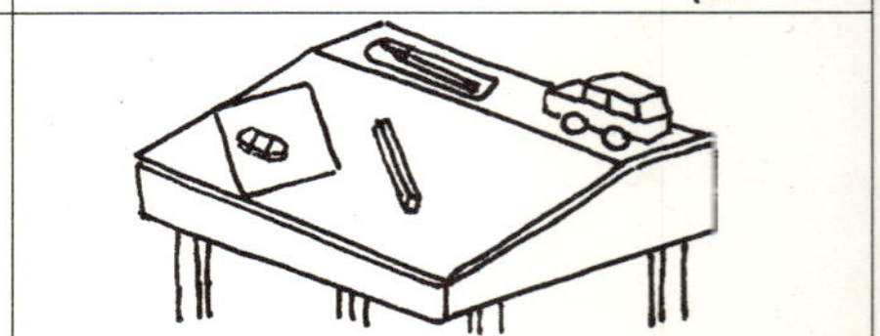
430	**STICHWÖRTER** Inhalt eines Vortrages wiedergeben	Wichtige Stichwörter zum Inhalt des anschliessend referierten Textes werden zu Beginn des Vortrages der Klasse abgegeben. Nach der Rede trägt das Publikum das Wichtigste nochmals zusammen und fixiert ihr Stichwort an der Tafel / auf einem Plakat. • Die Stichwörter einordnen: Pro / Kontra, nach Gesichtspunkten … • Cluster / Mind-Map entsteht (mit Kreide auf dem Pausenplatz).	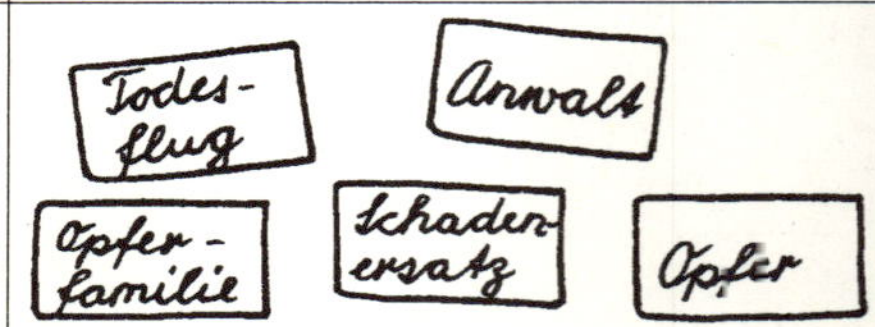

Nr.	Name der Spielform Ziele / Akzente	Idee / Beschreibung	Hinweise / Organisation
431	**FEEDBACK** Beurteilen Konzentrieren	Während jemand vor der Klasse seine Position zu einem vorgegebenen Thema vertritt, wechseln die Zuhörenden ständig ihre Körperhaltung, je nachdem, wie sie das Referat beurteilen: interessierte / desinteressierte Körperhaltung, hoch / tief sitzen, nahe / weit weg stehen … • Gut, schlecht, verständlich, einleuchtend, durchdacht, überzeugend … • Abgemachte Handzeichen, z. B. Hand ans Ohr: «Es ist zu leise» …	
432	**GEFÜHLS-AUSBRUCH** Konzentration Stimmvariation	Jemand liest einen Text vor und variiert dabei die Stimme um Traurigkeit, Wut, Glück, Angst, Schmerz … auszudrücken. Zu jedem Gefühlsausbruch nehmen die Zuhörenden eine entsprechende Körperhaltung bzw. -stellung ein. • Gefühlsdarstellungen vorher einstudieren. • Stimmveränderung passt / passt nicht zum Text.	
433	**RÜCKEN-MELDUNG** Sachlich beurteilen Kriterien einhalten und überprüfen	Vor versammelter Klasse diskutiert eine Gruppe über ein vorgegebenes Thema. Nach der Diskussion den Gesprächsteilnehmern ein Blatt Papier an den Rücken heften, im Klassenzimmer umhergehen und den Rednern Rückmeldungen auf den Rücken schreiben. • Rückmeldungen zu vorher abgemachten Kriterien.	
434	**ROLLENBILDER** Rollen spielen Rollenverhalten studieren	2–5 Personen stellen eine Szene dar, in der Personen unterschiedlicher Meinung / Einstellung aufeinander treffen (Mann – Frau, Ausländer – Schweizer, Peers – Aussenseiter, Chef – Arbeiter …). Über die Wirkung der Gesten, der Mimik und der Sprache diskutieren. Eine weitere Gruppe zeigt eine wünschenswerte Kommunikation, bzw. wie der Konflikt vermieden werden kann.	
435	**KOMIKER** Schauspiel Sprachliche Mittel anwenden	Videosequenzen anschauen und bestimmte Komiker oder Satiriker beobachten (Mr. Bean, Loriot, Emil, Marco Rima …), dann eine ähnliche Szene mit viel Witz, Ironie bzw. Satire spielen, indem man die Komiker imitiert. • Fernsehshow gestalten. • Aus Pappe einen überdimensionalen Fernsehschirm basteln und spielen …	

Nr.	**Name der Spielform** Ziele / Akzente	**Idee / Beschreibung**	**Hinweise / Organisation**
436	**KÖRPERSTELLUNG** Konzentration Vorstellungsvermögen	Jemand beschreibt eine Körperstellung, die zweite Person nimmt diese Stellung ein. • Bewegungsablauf beschreiben. • Nach einer Fotografie eine Körperhaltung beschreiben, eine zweite Person nimmt diese Stellung ein, dann Vergleich beider Darstellungen. • Gegenstand / Ort nach Anweisung ab Tonband finden.	
437	**DIEB** Geschichten erzählen Geschichten hören Fabulieren	Jemand erzählt möglichst spannend und fantasievoll eine Geschichte und baut ein abgemachtes Wort in den Text ein, z. B. «Dieb». Die Zuhörer lösen daraufhin sofort eine Aufgabe (sich auf den Tisch stellen, zur Tafel rennen, das Klassenzimmer verlassen, eine Runde um das Schulhaus laufen …). Wer zuletzt reagiert, erfindet eine neue Geschichte, wer falsch reagiert, löst eine Zusatzaufgabe, z. B. 5 Liegestütze.	«… doch da fasste der Dieb … »
438	**MÄRCHENSTUHL** Koordination Fabulieren	Die Gruppe sitzt im Kreis, in der Mitte befindet sich ein Gymball. Eine Person setzt sich auf den Ball und darf so lange fabulieren, wie sie auf dem Ball balancieren kann. • Auf dem Ball während der Erzählung wippen. • Den Ball nach Lust und Laune weitergeben.	
439	**KENNEN LERNEN** Auskünfte einholen Vergleichen	Im Klassenraum umhergehen und sich nach bestimmten Gesichtspunkten der Reihe nach aufstellen. • Alter, Schuhgrösse, Sternzeichen, Länge des Schulweges … • Vornamen des Vaters, Hobby (alphabetisch).	
440	**SPONTANE RÜCKMELDUNG** Aufmerksam zuhören Beobachten	Während eines Vortrages Fragen zum Thema, Diskussions- oder Merkpunkte, unverstandene Wörter oder Merkmale des Vortrages bezüglich Sprechart, Handhabung der Geräte, Mimik oder Gestik … an der Wandtafel notieren. Die vortragende Person kann je nachdem sofort oder später auf die Anmerkungen eingehen.	

Nr.	**Name der Spielform** Ziele / Akzente	**Idee / Beschreibung**	**Hinweise / Organisation**
441	**GALERIE** Fremdwörter Wörter nachschlagen	Im Klassenzimmer hängen Fremdwörter auf Post-it-Zettel verteilt. Mit Hilfe von Lexika und Duden ein gleichbedeutendes deutsches Wort suchen, auf einen zweiten Post-it-Zettel notieren und dazuhängen. • Wer hat zuerst 10 richtige Wortpaare? • Zettel unter dem Pult, hinter der Wandtafel … verstecken. • Wortpaare lesen, dann ins Heft schreiben.	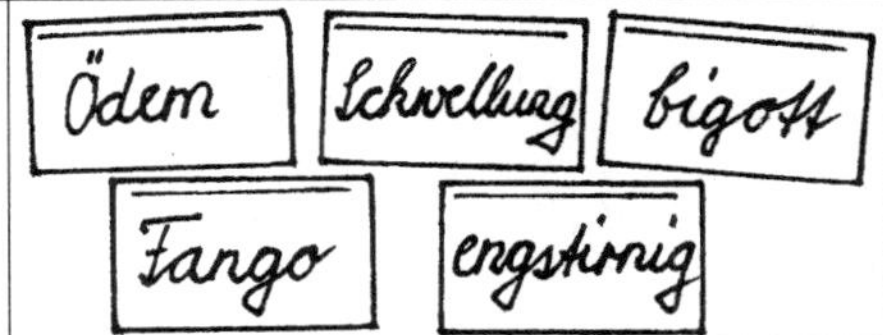
442	**WORTPAARE** Synonyme Antonyme	Im Klassenzimmer hängen Wortpaare (Synonyme, Antonyme) verteilt. Im Klassenraum umhergehen, Wortpaare suchen, dann ins Heft schreiben. • Wer hat zuerst 10 richtige Wortpaare? • Zettel unter dem Pult, hinter der Wandtafel … verstecken. • Wortpaare einsammeln / Wettkampf. • Eine Gruppe sammelt Synonyme, die andere Gruppe Antonyme.	
443	**SCHARADE** Fantasie Mimik Gestik	Jemand stellt, ohne zu sprechen, einen Begriff dar. • Welche Gruppe errät das Wort zuerst? • Eine Gruppe stellt der anderen eine Aufgabe. • Begriff auf den Hellraumprojektor zeichnen.	
444	**SCHNITZELJAGD** Synonyme Antonyme Fremdwörter	Verfolgung dreier Gruppen im Wald, die zeitlich versetzt starten und die versuchen, die anderen einzuholen. Den Weg mit Sägemehl (OL-Bändern) markieren. Die erste Gruppe versteckt 15 Zettel mit je einem Wort unter einen Stein bei einem markierten Baum. Die zweite Gruppe schreibt jeweils ein Synonym / Antonym, gleichbedeutendes deutsches Wort / Fremdwort … dazu. Die dritte Gruppe sammelt das Material ein und korrigiert die Wörter.	
445	**LEITERSPIEL** Allgemeinbildung	Im Schulhaus hängen 45 Zettel verteilt. Auf den Vorderseiten stehen die Zahlen 1–45, auf der Rückseite befinden sich Wortschatzaufgaben. Auf einem «Leiterspielbrett» stehen Spielfiguren. Die Gruppe würfelt, setzt die Spielfigur auf das entsprechende Feld, sucht diese Nummer, liest die Aufgabe und beantwortet sie bei der Lehrperson. Richtig: Weiterwürfeln, neue Aufgabe lösen. Falsch: Drei Felder zurück, neue Aufgabe lösen …	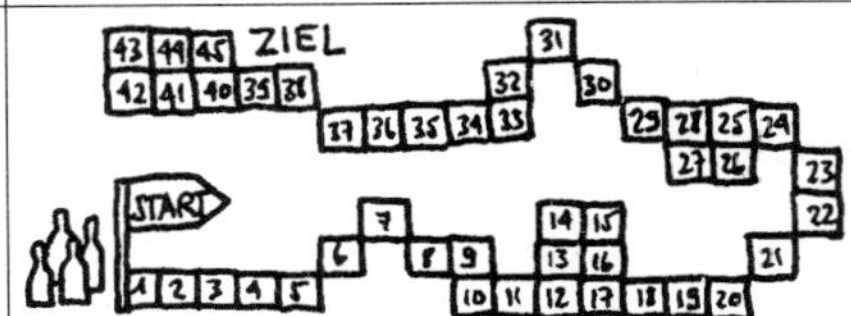

Nr.	Name der Spielform Ziele / Akzente	Idee / Beschreibung	Hinweise / Organisation
446	**SITZKREIS** Wortgewandtheit Zusammengesetzte Wörter	Jemand sitzt auf einem Stuhl und nennt ein zusammengesetztes Nomen, z. B. «Orangentee», eine zweite Person setzt sich auf die erste und bildet ein neues Wort, z. B. «Teebeutel» (den letzten Teil an den Anfang setzen), dann z. B. «Beuteltier». So fortfahren, bis sich ein Sitzkreis bildet (am Schluss den Stuhl wegnehmen). Wie lange kann man so im Sitzkreis verharren bzw. wie viele Wörter schafft man, bevor der Kreis zusammenbricht?	
447	**MONTAGSMALER** Sprichwörter raten	An die Tafel zeichnet jemand ein Sprichwort (die Lehrperson schreibt Sprichwörter auf Zettel und zeigt sie den Zeichnenden). Zwei Gruppen versuchen dieses zu erkennen. Wer ist schneller? • Die Verlierer lösen eine Bewegungsaufgabe: Liegestütze, Lauf um …	
448	**PARTNERSUCHE** Sprichwörter raten	Sprichwörter auf je zwei Zettel verteilt niederschreiben. Alle erhalten einen Sprichwortteil. Im Klassenzimmer umhergehen und die zweite Hälfte suchen. • Man darf die Zettel der anderen nicht lesen sondern stellt einander Fragen. • Die Fragen nur mit «ja» oder «nein» beantworten.	
449	**KLETTERGARTEN** Sprichwörter Synonyme Antonyme	Post-it-Zettel in der Turnhalle an der Sprossenwand, an den Stangen, an den Geräten anbringen. Wortpaare suchen: Synonyme, Antonyme, Sprichwortteile, Oberbegriff-Unterbegriff … • Wortpaare einsammeln / Wettkampf. • Die Klasse schreibt und hängt Wortpaare auf. • Zwei Gruppen, verschiedenfarbene Zettel.	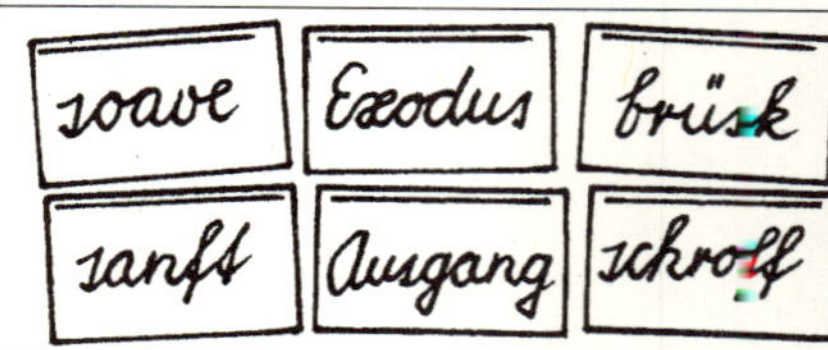
450	**WORTSHOW** Fantasie	Zusammengesetzte Wörter in der Gruppe darstellen, jede Person stellt einen Teil des Wortes dar, z. B. Bauchspeicheldrüse, Meerschweinchenkäfigtüre, Weinflaschenöffner, Hundeleineschlinge … • Scharade spielen.	

Nr.	**Name der Spielform** Ziele / Akzente	**Idee / Beschreibung.**	**Hinweise / Organisation**
451	**BALANCEAKT** Konzentration Koordination Gesprächsbeteiligung	Die Gruppe sitzt im Kreis; in der Mitte befindet sich ein Gymball. Eine Person argumentiert zu einem Thema so lange, wie sie auf dem Ball balancieren kann. Dann den Ball der nächsten Person zurollen. • Auf dem Ball wippen und so lange sprechen, wie man möchte.	
452	**WIPPTALK** Konzentration Koordination Gesprächsbeteiligung	Die Gruppe sitzt im Kreis; in der Mitte befindet sich ein Gymball. Eine Person setzt sich auf den Ball und hält eine Rede. Während dieser Zeit löst sie eine Bewegungsaufgabe (wippen und anfersen, Knie abwechselnd hochziehen, in die Liegestützposition und retour gleiten …). Dann den Ball der nächsten Person zurollen. • Zwei Personen, jede auf einem Gymball.	
453	**BLITZBALL** Reaktion Schlagfertigkeit Spontaneität	In der Kreismitte sitzt jemand auf einem Gymball und hält einen kleinen Ball (Softball, Volleyball, Tennisball …) in Händen. Die Person befragt die Gruppe zu einem Thema. Wer den Ball zugespielt bekommt, äussert sich schnell und knapp und spielt den Ball sofort in die Mitte zurück.	
454	**AKTIV – PASSIV** Diskutieren Zuhören	Wer bei einem Thema mitdiskutieren will, sitzt im Kreis, die anderen verteilen sich rundum (stehend, auf Tischkante sitzend …). Wer etwas ergänzen oder mitreden will, setzt sich in den Kreis. Umgekehrt, wer aussteigen möchte, verlässt die Runde. Man kann beliebig oft den Platz wechseln. • Diskussionsrunde mit 1–2 freien Stühlen.	
455	**PRO – KONTRA** Überzeugen Argumentieren Meinung bilden	Jemand muss die Klasse von einer Sache überzeugen und geschickt argumentieren. Die Zuhörenden nehmen ihre (Sitz-) Position zwischen «pro» und «kontra» ein (von Wand zu Wand beispielsweise) und verschieben sich je nach Überzeugungskraft der argumentierenden Person. • Zwei Gruppen à 3–4 Personen. Die Zuhörenden stehen bei einer Gruppe, zwischen den Gruppen, in der Nähe einer Gruppe, je nach Argumentation.	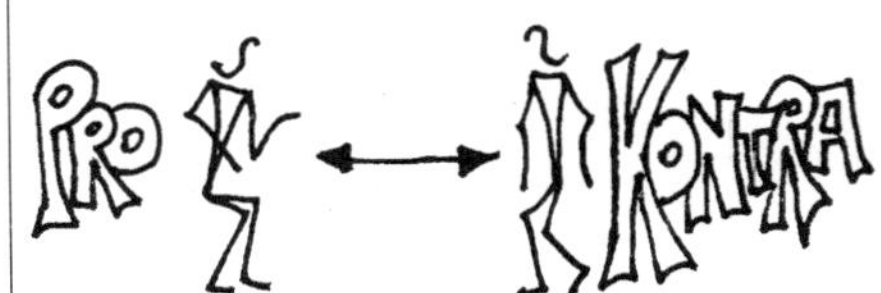

Nr.	Name der Spielform Ziele / Akzente	Idee / Beschreibung	Hinweise / Organisation
456	**FUNKTIONS-ANLEITUNG** Erklärungsversuch Sachverständnis	Einen möglichst grossen und für alle unbekannten Gegenstand vor der Klasse oder im Kreis erklären und die Funktionsweise demonstrieren (einen Gegenstand mitnehmen / nur erklären). • Die Zuhörenden führen anschliessend eine entsprechende «Handlung» aus. • Zukunftsmaschine / fiktive Maschine erklären.	
457	**DAS GROSSE ANLIEGEN** Fantasie Mimik Gestik	Jemand versucht nur durch Gestikulieren mit viel Mimik und Bewegung einer anderen Person etwas zu erklären (Vorfall, Erlebnis ...). Die Person ist die Stimme, kommentiert die Gesten und versucht so das grosse Anliegen herauszufinden, um es der Klasse mitzuteilen. • Alle kommentieren die Gesten. • Bei der «Erzählung» übertreiben, bluffen ...	
458	**WOLLKNÄUEL** Fantasie Fabulieren	Ein Wollknäuel, das an gewissen Stellen Knoten hat, neu aufrollen. Dabei eine spannende Geschichte erzählen. Wenn ein Knoten folgt, das Knäuel weitergeben. • Bei jeder erzählenden Person wechseln die Zuhörenden ihren Platz bzw. ihre Sitzposition / -gelegenheit.	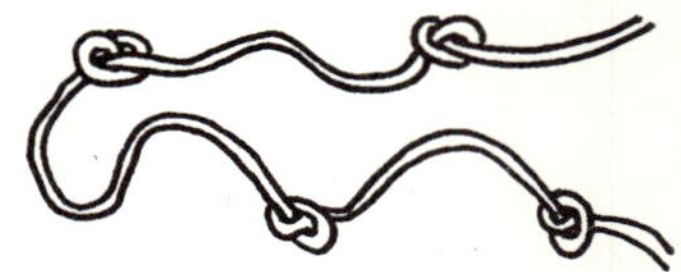
459	**BALL IM SPIEL** Fantasie Wortgewandtheit	In der Kreismitte liegen verschiedene Gegenstände, unter anderem ein kleiner Ball. Jemand aus dem Kreis erzählt eine Geschichte. Die Zuhörenden holen die Gegenstände und reichen sie weiter. Gelangt einer der Gegenstände zur erzählenden Person, wird dieser in die Geschichte «eingebettet». Gelangt der Ball zur Erzählperson, wirft sie ihn einer anderen Person zu. Diese fährt mit der Geschichte fort.	
460	**GESCHICHTEN** Fantasie Zuhören Auswendig lernen	Jemand erzählt eine Geschichte. Zeigt die Erzählperson auf zuhörende Personen, stellen diese die eben beschriebene Szene dar. • Die Zuhörenden stellen spontan Szenen nach. • In Gruppen eine Geschichte auswendig lernen. Jede Person lernt ihren Teil und die passenden Gesten. Die Geschichte (mehrmals im Jahr) der Klasse erzählen.	

Nr.	Name der Spielform Ziele / Akzente	Idee / Beschreibung	Hinweise / Organisation
461	**WARTESAAL** Zuhören Ausreden lassen	Im Klassenzimmer findet eine Diskussion statt. Wer spricht, steht. Nur eine Person steht und argumentiert. Wer sich zu Wort melden will, setzt sich auf die Tischkante und steht auf, wenn sich die Person setzt. • Auf der Stuhllehne sitzen / auf dem Stuhl stehen.	
462	**WARTESCHLANGE** Zuhören Ausreden lassen	Vor der Klasse stehend sich zu einem Thema äussern. An einem Haken hängen Nummern (1–20). Wer etwas zum Thema zu sagen hat, holt sich eine Nummer. Die gegebene Reihenfolge einhalten. Wer an der Reihe ist, läuft zum Rednerort, hängt seine Nummer an einer zweiten Vorrichtung ab und setzt sich nach gehaltener Rede.	
463	**SCHNAPPBALL** Zuhören Ausreden lassen Gesprächsbeteiligung	In der Diskussionsrunde befindet sich ein Ball. Wer spricht, steht und ist in Ballbesitz. Möchte man jemand anderen zu Wort kommen lassen oder die Meinung einer anderen Person hören, spielt man dieser den Ball zu. • Alle bekommen eine Zahl. Wer an der Reihe ist, geht im Klassenzimmer umher, äussert sich zum Thema und setzt sich anschliessend wieder hin.	
464	**INTERVIEW** Gesprächsverhalten Redestrategie	Reporterinnen, Reporter und Passanten schlendern durchs Klassenzimmer (auf dem Pausenplatz). Wer ein Interview macht, stellt sich zuerst kurz vor, nennt den Grund der Befragung und bittet um Mithilfe. Dann höflich fragen und anschliessend danken. Die Passanten dürfen sich auch anständig entschuldigen. Auswertung, Diskussion, Rollentausch. • Gute / schlechte Beispiele vergleichen / spielen.	
465	**PODIUMS-DISKUSSION** Argumentieren Gesprächsverhalten Redestrategie	Für eine Podiumsdiskussion zu einem aktuellen Thema Rollen verteilen. Die Gesprächsrunde informiert sich zum Thema und zur eigenen Rolle: Standpunkt? Was wollen die Gegner? Leute befragen, Informationen einholen … In der Gesprächsrunde möglichst gut und mit treffender Mimik und Gestik argumentieren. • Vorgängig über Gesprächsverhalten und Redestrategien sprechen.	

Nr.	Name der Spielform Ziele / Akzente	Idee / Beschreibung	Hinweise / Organisation
466	**FERNSEHBEITRAG** Fachjargon Mimik Gestik	Eine Videoaufzeichnung studieren und danach die Situation exakt nachstellen. • Einzeln / in Gruppen. • Werbespot, Wettervorhersage, Sportmoderation, Interview, Talkshow, Tagesschau …	
467	**REDEKÜNSTLER** Stimmvariation Laut und deutlich sprechen	In der Turnhalle von verschiedenen Punkten aus referieren. Während des Vortrages sich ständig bewegen: Balancieren auf einem Balken, wippen auf dem Trampolin, schwingen an den Ringen … Die Lautstärke und Sprechart dabei der Geschichte bzw. der Klasse (Distanz) anpassen. • Die Klasse stellt sich an verschiedenen Punkten in der Halle auf: lauter / leiser sprechen …	
468	**LAUTSTÄRKE VERÄNDERN** Laut und deutlich sprechen	Im Freien (in der Turnhalle, auf dem Spielplatz) etwas vorlesen oder über ein Thema referieren. Die Lautstärke und Gestik dem Abstand zur Klasse anpassen. Diese verändert während des Referates ihre Position mehrmals. • Die Referierenden stehen erhöht, balancieren oder schaukeln auf einem Spielgerät. • Verschiedene Texte (Gedicht, Legende, Predigt, Werbung …) vortragen.	
469	**ROLLE EINNEHMEN** Fantasie Wortgewandtheit	Alle nehmen von zu Hause einen speziellen Hut oder ein ausgefallenes Kleidungsstück mit, das einen bestimmten Typ charakterisiert. Vor der Klasse spricht dann jede Person einzeln oder in der Gruppe in der für ihre Rolle typischen Art: männlich, weiblich, altklug, weise, erfahren, lässig, cool … • Szenen spielen: im Park, auf dem Markt …	
470	**ZEITGENOSSEN** Fantasie Sich in Leute hineinversetzen	Die Lehrperson (Klasse) organisiert Kleidungsstücke verschiedener Modetrends oder aus vergangenen Jahren (60er-, 70er-Jahre, Punk, Hippie, Rocker, New Wave …). Die Klasse verkleidet sich und argumentiert, gestikuliert bzw. bewegt sich passend. • Lebensstil, Auftreten, Ideen, Ziele bestimmter Menschengruppierungen studieren / Interview / Second-Hand-Shop besuchen.	

Nr.	Name der Spielform Ziele / Akzente	Idee / Beschreibung	Hinweise / Organisation
471	**QUITTUNG** Überzeugend vortragen Vertrauen schenken	Jede Gruppe erhält 20 Streichhölzer, jedes entspricht 100 Franken. Die Gruppen sollen die 100-Franken-Scheine «verschenken» und von den Begünstigten dafür eine Quittung (Hiermit bescheinige ich, …, wohnhaft …, von … 100 Franken – in Worten einhundert Franken – geschenkt bekommen zu haben, Ort, Datum, Unterschrift) erhalten. Dabei nie von Streichhölzern, nur von Geld sprechen. Gelingt der fiktive Verkauf auch auf der Strasse?	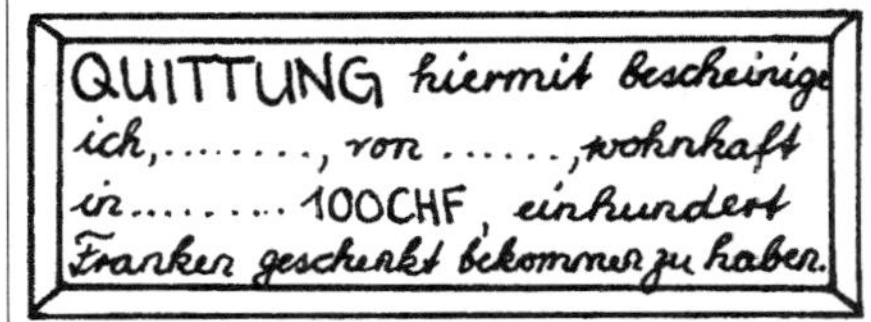
472	**RETTUNGSBOOT** Überzeugend vortragen Durchsetzungskraft	Auf dem sinkenden Schiff (einsame Insel erkennbar) wählt jede Person 10 Gegenstände (von zu Hause mitnehmen) aus, die sie mit ins Rettungsboot nimmt und erklärt der Klasse, was sie ausgewählt hat. Jeweils 4 Personen steigen nun in je ein Rettungsboot und einigen sich auf 10 gemeinsame Gegenstände (Probleme, Absichten, persönliche Interessen äussern). Am Schluss einigt sich die ganze Klasse auf 10 gemeinsame Gegenstände.	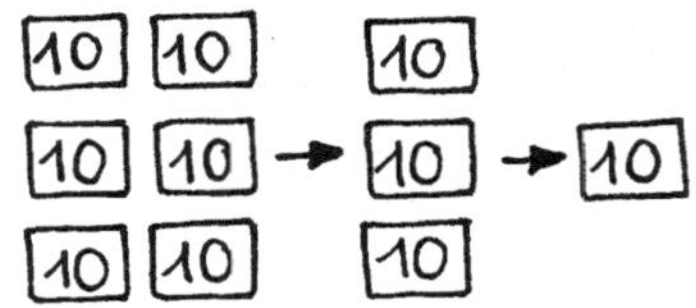
473	**SCHAUSPIEL** Schauspieler, Moderatoren, Komiker imitieren Synchronisieren	Die Klasse hört 2- bis 3-mal nur den Ton (Gespräche, Geräusche) eines Ausschnittes einer Fernsehsendung (Komödie, Nachrichten, Serie, Krimi, Wettervorhersage …). In Kleingruppen die Szenen in einer ersten Runde nachspielen. Nach der Videostudie im zweiten Durchgang mit dem Rücken zum Fernseher stehend den Text synchronisieren (die Klasse vergleicht mit den Fernsehbildern).	
474	**BEGEHREN** Begehren äussern	Die Lehrperson nennt Situationen, z. B. Urlaub beim Rektor einholen, Prüfung in einem Fach verschieben, Musik weniger laut hören, spezielles Menü in der Kantine wünschen, Gegenstand für die Schule leihen / organisieren, Produkt billiger kaufen … Die Vorgehensweise bzw. Wortwahl überlegen und die Situation vor der Klasse spielen.	
475	**INFORMATIONS-VERANSTALTUNG** Vorträge vor verschiedenen Menschengruppen	Ergebnisse, Informationen oder Auswertungen zu bereits behandelten Themen («Schlechte Ernährungsgewohnheiten», «Wir bewegen uns zu wenig», «Wir sitzen zu viel», «Naturzerstörungen», «Rauchen», «Alkohol», «Drogen» …) verschiedenen Personengruppen präsentieren: Eltern, Parallelklasse, Lehrerteam, Primarschüler, Hausfrauen, Senioren … • Interviews, Tests, Aktionen durchführen.	

Nr.	Name der Spielform Ziele / Akzente	Idee / Beschreibung	Hinweise / Organisation
476	**RÜCKMELDUNGS-RUNDE** Lesen Beurteilen	Geschriebene Texte (Textfragmente, Beginn eines Aufsatzes, Gedanken zu etwas …) aufhängen oder auf Pulte legen. Im Klassenzimmer umhergehen, die unterschiedlichen Texte durchlesen und zu 3–4 Texten eine Rückmeldung schreiben. Dann den eigenen Text überarbeiten bis die nächste Lese- und Rückmeldungsrunde folgt. • Jeweils ein Kriterium: Positiv, Verbesserungsvorschlag, Wirkung …	
477	**WANDERDIKTAT** Text einprägen Diktat	Einen Text (Zusammenfassung, Beitrag, Merksätze …) mehrmals kopieren und an verschiedenen Punkten im Klassenzimmer aufhängen. Den Text lesen, sich Sätze merken und sie am Arbeitsplatz notieren. • Text im Flur / im Freien aufhängen. • Textausschnitte lesen. Anschliessend diktiert die Lehrperson den vollständigen Text.	
478	**VERBESSERUNG** Textkorrektur	Die Lehrperson kopiert den geschriebenen Text (Aufsatz, Diktat …) und verbessert ihn auf der Kopie. Die Kopien im Klassenzimmer verteilt aufhängen. Sich die Korrekturen merken und den Text am Arbeitsplatz verbessern.	
479	**ZAHLENGEDICHT** Sätze einprägen Gedicht	Die Strophen oder Zeilen eines Gedichtes hängen nummeriert im Klassenzimmer verteilt. Innerhalb einer vorgegebenen Zeit im Klassenraum umhergehen, das Gedicht lesen und auswendig lernen. • Wer weiss die meisten Zeilen? • Wer kann das Gedicht aufschreiben?	
480	**TEXTSCHNIPSEL** Textverständnis Texte einprägen	Im Klassenzimmer hängen verschiedene Textabschnitte. Sätze lesen und am Arbeitsplatz in der richtigen Reihenfolge aufschreiben. • Aus den Textabschnitten einen lustigen Text herstellen.	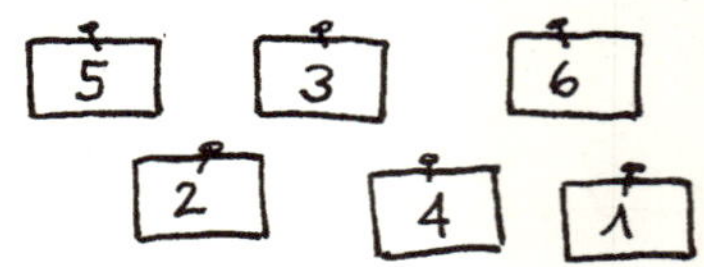

Nr.	**Name der Spielform** Ziele / Akzente	**Idee / Beschreibung**	**Hinweise / Organisation**
481	**SPAZIERGANG** Bewegtes Lesen	Einen Text, eine Geschichte oder ein Gedicht während 5–10 Minuten lesen bzw. lernen und dabei im Schulhaus oder im Freien spazieren. • Dabei schaukeln, schwingen, hangeln … • Etwas auswendig lernen. • Einen Text dort lesen, wo sich die Geschichte abspielt (am Bach, auf der Wiese, bei einer Ruine …).	
482	**KORKENJASS** Textverständnis	Je vier zusammenhängende Sätze auf Karten schreiben: Sätze aus derselben Geschichte, Sätze aus demselben Gedicht … Alle erhalten vier Karten. In der Mitte liegen 1–2 Korken weniger als Mitspielende. Auf Kommando («legen, schieben») im Kreis eine Karte niederlegen, weiterschieben und anschauen, bis jemand ein Quartett hat und «Korken» ruft. Alle schnappen sich einen Korken. Wer keinen erwischt, löst eine Bewegungsaufgabe.	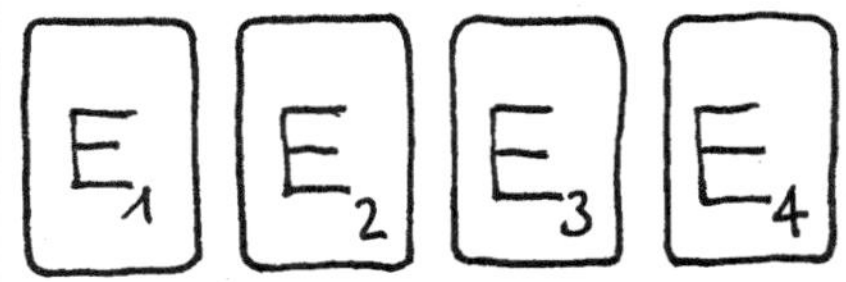
483	**QUARTETT** Textverständnis	Je vier zusammenhängende Sätze / Texte auf Karten schreiben: Sätze aus derselben Geschichte, Sätze aus demselben Gedicht … Quartett spielen. Den gewünschten Satz («Hast du einen Text, in dem etwas über das und das geschrieben steht …?») nennen. Wenn die angesprochene Person diese Karte hat, händigt sie diese aus. Wenn nicht, fährt sie fort. • Die Verlierer lösen eine Bewegungsaufgabe: Liegestütze, Lauf um …	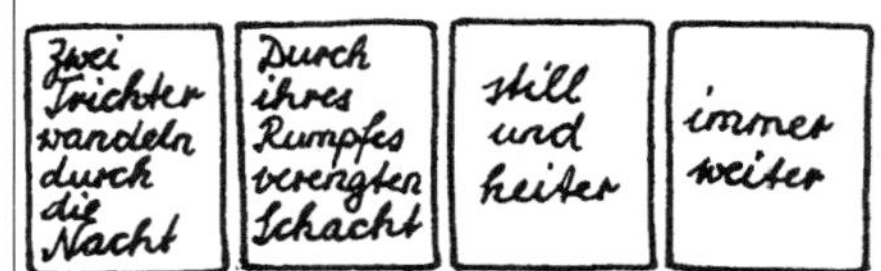
484	**TEXTMEMORY** Gedächtnis Textverständnis	Kurze Texte bzw. Textausschnitte auf Karten schreiben, zwei Textpassagen passen zusammen (Fortsetzung des ersten Teils beispielsweise). Mit den Karten in Gruppen auf dem Boden Memory spielen. Wer nicht an der Reihe ist, balanciert auf einem Gymball, auf einem Balanciergerät oder löst eine Bewegungsaufgabe (z. B. Stretchingposition einnehmen).	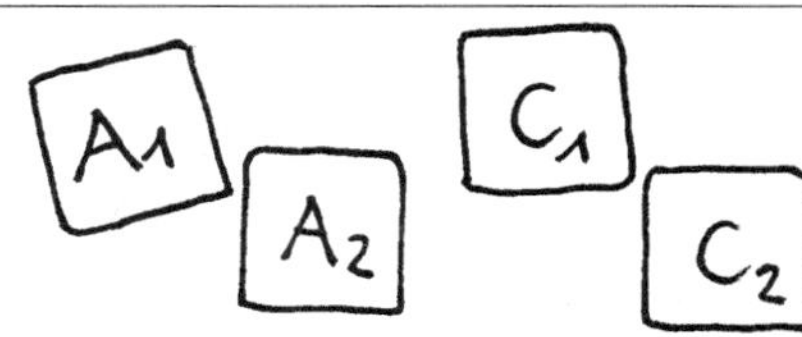
485	**SCHNIPSEL-SPAZIERGANG** Textverständnis Textformen	Auf Kärtchen Texte schreiben, 2–5 Textpassagen ergeben zusammen eine Geschichte. Alle erhalten ein Kärtchen und gehen im Klassenraum umher. Dabei die Gruppenmitglieder suchen. • Textpassagen aus verschiedenen Textformen: Legende, Märchen, Fabel, Gedicht …	

Nr.	Name der Spielform Ziele / Akzente	Idee / Beschreibung	Hinweise / Organisation
486	**ALPHABET DER ARME** Wink-Alphabet Nonverbale Kommunikation	Das «Wink-Alphabet» erlernen und auf dem Pausenplatz so kommunizieren. • Wettbewerb / Stafette: Wer errät das Wort zuerst? • Fremdwörter / Zweitsprache.	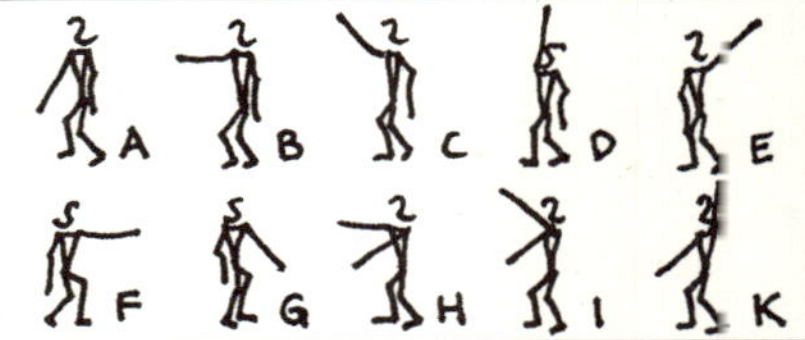
487	**HEIMLICHE ZEICHEN** Gestik, Mimik Nonverbale Kommunikation	Heimliche Zeichen und ihre Bedeutung abmachen (an der Nase reiben, Hand auf Schulter, Hände auf den Rücken, am Ohr kratzen, Arme vor der Brust verschränken, Fuss / Finger tippen …). Die einzelnen Bewegungen bedeuten Sätze. Kann man nun so kommunizieren? • Paarweise kommunizieren, die anderen erraten den Inhalt des Gesprächs. • Gebräuchliche Zeichen / Gesten / Mimik einflechten.	
488	**SPRACHE DER DUNKELHEIT** Morse-Alphabet Nonverbale Kommunikation	Botschaften im Dunkeln lautlos übermitteln (bei Nacht, im verdunkelten Raum, im Keller …). Dazu das Morse-Alphabet erlernen und anwenden. • Wettbewerb / Stafette: Wer errät das Wort zuerst? • Fremdwörter / Zweitsprache.	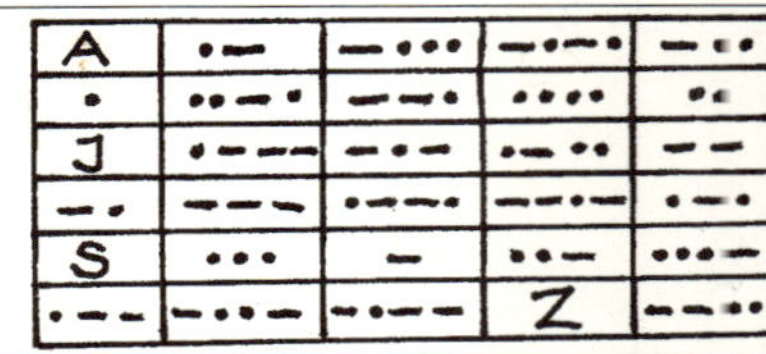
489	**FINGERSPRACHE** Handzeichen Nonverbale Kommunikation	Die Fingersprache erlernen und so miteinander auf dem Pausenplatz während eines Spaziergangs kommunizieren. • Wettbewerb / Stafette: Wer errät das Wort zuerst? • Fremdwörter / Zweitsprache.	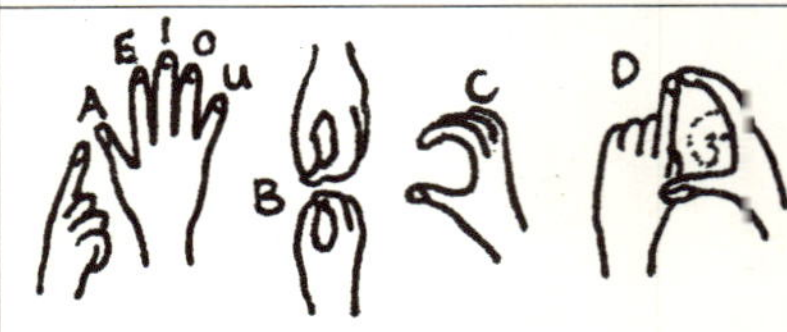
490	**HEBRÄISCH SCHREIBEN** Sorgfältig lesen Kombinieren	Die Hebräer schrieben alles klein und nur die Konsonanten. Texte, Sätze oder Wörter auf Zettel schreiben oder an die Wand projizieren. Wer das Wort (den Satz) erkennt, schreibt es (ihn) an die Tafel. • Stafette / Wörter hebräisch, rückwärts, zusammengehängt schreiben … • 15–20 Textausschnitte hängen im Klassenzimmer, wer erfasst die Geschichte zuerst? Den Text am Platz notieren, ohne Zettel abzuhängen.	n ltr dm ht sch nn frnshr gkf=. m mntg s sch n fssbllspl n, dnstgs wrd rgby brtrgn. sfrt rft s cs …

Nr.	Name der Spielform Ziele / Akzente	Idee / Beschreibung	Hinweise / Organisation
491	**WAND-MEMORY** Satzinhalt Gedächtnis	An den Wänden hängen jeweils zwei grammatisch und inhaltlich zusammenhängende Sätze. Im Klassenraum umhergehen, Zettelpaare suchen und sich den Inhalt merken. Nach 5 Minuten am Platz die Satzpaare notieren. • Gruppe gegen Gruppe. • Satzteile passen zusammen / mehrere Satzkombinationen möglich. • Zettel auf-, ab-, zusammenhängen, sortieren …	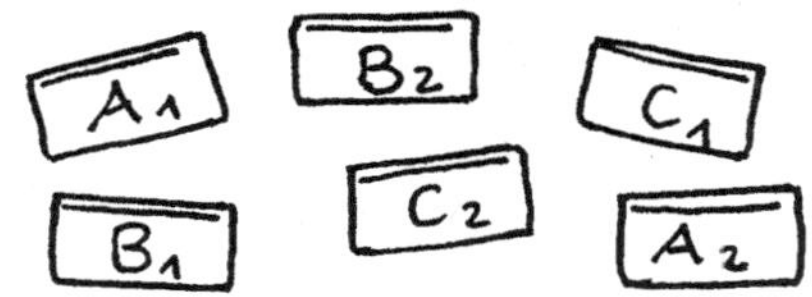
492	**TEXT-PUZZLE** Zusammenhänge Gedächtnis Texte vergleichen	Die Textabschnitte (10–20 Abschnitte) einer Geschichte hängen im Klassenzimmer (eventuell nummeriert) verteilt. Im Klassenraum umhergehen, die Texte lesen und den genauen Inhalt der Geschichte bzw. die richtige Reihenfolge der Textstücke herausfinden. Nach 10 Minuten die Zusammenfassung (Nummernfolge) am Platz notieren. • Mehrere Geschichten hängen im Klassenzimmer / Gruppen-, Einzelarbeit.	
493	**SCHATZSUCHE** Genau lesen Exakt beschreiben	Einen kleinen Schatz (Süssigkeit, kleines Geschenk …) im Klassenzimmer (auf dem Schulgelände) verstecken. Auf einem Zettel notieren, wo sich der Schatz befindet. Diesen Zettel (evt. in leere Tintenpatrone stecken) wiederum verstecken. Den Ort, an dem sich dieser Zettel (die Tintenpatrone) befindet, ausführlich auf einem Blatt Papier beschreiben. Die gefalteten Blätter in einen Korb legen, jede Person zieht einen Zettel.	«Du findest meinen Schatz, wenn du das Schulhaus durch die Hauptthüre …»
494	**DAS NEUE SPIEL** Beschreibung genau lesen Regeln verstehen, interpretieren	Eine Spielanleitung eines aussergewöhnlichen Spiels, z. B. «Das Spiel des Jahres», ausführlich studieren, die Regeln der Gruppe erklären und das neue Spiel spielen. • Jede Person studiert eine Spielanleitung, die Gruppe spielt 3–5 Spiele. • Die Gruppe liest die Spielanleitung und spielt anschliessend das Spiel. • Jede Gruppe lernt ein neues Spiel, jemand überprüft die Spielweise.	Die zwei Spieler legen jeweils 4 „Kinder" (Nüsse, Bohnen, Steine …) in je ein „Haus" …
495	**COMPUTER-PROGRAMM** Handbücher, Anleitungen lesen	Auf dem Computer ein neu installiertes Programm kennen lernen und mit diesem arbeiten. Handbücher und Hilfsprogramme stehen dazu zur Verfügung. • Die Lehrperson stellt Aufgaben. • Computer-Spiel kennen lernen, spielen.	

Nr.	Name der Spielform Ziele / Akzente	Idee / Beschreibung	Hinweise / Organisation
496	**TEXT-SCHNITZELJAGD** Textverständnis	Zwei Gruppen starten am selben Ort, laufen aber in entgegengesetzte Richtung und verstecken je zehn Textabschnitte unter gefärbten Steinen (Text von Lehrperson oder selber angefertigt, Textlänge vorgegeben). Beide Gruppen markieren ihren Weg mit Sägemehl. Dann kehren sie zum Startplatz zurück und sammeln die Textpassagen der anderen Gruppe ein. Welche Gruppe präsentiert zuerst ihren vollständigen Text beim Startpunkt?	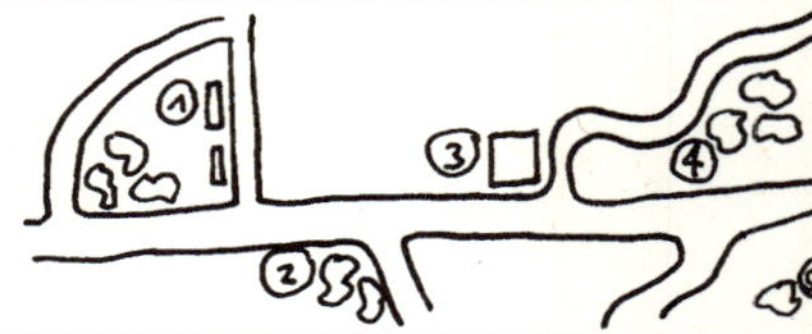
497	**OL** Genau lesen Anweisungen befolgen	Anhand von Wegbeschreibungen Stationen auf dem Schulhausareal suchen. An jeder Station ist der Weg zur nächsten beschrieben. • Wer findet in 20 Minuten alle Stationen? • Plan anfertigen und die gefundenen Stationen einzeichnen. • Im Wald: Stationen auf OL-Karte (Wanderkarte) einzeichnen.	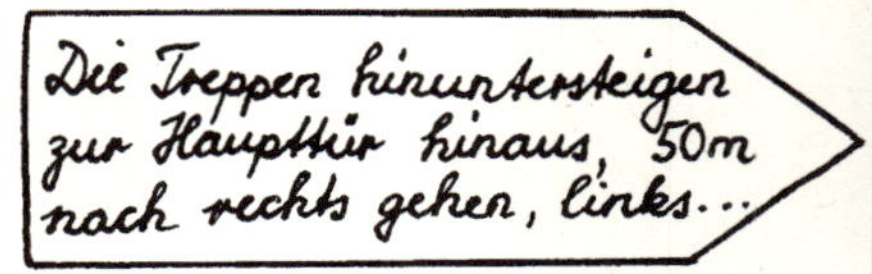
498	**OL-KARTE** Genau lesen Kartenlesen	Nach einem Plan die Stationen suchen und bei jeder Station etwas nach einer Anleitung herstellen (aus Papier etwas falten, ein besonderer Scherenschnitt ...). • Wer findet alle Stationen? Wer ist am schnellsten? • Wer löst die Aufgaben richtig?	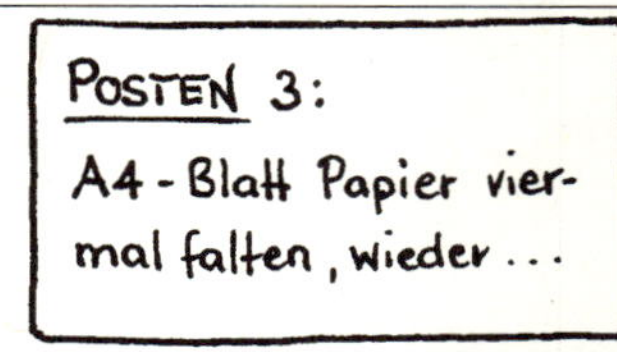
499	**TEXT-OL** Gedächtnis Textverständnis	Auf einer Karte einzeichnen, wo man der Reihe nach Textausschnitte (Schulhaus, Pausenplatz, Wald ...) findet. Nach dem Orientierungslauf beantworten die Gruppen Fragen zum ganzen Text. • Die Reihenfolge der Textausschnitte nicht angeben. • Die Zeit mit berücksichtigen.	
500	**BEWEGUNGS-VIELFALT** Genau lesen Gelesenes umsetzen	Eine spezielle Bewegung oder Gangart sehr detailliert beschreiben. Die zweite Person bewegt sich entsprechend. • Jemand liest vor, die Klasse bewegt sich. • Handlungsanweisung / Anleitung.	

Nr.	Name der Spielform Ziele / Akzente	Idee / Beschreibung	Hinweise / Organisation
501	**SHERLOCK HOLMES** Textverständnis Tabellen lesen	In der Umgebung Texte, Tafeln und Schilder suchen und studieren. Von der Lehrperson gestellte Fragen beantworten: Wann fährt der letzte Bus am Sonntag? Wann öffnet die Bäckerei am Montag? … • Wo steht folgender Text an der Bahnhofstrasse 112–120, was bedeutet dieser Text, warum steht er gerade dort …?	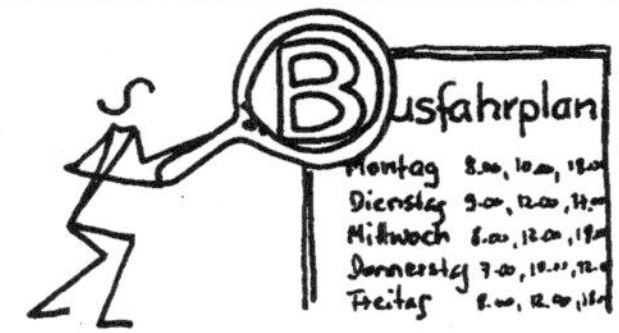
502	**INSPEKTOR CLOUSEAU** Rechtschreibung	Mit einem Duden der «Neuen Rechtschreibung» losziehen und in der Umgebung Tafeln, Schilder, Plakate etc. auf die «Neue Rechtschreibung» prüfen. Wer findet während einer Lektion die meisten Fehler (genaue Ortsangaben)? • In einer zweiten Runde überprüfen die Gruppen gefundene Fehler anderer Gruppen.	
503	**TEXTVERGLEICH** Texte vergleichen Kommentar	Artikel zu aktuellen Themen verschiedener Zeitungen miteinander vergleichen. Auf einem Plakat Ausschnitte aufkleben, gegenüberstellen, kommentieren und bewerten. Die Ergebnisse der Klasse präsentieren und erläutern. • Texte bewerten, indem man eine passende Körperstellung einnimmt bzw. sich im Klassenzimmer entsprechend bewegt …	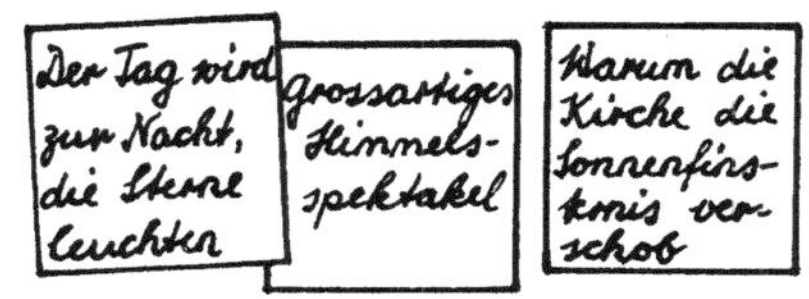
504	**KRITIKEN** Meinung vertreten Sich mit Kritik auseinander setzen	Verschiedene Kritiken zu einem Kinofilm, Theaterstück oder Konzert lesen. Jede Person vertritt ihre «Meinung» vor der Klasse (eigene Meinung oder die eines Kritikers). Dabei auch Szenen nachstellen und beurteilen. • Die Klasse nimmt je nach Interesse eine dementsprechende Sitzposition ein.	
505	**ROLLENBILD** Rollenbilder erkennen, prüfen und beurteilen	Texte oder Situationen suchen, in denen Rollenbilder deutlich werden. Diese Szenen spielen, darüber diskutieren, Lösungen suchen und die Szenen neu darstellen.	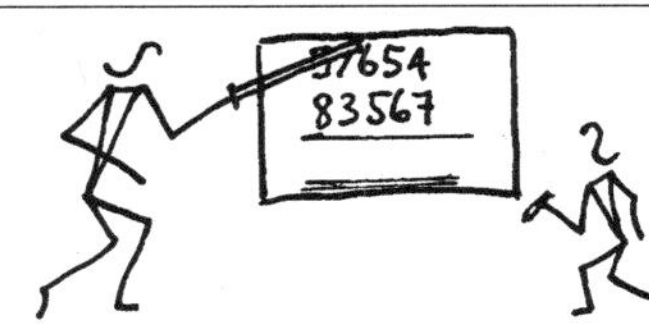

Nr.	Name der Spielform Ziele / Akzente	Idee / Beschreibung	Hinweise / Organisation
506	**VERNETZUNG** Texte erfassen und darstellen	Einen Text (Sachtext, Geschichte, Reportage …) lesen und ihn in einem Mind-Map (Ideen und Gedanken sammeln, vom Kerngedanken ausgehen und die Schlüsselwörter verknüpfen) mit Kreide auf den Pausenplatz zeichnen. Anschliessend der Klasse erläutern. • Sich auf verschiedene Felder stellen, je nach Meinung oder Interesse.	
507	**BILDERTEXT** Texte darstellen Interpunktion	Den Text einer Geschichte, eines Märchens oder Ereignisses lesen und auf einem Plakat mit Bildern (aus Zeitschriften) und / oder Zeichnungen darstellen. Der Klasse präsentieren und erklären bzw. die anderen interpretieren lassen. • Den Text spielen. • Einen Text (Theaterstück) vorlesen, alle Zeichen durch Geräusche ersetzen.	
508	**ANLEITUNGEN** Anweisungen ausführen	Herstellungs- bzw. Gebrauchsanweisungen lesen: Gegenstände basteln, herstellen oder zusammensetzen. • Etwas kochen, zubereiten … • Spiele / Computerspiele kennen lernen, spielen.	PUNKTE Der erste Spieler, der alle Karten ausgespielt hat, erhält die Punkte, die …
509	**SKULPTUR** Beschreibung genau lesen	Die Beschreibung einer Skulptur, eines Gegenstandes, eines speziellen Instrumentes, einer Persönlichkeit … lesen und aus Ton oder Knetmasse formen. • Gegenseitig Gegenstände beschreiben, dann herstellen.	
510	**KARTENSPIEL** Genau lesen Texte umsetzen	Jemand beschreibt in einem Text, wie Karten zu einer speziellen Form oder einer aussergewöhnlichen Figur angeordnet werden sollen. Die zweite Person liest die Beschreibung und führt die Anweisungen aus. Stimmen die Formen und Figuren? • Mit Dominosteinen, Streichhölzer, Spielsteinen …	

Nr.	Name der Spielform Ziele / Akzente	Idee / Beschreibung	Hinweise / Organisation
511	**WANDERTEXT** Verschiedene Arbeitsorte auf das Schreiben wirken lassen	Ein Gedicht, ein Märchen oder eine Geschichte an verschiedenen Orten schreiben. Nach jedem Abschnitt den Arbeitsort wechseln. • Die Orte und Zeitabschnitte sind vorgegeben, z. B. je 5 Minuten auf der Schaukel auf dem Pausenplatz, auf einer Matte in der Turnhalle, während eines Spazierganges, auf einer Bank sitzend, im Stehen … • Den Text dort schreiben, wo sich die Geschichte abspielt (Markt, Zoo …).	
512	**GRAFFITI** Texte gestalten	Texte mit Kreide auf den Pausenplatz schreiben bzw. an einer Betonwand gestalten. Zwischendurch umhergehen, andere Texte lesen, sie bespechen, Ideen sammeln und wieder am eigenen Text arbeiten. Anschliessend mit nassem Schwamm wegwischen. • 3–4 Texte entstehen, eine Person schreibt nur einen Satz. • Vorgegebene Texte entstehen: Fabel, Brief, Gedicht …	
513	**BEWEGUNGS-FREIHEIT** Bewegung beschreiben	Jemand zeigt eine Körperstellung / Bewegung, die Zuschauer beschreiben sie schriftlich. Die beste Beschreibung einer weiteren Gruppe / Person vorlesen, welche die Körperstellung / Bewegung anhand des Textes nachvollzieht.	
514	**KULISSE** Texte interpretieren Texte in Geräusche und Bewegungen umsetzen	Jemand schreibt einen Text und gibt ihn einer Gruppe zum Lesen (bzw. zur Vorbereitung). Die Person liest danach den Text vor, während die Gruppe im Hintergrund passende Geräusche und Bewegungen gestaltet und mitteilt, wie der Text auf sie wirkt bzw. wie sie den Text versteht. • Stimmen die Bewegungen / Geräusche mit der Absicht des Schreibenden überein?	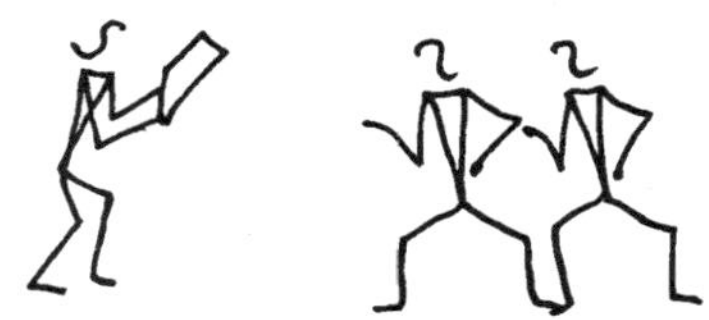
515	**BEOBACHTUNGEN** Genau beobachten Szenen nachstellen	In der Stadt, am Strassenrand oder auf dem Pausenplatz Szenen beobachten und möglichst präzise aufschreiben. Die Beschreibung lesen, nachstellen und vergleichen. • Szenen filmen / fotografieren, dann beschreiben.	

Nr.	Name der Spielform Ziele / Akzente	Idee / Beschreibung	Hinweise / Organisation
516	**TEXTCOLLAGE** Texte vergleichen Zusammenfassung	Interessante Texte aus Zeitungen und Zeitschriften ausschneiden und auf ein Wandplakat kleben. Zu einem Thema einen eigenen passenden Text verfassen und ihn dazuhängen. • Einen Text abhängen und am Platz abändern oder ergänzen. • Texte zu einem bestimmten Thema sammeln, dann einen Kommentar oder eine Zusammenfassung dazu schreiben und aufhängen.	
517	**MAGNETE** Texte überarbeiten Texte verbessern	Den geschriebenen Text mit Magneten an die Tafel heften, einen anderen abnehmen, ihn korrigieren oder einen Kommentar dazu schreiben. Nach 2–3 überarbeiteten Texten am eigenen Text weiterarbeiten. • Kommentare / Verbesserungsvorschläge neben den Text schreiben. • Beratungsbüro einrichten: «Spezialisten» sitzen an einem Pult und korrigieren bzw. beraten ihre Mitstudierenden (mit Lexika).	
518	**WANDPLAKAT** Zierschrift Handschrift	Jede Woche hängt ein neues Plakat an der Wand. Alle können ihre Gefühle, ihre Gedanken äussern, schöne Gedichte oder interessante Texte auf das Plakat schreiben. • Während der Lektion aufstehen und seine Meinung / Gefühle notieren.	
519	**FARBPLAKAT** Sich mitteilen Textgestaltung	Allein oder in Gruppen im Freien ein grosses Plakat an eine Mauer hängen und je einen Teil des Papiers mit Wörtern, Sätzen oder Texten möglichst ideenreich und farbig gestalten. • Verschiedene Plakate bearbeiten. • Das Plakat ist bereits in Flächen unterteilt / selber Flächen bestimmen.	
520	**KRITIK** Texte vergleichen Meinung äussern	Texte und Informationen zu einem Thema gemeinsam suchen und auf ein Wandplakat kleben. Ansicht bzw. Kritik äussern, indem man aus Papier oder Knetmasse einen passenden Gegenstand, eine passende Gruppenskulptur (mit den eigenen Körpern) gestaltet oder in der Gruppe einen passenden Tanz einstudiert … • Aktuelles Thema, Film, Buch, Theater …	

Nr.	Name der Spielform Ziele / Akzente	Idee / Beschreibung	Hinweise / Organisation
521	**WÄSCHELEINE** Sätze bilden	Eine Schnur quer durch das Klassenzimmer spannen. Auf A-5-Karten stehen Wörter. Diese so an der Wäscheleine mit Klammern aufhängen, dass ein sinnvoller Satz entsteht. • Anzahl Wörter zählen / Wörter mit verschiedenen Punktzahlen (Scrabble). • Zwei Leinen, zwei Gruppen / möglichst viele Sätze bilden …	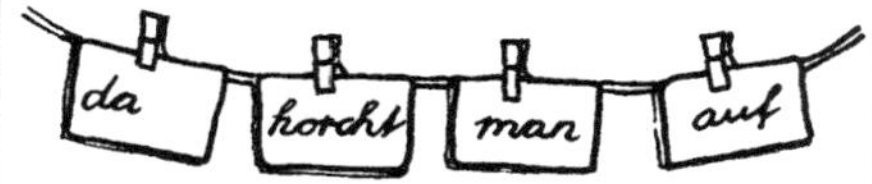
522	**BEIDSEITIGE SÄTZE** Sätze bilden	Eine Schnur quer durch das Klassenzimmer spannen. Auf A-5-Karten stehen auf der Vorder- und Rückseite Wörter. Diese so an der Leine mit Klammern aufhängen, dass ein sinnvoller Satz sowohl auf der Vorder-, wie auch auf der Rückseite entsteht. • Zwei gespannte Leinen, zwei Gruppen. • Einen Satz bilden: Wörter der Vorder- bzw. Rückseite gebrauchen.	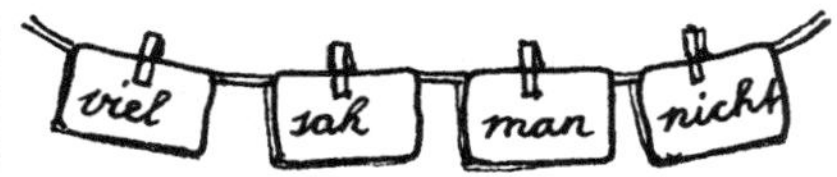
523	**AN ORT UND STELLE** Textgestaltung	Die Lehrperson nennt fünf Orte. Dort mindestens fünf Sätze abschreiben und mit denselben Wörtern / Sätzen einen neuen, interessanten Text gestalten. • Werbeplakat bei der Bushaltestelle, Hausordnung bei der Turnhalle, Anweisungen beim Kopierapparat, Benützungsvorschriften der Bibliothek …	1. BUSHALTESTELLE 2. KOPIERER 3. TURNHALLE 4. PARKPLATZ 5. EINGANG BIBLIOTHEK
524	**WORTLOTTO** Kreativität Fabulieren	Einen Text gestalten und in jeden Satz (Abschnitt) ein bestimmtes Wort einbauen. Dazu beim Lehrerpult für jeden Satz (Abschnitt) ein Kärtchen holen, auf dem ein neues Wort steht. • Eine Fabel, eine Legende, eine Sage, ein Märchen … gestalten. • Auf jedem Pult liegt ein anderer Text. • Nach zwei Sätzen den Platz wechseln.	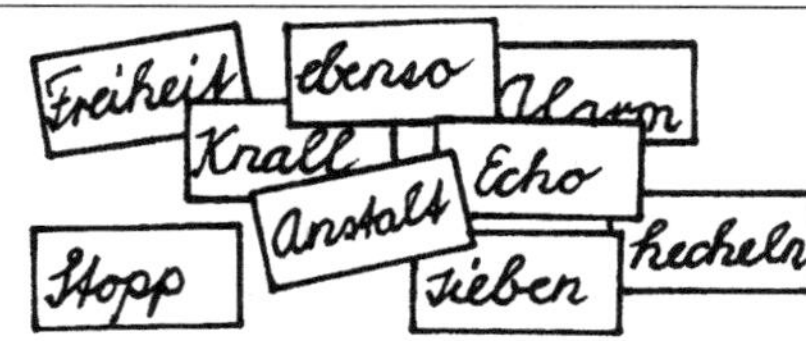
525	**PLAKATTEXT** Textgestaltung	Auf einem Plakat steht ein Text (pro Gruppe ein Plakat). Den Text auf einem Bogen Papier neu gestalten und aufkleben: Sätze auseinander schneiden und neu zusammensetzen. Zusätzlich hängen im Schulzimmer viele einzelne Wörter. Wer will, kann einzelne abhängen. • Wer gestaltet den originellsten Text? Wer das witzigste Plakat? • Eine Gruppe schreibt der anderen einen Text, der dann verändert wird.	

Nr.	Name der Spielform Ziele / Akzente	Idee / Beschreibung	Hinweise / Organisation
526	**MIND-MAP** Thema bearbeiten Gedanken sammeln und verknüpfen	Auf dem Pausenplatz mit Kreide ein grosses Mind-Map zu einem Thema zeichnen (Ideen und Gedanken sammeln, vom Kerngedanken ausgehen und die Schlüsselwörter verknüpfen). • Der Klasse erklären. • Sich auf verschiedene Felder stellen, je nach Meinung, Interesse, Situation.	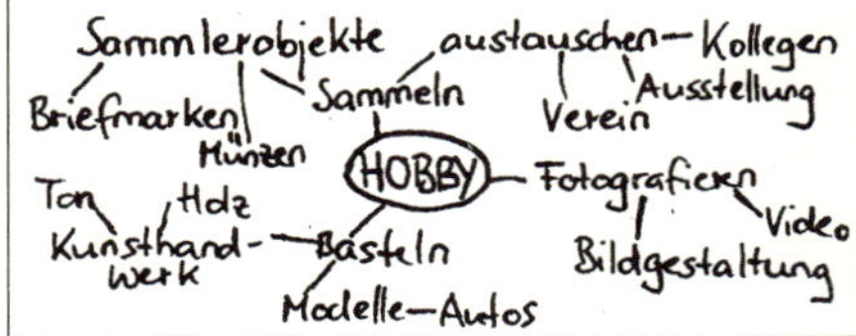
527	**GRAFIK** Texte in Grafik umsetzen	Ein Bericht, eine Untersuchung oder Umfrage auswerten und auf dem Pausenplatz gross und übersichtlich mit Kreide darstellen. Die Grafik der Klasse präsentieren. • Die Grafik mit den Klassenmitgliedern darstellen (Mengen, Verhältnis).	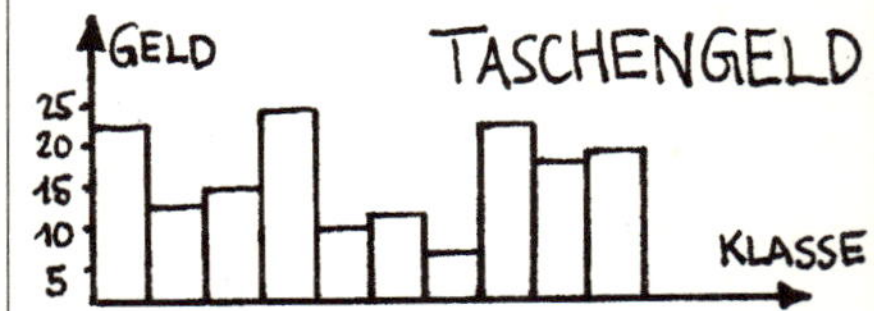
528	**GRAFISCHE DARSTELLUNG** Interview Texte in Grafik umsetzen	Die Auswertung einer Umfrage dreidimensional darstellen. Mit Kartonschachteln, mit Bauklötzen, Spielkarten, Spielsteinen, Backsteinen … • Vorgängig Interviews durchführen.	
529	**BETONWAND** Zierschrift Textgestaltung	Während einer Schulstunde mit Kreiden eine Betonwand (evtl. Hartplatz) mit Schrift gestalten. Anschliessend mit nassen Schwämmen (Wasserschlauch) säubern. • Vorgegebenes Thema / Gruppenarbeit / mehrere Wände / Werbung, Mind-Map, Cluster gestalten … • Mit farbiger Kreide.	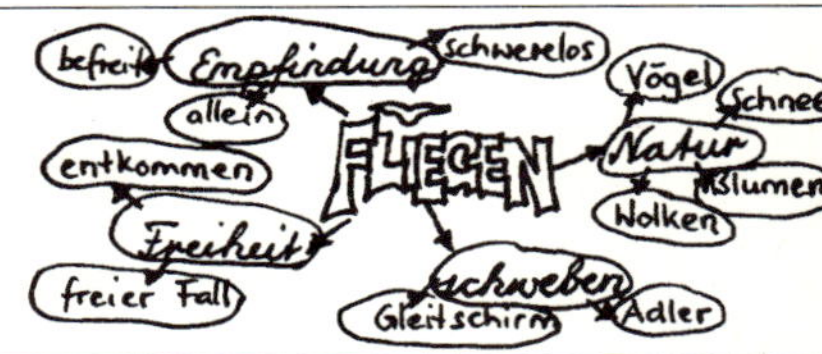
530	**WERBEPLAKAT** Textgestaltung Grafische Darstellung	Zu einem aktuellen (imaginären) Film, Theater oder einem neuen Produkt ein grosses Werbeplakat gestalten. Das Plakat aufhängen, bearbeiten und mittels Frottage (Durchdruck und Übermalung verschiedener Oberflächen) verzieren.	

Nr.	Name der Spielform Ziele / Akzente	Idee / Beschreibung	Hinweise / Organisation
531	**MEMORY** Gedächtnis Textformen erkennen	In Gruppen Memory spielen. Auf Karten Sätze (Wörter) aus verschiedenen Texten (Märchen, Gedicht, Legende, Erzählung, Biografie …) schreiben. Immer zwei Karten passen zusammen, z. B. erster und zweiter Satz eines Gedichtes, fünfter und sechster Satz eines Märchens … • Wer zuschaut, wippt auf dem Gymball / Satzpaare an die Tafel schreiben. • Die Klasse gestaltet die Karten selber.	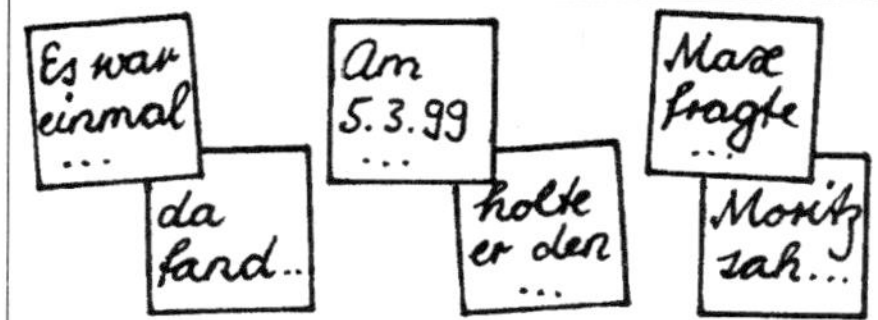
532	**RAP** Sprachmelodie Sprechrhythmus	In der Gruppe einen Text als Rap vortragen. Strophen und Refrain bilden (den Text eventuell umgestalten). Pulte, Stühle oder Schreibutensilien als Musikinstrumente bzw. Schlagzeug einsetzen. Sätze aus dem Text als Refrain wiederholen bzw. hervorheben. • Einstudieren, präsentieren.	
533	**TAKTE** Sprachmelodie Sprechrhythmus	Texte in verschiedenen Taktarten vorlesen oder vortanzen: 2/2-, 4/4-, 3/4-, 7/8-, …-Takt. Nach Möglichkeit den Musikcharakter miteinbeziehen (Marsch, Walzer, Tango …). • Text singen / Instrumente einsetzen. • Text in Szene verpacken und Personen (Opernsänger, Marktschreier ...) spielen.	«Was?» schrie Max, «das kann doch nicht so sein…
534	**WORTPANTOMIME** Wortspiel Wortkombinationen	Einen Satz spielen, dabei stellt jede Person ein Wort bzw. einen Satzteil dar. Die Gruppe muss den Satz erraten. • Spiel zweier Gruppen gegeneinander, wie Scharade. Jede Gruppe stellt der anderen Gruppe eine Aufgabe. Anzahl Satzglieder abmachen.	
535	**TAFELSCHAU** Wortspiel Wortkombinationen	6–8 Personen schreiben auf je zwei Blätter auf der Vorder- und Rückseite ein Wort derselben Wortart (die Lehrperson nennt jeweils die Wortart) und stellen sich vor die Klasse. Jemand «schreibt» so schnell wie möglich durch Verschiebung der Personen einen Satz. Je mehr «Wörter» verwendet werden, desto mehr Punkte. Blatt / Blattseite wechseln. • Mehrere Sätze pro Durchgang / Gruppe gegen Gruppe.	

Nr.	Name der Spielform Ziele / Akzente	Idee / Beschreibung	Hinweise / Organisation
536	**SCHERENSCHNITT** Textverständnis	Mehrere Geschichten in einzelne Teile zerschneiden. Alle erhalten einen Abschnitt und gehen im Klassenzimmer umher, lesen die anderen Texte, besprechen sich und versuchen die Geschichten wieder zusammenzusetzen. • Gedichte, Märchen, Fabeln, Theaterstücke …	
537	**MENSCHENKETTE** Satzbau Fantasie	Die Lehrperson schreibt Wörter auf Blätter. In Gruppen sich mit Stecknadeln Wörter anheften und möglichst viele Sätze bilden. Sich richtig nebeneinander hinstellen, jemand notiert die Sätze. • Welche Gruppe bildet mehr Sätze? • Welche Gruppe bildet schneller einen Satz?	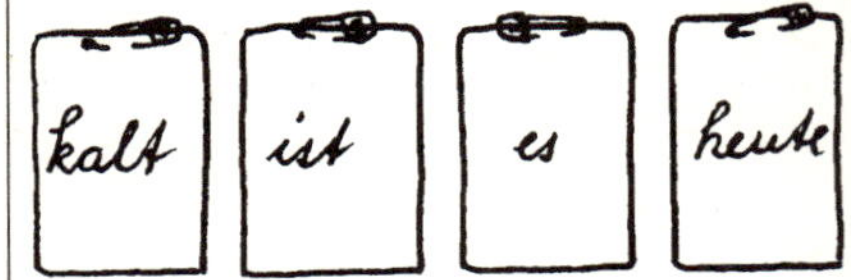
538	**BANDWURM** Kreativität Teamarbeit	Auf A-4-Blätter stehen Wörter. Jede Gruppe bildet innerhalb von 3 Minuten den längsten sinnvollen Satz. • Mit Magneten an der Wandtafel oder mit Klammern an der Wäscheleine befestigen. • Wörter an den Kleidern anheften. Wer «schreibt» den von der Lehrperson genannten Satz am schnellsten?	
539	**LANGSTRASSE** Satzbildung Satzbau	Im Klassenzimmer hängen Post-it-Zettel verteilt. Innerhalb von 3 Minuten den längsten sinnvollen Satz an der Tafel bilden. Nur ein Wort pro Strecke abhängen. Bei vielen Gruppenmitgliedern läuft nur eine Person und wechselt mit Handschlag. Ist der Satz bei «Stopp» unvollständig, bekommt die andere Gruppe einen Punkt. • Jede Gruppe hat ihre Zettel / vorgegebenen Satz / spezielles Thema …	
540	**TAFELRUNDE** Verschiebeprobe Nebensätze	Nach Anweisung der Lehrperson schreiben alle ein selbst gewähltes Wort einer bestimmten Wortart auf ein Blatt Papier. 8–10 Personen bilden vor der Klasse gemeinsam einen Satz, indem sie sich in der richtigen Reihenfolge nebeneinander hinstellen. Die Verschiebeprobe durchführen. • Ein «Satzglied» tritt aus der Reihe und verwandelt sich in einen Nebensatz (sagt den passenden Satz).	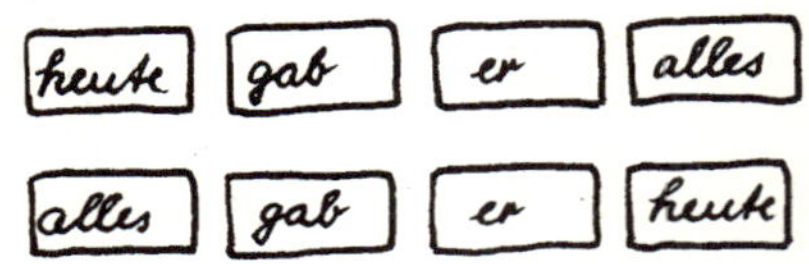

Nr.	Name der Spielform Ziele / Akzente	Idee / Beschreibung	Hinweise / Organisation
541	**TRAUMPAAR** Direkte und indirekte Rede Wortarten Singular – Plural	Kärtchen mit Sätzen in der direkten bzw. indirekten Rede hängen im Klassenzimmer verteilt. Wer ein passendes Paar findet, schreibt es am Platz auf. • Verschiedene Zeitformen. • Singular – Plural, Geschlecht, Wortarten …	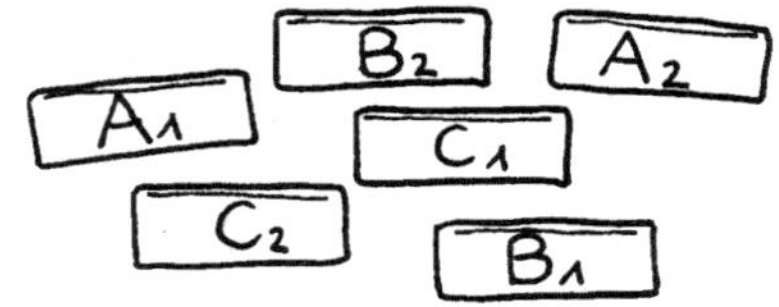
542	**WÜRFELPLAUSCH** Zeitformen	Auf Schaumstoffwürfeln (Vario-Cube-Würfel) mit Stecknadeln Kärtchen anheften, auf den Kärtchen des ersten Würfels stehen verschiedene Verben, auf dem des zweiten verschiedene Zeitformen und auf dem des dritten oder vierten verschiedene Nomen. Würfeln und einen passenden Satz bilden. • Stafette / Zusatzaufgaben / Sätze am Platz notieren. • Mit Zusatzwörtern. Wer braucht weniger Zusatzwörter?	
543	**TRIOMINOS** Wortarten	Triominos-Karten herstellen. Dreieckskärtchen: Gleichseitiges Dreieck in drei Felder unterteilen und jeweils ein Wort in das Feld schreiben. Triominos spielen. Alle erhalten sechs Karten, jemand legt ein Kärtchen ab. Die folgenden angrenzenden Wortarten müssen übereinstimmen. Wer nicht legen kann, zieht ein Kärtchen. • Die Verlierer lösen eine Bewegungsaufgabe: Liegestütze, Lauf um …	
544	**TRIO-MEMORY** Gedächtnis Satzarten Zeitformen	Auf Kärtchen verschiedene Satzarten schreiben und Trio-Memory spielen, wobei immer drei verschiedene Sätze (Einfacher Satz, Hauptsatz und Nebensatz zum gleichen Thema) ein Trio bilden, das bei Übereinstimmung entfernt wird. • Zeitformen: Ein Satz in drei verschiedenen Zeitformen. • Die Verlierer lösen eine Bewegungsaufgabe: Liegestütze, Lauf um …	
545	**JOKER** Satzglieder Wortarten Zeitformen	Auf einen Schaumstoffwürfel mit Stecknadeln folgende Kärtchen anheften: Subjekt, Prädikat, Akkusativ-, Dativ-, Genitivobjekt und Joker. An der Tafel stehen mehrere Sätze. Würfeln, das entsprechende Satzglied an der Tafel markieren und den Würfel weiterreichen. Wer einen Joker würfelt, schreibt einen neuen Satz mit vielen Satzgliedern an die Tafel. • Wortarten, Zeiten bestimmen …	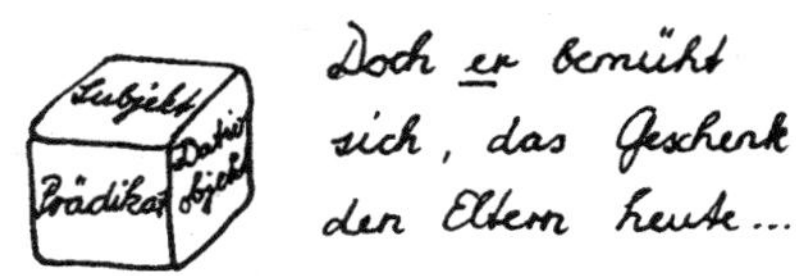

Nr.	Name der Spielform Ziele / Akzente	Idee / Beschreibung	Hinweise / Organisation
546	**SCHWEIZER IN DEUTSCHLAND** Deutsche Sprache Wortwahl Satzbildung	Eine Szene spielen, in der jemand aus der Schweiz in Deutschland auf Verständigungsprobleme stösst, da Wörter aus der Mundart bzw. Umgangssprache nicht in korrektes Deutsch übersetzt werden können oder da jemand Schweizer Wörter «verdeutscht». Die deutsche Person fragt nach, korrigiert oder reagiert dementsprechend falsch.	
547	**GENERATIONEN-KONFLIKT** Umgangssprache Normenwandel	Eine Szene spielen, in der zwei Generationen aufeinander treffen und die ältere Person die Umgangssprache der Jungen nicht versteht. • Konflikt, Verständigungsprobleme, Verständnislosigkeit … • Jüngere Person «klärt auf». • Interview mit alten Leuten, Sprachvergleich.	
548	**SCHAUSPIEL** Text in Bewegung umsetzen Text unterschiedlich vortragen	Eine Kurzgeschichte (Szene) unterschiedlich vortragen. Den Text und die Bewegungen anpassen. • Schnell, langsam, tiefe Stimme, hohe Stimme, eintönig, lebendig … • Fröhlich, aggressiv, traurig …	
549	**WER BIN ICH?** Kombinieren Geschickte Fragen stellen	Jede Person heftet einer anderen Person einen Zettel an den Rücken, auf dem ein Tier, eine Persönlichkeit oder ein Gegenstand notiert ist. Im Klassenzimmer umhergehen und versuchen durch gegenseitige Befragung herauszufinden, was auf dem Zettel steht. Fragen nur mit «ja» oder «nein» beantworten.	
550	**VORURTEILE** Verletzende Sprache Sprache und ihre Wirkung	Alltagsprobleme darstellen, Szenen spielen und (während oder nach der Präsentation) Lösungen suchen. • Diskriminierender Sprachgebrauch bezüglich Geschlecht, Herkunft, Beruf, Behinderung …	

Nr.	Name der Spielform Ziele / Akzente	Idee / Beschreibung	Hinweise / Organisation
551	**BEDIENUNGS-FREUNDLICH** Anweisungen verstehen und ausführen	Bedienungsanleitungen vor Ort lesen und Anweisungen ausführen: Bancomat, Telefonkabine, Fahrkartenautomat, Münzwechsler, Tumbler (Wäschetrockner), Getränkeautomat, Selbstbedienungssolarium, Waschmaschine … • Lesen und ausführen / der Gruppe erklären / mit eigenen Worten wiedergeben.	1. Wasserhahn öffnen 2. Einfülltür öffnen 3. Wäsche einfüllen 4. Tür schliessen
552	**KONTROLLIEREN** Fragen verstehen und beantworten	Fragen können nur beantwortet werden, indem man etwas kontrolliert, überprüft, nachschlägt: «Spielen Kinder auf dem Pausenplatz?» – «Wie heisst das dickste Buch im Gestell?» – «Ist der Papierkorb schon geleert?» • Wer eine Frage richtig beantwortet, stellt die nächste. • Fragen stehen auf Kärtchen: Frage holen, bei der Lehrperson beantworten. • Aufträge ausführen: Die Pflanzen giessen, die Tafel wischen …	
553	**TELEFONIEREN** Texte richtig weitergeben	Einen Auftrag oder eine Mitteilung jemandem ins Ohr flüstern und im Kreis weitergeben. Die letzte Person führt den Auftrag aus oder teilt das «Angekommene» mit. • Einen Gegenstand im Klassenraum (im Freien) beschreiben; wer berührt ihn zuerst? • Koffer packen: «In meinem Koffer befindet sich ein Hut» (vgl. Nr. 579).	
554	**PLAKATE** Texte lesen und verstehen	Im Schulhaus und in der näheren Umgebung Texte suchen. Sie lesen und abschreiben (Tafeln, Schilder, Plakate). Den Inhalt des Textes der Klasse vorspielen, die Klasse versucht herauszufinden, worum es geht. Anschliessend den Text vorlesen. • Vorlesen, dann reagieren / spielen: Türe schliessen, Rasen nicht betreten … • Symbole, Schilder, Piktogramme darstellen.	
555	**REAKTIONEN** Bedeutung von Adjektiven kennen	Eine Handlung abmachen, z. B. die Türe öffnen und wieder schliessen. Diese Handlung gemäss genanntem Adjektiv ausführen: Schnell, langsam, aggressiv, ängstlich, zögernd, lebendig … • Jemand / die ganze Klasse reagiert. • Verschiedene Tätigkeiten ausführen.	

Nr.	Name der Spielform Ziele / Akzente	Idee / Beschreibung	Hinweise / Organisation
556	**KONTAKTE** Fragen stellen Kommunizieren	2–4 Personen spielen verschiedene Situationen und zeigen, wie man grüsst, wie man nach etwas fragt, wie man um etwas bittet, wie man sich entschuldigt oder wie man sich beschwert. Eine zweite Gruppe zeigt ein anderes / schlechtes Beispiel. Die beiden Szenen anschliessend diskutieren. • Spionage: Gespräche auf der Strasse mit einem Diktiergerät aufnehmen, in der Klasse besprechen / nachspielen.	
557	**DUZEN – SIEZEN** Gesprächsregeln kennen und einhalten	Die Lehrperson verteilt Rollen. Die Spielenden überlegen sich das Gespräch und die Umgangsformen: Verkaufspersonal – Kunden, Mädchen – Jungen, Lehrperson – Schulkind, Gastgebende – Eingeladene, Trainer – Trainierende, Polizist – Automobilisten … • Schlechte Umgangsformen gegenüberstellen.	
558	**AUSKÜNFTE EINHOLEN** Sich informieren	Aufträge auf Zettel notieren. Die Hälfte der Klasse mit Zettel. Im Klassenraum umhergehen und die «Spazierenden» um Auskunft bitten: «Nach der nächstliegenden Toilette fragen», «Fragen, wann der nächste Bus nach Hause fährt», «Nach dem Geschäftsschluss fragen» … Bei richtiger Auskunft die Karte weitergeben bzw. eine neue Karte holen. • Sich nach Kriterien der Reihe nach aufstellen: Alter, Sternzeichen …	
559	**KUNDENDIENST** Sich verständlich ausdrücken Probleme äussern	Den Kundendienst eines grossen Kaufhauses spielen. Gegenstände von zu Hause mitnehmen und etwas beanstanden. Die Probleme nennen und eine Lösung finden. • Etwas zurückgeben oder umtauschen. • Flohmarkt: die Gegenstände anpreisen / verkaufen. • Für die Lehrperson Einkäufe tätigen (Geld und Einkaufsliste mitgeben).	
560	**ETWAS PERSÖNLICHES** Informationen verstehen	Von zu Hause einen persönlichen Gegenstand mitnehmen. Die Geschichte des Gegenstandes erzählen und nach Möglichkeit die Gruppe miteinbeziehen, indem sie etwas ausführt, testt oder näher betrachtt. • Gegenstände tauschen (Tauschmarkt). Wer hat was, weshalb getauscht?	

Nr.	**Name der Spielform** Ziele / Akzente	**Idee / Beschreibung**	**Hinweise / Organisation**
561	**AUFTRAGSDIENST** Aufträge verstehen und ausführen	Auf Kärtchen stehen Handlungsaufträge: «Öffne das Fenster», «Schreibe deinen Namen an die Wandtafel», «Schliesse die Türe» … Wer etwas ausgeführt hat, bringt sein Kärtchen zurück, sagt, was getan wurde und erhält einen neuen Auftrag. • Wer etwas ausgeführt hat, bestimmt einen neuen Auftrag. • Aufträge hängen an der Wand: ausführen, Auftrag im Heft notieren.	
562	**A5 – E7 – C3** Teilsätze Satzverbindungen Synonyme Antonyme	Mit Buchstaben und Zahlen markierte Kärtchen mit Teilsätzen hängen im Schulzimmer verteilt. Einen korrekten Satz abhängen, der Lehrperson zeigen, den Satz ins Heft schreiben und die Kärtchen wieder aufhängen. • Synonyme, Antonyme, Regeln … • Eine Gruppe hängt Teilsätze auf, die andere sucht die richtigen Paare.	
563	**REZEPTE** Anweisungen genau lesen und ausführen	Rezepte oder Anweisungen befolgen und etwas basteln, zusammensetzen, kochen oder herstellen. • Selber Anweisungen, Regeln, Rezepte schreiben. • Anweisungen der Reihe nach ausführen: «Zuerst öffnest du die Türe, dann …».	300g ZUCCHINI 300g ROTE PAPRIKASCHOTEN 300g AUBERGINEN 500g KARTOFFELN 30g BUTTER 4 EIER 1/8 l MILCH SALZ, PFEFFER
564	**SATZMEMORY** Teilsätze Satzverbindungen Wortschatz	Memorykarten herstellen: Auf je eine Karte einen Satzanfang bzw. ein Satzende schreiben. In Gruppen Memory spielen. Wer ein «Paar» hat, schreibt den Satz an die Wandtafel. • Sätze aus Texten selber auf Kärtchen schreiben. • Sätze selber aufschreiben, Wörter im Duden oder im Lexikon suchen. • Synonyme – Antonyme / Deutsch – Fremdsprache …	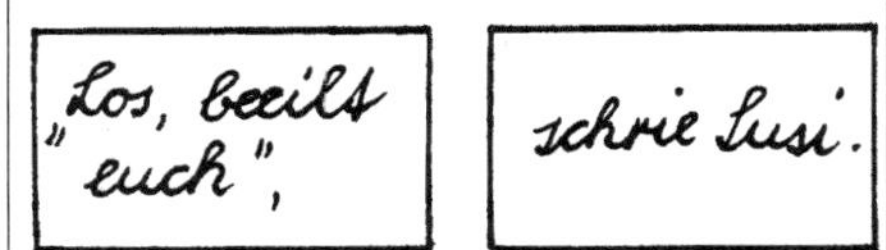
565	**SCHLÜSSELWORT** Mit eigenen Worten Verständniskontrolle Zusammenfassung	Schlüsselwörter des Textes notieren. Alle erhalten mindestens ein Wort. Den Text vorlesen. Anschliessend den Text nochmals zusammenfassen (mit eigenen Worten), indem jede Person mit ihrem Schlüsselwort vor die Klasse tritt und kurz ihren Teil des Textes wiederholt. • Selber Schlüsselwörter suchen, aufschreiben und anschliessend erklären. • Mit den Wörtern am Boden ein Mind-Map gestalten, mit Kreide verbinden.	

Nr.	Name der Spielform Ziele / Akzente	Idee / Beschreibung	Hinweise / Organisation
566	**KLAGEMAUER** Sich mitteilen Textgestaltung	Mit Kreide eine Betonwand (evtl. Pausenplatz) beschriften: Meinungen, Gefühlsausbrüche, Mitteilungen, Weisheiten, Kritiken … Das Geschriebene betrachten, darüber diskutieren. Anschliessend die Texte mit nassem Schwamm / Wasser wegwischen / wegspülen. • Texte zu einem bestimmten Thema.	
567	**PLAKATTEXTE** Textverständnis Kritisch lesen	In der näheren Umgebung Texte oder Textausschnitte von Werbeplakaten abschreiben. Diese in der Klasse vorlesen, besprechen und auf Sinn, Unsinn und Wirkung überprüfen. Dann eine passende Werbeszene spielen. • Werbung gestalten / Collage.	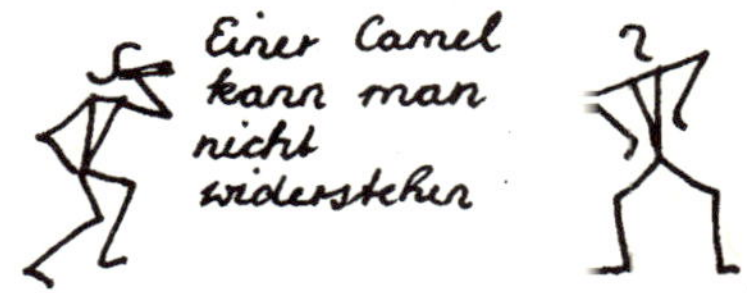
568	**GRAFFITI** Textverständnis Sich mitteilen	An der Wand hängen zwei grosse Plakate. Auf dem einen Texte, Sätze und Gedichte aufschreiben oder Zeitungsartikel aufhängen. Auf dem anderen Plakat Texte, Sätze oder Wörter aufschreiben, die man nicht versteht und erklärt haben möchte. Von Zeit zu Zeit gemeinsam vor die Plakate treten und das Geschriebene besprechen. • Während der Lektion Meinung, Gefühl oder unverstandenes Wort notieren.	
569	**BILDER – MIMIK – TEXT** Fabulieren Mimik Gestik	In Gruppen eine Geschichte erfinden und sie auf einem Plakat gestalten. Bilder und Sätze wechseln sich ab. Die Geschichte vorlesen und die Bilder darstellen. • Bilder hängen im Klassenraum verteilt. Diese abhängen und mit ihnen Sätze bilden / sie in Sätze einbinden.	
570	**WÄSCHELEINE** Sätze bilden Satzveränderungen	Eine Schnur quer durch das Klassenzimmer spannen. Auf A-5-Karten stehen vorne und hinten Wörter. Diese so an der Wäscheleine mit Klammern aufhängen, dass ein sinnvoller Satz entsteht. • Wettkampf zweier Gruppen: Wer macht mehr Sätze? Wer bildet den längsten Satz? Wer beginnt eine Geschichte mit diesem Satz?	

Nr.	Name der Spielform Ziele / Akzente	Idee / Beschreibung	Hinweise / Organisation
571	**SORTIEREN** Nomen: Geschlecht, Zahl, Fall	Im Klassenzimmer hängen Post-it-Zettel mit Wörtern in der Erstsprache und in der deutschen Sprache verteilt. Diese sammeln und an der Wandtafel sortieren: gleiches Geschlecht, anderes Geschlecht, ähnliches Wort. • Die Wörter in Gymnastikreifen sortieren. • Fälle / Singular – Plural … • Memory, schwarzer Peter, Lotto … spielen.	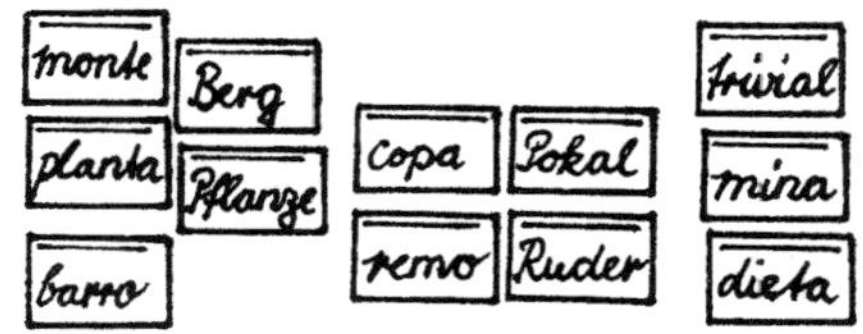
572	**SATZ = SATZ** Sätze Satzarten	Im Klassenzimmer hängen Kärtchen mit verschiedenen Sätzen verteilt. Diese Kärtchen an der Wandtafel sortieren: Fragesätze, Aussagesätze, Ausrufesätze, Befehlssätze. Anschliessend am Platz je drei entsprechende Sätze ins Heft schreiben. • Einfacher Satz, Hauptsatz, Nebensatz.	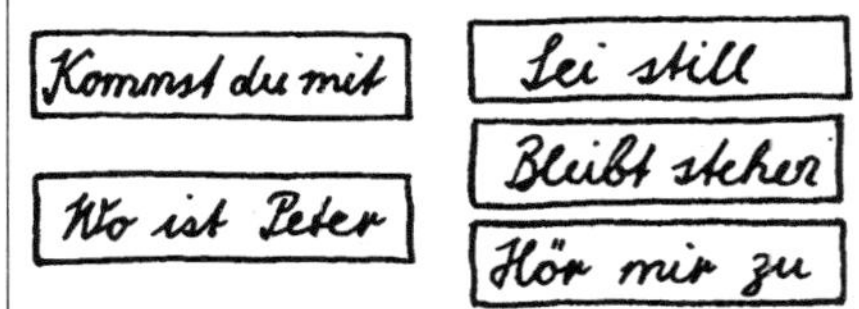
573	**PANTOMIME** Redewendungen Mimik Gestik	Wörter, Sätze und Redewendungen in Gruppen nachspielen, die anderen erraten sie. • Mit / ohne Worte. • Mit Geräuschen, Bildern, Zeichnungen oder anderen Utensilien.	
574	**BALLHUPF** Sprechrhythmus Sprechtempo	Auf einem Gymball hüpfen und Sätze oder Redewendungen in einem bestimmten Rhythmus vortragen. • Lautstärke variieren. • Pausen, Stimmvariationen … • Mit Klatschen unterstützen.	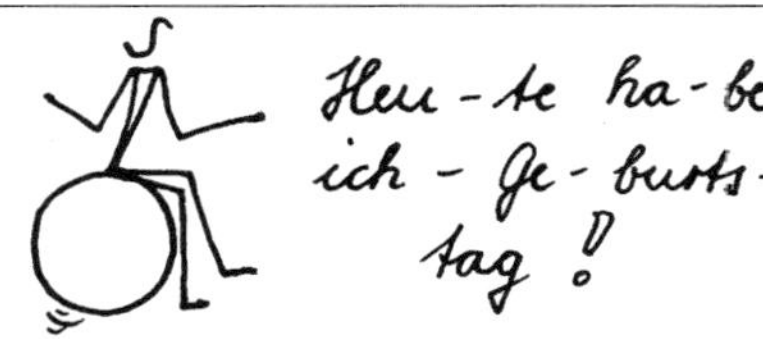
575	**IMITATIONEN** Mimik Gestik Wortwahl	Vor der Klasse bekannte Künstler, Redner oder Schauspieler imitieren. Typische Bewegungen der bekannten Redner hervorheben (Videostudie). • Text selber herstellen / vorgegebener Text. • Sich «verkleiden» …	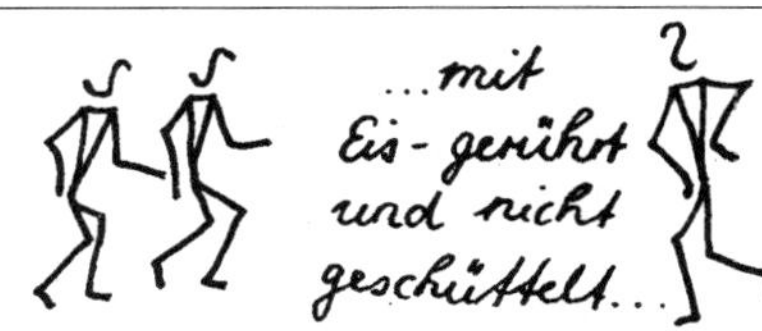

Nr.	Name der Spielform Ziele / Akzente	Idee / Beschreibung	Hinweise / Organisation
576	**WIPPEN** Satzmelodie Reime	Alle sitzen auf einem Gymball und wippen. Einen Satz im Rhythmus der Bewegung sprechen. Alle wiederholen ihn im gleichen Tempo und mit derselben Satzmelodie. • Ballzuwurf: Wer den Ball fängt, sagt einen Satz / fährt fort. • Die Texte mit Klatschen begleiten. • Ballzuwurf: Beim Fangen des Balles ein Wort nennen, das sich reimt.	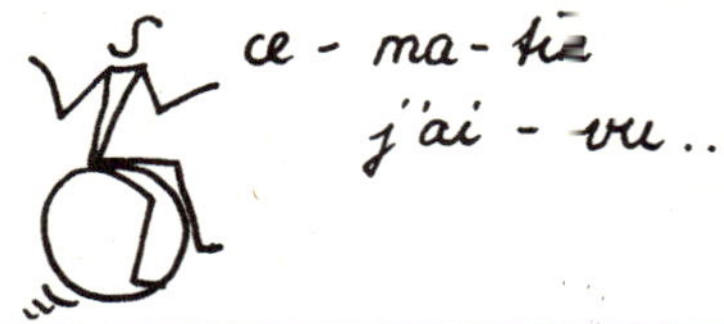
577	**VIDEO-IMITATION** Fernsehsendungen hören, verstehen und nachspielen	Kurze Sequenzen aus Talkshows, Diskussionen oder Reportagen im Fernsehen ansehen und nachher in der Gruppe imitieren. • Aus Pappe einen überdimensionalen Fernsehbildschirm (Rahmen) gestalten und «im Fernsehen» schauspielern, moderieren, interviewen …	
578	**ALLTAGS-SITUATIONEN** Informationen aus Kontext erschliessen	In Gruppen Alltagssituationen vorbereiten / nachspielen. Das Publikum beantwortet anschliessend Fragen der Spielgruppe: Wo fand die Szene statt? Wer spielte welche Rolle? Was wurde diskutiert …? • Auf Kärtchen stehen Fragen bzw. Antworten: Paare suchen / zusammenstellen, Memory spielen, umhergehen und passende Frage bzw. Antwort suchen …	
579	**TAUSCHMARKT** Sich verständigen	Von zu Hause Gegenstände mitnehmen. Alle erklären die Geschichte ihres Gegenstandes bzw. was es ist und warum sie diesen Gegenstand gewählt haben. In einem Tauschmarkt wechseln die Gegenstände ihre Besitzer. Am Schluss berichten, was und warum getauscht wurde. • Koffer packen: «Ich packe in meinen Koffer einen Wecker.» «Ich packe in meinen Koffer einen Wecker, einen Fotoapparat.» …	
580	**KRIMI** Genau zuhören Schlussfolgerungen ziehen	In Gruppen Kurzkrimis ausdenken und den anderen vorspielen: Wer war der Täter? Wer hat jemanden ermordet und weshalb? Wer hat etwas gestohlen und warum? Wer hat etwas gefälscht und wozu …? • Die Klasse stellt den Schauspielern Fragen, um die Lösung herauszufinden. • Die Fragen nur mit «ja» oder «nein» beantworten.	

Nr.	Name der Spielform Ziele / Akzente	Idee / Beschreibung	Hinweise / Organisation
581	**BLINDENFÜHRUNG** Genaue Handlungsanweisungen Vertrauen	Eine Person durch das Klassenzimmer führen, ohne sie dabei anzufassen. Anweisungen bezüglich Richtung, Distanz und Richtungsänderung in der Fremdsprache geben. • So mit verbundenen Augen einen Gegenstand finden. • Im Freien: Wo befindet man sich am Ende der Führung?	
582	**AUFRUF** Konzentration Reagieren Rhythmus	Im Kreis (auf Bällen wippend) sitzen und im Takt auf die Beine und in die Hände klatschen. Jemand beginnt und sagt beispielsweise: «Hans ruft Susi». Diese antwortet auf den nächsten Schlag: «Susi ruft Klara» ... Dabei ohne Unterbruch bei jedem Klatsch eine Silbe nennen. • «Strafaufgabe», wer falsch oder zu spät reagiert. • Einen Gegenstand anstelle der Vornamen nennen.	
583	**KOMMANDOSPIEL** Anweisungen befolgen Genau zuhören Reagieren	Anweisungen nur ausführen, wenn vor dem Befehl das Kommandowort (Wort vorher abmachen) erfolgt: Im Klassenzimmer umhergehen, sich setzen, aufstehen, etwas berühren, unter einem Pult durchkrabbeln ... Wer falsch reagiert übernimmt die Führung. • Der Reihe nach verschiedene Aufträge erfüllen: Zuerst die Tafel reinigen, dann den Papierkorb leeren, dann ...	
584	**TEXT SPIELEN** Textverständnis Mimik, Gestik Fantasie	Den vorgelesenen Text sofort in Handlung umsetzen. • Paarweise / in der Gruppe. • Geschichte / Anleitung / Bewegungsablauf.	
585	**FREMDE WÖRTER** Nachfragen, Nachschlagen Wortschatz	Während jemand einen Text vorliest, die nicht verstandenen Wörter an der Wandtafel notieren. Wer die richtige Schreibweise, die Übersetzung, ein Synonym oder eine Erklärung weiss, schreibt diese dazu. Anschliessend weitere Erklärungen im Lexikon suchen und den Text nochmals vorlesen.	

Nr.	Name der Spielform Ziele / Akzente	Idee / Beschreibung	Hinweise / Organisation
586	**URI, SCHWYZ, UNTERWALDEN** Reaktion Wortschatz	Jede Person verkörpert einen Gegenstand (zu Beginn nennen, sich merken). Im Freien einen Ball in die Höhe werfen und einen Gegenstand (Synonym) nennen. Die Person fängt den Ball direkt, die anderen rennen davon. Gelingt es: Den Ball wieder hochwerfen und einen neuen Gegenstand nennen. Wenn nicht: «Stopp» rufen, sobald der Ball gefangen ist. Der Ballbesitzende versucht jemanden zu treffen (Punktabzug für Getroffene bzw. schlechte Würfe).	
587	**SATZ-SCHNAPPBALL** Reaktion Wortschatz Satzbau	Zwei Gruppen spielen im Freien gegeneinander. Ziel ist es, einen möglichst langen Satz zu bilden. Einen Ball innerhalb der Gruppe zuspielen und einen Satz bilden: Pro Pass und Person ein Wort anhängen, z. B. «Hans», «Hans liest«, «Hans liest in», «Hans liest in der» … Jeder vollständige Satz mit mindestens vier Wörtern ergibt einen Punkt (ab 6 Wörtern Zusatzpunkt). Wechsel, wenn die andere Gruppe den Ball fängt oder der Ball auf den Boden fällt.	
588	**TREPPENLAUF** Zahlen	Auf einer grossen Treppe Rechnungsaufgaben lösen. Wer steht zuerst auf der richtigen Stufe und nennt die Lösung? Dabei die Treppen auf- und absteigen: 4+7-5+3 = ? Vier Stufen hoch, nochmals sieben Stufen hoch, fünf Stufen hinuntersteigen, drei Stufen hochsteigen. Wer zuerst auf der neunten Treppe steht und «neun» ruft, erhält einen Punkt. • Rechnungen auf Kärtchen, Treppensteigen, kontrollieren.	
589	**WÖRTER SCHREIBEN** Wortschatz erweitern Fragen stellen	Wörter auf dem Pausenplatz ablaufen oder mit Rollerblades abfahren. • In der Gruppe, einander nachlaufen, Wörter «schreiben» und lesen. • Sätze / Fragen – Antworten / Diskussion ohne Worte. • Rechtschreibefehler der Arbeit auf dem Pausenplatz richtig schreiben. • Wörter / Sätze auf den Rücken schreiben.	
590	**RATEQUIZ** Wortschatz erweitern	Etwas ohne Worte darstellen, die Gruppe rät (mit / ohne Lexika). • Tiere, Persönlichkeiten. • Berufe, Freizeitbeschäftigungen. • Reiseziele …	

Nr.	Name der Spielform Ziele / Akzente	Idee / Beschreibung	Hinweise / Organisation
591	**GET-IT – POST-IT** Wortpaare	Im Schulzimmer hängen Post-it-Zettel verteilt. Paare suchen, abhängen, bei der Lehrperson korrigieren, das Wortpaar ins Heft schreiben und die Zettel wieder aufhängen: Erst – Zweitsprache, Singular – Plural, Synonyme, Antonyme … • Kontrollposten. • Gruppe organisiert Zettel und Kontrolle, die anderen arbeiten / Wechsel.	
592	**RÜCKENLAST** Fragen stellen Mimik Gestik	Auf die Rücken eine Redewendung (eine Persönlichkeit, einen Beruf, eine Automarke …) anheften, im Klasssenzimmer umhergehen und herausfinden, was auf dem Rücken steht. • Auf eine Frage nur mit «Ja» oder «Nein» antworten.	
593	**DOMINO** Wortschatz erweitern	Domino-Karten anfertigen. Die Kärtchen in zwei Felder teilen und in jedes Feld ein Wort schreiben. Gewisse Wörter stehen auf mehreren Kärtchen und jedes Wort hat ein passendes auf einem anderen Kärtchen. Domino spielen. • Wortpaare: Synonyme und / oder Antonyme; Erstsprache – Zweitsprache. • Die Verlierer lösen eine Bewegungsaufgabe: Seilspringen, Lauf um …	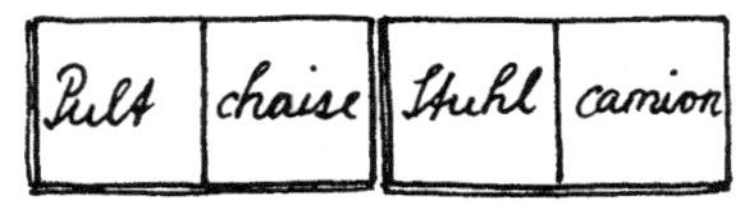
594	**TRIOMINO** Wortschatz erweitern	Triominos-Karten herstellen. Dreieckskärtchen: Gleichseitiges Dreieck in drei Felder einteilen und je ein Wort in ein Feld schreiben. Triominos spielen. • Wortpaare: Synonyme und / oder Antonyme. • Erst-, Zweit-, Drittsprache. • Die Verlierer lösen eine Bewegungsaufgabe: Liegestütze, Lauf um …	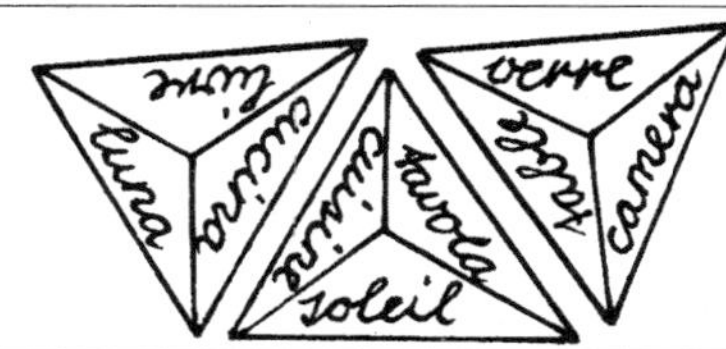
595	**MENSCHEN-DOMINO** Wortschatz erweitern	Wörter auf die Vorder- und Rückseite von A-5-Kärtchen schreiben. Mit Sicherheitsnadeln an die Beine Kärtchen anheften. Zwei Gruppen bilden je eine Menschenkette. Wie beim Domino passen die angrenzenden Wörter. • Wer schafft es zuerst? Wer schafft die längere Kette? Kärtchen drehen. • Wortart an Wortart (Synonyme, Antonyme, Erst- / Zweitsprache). • Einen Satz bilden / die Beine dürfen sich kreuzen.	

Nr.	Name der Spielform Ziele / Akzente	Idee / Beschreibung	Hinweise / Organisation
596	**MENSCHEN-SCHLANGE** Sätze bilden Wortschatz erweitern Satzglieder	Wörter auf A-4-Blätter schreiben und sich mit einer Sicherheitsnadel anstecken. Zwei Gruppen bilden je mit allen Wörtern einen Satz und stellen sich in einer Reihe auf. • Zusätzliche Wörter auf einen Zettel schreiben und anheften. Wer braucht weniger zusätzliche Wörter? • Den Satz durch Verschiebung verändern, Satzglieder verschieben …	
597	**RECHENGENIE** Zahlen Zahlenreihen	Alle sitzen im Kreis. Gemeinsam eine Zahl bestimmen, z. B. «7». Im Takt auf die Beine und in die Hände klatschen und dabei von 1–100 zählen. Beim Klatschen auf die Beine nennt die nächste Person die nächsthöhere Zahl. An Stelle der Zahlen der Siebener-Reihe «Ups» sagen. Bei einem Fehler bei «1» beginnen. • Erschwernis: Alle Zahlen mit «7» auch berücksichtigen: 17, 27 …	
598	**ALLEE** Zusammengesetzte Wörter Wortschatz	Alle haben sich ein Kärtchen mit einem Nomen (die Kärtchen sind auf beiden Seiten beschriftet) angesteckt. Zwei Personen verschieben je die Mitglieder der gegnerischen Gruppe. Ziel ist es, möglichst viele zusammengesetzte Wörter zu bilden. Die Kärtchen dürfen umgedreht werden. • Spiel auf Zeit, Punkt pro zusammengesetztes Wort, dann Karten drehen. • Spiel, bis eine «Allee» mit allen Beteiligten entsteht.	
599	**BLITZ** Wörter der Lektion Wortschatz erweitern	Post-it-Zettel aufhängen, auf der Rückseite stehen Wörter der Erstsprache: Wörter der Lektion, Wörter zu bestimmten Themen … Auf die Vorderseite so schnell wie möglich das passende Wort der Zweitsprache schreiben (mit / ohne Lexika). • Gruppenwettkampf, je zwei Wände. • «Gruppe rot« schreibt rot, «Gruppe blau» blau. Wer übersetzt mehr Wörter?	
600	**AUFHÄNGER** Wortschatz erweitern	Eine Wäscheleine quer durchs Klassenzimmer spannen und Kärtchen je nach Aufgabe aufhängen: Erstsprache – Zweitsprache, Synonyme, Antonyme, Einzahl – Mehrzahl, männliche – weibliche Form … • Zwei Leinen: Gruppenwettkampf. • Zwei Leinen: Verschiedene Aufgaben.	

Nr.	Name der Spielform Ziele / Akzente	Idee / Beschreibung	Hinweise / Organisation
601	**POST-IT EVERYWHERE** Wortschatz erweitern	2–4 Gruppen schreiben alle Gegenstände im Klassenraum / Flur mit Hilfe von Post-it-Zettel (pro Gruppe eine andere Farbe) in der Fremdsprache an. Einen Gegenstand nur einmal anschreiben (mit / ohne Lexikon). • Wer hat zuerst 30 Gegenstände angeschrieben? • Die Gruppen sammeln die Zettel einer anderen Gruppe ein, korrigieren sie. • Zettel vertauschen und danach wieder richtig anbringen.	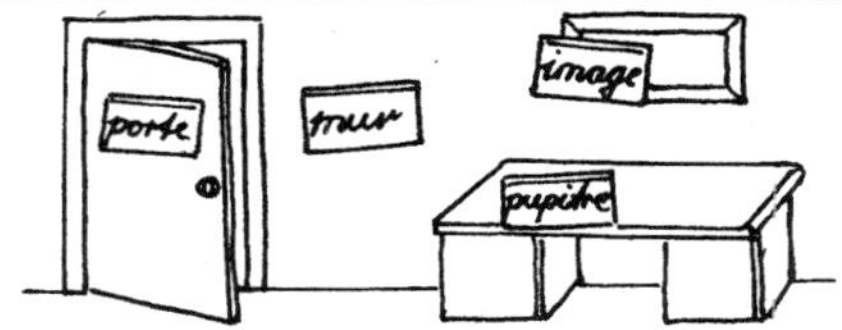
602	**BUCHSTABEN-WÜRFEL** Wortschatz erweitern	Je zwei Gruppen würfeln ihre 4–6 Buchstabenwürfel und schreiben alle Wörter an die Wandtafel, die sie mit den gewürfelten Buchstaben bilden können. • Wettkampf / Stafette / mit Lexikon. • Die Gruppen verwenden die gleichen Buchstaben. Wer ein Wort zuerst an seine Wandtafelseite schreibt, kriegt einen Punkt.	
603	**CATEGORY** Wortschatz erweitern	Auf jeder Wandtafelseite stehen fünf Themen (Fahrzeuge, Berufe, Tiere, Freizeitbeschäftigung …). Die Lehrperson nennt einen Buchstaben. Zu jedem Thema ein Wort mit diesem Anfangsbuchstaben suchen. • Nach zwei Minuten zählt man die Anzahl der richtigen Lösungen. Hat die Gegenmannschaft dasselbe Wort, zählt es nicht. • Mit Lexikon.	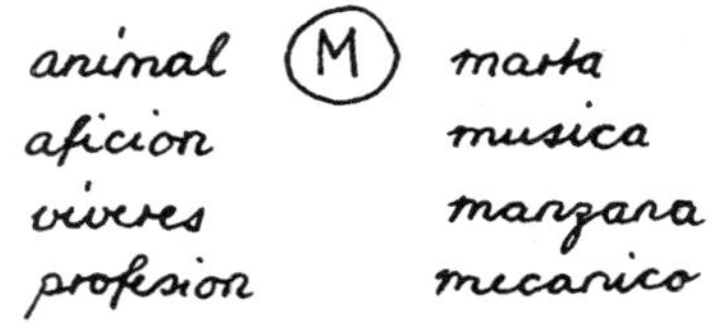
604	**VIER GEWINNT** Wortschatz erweitern Kombinieren	Auf Chips des Spieles «Vier gewinnt» mit wasserfestem Stift Buchstaben schreiben. Wer bildet zuerst ein Wort mit vier Buchstaben (Linie / Quadrat)? • Wer schreibt am Schluss innerhalb von drei Minuten mehr Wörter auf (mit Linie verbundene Wörter / mit allen Buchstaben gebildete Wörter)? • Wer verliert, löst eine Bewegungsaufgabe: Seilspringen, Handstand …	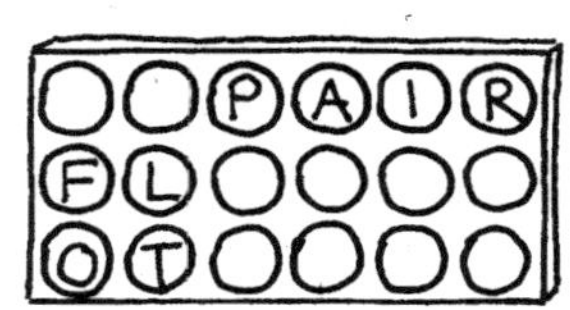
605	**DIE BESSERE ERGÄNZUNG** Wortschatz erweitern Spontaneität	Jemand stellt sich vor die Klasse: «Ich bin eine Gabel». Spontan gesellen sich zwei Personen an die rechte bzw. linke Seite und sagen beispielsweise: «Ich bin ein Messer» oder «Ich bin eine Serviette». Die «Gabel» entscheidet, welche Ergänzung ihr besser gefällt. Nur die «bessere Ergänzung» bleibt stehen und fährt fort: «Ich bin…». • «Ich fahre …», «Ich heisse …», «Ich gehe …» / Gegenstände darstellen.	

Nr.	Name der Spielform Ziele / Akzente	Idee / Beschreibung	Hinweise / Organisation
606	**PRODUKTE TESTEN** Wortschatz erweitern	Sich über ein typisches Produkt des fremden Landes informieren (Verkauf, Herstellung, Geschichte, Gebrauch, Anwendung …). Produkt testen und den Preis, die Verpackung, die Werbung, das Angebot und die Nachfrage in verschiedenen Kaufhäusern vergleichen. Die Klasse informieren. • Englisch: Tee / Französisch: Brot / Italienisch: Kaffee / Spanisch: Oliven. • Verschiedene Produkte / gleiches Produkt, verschiedene Hersteller.	
607	**WORTSCHATZ-MEMORY** Wortschatz erweitern	Im Klasssenraum hängen Wortpaare. Im Zimmer umhergehen und sich möglichst viele Wortpaare merken. Nach 5 Minuten sie am Platz notieren: Synonyme, Antonyme, Einzahl – Mehrzahl … • Gruppenwettkampf. • Wortpaare selber korrigieren / Wortpaare abhängen. • Wörter in Reifen sortieren / aus Wörtern ein Mind-Map gestalten.	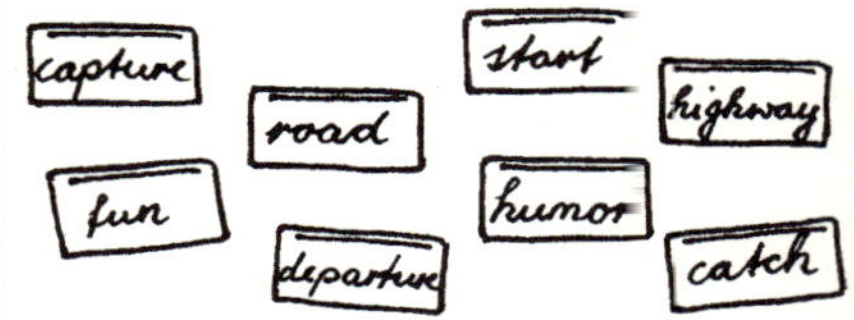
608	**MENSCHEN-SCRABBLE** Wortschatz erweitern	Jede Person erhält einen Buchstaben. Sich so nebeneinander in Gruppen hinstellen, dass ein möglichst langes Wort entsteht. Das längste Wort gewinnt. • Die Gruppen haben dieselben Buchstaben. • Die Gruppen ziehen Buchstaben. • Die Buchstaben haben Werte, Wort mit höchstem Wert bilden (Scrabble).	
609	**THEMEN-PUZZLE** Wortschatz erweitern Oberbegriff	Im Klasssenzimmer hängen Wörter, jeweils 5–6 Wörter beschreiben einen Oberbegriff (einen Gegenstand, ein Thema). Im Klassenraum umhergehen und möglichst viele Oberbegriffe herausfinden, ohne Zettel abzuhängen. Diese nach 5 Minuten am Platz notieren. • Die Lehrperson nennt die Oberbegriffe, die passenden Wörter dazu aufschreiben / einsammeln.	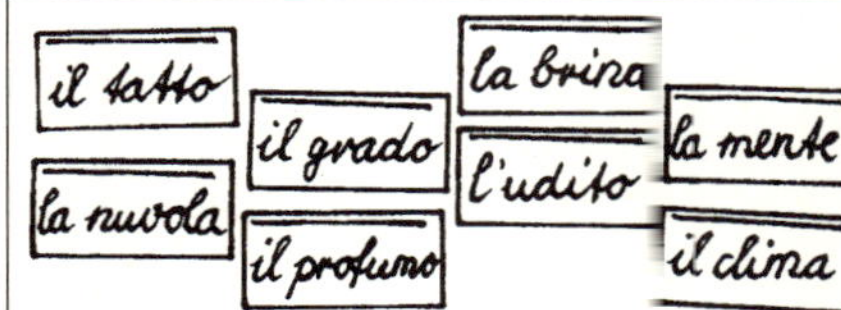
610	**GELB GEGEN ROT** Wortschatz erweitern Kombinieren	Von Prospekten und Verpackungen Wörter in der Fremdsprache ausschneiden und sie auf Post-it-Zettel kleben (pro Gruppe eine Farbe). Die Zettel im Klassenraum / im Freien (versteckt) aufhängen, suchen und das passende Wort in der Erstsprache dazuschreiben. • Wörter nicht abhängen, nächste Gruppe korrigiert (mit Lexikon). • Wörter in der Gruppe sortieren, z. B. Esswaren, die alle gerne essen …	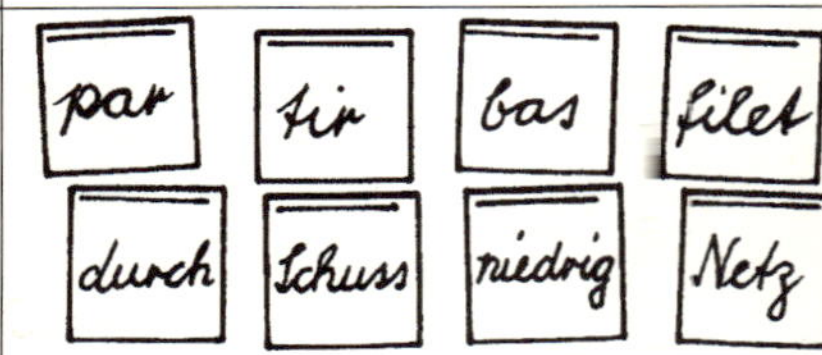

Nr.	**Name der Spielform** Ziele / Akzente	**Idee / Beschreibung**	**Hinweise / Organisation**
611	**LERNKARTEI** Wörter in Lernkartei	Lernkartei basteln (Schachtel mit verschiedenen Fächern, Schachtel-Breite gemäss Kärtchen). Wörter auf Kärtchen schreiben (auf der Vorderseite das Wort in der Erstsprache, auf der Rückseite dasselbe Wort in der Fremdsprache) und in das erste Fach legen. Wörter, die man kennt, ins nächste Fach ablegen. Die Lehrperson stellt jeden Tag zehn Minuten zur Verfügung, um im Freien zu spazieren und dabei die Wörter zu lernen.	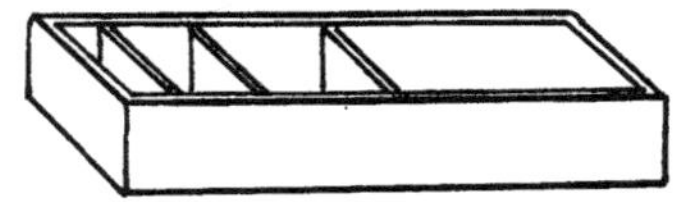
612	**SCHULDRUCK** Wörter drucken	Bleilettern richtig zusammensetzen und Wörter drucken. • Material ausleihen (Verein für Schuldruck). • Lettern basteln (z. B. Kartoffel halbieren, Buchstaben schnitzen). • Zitate, Visitenkarten, Gedichte … drucken. • Postkarten, Glückwunschkarten am Computer gestalten. • Briefwechsel mit fremdsprachigen Jugendlichen pflegen.	
613	**AN DIE KORDEL** Jede Woche 5–10 Wörter lernen	Wörter der Lektion / zu einem aktuellen Thema auf Kärtchen schreiben und an einer Kordel aufhängen. Auf der Vorderseite steht das Wort in der Fremdsprache, auf die Rückseite schreibt man das Wort in der Erstsprache. • Jede Woche hängt eine Gruppe 5–10 neue Wörter auf. • Aus den Wörtern einen Satz bilden: Wörter umhängen. • Stafette: Welche Gruppe übersetzt zuerst die aufgehängten Wörter?	
614	**WEG FINDEN** Wegbeschreibung	Zu einem bestimmten Zielobjekt spazieren und die Wegbeschreibung auf ein Tonbandgerät sprechen. Findet die andere Gruppe das ausgewählte Objekt? Wie heisst es? • Schriftliche Wegbeschreibung. • «Ich sehe etwas, was du nicht siehst: Es ist rot, gross, aus Holz …».	
615	**WÖRTER-RALLYE** Gegenstände rund um das Schulhaus kennen	Im Freien (im Klassenzimmer, im Flur) hängen Zettel, pro Gruppe eine Farbe. Die Gruppen sammeln ihre Zettel ein und schreiben darauf den Namen des Gegenstandes, an dem der Zettel hing. • Gruppenwettkampf. • Eine Gruppe hängt Zettel auf, die zweite Gruppe beschriftet sie, die dritte bzw. erste Gruppe hängt sie wieder ab und korrigiert sie.	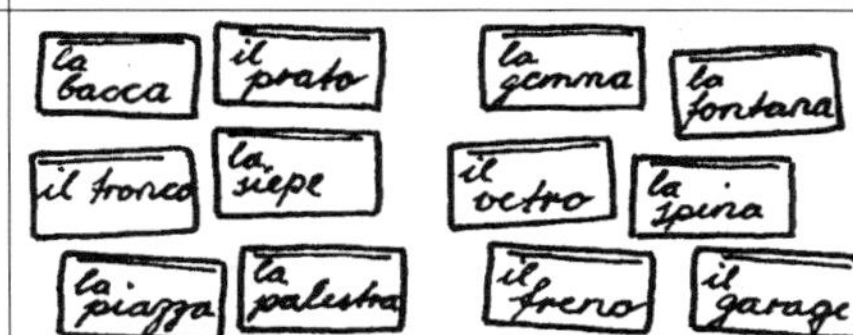

Nr.	Name der Spielform Ziele / Akzente	Idee / Beschreibung	Hinweise / Organisation
616	**RÜCKENMASSAGE** Wortschatz Anweisungen befolgen	Hintereinander im Kreis sitzen. Die Geschichte, welche die Lehrperson erzählt, auf dem Rücken der vorderen Person darstellen: Sonne, Wärme, Hagel, Regen, Traktor, etwas setzen, pflücken … • Gartenarbeiten, Wetterlagen, Sportarten, Ausflug …	
617	**SPEED** Sätze bilden Satzart Zeiten	Auf einem Plakat die Bedeutung der 6 Farben (z. B. Zeitformen), 6 Motive (z. B. Person) und 6 Mengen (z. B. Fall oder Satzart) der Speed-Spielkarten (Kartenspiel mit 6 Farben, 6 Motiven und 6 Mengen, evtl. selber herstellen) auflisten. Zwei Personen spielen gegeneinander. Die Lehrperson deckt eine Speed-Karte (zwei Speed-Karten) auf und beide schreiben so schnell wie möglich einen passenden Satz an die Tafel.	
618	**UNO** Zeiten Sätze bilden Wortschatz	In der Gruppe UNO (Kartenspiel) mit Zusatzregeln spielen: • Jede Farbe steht für eine bestimmte Zeitform, bei Farbenwechsel schreiben die Mitspielenden einen Satz in dieser Zeitform (die Person, die ausspielt, bestimmt den Satz) an die Tafel, wer zuletzt zurückkehrt, zieht eine Karte. • Wer aussetzen muss, löst eine Bewegungsaufgabe. • Wer falsch reagiert / legt, macht fünf Liegestütze …	
619	**FERNSEHEN UNTER DER LUPE** Stimmvariation Mimik, Gestik	Ausschnitte aus Fernsehsendungen aufnehmen und gemeinsam anschauen. Die Lehrperson stellt anschliessend Bewegungsaufgaben: Welche Handbewegung machte F., als er …? Imitiert die Gangart von F. Stellt den Kampf zwischen F. und N. dar …	
620	**MUSIKWIRKUNG** Auf Impulse sprachlich reagieren	Verschiedene Musikstile unterschiedlich laut abspielen. Im Klassenzimmer umhergehen und Selbstgespräche führen, dabei Stimme und Sprache der Musik anpassen. • Diskussion zu zweit.	

Nr.	Name der Spielform Ziele / Akzente	Idee / Beschreibung	Hinweise / Organisation
621	**FREMDE STUNDE** Schulstunde in der Fremdsprache	Eine Hauswirtschaftsstunde in der Fremdsprache abhalten: Fragen, Gespräche, Handlungsanweisungen … • Sportlektion, Werkstunde …	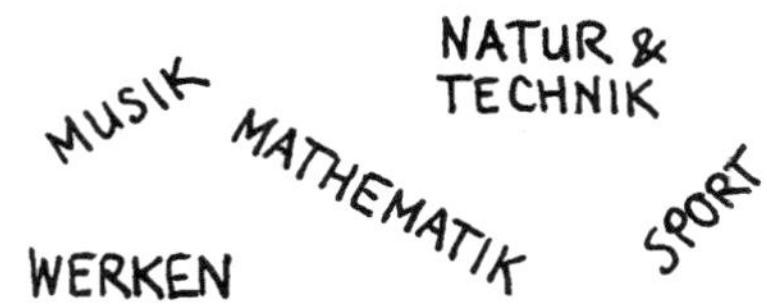
622	**SCHLÜSSEL-WÖRTER** Diskussion Textverständnis	Zu Beginn eines Vortrages der Gruppe Schlüsselwörter des Textes abgegeben. Nach der Rede tragen die Zuhörenden das Wichtigste nochmals zusammen und fixieren ihr Kärtchen an der Tafel / auf einem Plakat. • Die Stichwörter einordnen (Pro / Kontra, nach Gesichtspunkten …). • Cluster / Mind-Map entsteht (mit Kreide auf dem Pausenplatz).	
623	**DOLMETSCHER** Deutsch – Fremdsprache Indirekte Rede	Jemand / die Gruppe spielt eine Szene in der Erstsprache. Eine weitere Person übersetzt den fremdsprachigen Zuschauern das Gesprochene. • Mehrere Spielende, je eine übersetzende Person.	
624	**VON KNOTEN ZU KNOTEN** Diskussion	Ein Wollknäuel, das an gewissen Stellen Knoten enthält, neu aufrollen. Sich so lange zum Thema äussern, bis man zum nächsten Knoten gelangt. Das Knäuel der nächsten Person zuwerfen. • Bei jeder Erzählperson die Sitzposition oder Sitzgelegenheit wechseln. • Auf einem Gymball balancieren / wippen, dann den Ball jemandem zurollen.	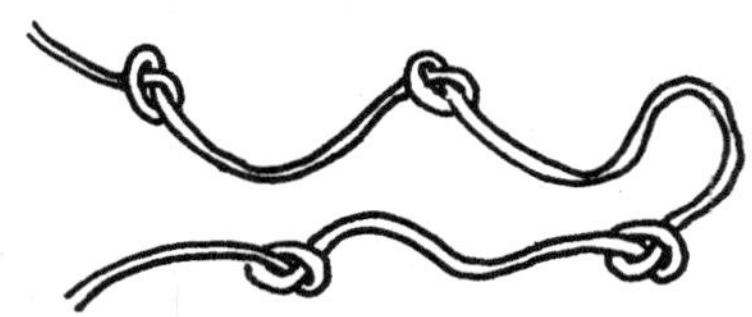
625	**FREIER STUHL** Diskussion	In einer kleinen Runde über ein Thema diskutieren, ein Stuhl ist frei. Die Zuhörenden verteilen sich ausserhalb der Diskussionsrunde. Wer sich zum Thema äussern will, setzt sich auf den freien Stuhl und verlässt ihn anschliessend wieder. • Mehrere freie Stühle	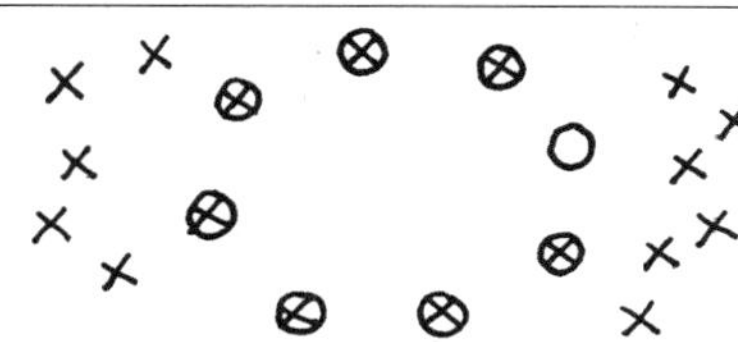

Nr.	Name der Spielform Ziele / Akzente	Idee / Beschreibung	Hinweise / Organisation
626	**PODIUMS-DISKUSSION** Diskussion Stimmvariation Mimik, Gestik	Während einer Diskussion in eine Rolle schlüpfen (Professor, Hausfrau, Obdachloser, Sekretärin …) und Sprache, Mimik und Gestik anpassen. • Die Szenen filmen und beurteilen. • Diskussion, Rollenspiel oder Fernseshow (nach Videostudie) nachstellen.	
627	**TABU** Wortschatz erweitern Mimik, Gestik	«Tabu» spielen. Eine Gruppe schreibt auf ein Kärtchen das zu erratende Wort plus drei nicht zu nennende Wörter, z. B. «Stuhl» gesucht und «Lehne», «sitzen» und «Beine» darf man beim Erklären nicht gebrauchen. Punkt, wenn die Gruppe das Wort innerhalb von zwei Minuten errät, Wechsel bei der Nennung eines «Tabu-Wortes» oder nach Ablauf der Zeit. • Die Verlierer lösen eine Bewegungsaufgabe: Handstand, Rumpfbeugen …	
628	**REISEN** Fantasie Wortschatz	Jemand erzählt eine Geschichte. Die Klasse sitzt / steht im Kreis oder in Reihen. Alle fassen sich an den Schultern oder haken ein, je nach Reise. Die erzählende Person beschreibt möglichst spannend eine Reise in einem Verkehrsmittel. Alle simulieren die Fahrt und bewegen sich entsprechend: Sich in die Kurven legen, über Steine fahren, bremsen, stoppen … • Stürmischer Flug, Safari, Mountainbike-Tour, River Rafting, Motocross …	
629	**FANTASIA** Fabulieren Spannung erzeugen	Hintereinander im Kreis sitzend gemeinsam eine Reise durch ein Fantasieland unternehmen. Jemand erzählt eine Geschichte und beschreibt die Orte, wie man sich in dieser Welt bewegt oder was man alles hört. Alle machen die Bewegungen und Geräusche mit. • Hüpf-, Lach-, Umarmungsstrasse; Katzen miauen, Geister flüstern …	
630	**REPORTER** Szenen kommentieren Stimmvariation Fachwörter	Pantomimen spielen ein Sportereignis oder einen speziellen Anlass. Ein Reporter oder eine Reporterin kommentiert das Ereignis möglichst spannend. • Szenen in Gruppen vorbereiten. • Zuerst entsprechende Zeitungsartikel in der Fremdsprache lesen.	

Nr.	Name der Spielform Ziele / Akzente	Idee / Beschreibung	Hinweise / Organisation
631	**SCHNITZELJAGD IN DER FREMDE** Richtungsangaben	Eine Gruppe startet. Sie bringt an der Klassentüre den ersten Hinweis an, wohin der Weg führt. Dann folgen in Abständen weitere Wegbeschreibungen. Die zweite Gruppe folgt etwas später und versucht sie entweder einzuholen oder ihrem Weg zu folgen. • Auf dem Schulhausareal / im Wald. • Einen «Schatz» suchen / an Stationen Fragen beantworten..	
632	**RASTER-LESEN** Wortschatz	Auf jeder Wandtafelseite ist ein Quadrat von 6x3 Feldern aufgezeichnet. In jedem Feld steht ein Buchstabe. Zwei Gruppen stehen vor ihrem Raster (Trennwand in der Mitte) und lesen aus dem Raster möglichst viele Wörter heraus (Linie, Quadrat …, Buchstabe muss an Buchstabe grenzen). Die gefundenen Wörter am Platz aufschreiben. • Ein Kreuzworträtsel gestalten / lösen.	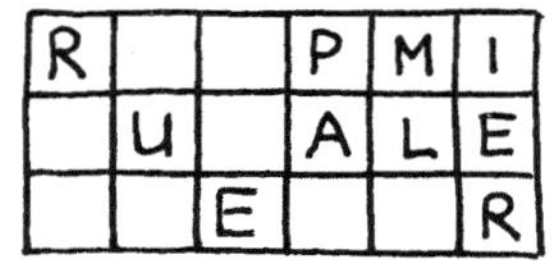
633	**TAFELN – SCHILDER** Übersetzen Korrigieren	Zwei Gruppen erhalten den Auftrag, rund um das Schulhaus (im Quartier) Tafeln, Schilder und Werbeplakate zu suchen («zu vermieten», «ausgenommen Velos, Mopeds», «Rauchen gefährdet Ihre Gesundheit» …). Die Standorte halten sie auf einem Plan fest. Die Gegengruppe sucht die Orte auf und übersetzt die Tafeln, Schilder oder Texte der Werbeplakate. In einer dritten Runde korrigieren die Auftraggeber die Übersetzungen.	
634	**COLLAGE** Texte lesen Texte auswählen	Aus Zeitschriften und Zeitungen Texte und Überschriften zu einem bestimmten Thema suchen und ausschneiden. Collage anfertigen, der Klasse präsentieren und erklären. • Fragen und passende Antworten ausschneiden, auf Karten kleben: Memory spielen, Paare suchen / ordnen, umhergehen und entsprechende Antwort- bzw. Fragekarte suchen.	
635	**UNTER DER LUPE** Texte untersuchen Comics, Prospekte Zeitungen, Zeitschriften	Verschiedene Comics, Zeitschriften, Zeitungen oder Prospekte genauer studieren: Wie gross sind die Titel? Was sagen sie aus? An wen richten sie sich? Verhältnis Text – Überschrift – Zeichnung – Bild …? Textaussage, Informationsgehalt, Unterhaltungswert … Die Ergebnisse auf einem Plakat illustrieren und präsentieren. • Zeitschriften der Erst- und Zweitsprache vergleichen.	

Nr.	Name der Spielform Ziele / Akzente	Idee / Beschreibung	Hinweise / Organisation
636	**POSTKARTE SCHREIBEN** Schlüsselwörter	Alle schreiben einen kurzen Text auf eine Postkarte. Die Karten innerhalb der Klasse «verschicken». Schlüsselwörter zum erhaltenen Text an die Tafel schreiben. Die Klasse errät den Inhalt dieser Postkarte. Den Text vorlesen und die Wirkung überprüfen: Wurden treffende Schlüsselwörter gewählt? Wird der Inhalt von den Lesenden genau so verstanden, wie die Schreibenden dies wollten?	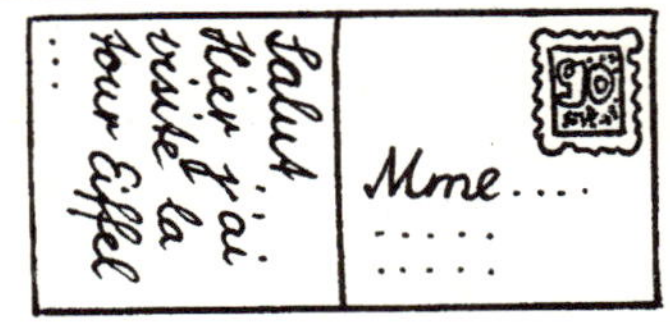
637	**ATOME** Gruppenarbeit Genau lesen	Auf Kärtchen stehen Textausschnitte. 4–5 Textpassagen ergeben eine Geschichte. Alle gehen mit ihrem Kärtchen im Klassenzimmer umher, lesen die Texte der anderen und gruppieren sich je nach Geschichte. • Verschiedene Textformen: Legende, Märchen, Fabel, Gedicht …	
638	**FREMDEN-OL** Textverständnis	Anhand von Wegbeschreibungen Stationen auf dem Schulhausareal suchen. An jeder Station ist der Weg zur nächsten beschrieben. • Wer findet in 20 Minuten alle Stationen? • An jeder Station werden zusätzlich Fragen gestellt. • Stationen sind auf einer Karte markiert. • Nach einer Wegbeschreibung einen versteckten Schatz suchen.	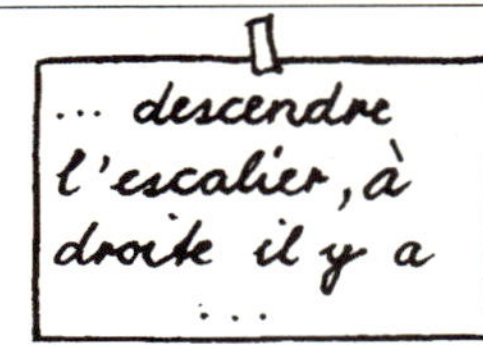
639	**LESETEXT-OL** Textverständnis Zusammenhänge Gedächtnis	Auf dem Schulhausareal verteilt (im Wald) sind verschiedene Textabschnitte angebracht. Die einzelnen Stationen suchen, sich die Texte einprägen und die richtige Reihenfolge der Textabschnitte im Klassenzimmer notieren. • Die Orte sind auf einer Karte eingetragen / nur die Zone ist definiert. • Den Text / eine Zusammenfassung im Klassenzimmer niederschreiben. • Werbung, Gedicht, Zeitungsartikel …	
640	**REZEPT – ANLEITUNG** Genau lesen	Nach einer Anleitung etwas kochen, herstellen, basteln, ausführen oder bewerkstelligen. • Typisches Rezept aus der «Fremde». • Bräuche, Sitten … • In den Anleitungen / Rezepten stehen falsche Wörter / Sätze. Die Texte zuerst überprüfen bzw. ändern.	Bacalao a la vizcaina Alcachofas con jamon Calamares en su tinta

Nr.	**Name der Spielform** Ziele / Akzente	**Idee / Beschreibung**	**Hinweise / Organisation**
641	**TEXT IN BILD** Textverständnis Erzählen Repetition	Eine kurze Geschichte lesen und zeichnerisch umsetzen. Die Zeichnung einer Person weitergegeben. Diese spielt den interpretierten Textinhalt der Klasse vor. • Bekannte Märchen / Texte, die bereits behandelt wurden (Lektionstexte).	
642	**WORTBILD** Textverständnis Wortschatz	Den Inhalt eines Textes oder die Beschreibung eines Menschen, Tieres oder Gegenstandes auf einem Zeichnungsblatt oder auf einem Plakat mit Wörtern «zeichnen» bzw. «ausmalen». Die einzelnen Flächen füllen die passenden Wörter der Fremdsprache. • Ausstellung. Neue Wörter am Platz notieren.	
643	**BAUMSCHULE** Geschichten Oberbegriff	Auf Kärtchen stehen verschiedene Wörter bzw. Sätze. Am Boden «Bäume» bilden. Der Stamm ist der Oberbegriff oder der Titel und die Äste sind die dazu passenden Wörter oder Sätze. • Andere Gebilde. • Geschichten zu den einzelnen «Bäumen» erzählen, darstellen. • Auf dem Pausenplatz mit Kreide.	
644	**MIND-MAP** Zusammenhänge Thema verstehen	Auf dem Pausenplatz zu einem Thema mit Kreide ein Mind-Map (Ideen und Gedanken sammeln, vom Kerngedanken ausgehen und die Schlüsselwörter verknüpfen) erstellen. Das Thema steht in der Mitte, einzelne Schlagwörter bilden Äste, die sich dann immer mehr verzweigen.	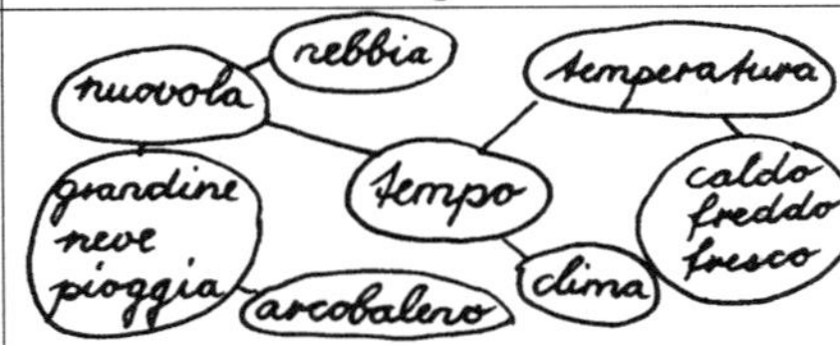
645	**BILDTEXT** Kreativität	Eine Geschichte, ein Märchen oder einen Bericht lesen und anschliessend auf einem Plakat mit Zeichnungen nacherzählen. Der Klasse präsentieren und erklären. • Die Klasse erklärt die Zeichnungen / errät die Geschichte. • Den Text spielen. • Kinder-, Bilderbücher lesen bzw. die Geschichten der Klasse erzählen.	

Nr.	Name der Spielform Ziele / Akzente	Idee / Beschreibung	Hinweise / Organisation
646	**SACH-INFORMATIONEN** Aufsatz Text	Im Klassenzimmer hängen zu einem bestimmten Thema mehrere Informationstexte in der Fremdsprache. Im Klassenraum umhergehen, verschiedene Texte lesen und am Platz zum Thema einen Aufsatz schreiben. • Während einer Textarbeit kann die Hilfe eines Beratungsbüros in Anspruch genommen werden (an einer Station helfen, korrigieren … «Spezialistinnen und Spezialisten» mit Lexika).	
647	**KURZFORM** Zusammenfassung Textkürzung	Im Klassenzimmer hängen mehrere Kopien eines Textes. Den Text lesen und am Platz eine Zusammenfassung schreiben. • Mehrere Texte, einen auswählen und kürzen. • Ganzen Text aufhängen / Textabschnitte im Zimmer (im Freien) aufhängen.	
648	**TRIVIAL PURSUIT** Allgemeinbildung Informationen Fragen schreiben	Alle schreiben auf mindestens fünf Kärtchen Fragen mit mehreren Lösungsvorschlägen (Lexika, Weltrekordbücher … bereitlegen). Auf der Rückseite steht die richtige Lösung. In Gruppen Trivial Pursuit (jemand steht vor die Klasse und liest eine / seine Frage) spielen. Wer die Antwort weiss, erhält die Karte bzw. einen Punkt. • Der Reihe nach jemanden fragen / Gruppenwettkampf.	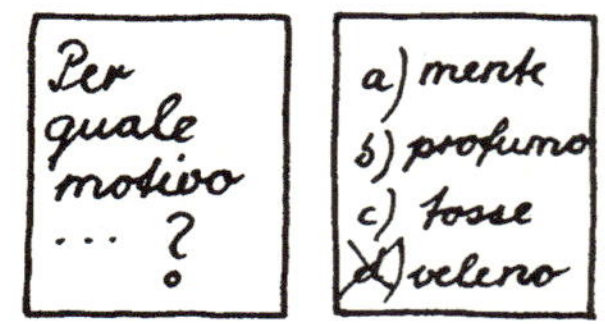
649	**TEXTE VORBEREITEN** Diktat	Einen Text in mehrere Abschnitte unterteilen, zerschneiden und im Schulzimmer aufhängen. Umhergehen, die Abschnitte lesen und sich die Schreibweise schwieriger Wörter merken. Nach 5–10 Minuten diktiert die Lehrperson den vollständigen Text. • Drei (fünf) schwierige Wörter dürfen am Platz notiert werden.	
650	**REIFENTEXT** Wörter in Text verpacken	Wörter, die auf Kärtchen stehen auf dem Boden in 3–5 Kreisen (Gymnastikreifen / mit Kreide gezeichnete Kreise) nach bestimmten Kriterien sortieren. Einen Kreis auswählen und mit diesen Wörtern einen Text schreiben. • Mit den Wörtern ein Mind-Map gestalten.	

Nr.	Name der Spielform Ziele / Akzente	Idee / Beschreibung	Hinweise / Organisation
651	**KREUZWORT-RÄTSEL** Wortschatz Darstellung	Auf jeder Wandtafelseite (Trennwand in der Mitte) ist ein Kreuzworträtselmuster aufgezeichnet. Jede Gruppe sucht passende Wörter und beschreibt sie: 1 waagrecht = …, 2 waagrecht = … Gegenseitig die Rätsel lösen. • Selber Kreuzworträtsel auf Plakate (mit Kreide auf Pausenplatz) gestalten.	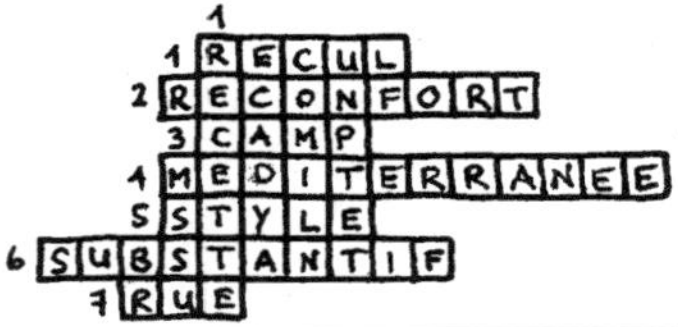
652	**NAPOLITAINE** Zeiten Wortschatz Reime	Zwei Gruppen spielen gegeneinander, jede Gruppe hat einen Stapel Napolitanischer Spielkarten (UNO-Karten, Joker-Karten). Die vier verschiedenen «Farben» bedeuten eine Zeitform. Die «Anzahl» sagt, wie viele Wörter im Satz stehen («1» und «2» entfernen oder als Erschwernis: 1 = Reim, 2 = Sprichwort). Karte abdecken (je eine Karte / eine gemeinsame Karte) und entsprechenden Satz an die Tafel schreiben.	
653	**WORTGRAFIK** Wortschatz	Auf Plakate Menschen, Tiere oder Gegenstände mit Wörtern zeichnen bzw. die Flächen mit den entsprechenden Wörtern füllen. • Vorgezeichnete Figuren mit den passenden Wörtern füllen. • Die Wörter aus Zeitschriften ausschneiden.	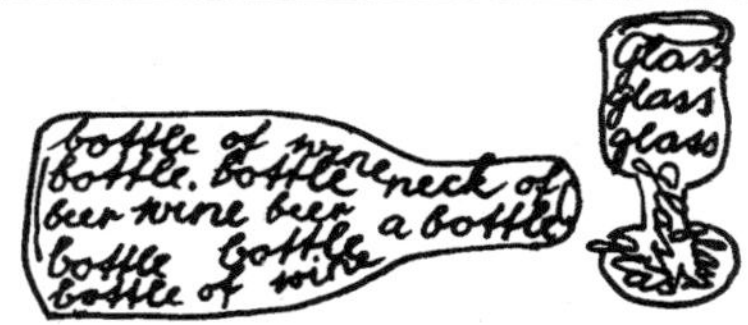
654	**HANDLUNGS-ABLAUF** Genau lesen Adjektive	Eine Handlung (z. B. Zeitung schnell / langsam / graziös / eitel … vom Lehrerpult holen und schüchtern / unvorsichtig / hektisch … auf ein Pult legen) auf einem Zettel möglichst detailliert aufschreiben bzw. erklären (was, wie schnell, wo, wie …). Die entsprechende Handlung ausführen. • Zwei Kartenstapel: Auf den einen Karten stehen Handlungen, auf den anderen Karten Adjektive.	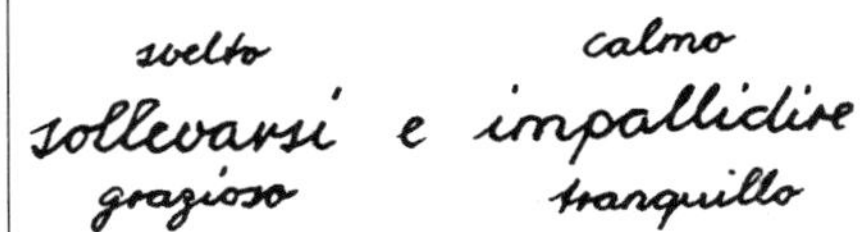
655	**BLÖDEL-THEATER** Fantasie Gedichte, Reime, Sprichwörter	Zu zweit oder in der Gruppe einen Sketch ausdenken und ihn vorspielen. • Die Sätze reimen sich / Texte singen. • Die Sätze passen nicht zu den Handlungen (man ist beispielsweise wütend und sagt dies in einem gutgelaunten Ton).	

Nr.	Name der Spielform Ziele / Akzente	Idee / Beschreibung	Hinweise / Organisation
656	**SCHIFFE VERSENKEN** Wortschatz Partnerarbeit	Zu zweit «Schiffe versenken» spielen, dabei 5 Wörter (aus der Lektion) suchen. Beide zeichnen 2 Raster à 10x10 Felder und bezeichnen sie ausserhalb waagrecht mit A–K und senkrecht mit 1–10. Ein Wort mit 6 Buchstaben, 2 Wörter mit 5 Buchstaben und ein Wort mit 4 Buchstaben in den Raster schreiben. Trifft man beim Raten auf ein besetztes Feld, darf man 4x einen Buchstaben raten. Wenn richtig, fortfahren, sonst Wechsel.	
657	**WORT-LABYRINTH** Wortschatz Teamwork	Buchstaben in einen Raster von 8x8 (10x10, 12x12) schreiben. In Gruppen das längste Wort, das in einer ununterbrochenen Linie steht, suchen. • Raster auf den Pausenplatz zeichnen, die Wörter «abhüpfen». • Wer findet die meisten Wörter? Wer findet ein verstecktes Wort? • Wörter in einer Linie / im Quadrat. • Wörter am Platz notieren / Memory, Lotto spielen.	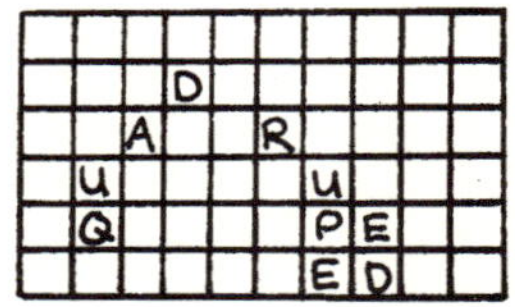
658	**TEXTKORREKTUR** Richtige Schreibweise einprägen	Den korrekten Text im Schulzimmer aufhängen. Den eigenen Text korrigieren: Sich die richtige Schreibweise merken und am Arbeitsplatz niederschreiben. • Den ganzen Text abschreiben. • Aufsatz- / Diktatkorrektur (Texte kopieren und auf Kopie korrigieren). • Textabschnitte hängen im Raum. Anschliessend den ganzen Text diktieren.	
659	**WÖRTER ABROLLEN** Wörter lernen Wörter verbessern	Wörter der neuen Lektion, schwierige Wörter eines Textes oder falsch geschriebene Wörter im Freien (in der Turnhalle) mehrmals mit den Rollschuhen oder dem Gymball «abrollen» / schreiben. • Mit dem Ball prellend. • Mit einem Springseil den entsprechenden Buchstaben mit den Füssen formen und so in der Gruppe das genannte Wort schreiben / Wettbewerb.	
660	**PAUSENPLATZ-HUPF** Wörter suchen Wortschatz	Auf dem Pausenplatz mit Kreide einen Raster mit Buchstaben füllen. Wörter suchen und «schreiben»: Von Feld zu Feld hüpfen, mit dem Ball in jedes Feld prellen, auf Stelzen laufen, mit Rollerblades … • Zwei Felder / Gruppenwettkampf … • Das längste Wort suchen / die meisten Wörter aufschreiben / Sätze bilden. • Mit Lexikon.	

Nr.	Name der Spielform Ziele / Akzente	Idee / Beschreibung	Hinweise / Organisation
661	**QUARTETT** Satzart Zeiten	Auf A-6-Karten stehen Sätze, je vier Karten passen zueinander: Vier Fragesätze, vier verneinte Sätze, vier Ausrufesätze … Quartett spielen. Den gewünschten Satz nennen. Wenn die angesprochene Person diese Karte hat, händigt sie diese aus. Wenn nicht, darf sie weiterfragen. • Verschiedene Zeitformen / die Verlierer lösen eine Bewegungsaufgabe.	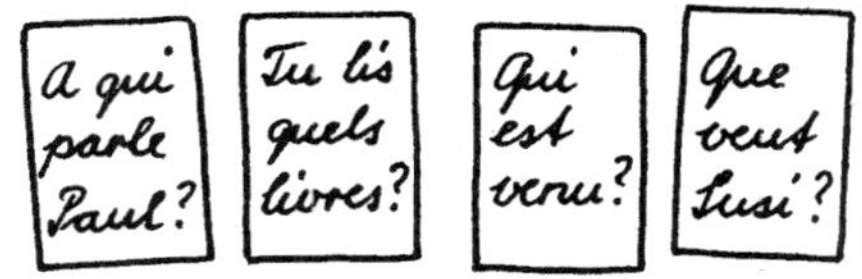
662	**KORKENSPIEL** Satzart Zeiten	Auf A-6-Karten stehen Sätze, je vier Karten passen zueinander: Vier Fragesätze, vier verneinte Sätze, vier Ausrufesätze, ein Satz in vier verschiedenen Zeiten … Alle haben vier Karten, in der Mitte liegen Korken (1–2 weniger als Spieler). Auf Kommando («legen, schieben») eine Karte niederlegen und weiterschieben. Bei einem Quartett «Korken» rufen. Alle schnappen einen Korken. Wer keinen hat, löst eine Bewegungsaufgabe.	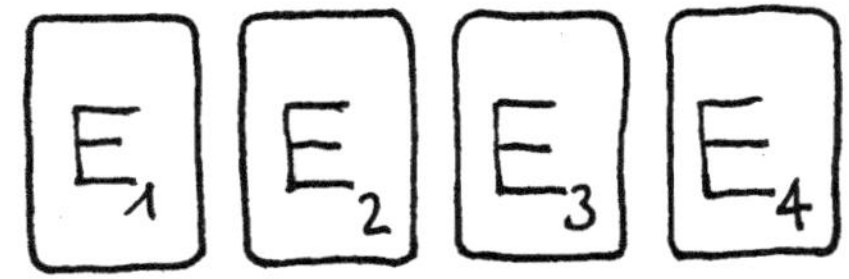
663	**ERSTSPRACHE – FREMDSPRACHE** Vergleich mit Erstsprache	Im Schulzimmer hängen Wörter bzw. Sätze in der Erst- und Fremdsprache. Paare suchen, vergleichen und sortieren. Wann steht das gleiche Geschlecht, wann nicht? Wann ist die Wortstellung gleich, wann nicht? • In Reifen sortieren: gleich, ungleich (ähnlich, völlig verschieden). • Gleiche / verschiedene Ausdrücke.	
664	**SATZSTELLUNG** Reihenfolge der Wörter in verschiedenen Sätzen	Auf dem Pausenplatz mit Kreide verschiedene Sätze untereinander aufschreiben, wobei die Subjekte, Verben und Objekte untereinander stehen. Anschliessend mit der Erstsprache vergleichen. • Verschiedene Sätze vergleichen: Aussage-, Frage-, Ausrufesätze …	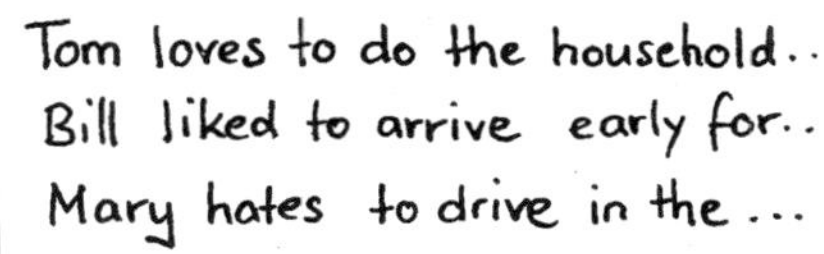
665	**VERNEINUNG** Wortschatz Satzstellung	Mit Kreide einen Aussagesatz auf den Pausenplatz schreiben. Die zweite Person verneint ihn mit einer farbigen Kreide. • Verschiedene Verneinungen vergleichen.	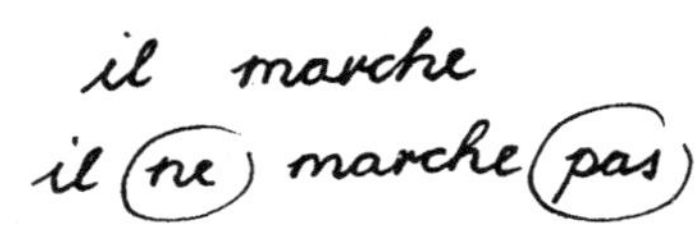

Nr.	Name der Spielform Ziele / Akzente	Idee / Beschreibung	Hinweise / Organisation
666	**GRAMMATISCHE BEGRIFFE** Begriffe verstehen und anwenden	Im Klassenzimmer hängen Post-it-Zettel mit grammatischen Begriffen in der Fremdsprache: Fragezeichen, Komma, Verneinung, Doppelpunkt, Befehlssatz … Die passenden Zeichen oder Erklärungen auf die Zettel schreiben. • Alle sammeln anschliessend je drei Zettel ein, korrigieren sie und schreiben einen passenden Satz ins Heft.	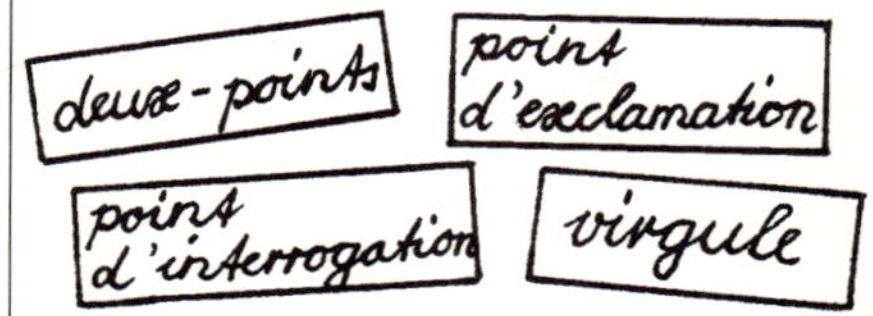
667	**FARBIGE PLAKATE** Texte überarbeiten Grammatische Begriffe	Verschiedene Texte schreiben und aufhängen. Alle bekommen einen Farbstift und den Auftrag, die entsprechenden grammatischen Begriffe / Wörter oder Satzarten zu markieren: Ausrufe-, Anführungs-, Schlusszeichen, Fragesätze, Imperativ, Adjektiv, Plusquamperfekt …	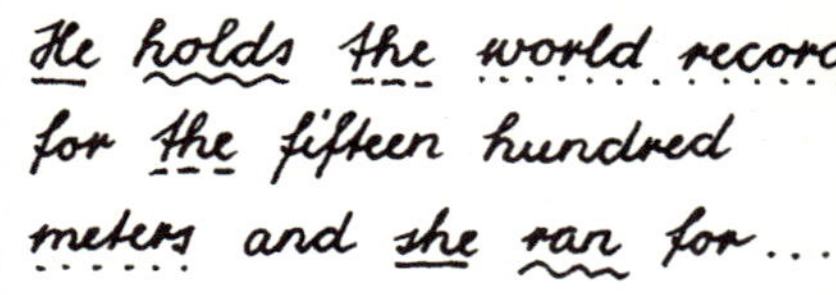
668	**BEGRIFFE ÜBERSETZEN** Grammatische Begriffe	Auf Zetteln stehen Grammatische Begriffe. Einen Zettel beim Lehrerpult holen, den Begriff in die Erst- bzw. Fremdsprache übersetzen und den Zettel einer weiteren Person geben. Diese nennt ein Beispiel, während sie zum Lehrerpult geht und den Zettel wieder abgibt.	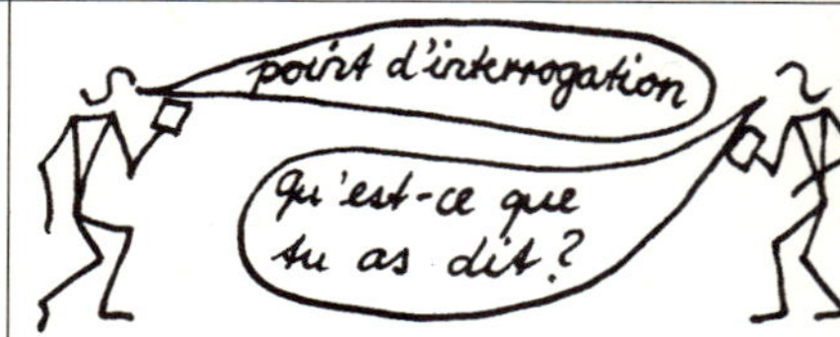
669	**ZWEI TEXTE ÜBERARBEITEN** Vergleich mit der Erstsprache	Alle haben einen Text in der Erstsprache und die Übersetzung dazu in der Fremdsprache. Mit den gleichen Farben je die Adjektive, die Nomen, die Zeichen … markieren. Die beiden Texte hängen am Fenster / an der Wand. Während der Arbeit im Klassenraum umhergehen und mit den Klassenmitgliedern vergleichen, die denselben Text bearbeiten.	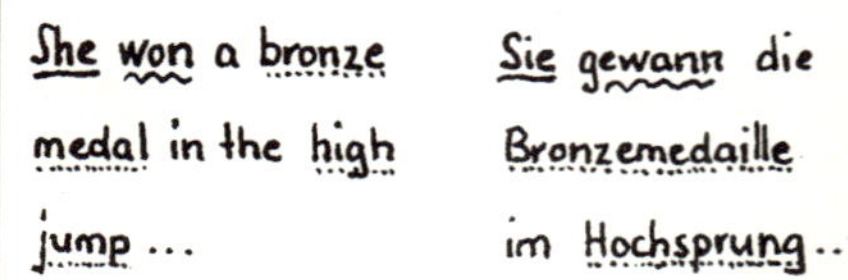
670	**GRAMMATIK-GENIE** Grammatische Zeiten Satzarten	Auf einem Schaumstoffwürfel auf jeder Seite eine Grammatische Zeit oder eine Satzart anheften. Je nach Wurf an die Tafel einen entsprechenden Satz schreiben. • Zwei Würfel: einer mit Zeitformen, einer mit Satzarten. • Stafette: Wer hat zuerst den passenden Satz an die Tafel geschrieben? • Wer hat zuerst den passenden Satz am Platz aufgeschrieben?	

Nr.	Name der Spielform Ziele / Akzente	Idee / Beschreibung	Hinweise / Organisation
671	**ZEITUNGEN VERGLEICHEN** Texte untersuchen Texte vergleichen	Zu denselben aktuellen Ereignissen Zeitungsartikel in der Erst- und Fremdsprache ausschneiden und vergleichen: Titel, Ausdrücke, Sätze … • Auf Plakaten die Texte und die verwendeten Wörter gegenüberstellen und analysieren. • Ergebnisse grafisch darstellen.	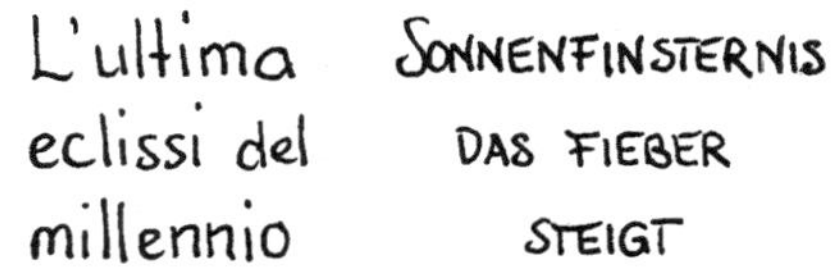
672	**FERNSEHEN VERGLEICHEN** Kritisch zuhören	Ratequiz (Nachrichten, Sportreportagen …) auf Sendern der deutschen und fremden Sprache vergleichen: Ausdrücke, Sätze, Tonfall, Gebärden … • Einzelne Szenen nachspielen und Moderatoren imitieren. • Jemand spielt eine Szene, die Klasse errät die Sendung und den Moderator.	
673	**ZEITSCHRIFTEN VERGLEICHEN** Texte untersuchen Texte vergleichen	Zeitschriften beider Sprachen (evtl. gleiche Zeitschrift, die zwei- oder mehrsprachig erscheint) anschauen und vergleichen: Inhalte, Mode, Esskultur, Lebensgewohnheiten … • Mit Hilfe von Plakaten der Klasse die Ergebnisse präsentieren, dabei Materialien / Beispiele mitnehmen und prüfen, sich passend anziehen, typische Mahlzeiten und Getränke testen …	
674	**WERBUNG VERGLEICHEN** Texte untersuchen Texte vergleichen	Im Fernsehen oder in Zeitschriften Werbung in der Erst- und Fremdsprache vergleichen. Wird für die gleichen Produkte anders geworben? Ausdrücke, Sprache, Bilder, Models, Redewendungen … • Ergebnisse der Klasse präsentieren. • Werbeszene in der Fremdsprache lernen und spielen.	
675	**SPRACHRAUM VERGLEICHEN** Gespräche Texte Briefe	Unterschiede und Gemeinsamkeiten beider Sprachräume mittels Briefkontakte, Gespräche oder Besuche feststellen und formulieren: Esskultur, Schulsystem, Tagesablauf, Trend … • Ergebnisse der Klasse präsentieren. • Kochen, essen, Feste feiern …	

Der Gymball ist ein guter „Lernpartner“

Ursula Trucco

1019 Spiel- und Übungsformen mit dem Gymball

1998. DIN A 5 quer, 188 Seiten,
ISBN 3-7780-2191-5, (Bestellnummer 2191)
öS 210.–; sFr. 26.50.–; **DM 28.80**

In diesem Buch werden mehr als 1000 Übungen zu Bewegen, Spielen, Kooperieren, Gestalten, Tanzen, Dehnen und Kräftigen mit dem Gymball angeboten, sei es in der Schule, im Verein, im Studio, im Büro oder in der Freizeit.

Verlag Karl Hofmann Postfach 1360 · 73603 Schorndorf · Telefon (0 71 81) 402-125
Fax (0 71 81) 402-111 · E-Mail: hofmann@hofmann-verlag.de

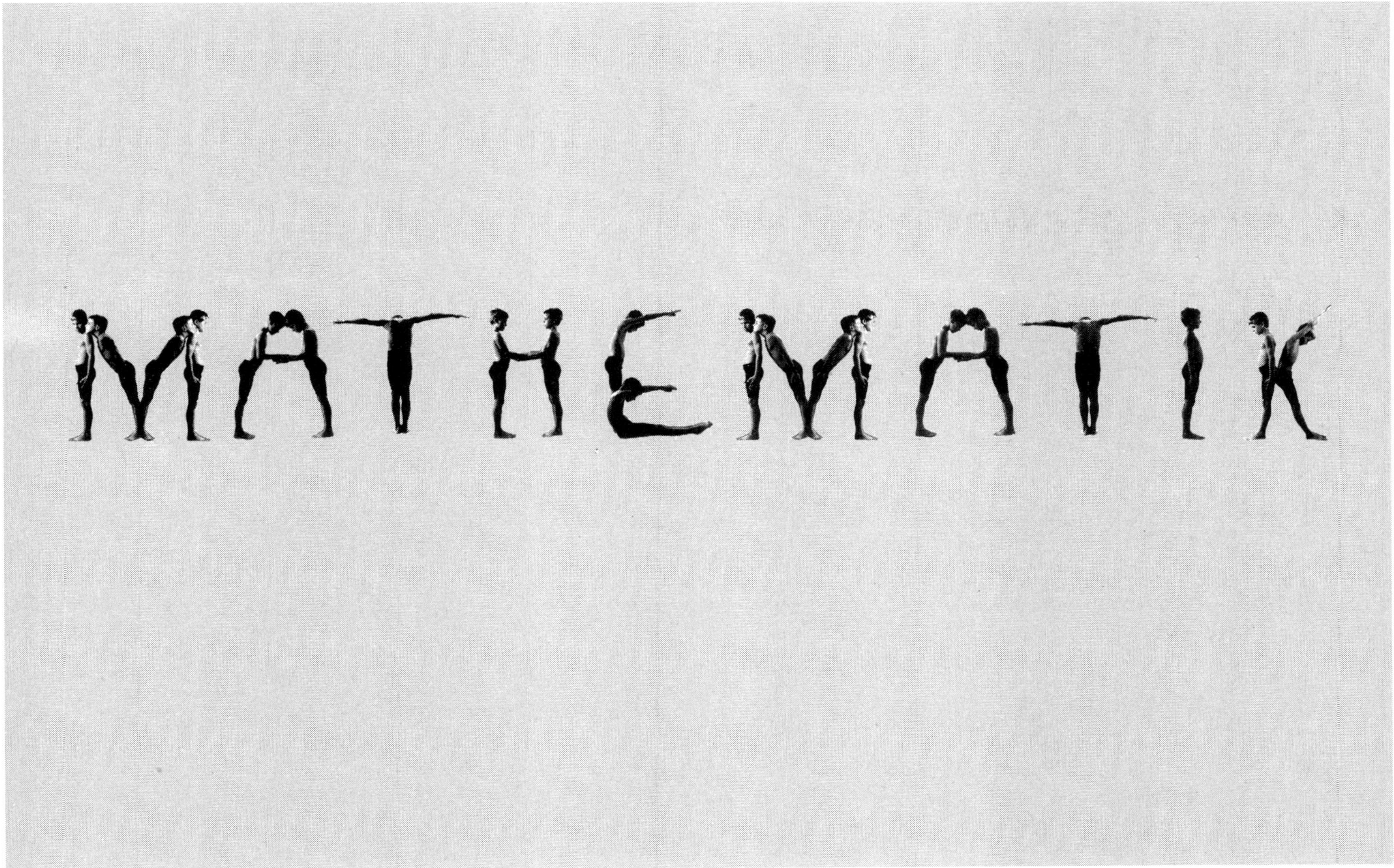
MATHEMATIK

Nr.	Name der Spielform Ziele / Akzente	Idee / Beschreibung	Hinweise / Organisation
676	**MUSTER 100er-QUADRAT** Zahlenreihen Primzahlen	Muster in der Zahlentabelle suchen, ausmalen und erklären. Tabelle 10x10 zeichnen, Zahlenreihen suchen und ausmalen / ausschneiden. • Ein beliebiges 4x4-Quadrat wählen / ausschneiden: die vier Eckzahlen, die vier Zahlen in der Mitte zusammenzählen. Was stellt man fest? Mit anderen Quadraten vergleichen. Ergeben vier andere Zahlen dieselbe Summe? • Welche drei Zahlen ergeben dieselbe Summe bei 3x3-Quadraten?	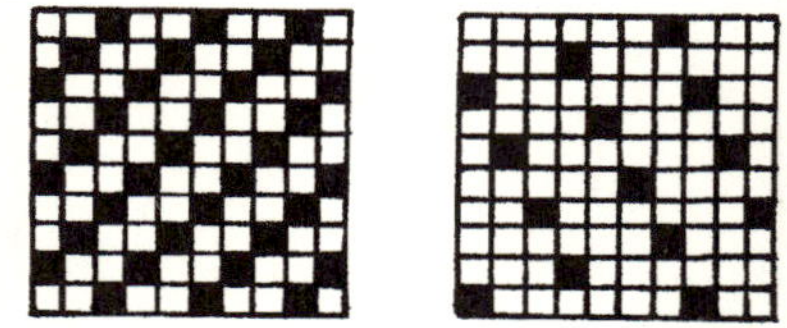
677	**MUSTER PRIMZAHLEN** Eigenschaften von Zahlen	Tabelle 1–102 auf ein Plakat zeichnen, 17 Reihen à sechs Felder. Die Primzahlen einkreisen, die Vielfachen von drei gelb, die Vielfachen von fünf rot, die Vielfachen von sieben grün und die geraden Zahlen blau ausmalen. • Was kann man alles erkennen / schlussfolgern?	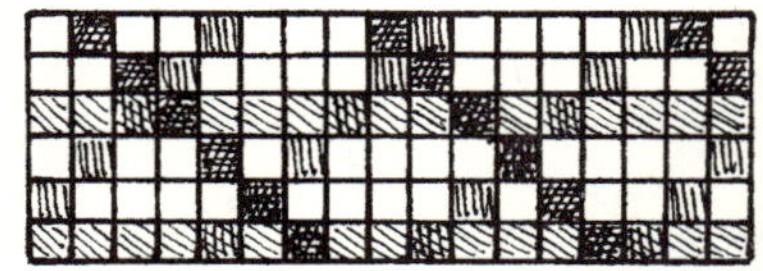
678	**EINTEILEN – ZÄHLEN – MESSEN** Brüche Dezimalstellen Temperatur Höhenangaben	Ein Band (2x0.1 m), mit -20 bis +20 beschriften und aufhängen (auf Pausenplatz zeichnen). Anschliessend Brüche, Dezimalstellen und Prozente eintragen (z. B. 1, 5, $1\frac{1}{2}$, -3, 4, 75%, 100% …). • Stellenwertsystem, Werte auf vier mögliche Arten eintragen. • In Tabelle täglich Aussen- und Innentemperatur eintragen. • Im Schulhaus Höhenangaben (über Meer) messen und anschreiben.	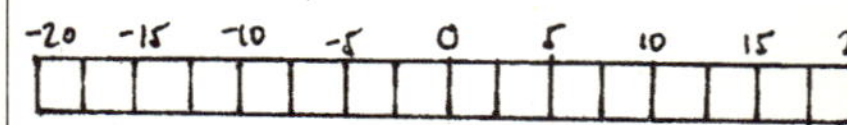
679	**BRUCH, DEZIMAL, PROZENT …** Zahlen ineinander verwandeln, umrechnen	Im Klassenzimmer hängen Post-it-Zettel mit verschiedenen Darstellungen von Zahlen: 0.75, 75%, 7.5, $\frac{3}{4}$, 125, $1\frac{1}{4}$ …: Drei oder vier gleiche Werte sammeln, der Lehrperson zeigen und wieder irgendwo aufhängen. • Stafette, jede Gruppe sucht andere Werte. • Lehrperson nennt Wert, Aufgabe oder Rechnung, wer findet den richtigen Zettel?	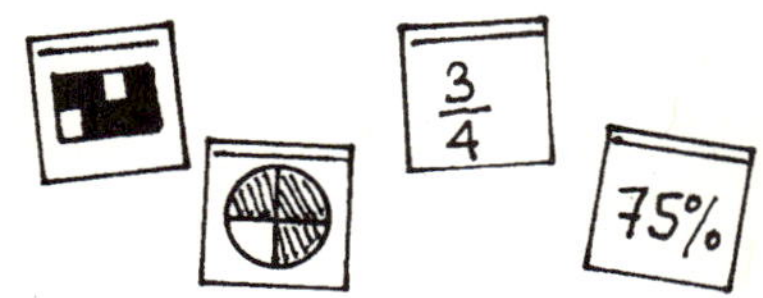
680	**PAUSENPLATZ-BRÜCHE** Brüche Dezimalstellen Temperatur Höhenangaben	Auf dem Pausenplatz mit Kreide verschiedene Bruchzahlen, Dezimalzahlen, Prozente, Promille … (Temperatur-, Höhenangaben …) notieren. Die Werte mit Rollschuhen, dem Rollbrett oder mit einem Ball prellend suchen. • Nur Prozente, nur Dezimalzahlen … • Der Grösse nach. • Gleiche Werte suchen, von Wert zu Wert hüpfen / Rechenaufgaben …	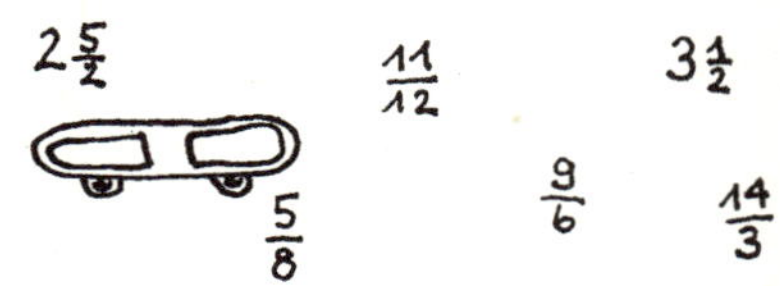

Nr.	Name der Spielform Ziele / Akzente	Idee / Beschreibung	Hinweise / Organisation
681	**DER GRÖSSE NACH ORDNEN** Anordnung von Bruchzahlen und Dezimalbrüchen	Im Klassenzimmer hängen (auch versteckt oder erhöht) Post-it-Zettel mit verschiedenen Bruchzahlen und Dezimalbrüchen. Zwei Gruppen ordnen alle Bruchzahlen bzw. Dezimalbrüche der Grösse nach an je einer Wandtafelhälfte. Wer ist zuerst fertig? Wieder zurückhängen. Wechsel. • Gleiche Werte suchen / Rechnungen bilden / grösser als, kleiner als … • Der Grösse nach an gespannter Leine aufhängen / umhängen.	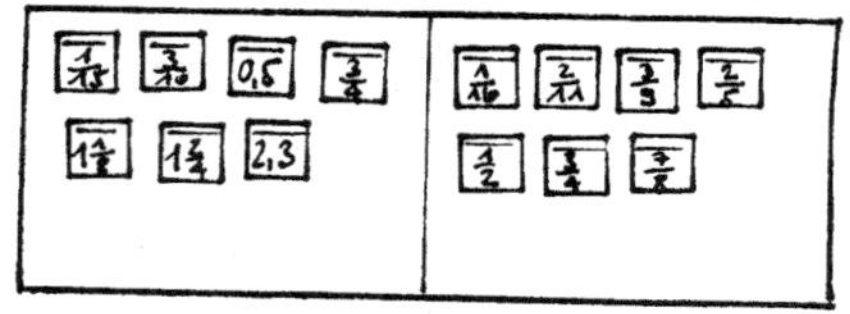
682	**BRUCHRECHEN-DOMINO** Bruchbegriff Erweitern – Kürzen Addition – Subtraktion	Dominokarten anfertigen. Auf einer Hälfte stehen Bruchzahlen, auf der anderen ist eine grafische Darstellung (schraffierte Teile, z. B. zwei Viertel eines Kreises schraffiert = $^1/_2$, Rechteck aus acht Teilen, zwei Teile schraffiert = $^1/_4$ …). In der Gruppe Domino spielen. • Auf jeder Dominohälfte Bruchzahl, gleichen Wert an gleichen Wert legen. • Auf einer Dominohälfte steht eine Rechnung.	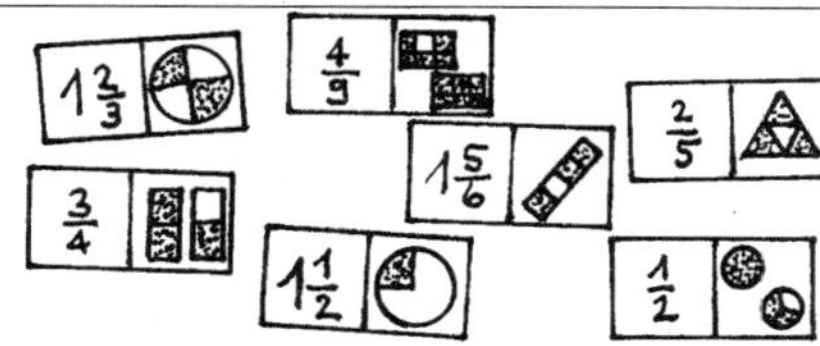
683	**SCHNIPP-SCHNAPP** Bruchzahlen und deren Grundrechenarten Reaktion	Gleiche Karten wie Bruchrechendomino, Spiel zu zweit. Die Karten werden aufgeteilt und so geordnet, dass alle Ergebnishälften links liegen. Jemand sagt jeweils «Schnipp», worauf beide die unterste Karte offen auf den Tisch legen. Stimmen zwei Felder in ihrem Wert überein, ruft man «Schnapp». Wer schneller «Schnapp» sagt, erhält die abgelegten Karten. Sagt jemand fälschlicherweise «Schnapp», erhält die andere Person die Karten.	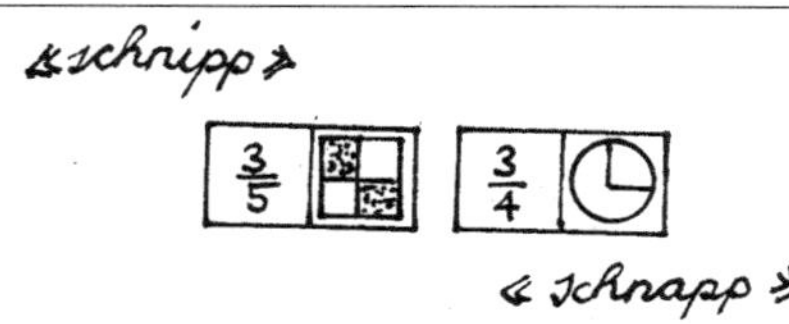
684	**MAGISCHES QUADRAT** Addition Bruchzahlen Erweitern	Neun Karten mit den Werten $^1/_2$, $^1/_3$, $^1/_6$, $^1/_9$, $^2/_9$, $^4/_9$, $^5/_9$, $^5/_{18}$, $^7/_{18}$ so zu einem 3x3-Zauberquadrat zusammenfügen, dass die Zeilen-, Spalten- und die Diagonalsummen jeweils den Wert «1» ergeben. Dabei die Werte auf A-4-Blätter schreiben und das «Quadrat» im Flur (im Freien) zusammensetzen. • Neun Karten: $^1/_3$, $^1/_5$, $^2/_5$, $^3/_{10}$, $^4/_{15}$, $^7/_{15}$, $^7/_{30}$, $^{11}/_{30}$, $^{13}/_{30}$.	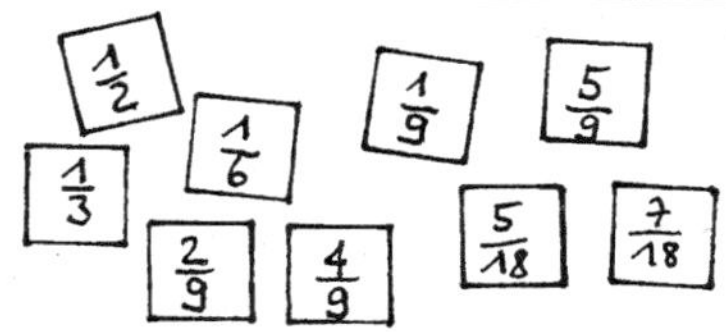
685	**VIER GEWINNT** Bruchzahlen Dezimalbrüchen zuordnen Strategisch spielen	Auf einem Spielplan mit 6x6 Feldern stehen Bruchzahlen. Die entsprechenden Dezimalbrüche stehen auf einzelnen Kärtchen (Rastergrösse des Spielplans), in zweifacher Ausführung auf je einem andersfarbigen Papier. Zu zweit «Vier gewinnt» spielen, jemand beginnt und legt ein Lösungskärtchen seiner Farbe auf den Spielplan, dann die andere Person ein eigenes Kärtchen. Wer schafft zuerst mit seinen Kärtchen eine Viererreihe?	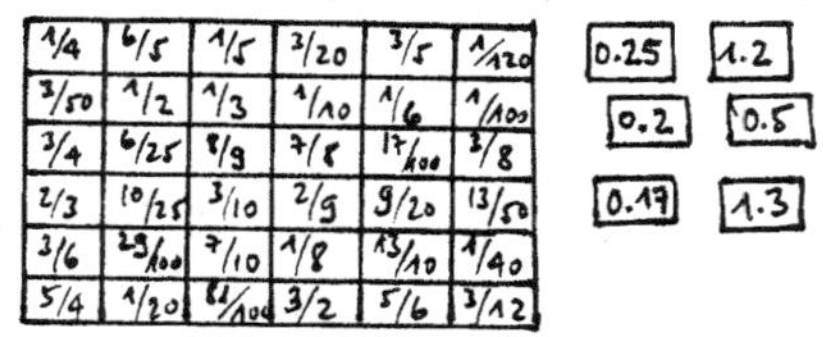

Nr.	Name der Spielform Ziele / Akzente	Idee / Beschreibung	Hinweise / Organisation
686	**PAUSENPLATZ-OPERATOR** Mit Operatoren rechnen Operatoren suchen Brüche als Operatoren	Auf dem Pausenplatz verschiedene Zahlen mit Kreide aufzeichnen, dann Operatoren dazwischen setzen (auf Kartonteller schreiben). • Von Zahl zu Operator zu Zahl … springen und Zwischenresultate nennen. • Vorwärts, rückwärts, im Zickzack. • Endresultat vorgeben, Operatoren selber hinzufügen … • Stafetten.	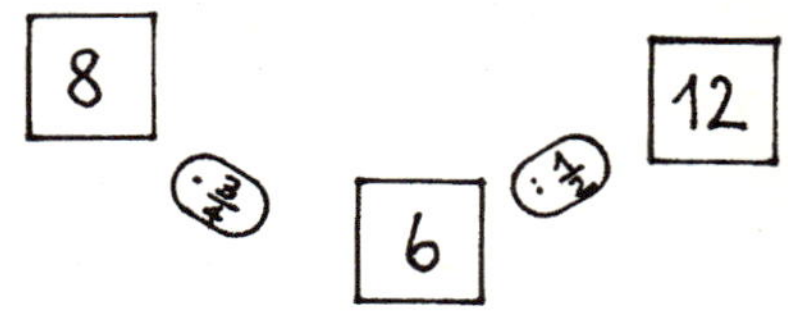
687	**BRÜCHE ALS MASSZAHLEN** Masseinheiten umrechnen Mit Masszahlen rechnen	Im Klassenzimmer hängen Post-it-Zettel mit Grössen und verschiedenen Massen (Brüche / Dezimalzahlen). Paare suchen bzw. abhängen (z. B. 75 Rp. und $\frac{3}{4}$ Fr.), am Platz notieren, Zettel wieder aufhängen. • Rechnungen stehen auf den Zetteln (z. B. $\frac{3}{4}$ von $1\frac{1}{5}$ m). • Zettel holen, am Platz in nächsthöhere Masseinheit umformen, aufhängen.	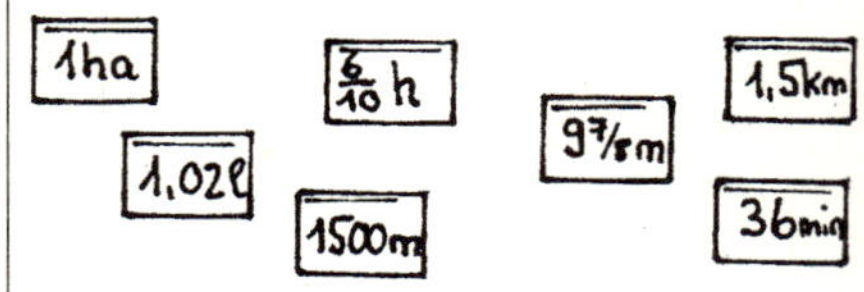
688	**AUF- UND ABRUNDEN** Genauigkeit von Zahlenangaben Rundungsregeln	Sich zu dritt auf dem Pausenplatz fortbewegen, dabei schreibt die erste Person mit Kreide eine Zahl mit Kommastelle(n) auf den Boden, die zweite Person rundet, die dritte Person korrigiert. • Wechsel. • Zu viert: Rechnung, Lösung, runden, korrigieren. • Mit / ohne Masse.	
689	**GRAFISCHE DARSTELLUNG** Diagramme Profile Netze	In der Gruppe zu einer Problemstellung die grafische Darstellung auf der Wiese (mit Hilfe von Schnüren, Bändern und Haken) oder auf dem Pausenplatz (mit Latten, Kreiden und Schnüren) konstruieren. • Weg-Zeit-Diagramme. • Streckenprofile. • Strassennetz, Abstände, Fahrzeit.	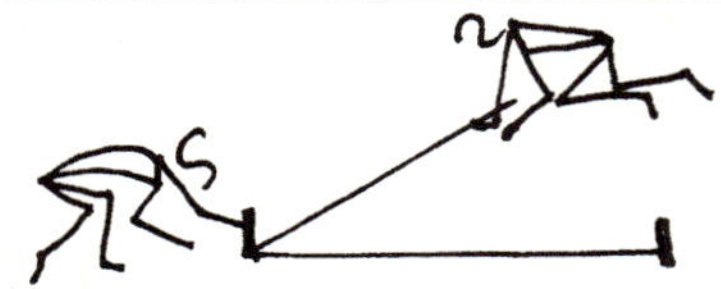
690	**KÜRZEN – ERWEITERN** Grundoperationen mit / ohne Variablen	Im Klassenzimmer hängen Post-it-Zettel mit Brüchen oder Rechnungsaufgaben. Die Resultate am Platz notieren. • Zettel holen, am Platz rechnen / kürzen / erweitern / gleichnamig machen, Zettel wieder aufhängen. • Mit, ohne Variablen / Stafetten. • Aufgaben mit Kreide auf den Pausenplatz schreiben, Lösungen anfügen.	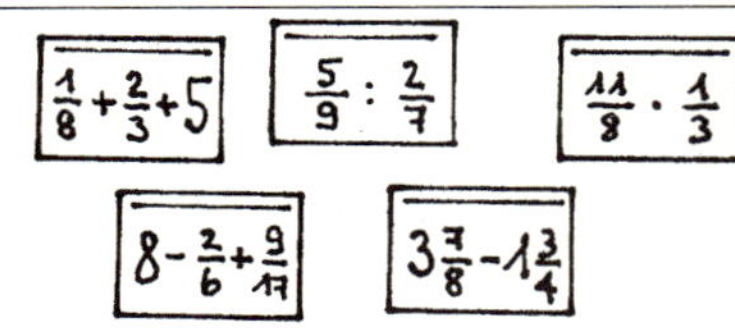

Nr.	Name der Spielform Ziele / Akzente	Idee / Beschreibung	Hinweise / Organisation
691	**STELLENWERT-SYSTEME** Zahlensysteme kennen lernen Rechnen mit Stellenwerttabellen	Auf dem Pausenplatz verschiedene Stellenwertsysteme aufzeichnen und entsprechend der Zahl Knöpfe, Murmeln oder Spielmarken hinlegen. • 10er-, 5er-, 2er-System. • Römisches Zahlensystem. • Stafetten.	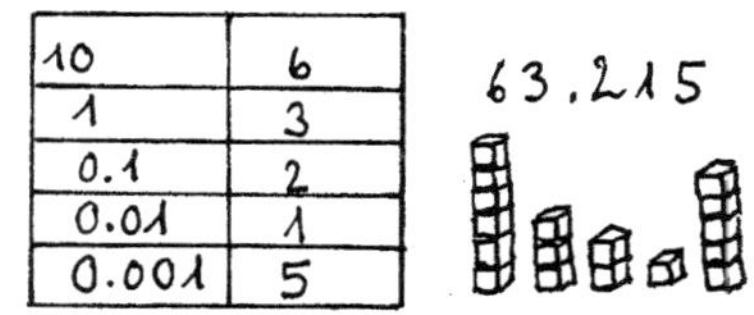
692	**STATISTIK GRAFIK** Statistik lesen und verstehen Grafische Darstellungen	Auf dem Pausenplatz mit verschiedenen Materialien (Steinen, Murmeln, Bänder, Schnüren, Reifen, Malstäben, Haken, Kartonschachteln …) aus Statistiken Diagramme herstellen. • Umsätze, Löhne, Geburten … • Umfrage / Auswertung / Darstellung. • Jede Gruppe präsentiert die Auswertung mit einer anderen Grafik.	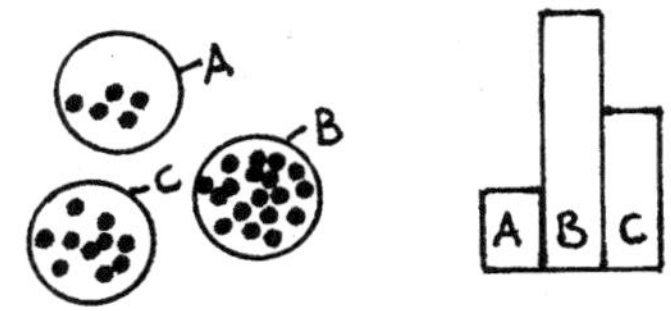
693	**STEIGUNG GEFÄLLE** Höhenunterschiede in Meter, in Prozent	Auf einer Landkarte Strecken berechnen, Höhenunterschiede feststellen, dann das Gefälle ermitteln. Die Strecke ablaufen. Messungen durchführen. • Strecke mit Fahrrad abfahren, Profil zeichnen, mit der Karte vergleichen. • Profil mit Knetmasse, Styropor etc. bauen. • Steigung im Freien messen, eigene Methoden erfinden / testen (Wasserwaage, Geodreieck, Massstab, Karton, Holzleisten …).	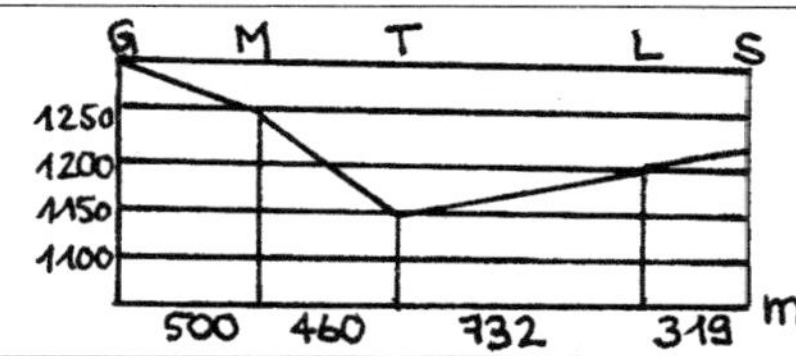
694	**VERGÜNSTIGUNG** Rabatt, Skonto Brutto, Netto Marchzins Leasing	Für einen Computer, eine Stereoanlage oder ein Mofa in drei Geschäften für das gleiche Produkt Preisinformationen einholen und nach Vergünstigungen fragen. Dann in einer Tabelle die Preise, die Rabatte und Skonti miteinander vergleichen und erläutern. Ergebnisse im Freien mit Backsteinen oder Haken und Schnüren darstellen. • Preisvergleich bei Abzahlung / Auto-, Hauskauf / Steuern / Kredite …	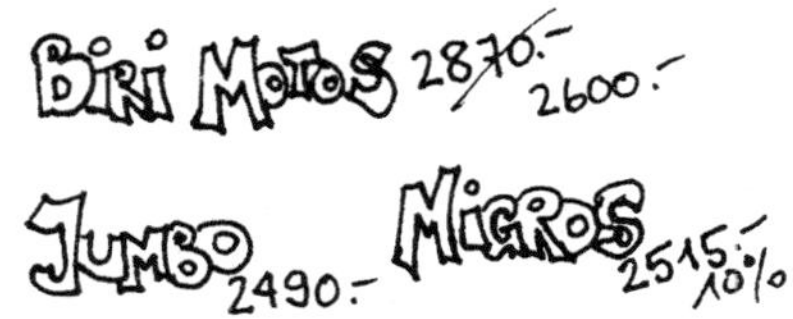
695	**ENERGIE-VERBRAUCH** Leistung und Energieverbrauch des Körpers Leistung von Geräten	Verschiedene Tätigkeiten gemeinsam ausführen und den Energieverbrauch feststellen. • 20 Min. Fahrrad fahren, 20 Min. joggen, 20 Min. walken, 5 Min. sitzen, 5 Min. bügeln, 10 Min. tanzen, 5 Min. staubsaugen … • Energiebereitstellung im menschlichen Körper kennen lernen. • Wie viel verbrauchen die benötigten Elektrogeräte?	

Nr.	Name der Spielform Ziele / Akzente	Idee / Beschreibung	Hinweise / Organisation
696	**TRIOMINOS** Umwandlung Dezimalbruch in Bruchzahl	Gleichseitige Dreiecke in drei Felder teilen und in jedes Feld einen Zahlenwert schreiben, z. B.: 0.3, 1.75, 0.04, $^1/_{100}$, $^1/_{10}$, 0.005 … Alle Mitspielenden erhalten zehn Karten (Dreiecke). Jemand legt eine Karte auf den Boden, die nächste Person setzt eine passende Karte an, die anliegenden Felder müssen im Zahlenwert übereinstimmen (z. B. 0.3 und $^3/_{10}$). Kann jemand keine Karte anfügen, muss eine neue Karte gezogen werden.	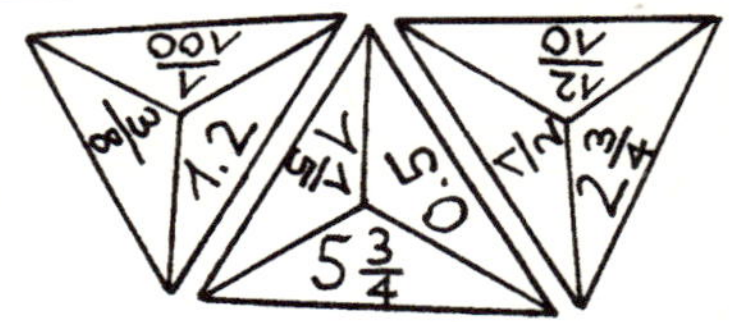
697	**KREISZAHL PI WIEGEMETHODE** Kreis mit verschiedenen Methoden ausmessen Proportionalitäten erkennen	Einen Kreis und ein Quadrat mit der Seitenlänge des Kreisradius auf einen Halbkarton zeichnen, ausschneiden und einzeln wiegen. Dies mit anderen Kreisen und dazu passenden Quadraten wiederholen. Anschliessend das Verhältnis jedes Paares berechnen (Gewicht Kreis : Gewicht Quadrat). In einer Tabelle die Ergebnisse festhalten und erläutern.	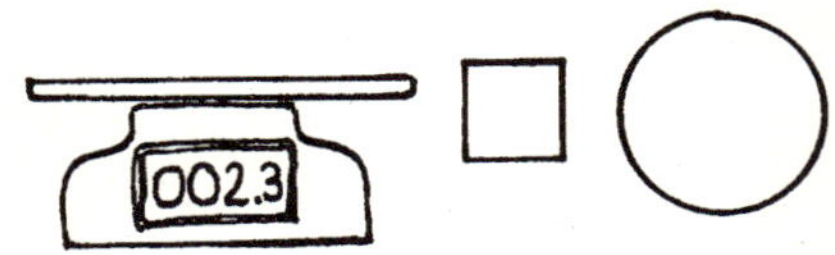
698	**KREISZAHL PI M.-C.-METHODE** Kreis mit verschiedenen Methoden ausmessen Proportionalitäten erkennen	Auf einem Blatt Papier Punkte möglichst gleichmässig verteilen, dann ein Quadrat einzeichnen, das vollständig in der markierten Punktmenge liegt. In das Quadrat einen Viertelskreis mit dem Radius der Grundlinie zeichnen und die Punkte im Viertelskreis und im Quadrat zählen. Berechnen, wie viele Punkte der ganze Kreis hätte und wie oft die Quadratfläche in der Kreisfläche enthalten ist. Fünfmal wiederholen, Mittelwert bestimmen.	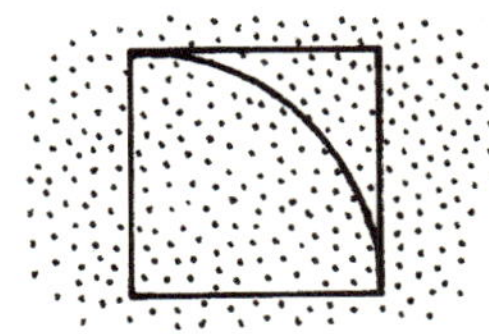
699	**KREISZAHL PI ZUFALL BUFFON** Kreis mit verschiedenen Methoden ausmessen Proportionalitäten erkennen	Eine Fläche in Streifenbreiten von der Länge von Streichhölzern einteilen. Wenn ein Streichholz aufgeworfen wird und es auf die eingeteilte Fläche fällt, liegt es entweder exakt innerhalb eines Streifens oder schneidet eine Begrenzungslinie. Die Wahrscheinlichkeit, dass es die Begrenzungslinie schneidet ist: $2 \cdot {}^1/_\pi$. Wenn a die Anzahl der auf die eingeteilte Fläche fallenden und s die Anzahl die Linien schneidenden Stäbchen ist: $2 \cdot a \cdot {}^1/_s \ / \ \pi$.	
700	**KREISZAHL PI MESSEN** Kreis mit verschiedenen Methoden ausmessen Proportionalitäten erkennen	Runde Gegenstände von zu Hause mitbringen. In einer Tabelle die Werte der Gegenstände eintragen: Gegenstand, Umfang, Durchmesser, Verhältnis Umfang zum Durchmesser ($^u/_d$). Zum Bestimmen des Durchmessers den Gegenstand zwischen zwei Bretter oder Buchstützen einklemmen. Welche Erkenntnisse gewinnt man?	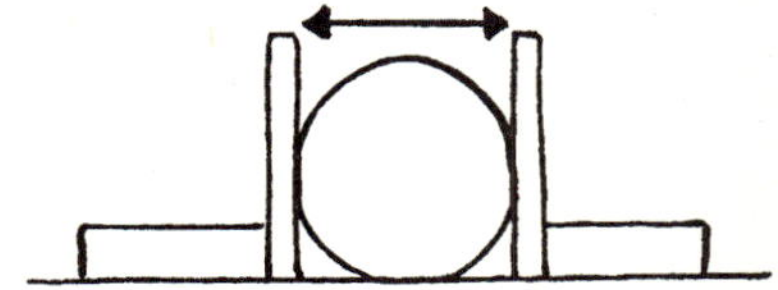

Nr.	**Name der Spielform** Ziele / Akzente	**Idee / Beschreibung**	**Hinweise / Organisation**
701	**TAGESSCHAU** Die Tagesschau berechnen Zeit messen, vergleichen	Eine Sendung der Tagesschau aufzeichnen. Die Beiträge auflisten und die einzelnen Zeiten mit der Stoppuhr messen. Wie viele Einzelbeiträge, vorgelesene Meldungen, Filmbeiträge werden ausgestrahlt? Wie lange dauern sie? Durchschnittliche Dauer? Welches ist die kürzeste, welches die längste Meldung? Mit anderen Nachrichtensendungen vergleichen. Meldungen / Beiträge ordnen (In- / Ausland, Politik, Wirtschaft, Kultur, Sport …).	
702	**TEILERPUZZLE QUADRAT** Teiler- und Vielfachrelationen Grösster gemeinsamer Teiler	Auf quadratische Karten folgende Zahlen schreiben: 1, 2, 3, 4, 5, 6, 8, 10, 12, 16, 20, 24, 30, 32, 40, 48. Die Karten so zu einem Quadrat zusammenfügen, dass benachbarte Karten Teiler bzw. Vielfache voneinander sind. • Achsenspiegelung der Lösung an den beiden Hauptdiagonalen. • Drehung um 90°, 180°, 270°.	
703	**TEILERPUZZLE KREUZ** Teiler- und Vielfachrelationen Grösster gemeinsamer Teiler	Auf quadratische Karten folgende Zahlen schreiben: 2, 3, 5, 6, 10, 12, 15, 18, 30, 32, 33, 35, 36. Die vier niedrigsten Zahlen stellen Teiler, die übrigen Zahlen Vielfache dar. Die Karten so zu einer symmetrischen Figur zusammenfügen, dass zwischen zwei Vielfachen stets ihr grösster gemeinsamer Teiler zu liegen kommt. • Zweites Puzzle: 1, 2, 3, 7, 9, 11, 12, 14, 15, 28, 35, 38, 42.	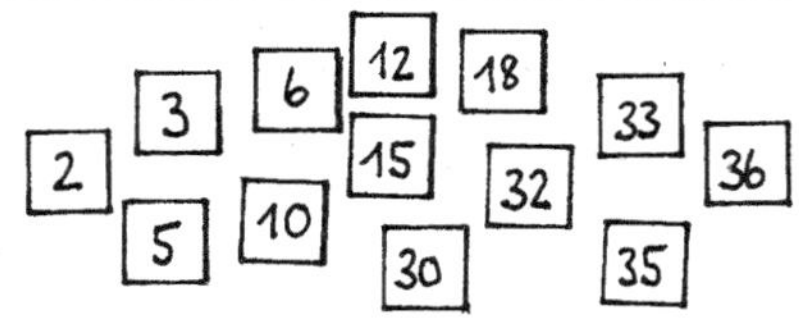
704	**TEILERSUCHE** Teilmenge bestimmen	2–5 Spieler spielen mit zwei Würfeln. Die erste Person bestimmt aus den beiden Augenzahlen die Zahl, wobei sie selber festlegen kann, welche Zahl die Zehner und welche die Einer angibt. Die Mitspielenden nennen reihum je einen Teiler der Zahl, wer zuerst keinen mehr nennen kann, hat verloren und würfelt weiter. • 2–4 grosse Würfel pro Gruppe / Bewegungsaufgaben für «Verlierer».	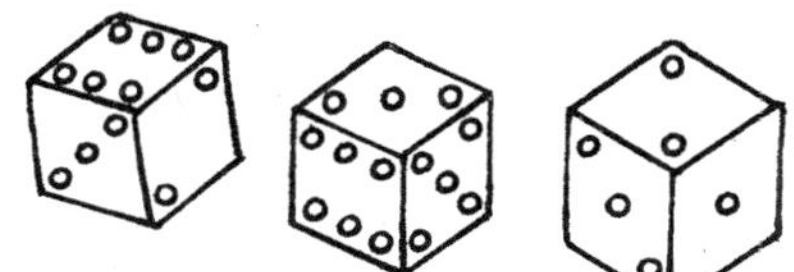
705	**EIGENSCHAFTS-LEITERSPIEL** Zahlen Eigenschaften zuordnen	Im Klassenraum (Schulhaus) hängen nummerierte Zettel, auf der Rückseite befinden sich Eigenschaften von Zahlen und Körpern: «Der Mantel besteht aus vier Trapezen», «Hat vier Teiler», «Durch diese Zahl darf man nicht teilen», «Die Abwicklung besteht aus …». In Gruppen das Leiterspiel spielen. Zahl suchen, auf der die Spielfigur steht, Lösung der Lehrperson melden. Richtig: weiterwürfeln. Falsch: drei Felder zurück, neue Zahl suchen …	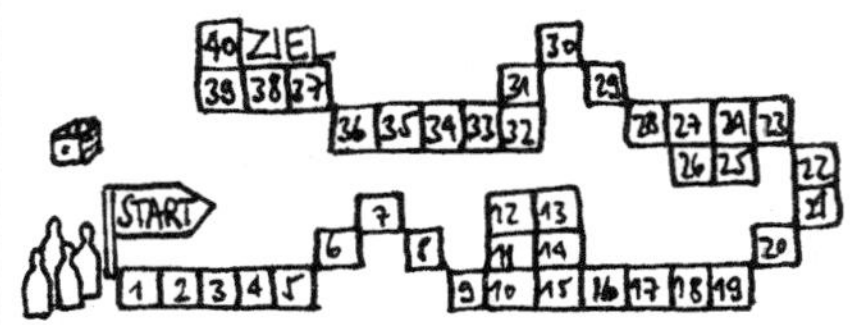

Nr.	Name der Spielform Ziele / Akzente	Idee / Beschreibung	Hinweise / Organisation
706	**SILVESTER 24.00 UHR** Zeitmasse umformen und addieren	Wer erreicht zuerst Silvester (31. 12., 24.00 Uhr, kein Schaltjahr, +/-30 Sekunden)? Mit drei Würfel bestimmt man in der ersten Runde den Startort (1. Wurf = Monat, 2. Wurf = Tag, 3. Wurf = Stunde), später die Zeitreise. Nach der Startrunde vor jedem der drei Würfe sagen, ob Wochen, Stunden oder Minuten (später Sekunden) addiert werden. Wer Silvester «überfährt» beginnt von vorne.	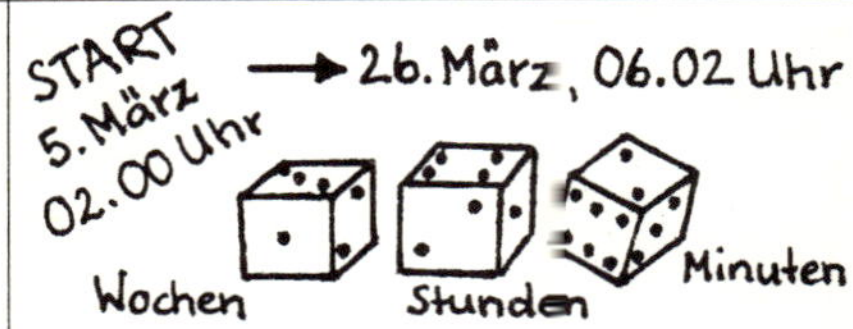
707	**ARBEITSZEIT** Zeitmasse Arbeitszeiten	In der näheren Umgebung die Arbeits- bzw. Dienstleistungszeiten verschiedener Institutionen ermitteln: Gesamtöffnungszeit eines Ladens, Besuchszeiten eines Spitals, Konsultationszeiten einer Praxis, Fahr- und Betriebszeit eines Busses, Öffnungszeit einer Tankstelle … • Pro Tag, pro Woche, pro Jahr … / grafische, dreidimensionale Darstellung. • Tabellen, Vergleiche, Verdienst, Spekulationen …	
708	**UMHÜLLUNG** Messen Vermessen	Ein Objekt auf dem Pausenplatz mit Zeitungspapier umhüllen (Monte Christo). Dazu das Objekt (die Objekte) genau vermessen, um möglichst wenig Papier zu verwenden. • Architektur-Preisausschreiben: Wer wählt die originellste Verpackungsmöglichkeit, wie wird sie realisiert? • Wer braucht am wenigsten Papier?	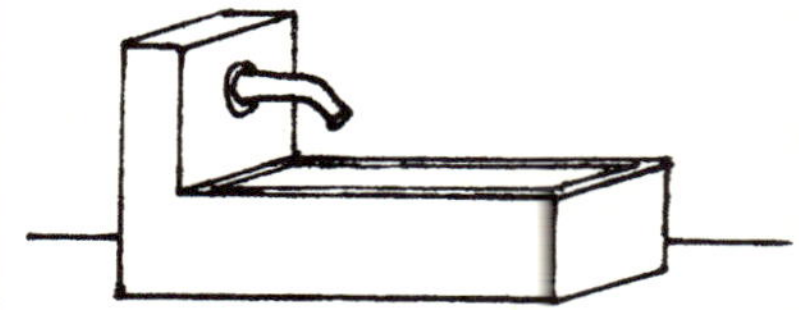
709	**NEUES MOBILIAR** Messen Vermessen Pläne	Ein neues Möbelstück (Gestell, Schrank, Pult, Teppich) für das Klassenzimmer auswählen. In Gruppen den Klassenraum und seine Möbel ausmessen, im Warenhaus Möbelstücke anschauen, vermessen und aussuchen. Die Vorschläge der Klasse präsentieren. • Mit Werbematerial / Bilder unterstützen. • Plan in vorgegebenem Massstab herstellen.	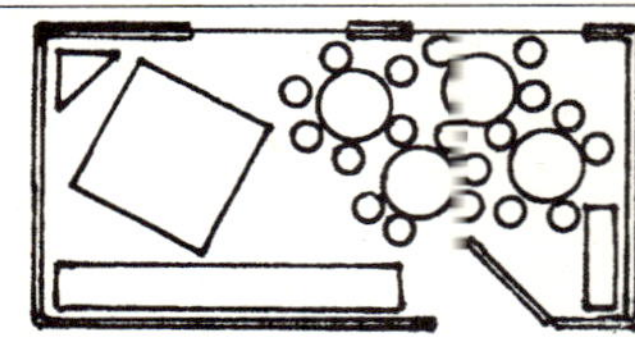
710	**BEACHVOLLEY INLINE** Messen Vermessen Pläne Materialkosten	Auf dem Schulhausareal ein Beachvolleyballfeld (ein Streetballfeld, eine Halfpipe …) planen. Den geeigneten Standort suchen und abstecken. Projekte (Material, Kosten, Zeitplan …) der Klasse präsentieren. • Masse selber herausfinden und «installiertes» Feld vermessen. • In-Line-Bahn planen (vermessen, Plan herstellen, Material, Kosten), provisorisch ausstecken (OL-Bänder, Malstäbe, Markierungshüte).	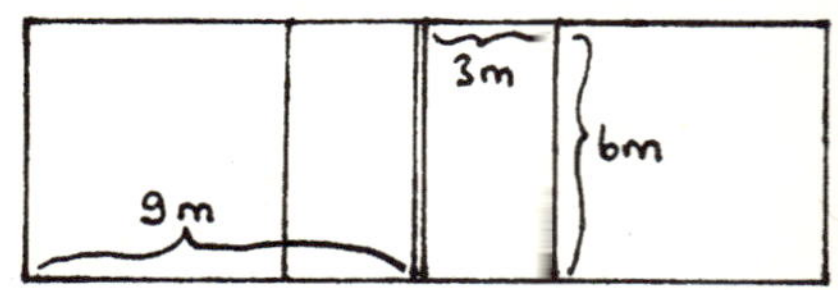

Nr.	Name der Spielform Ziele / Akzente	Idee / Beschreibung	Hinweise / Organisation
711	**MINIGOLF KLETTERWAND** Messen Vermessen Pläne Materialkosten	Auf der Wiese (auf dem Pausenplatz mit Kreide) eine Minigolfanlage mit möglichst vielen Bahnen planen. Die Masse von einer bestehenden Anlage übernehmen und die Bahnen mit Bändern, Haken, Steinen … abstecken. • Minigolfanlage realisieren: Bahnen bauen, Minigolf spielen … • Kletterwand realisieren. • Wettbewerb: Wer plant die originellste realisierbare Anlage?	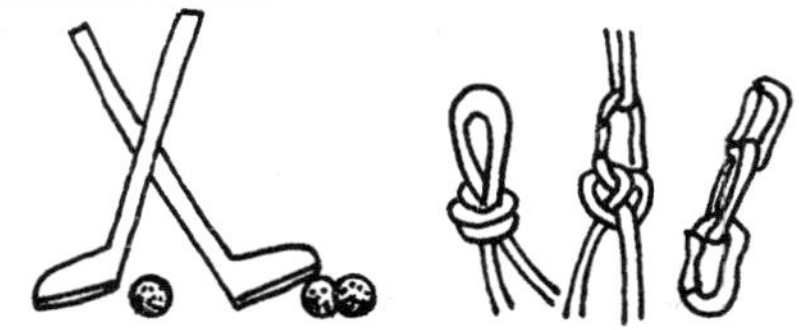
712	**OL NACH MASS** Messen Vermessen Pläne	Im Wald organisiert eine Gruppe einen OL (Orientierungslauf). Sie misst den Weg zur nächsten Station mit dem Laufband und gibt jede Richtungsänderung in exakten Graden oder mit der Himmelsrichtung an. Bei jedem Posten befindet sich ein Hinweis zum nächsten Halt. Die Informationen unter Steine legen oder mit OL-Bänder um Bäume befestigen. • Zusätzlich zu lösende Aufgaben an den Stationen.	
713	**FASSUNGSLOS FASSBAR** Hohlmasse Messen Berechnen	Zwei Gruppen nehmen je fünf verschiedene Gefässe von zu Hause mit und füllen sie auf dem Pausenplatz mit einer bestimmten Wassermenge. Die zweite Gruppe schätzt den Inhalt der einzelnen Gefässe. Die Differenzen aufschreiben und addieren. Wer schätzt genauer? Mehrere Runden. • Springbrunnen ausmessen / Wassermenge schätzen / Brunnen reinigen. • Brunnen entleeren / auffüllen.	
714	**UMWANDELN GRUNDOPERATION** Umwandeln Grundoperationen mit Grössen ausführen	Im Klassenzimmer hängen Post-it-Zettel. Auf den einen stehen Rechenaufgaben, auf den anderen Lösungen, auf den einen Messaufgaben, auf den anderen Masse, auf den einen Umwandlungsaufgaben, auf den anderen umgewandelte Werte. Wer findet die meisten Paare? • Stafette: Zwei Gruppen, jede Gruppe mit anderer Aufgabe. • Fremde-, eigene Währung / Paare ins Heft schreiben, wieder aufhängen.	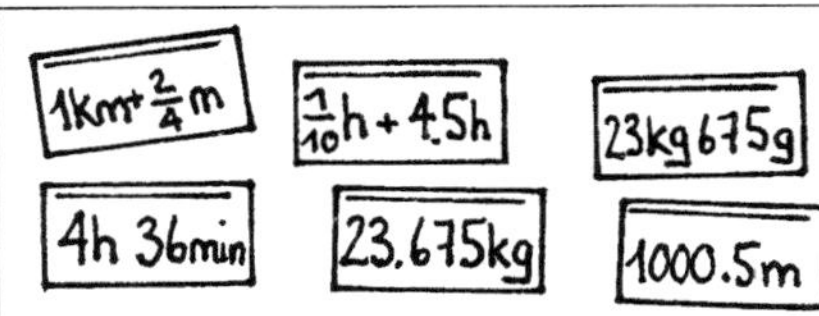
715	**GRÖSSEN-LEITERSPIEL** Grundoperationen mit Grössen ausführen	Im Klassenzimmer hängen nummerierte Zettel. Auf der Rückseite befinden sich Grundoperationen mit Grössen und zusammengesetzten Grössen. 4–5 Gruppen spielen das Leiterspiel. Würfeln, Zettel mit der Zahl suchen, auf der die Figur zu stehen kommt. Aufgabe lösen und das Resultat der Lehrperson melden. Richtig: weiterwürfeln, neue Aufgabe lösen. Falsch: drei Felder zurück und ebenfalls entsprechende Aufgabe lösen.	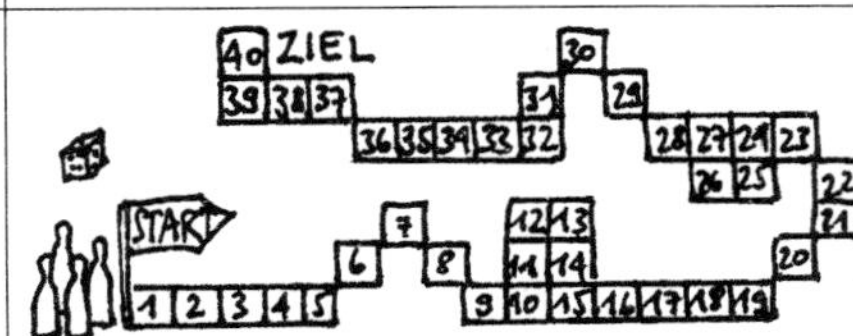

Nr.	Name der Spielform Ziele / Akzente	Idee / Beschreibung	Hinweise / Organisation
716	**QUALITÄTS- UND PREISVERGLEICH** Preise und Mengen Prozente und Zinsen Energiegehalt Leistungsangaben	In verschiedenen Lebensmittelgeschäften Produkte kritisch vergleichen (Fr./kg, Fr./g, Rp./g, Mengenrabatte, Qualität, Verpackung, Verhältnis Inhalt-Verpackung, Verpackungsgewicht …). Die Ergebnisse in Tabellen auf Plakaten und in dreidimensionalen grafischen Darstellungen präsentieren. • Energiegehalt J/kg … / Leistungsangaben bei Batterien, Lampen etc. • Mietobjekte, Preisvergleich, günstiges Angebot in Zeitung suchen.	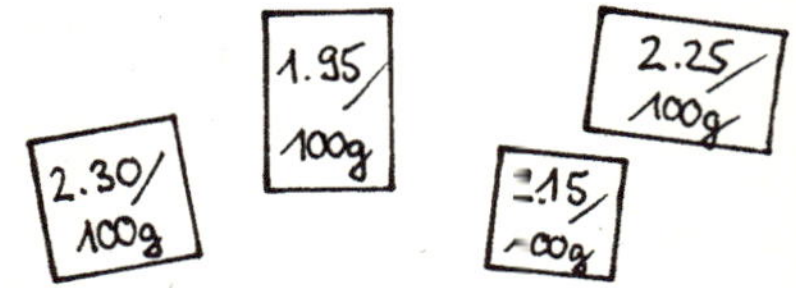
717	**TEMPERATUR** Temperaturen messen und vergleichen	Die Temperatur verschiedener Räume und Gewässer (Klassenzimmer, Gang, Toilette, See, Bach, Brunnen, Kalt-, Warmwasser) während einer bestimmten Zeitspanne täglich messen und notieren, dann interpretieren. • Temperaturen schätzen, dann messen. • Vergleich mit Wetterprognosen, Vergleich mit anderen Ländern. • Tabellen, dreidimensionale grafische Darstellungen, Plakate …	(siehe Tabelle unten)
718	**TEMPERATURVERGLEICH** Temperaturen messen und vergleichen Erklärungen suchen	Eis / Schnee in 2 Gläser abfüllen, in ein Glas 3 EL Kochsalz hinzufügen, umrühren: Eis schmilzt schneller, Temperatur ist tiefer (Kochsalz braucht beim Auflösen Energie, entzieht diese der Umgebung in Form von Wärme). • Zwei mit Wasser gefüllte Konservendosen, die eine weiss, die andere schwarz bemalt, an die Sonne stellen, Temperaturen vergleichen. • Schwarzes und weisses Blatt Papier bei Sonnenschein auf Eis legen.	
719	**THERMOMETER BASTELN** Temperaturen messen und vergleichen Erklärungen suchen	In eine ca. 15 cm hohe Flasche mit passendem durchbohrtem Gummistopfen Wasser mit wenig Tinte füllen, mit dem Gummistopfen verschliessen, durch das Loch ein 25 cm hohes Glasröhrchen bis zum Flaschenboden schieben. • Reagenzglas, passender Gummistopfen, 25 cm langes Glasrohr, 40 cm^3 Glycerin in Reagenzglas, verschliessen: In heisses Wasser tauchen … • Messungen an der Sonne, auf Gras, auf Beton, auf geteertem Weg …	
720	**TROCKEN-BAROMETER** Luftdruck messen und vergleichen Erklärungen suchen	Auf Flasche mit weitem Hals ein Stück eines Luftballons stramm mit einem Gummiring spannen. Einen Halbkartonstreifen mit Lasche ausschneiden und die Lasche auf die Gummihaut kleben. An der Wand Skala montieren: Wenn der Luftdruck bei schönem Wetter steigt, drückt er die Membran nach innen und der Zeiger «steigt», nimmt der Luftdruck ab, lässt der Druck nach, der Zeiger «fällt» (Barometer an Ort mit gleichbleibender Temperatur stellen).	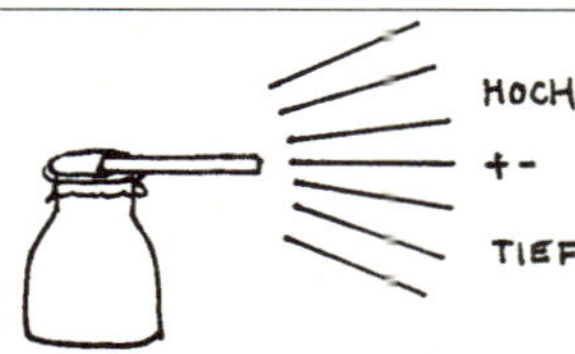

Tabelle zu 717:

	Zimmer	Gang	drausse	Aula	Brunnen
29.1.	19°	18°	1°	20°	5°
30.1	20°	19°	5°	20°	6°
31.1	18°	17°	-2°	19°	1°
3.2.	21°	19°	12°	20°	3°

Nr.	Name der Spielform Ziele / Akzente	Idee / Beschreibung	Hinweise / Organisation
721	**WASSER-BAROMETER** Luftdruck messen und vergleichen Erklärungen suchen	Eine gläserne Milchflasche zu drei Viertel mit Wasser füllen und mit der Öffnung nach unten in eine mit Wasser gefüllte Schüssel tauchen. Die Flasche mit Draht an einen Holzstab befestigen, der fest im Erdboden steckt. Skala an Flasche anbringen, den aktuellen Wasserstand markieren und Wasserspiegel bei verschiedenen Wetterlagen vergleichen. • Jeden Tag Wetter, Luftdruck, Luftfeuchtigkeit, Temperatur … notieren.	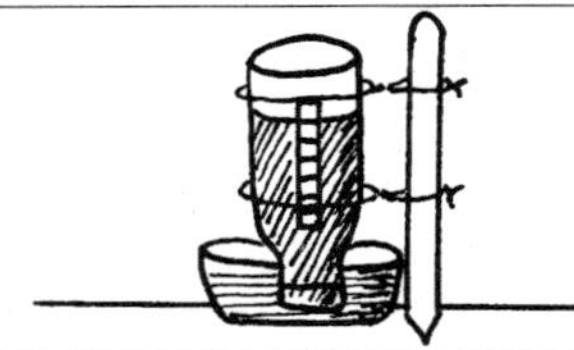
722	**SONNENUHR BASTELN** Zeit mit Sonnenstand bestimmen	Auf eine 40x30x1 cm grosse Spanplatte zwei 5 cm auseinanderstehende Halbkreise zeichnen (wetterbeständige Ölfarbe), im Abstand von 15° die Ziffern anschreiben. Von einem 5–10 mm dicken Vorhangstäbchen, das einige cm länger als der Radius der Uhr ist, 3 cm mit der Zange abknicken. Das kurze Ende mit zwei Schrauben im Mittelpunkt der Halbkreise befestigen, das lange Ende steht im Winkel von 30–35° von der Platte ab.	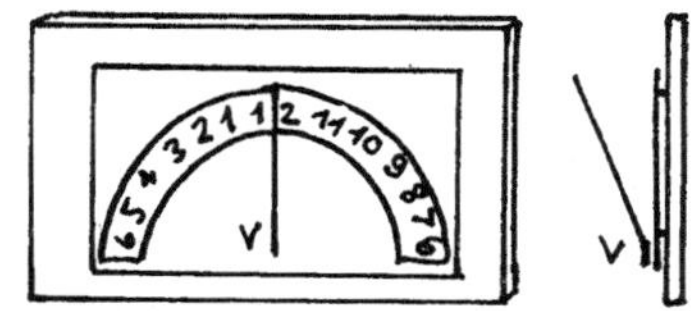
723	**TASCHEN-SONNENUHR** Zeit mit Sonnenstand bestimmen	Zwei dünne Sperrholzplatten à 6.5x7 cm mit Ziffern beschriften, die beiden Brettchen mit kleinen Scharnieren verbinden. Im «Mittelpunkt» beider Platten ein kleines Loch bohren und einen starken Faden spannen, so dass, wenn der Faden straff gespannt ist, die beiden Bretter genau im rechten Winkel zueinander stehen. Zeitmessung: Das untere Brett waagrecht hinstellen, die seitlichen Ränder verlaufen von N nach S (Kompass, Uhr).	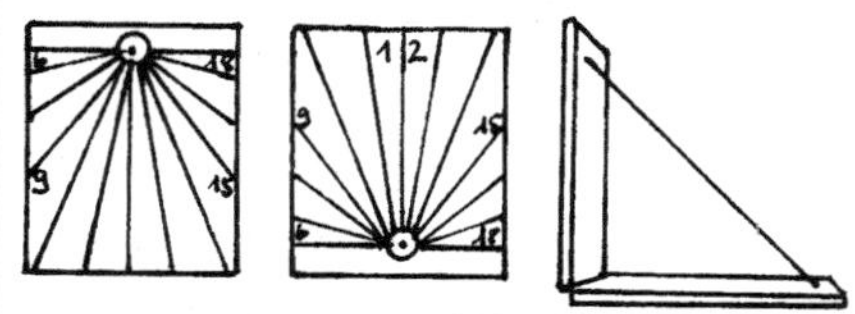
724	**SONNENSYSTEM** Lichtgeschwindigkeit Lichtjahre Potenzen Massstab	Rund um das Schulhaus einen Planetenweg (Pluto, Neptun, Uranus, Saturn, Jupiter, Mars, Erde, Venus, Merkur, Sonne) realisieren. Wie sind die Abstände und Grössenverhältnisse? • Lichtgeschwindigkeit, Lichtjahre und Kilometer ausrechnen. • Rechnungen mit und ohne Potenzen.	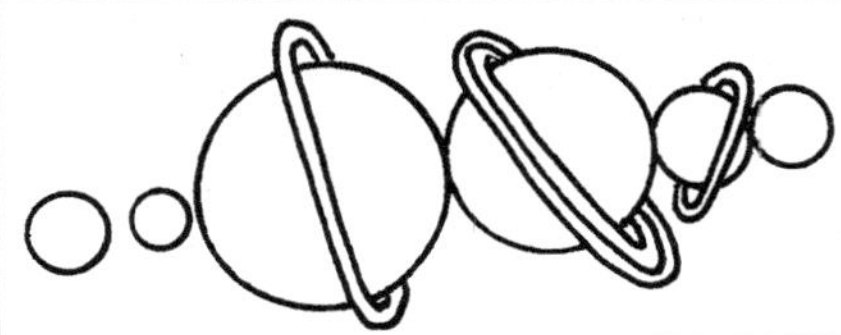
725	**ERDVIERTEL** Berechnungen am Kreis Weltkugel Massstab	Auf einer Wiese ein Viertel der Erde im entsprechenden Verhältnis darstellen (mit Haken und Schnüren Linien spannen, der Kreislinie entlang Sägemehl streuen), dann Erdmittelpunkt, Äquator und Nordpol beschriften. • Verhältnisse selber berechnen. • Umfang messen, berechnen, ablaufen, Geschwindigkeit messen …	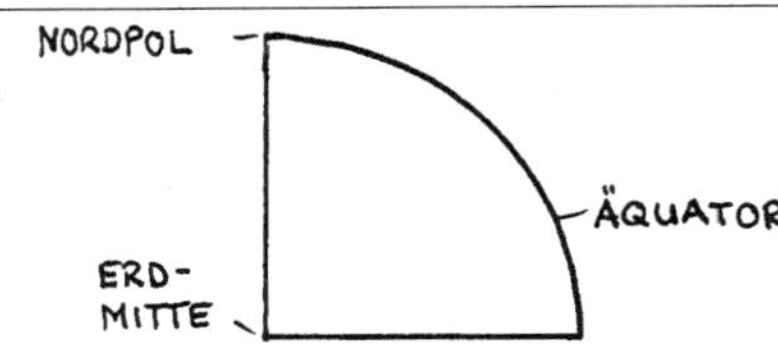

Nr.	Name der Spielform Ziele / Akzente	Idee / Beschreibung	Hinweise / Organisation
726	**IC-NETZ** Strecken Winkel Massstab	Das IC-Netz der Bundesbahn auf der Wiese mit Haken und Gummibändern in einem entsprechenden Massstab nachbauen. • Mit farbigen Bändern unterschiedlich frequentierte Strecken oder im Bau befindliche Strecken markieren. • Fähnchen einstecken, Städte benennen. • Fähnchen mit Städtenamen einstecken.	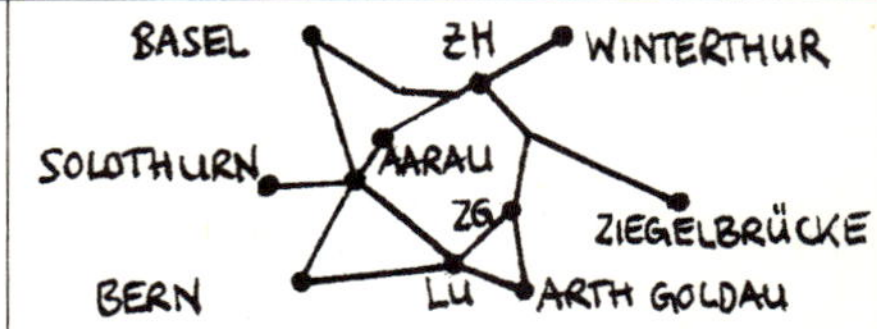
727	**KOMPASS** Kompass anwenden Winkel, Abstände	Auf dem Schulhausareal starten zwei Personen gemeinsam mit einem Kompass. Die eine Person führt die andere zu einem Zielobjekt (Brunnen, Eingang Schulhaus, Kletterstange …), indem sie angibt, wie viele Meter und in welche Richtung sich die Person verschieben muss. Wie viel Zeit wird dafür benötigt? • Angaben in Metern / Schritten / Winkeln / Himmelsrichtungen …	
728	**STRECKENPROFIL** Höhenangaben Profil Massstab	Eine Landschaft oder einen Weg auf seine Höhenunterschiede und Streckenlänge untersuchen und nachbilden. Den Weg ablaufen, vermessen … Das Streckenprofil zeichnen. • Modelle aus Ton, Karton, Styropor. • Mit Hilfe der Landkarte / durch Messung, Beobachtung der Natur.	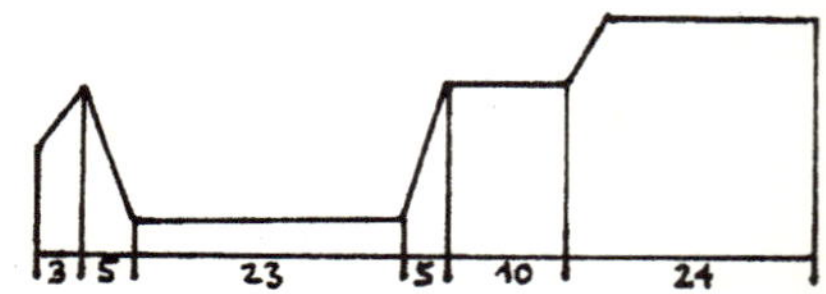
729	**SCHALL-GESCHWINDIGKEIT** Schallgeschwindigkeit messen und vergleichen Erklärungen suchen	Im Abstand von 200–300 m zueinander stellt sich jemand mit einer Stoppuhr, jemand mit einer Trommel auf. Langsam schlagen, dann die Schlagfrequenz erhöhen, bis der ankommende Schall mit dem darauffolgenden Schlag der Trommel zusammenfällt. Die messende Person gibt ein Zeichen, die Schlagfrequenz wird beibehalten: Schall für Strecke = Zeit zwischen zwei Schlägen. Geschwindigkeit? Blitz – Donnerschlag? Dezibelmessungen?	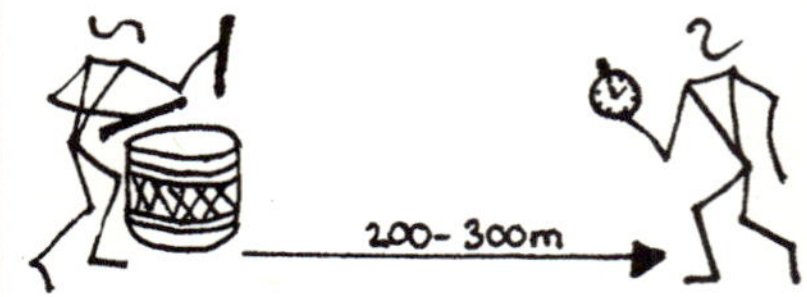
730	**GESCHWINDIGKEIT** Geschwindigkeit messen und vergleichen Umwandeln	Rund um das Schulhaus verschiedene Stationen aufstellen: Rollbrettfahren, Sackhüpfen, Velobahn, Gleichgewichtsparcours … Auf jeder Station nach genauer Anleitung für eine bestimmte Strecke die Zeit stoppen und die Geschwindigkeit ausrechnen (km/h). Am Schluss erstellt jede Gruppe eine Geschwindigkeits-Rangliste. • Strecke muss in bestimmter Zeit absolviert werden. Wer ist am genauesten?	

Nr.	**Name der Spielform** Ziele / Akzente	**Idee / Beschreibung**	**Hinweise / Organisation**
731	**GRUND-OPERATIONEN** Addition, Subtraktion, Multiplikation, Division	Alle haben 20–30 Kärtchen, auf denen Rechnungen und auf der Rückseite die Lösungen stehen. Die Aufgaben auf einem Spaziergang lösen und nach 5–10 Minuten untereinander austauschen. • Keine Lösungen auf den Kärtchen: Resultate bei der Lehrperson vergleichen / die Lösungen auf die Kärtchen schreiben. • Rechnungen mit Kreide auf den Pausenplatz schreiben.	
732	**POTENZIEREN RADIZIEREN** Potenzen mit natürlichen Exponenten addieren, multiplizieren, subtrahieren, dividieren	Mit Kreide Aufgaben auf den Pausenplatz schreiben, die zweite Person löst sie / schreibt das Resultat dazu. • Schnitzeljagd im Wald / Post-it-Zettel im Klassenzimmer aufhängen. • Volumenmasse, Energieträger, Energieangaben. • Distanzen im Sonnensystem mit / ohne Potenzen angeben. • Planetenweg rund um das Schulhausareal gestalten / vermessen.	
733	**WURZELZIEHEN** Zerlegung einer Zahl in gleiche Faktoren	Für jede Gruppe hängen Post-it-Zettel einer bestimmten Farbe an den Wänden. Rechnungen lösen bzw. Wurzel ziehen. Zettel holen, Resultat notieren, Zettel wieder aufhängen: Im Klassenzimmer, auf dem Pausenplatz, im Flur … • Wer hat zuerst 20 Rechnungen gelöst? Welche Gruppe löst schneller 20 Aufgaben ihrer Farbe? Gegenseitig korrigieren.	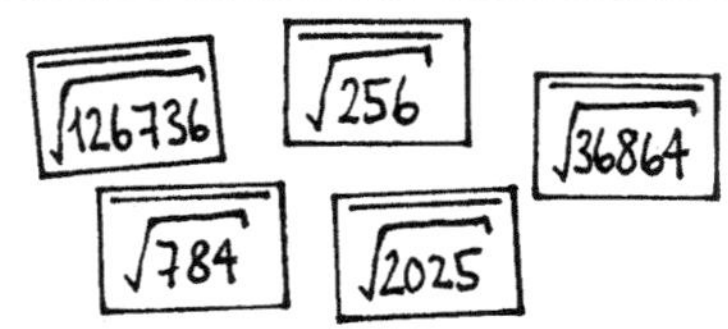
734	**TERME** Grundoperationen mit Variablen ausführen Umformung von Termen	Verschiedene Rechnungen hängen auf Post-it-Zettel im Klassenzimmer verteilt: Rechnungen holen, am Platz lösen und wieder aufhängen. Wer kann die Aufgabe auf dem Weg zum Pult im Kopf lösen? • Zwei Gruppen, verschiedene Zettel / eine Gruppe a, b; eine Gruppe x, y. • Lösungen auf die Zettel schreiben, drei Personen korrigieren.	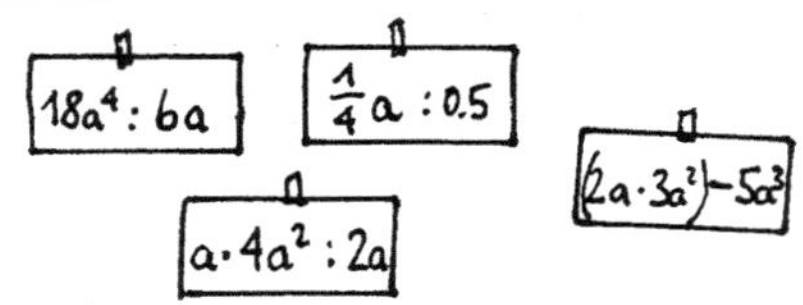
735	**GLEICHUNGEN** Gleichungen mit einer Unbekannten auflösen	Gleichungen trennen, auf zwei Zettel schreiben und im Klassenzimmer aufhängen. Die Paare suchen (gleiche Farbe, gleiche Variablen, gleiche Kennzeichen …), die Rechnungen ins Heft schreiben und die Zettel wieder aufhängen. • Gleichungen auf einem Spaziergang lösen, Resultate auf Zettel schreiben. • Pausenplatz / Flur / Wald.	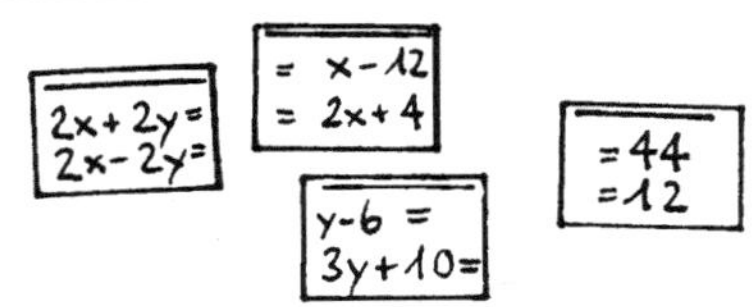

Nr.	Name der Spielform Ziele / Akzente	Idee / Beschreibung	Hinweise / Organisation
736	**ZUORDNUNGEN** Darstellungen von Zuordnungen	Statistiken lesen und interpretieren. Die Zuordnungen in Wertetabellen oder als Graphik auf einer Wiese grossflächig darstellen: Schnüre mit Haken spannen, Backsteine auftürmen, Steine oder Murmeln hinlegen … • Sachzusammenhänge / mathematische Darstellungen. • Funktionsgleichung.	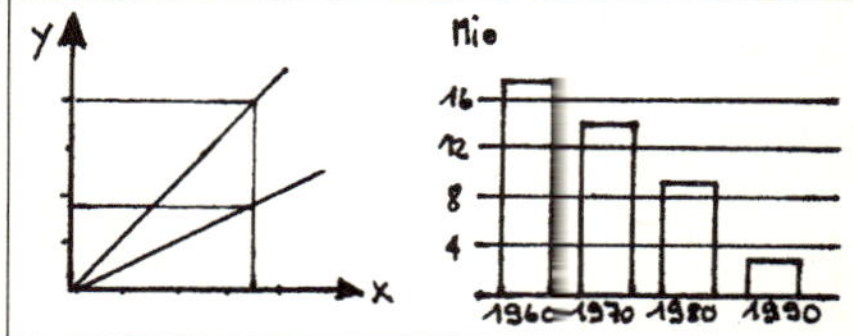
737	**KOORDINATEN-SYSTEM** Koordinaten lesen und einzeichnen	Auf einer Wiese mit Gummibändern und Haken ein Koordinatensystem spannen, einteilen und mit Kärtchen (Fähnchen einstecken) beschriften. Verschiedene Personen stehen im Koordinatensystem und verschieben sich je nach Anweisung auf der x- und y-Achse. • Rechnungen. • Orientierungslauf.	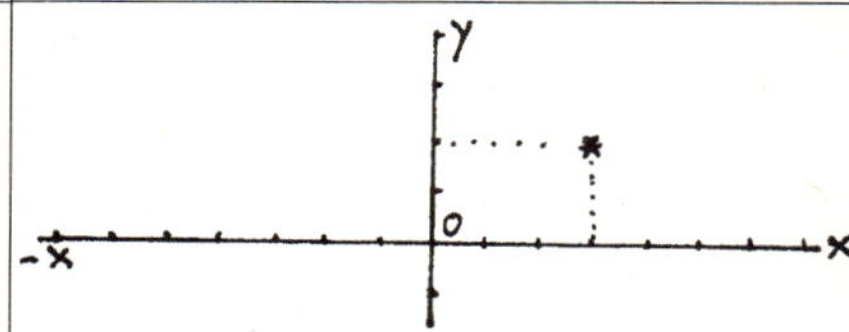
738	**PROPORTIO-NALITÄT** Direkte und indirekte Proportionalität unterscheiden	Zu bestimmten Themen die direkte und indirekte Proportionalität (Weg – Zeit, Preis – Leistung, Arbeiter – Ertrag …) sowie die nichtproportionalen Zuordnungen (Wachstum, Luftwiderstand, Mengenrabatt …) darstellen und erläutern (sich gruppieren, Modelle, Darstellungen). • Material bereitstellen: Karton-, Streichholzschachteln, Backsteine, Spielmarken, Klötze, Schnüre, Styropor …	
739	**STATISTIK** Statistische Daten gewinnen, darstellen und interpretieren	Grafische Darstellungen dreidimensional umsetzen: Umfragen oder veröffentlichte Daten (Einwohnerstatistik, Schul-, Bevölkerungsdaten, Energieangaben, Rohstoffbilanz …). • Türme aus Karton, Holz oder Spielsteinen … • Schnüre spannen, Steine hinlegen, Murmeln sortieren …	
740	**ARITHMETISCHES MITTEL** Arithmetisches Mittel aus Häufigkeitstabellen berechnen und interpretieren	Umfrage (zu Taschengeld, Naschen, Rauchen, sportlicher Tätigkeit …) auswerten, die Mittelwerte errechnen und auf dem Schulhausareal darstellen (Schnüre, Steine, Murmeln, Kartonschachteln …). • Klima, Einkommen, Jahreszahlen … • Wahrscheinlichkeitsrechnungen: Wetterprognose, Glücksspiel …	

Nr.	**Name der Spielform** Ziele / Akzente	**Idee / Beschreibung**	**Hinweise / Organisation**
741	**STARRE DREI- UND VIERECKE** Dreiecke, Vierecke bestimmen, berechnen, verändern	Aus Technikbaukastenstreifen oder Pappstreifen und Briefverschlüssen Dreiecks- und Vierecksverbindungen herstellen. • Dreiecke und Vierecke verändern, Eigenschaften bestimmen. • Drehen, spiegeln, verschieben, berechnen … • Vierecke durch eine diagonale Strebe in stabile Konstruktion verwandeln.	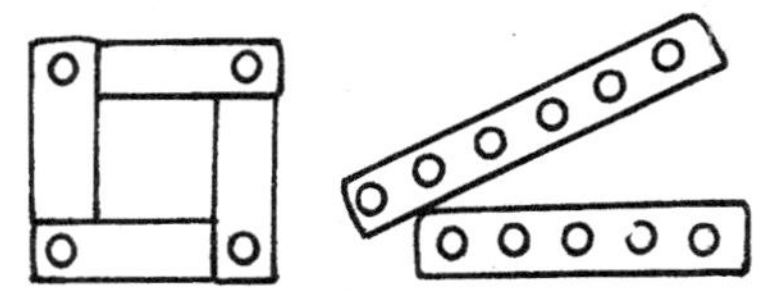
742	**FLÄCHEN GEBILDE** Dreiecke, Vierecke, Vielecke Flächen vergleichen, aufteilen	Mit Trinkstrohhalmen, Faden und Nadel unterschiedliche Vielecke herstellen. Die Strohhalme auffädeln und die Fadenenden verknoten: Flächen herstellen. Diese unterteilen, vermessen, vergleichen, verkleinern, vergrössern. • Verschiedene Drei-, Vier- oder Vielecke zusammensetzen. • Dreidimensionale Gebilde.	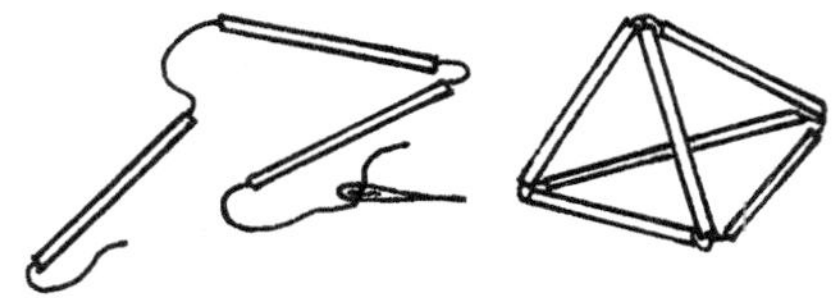
743	**GERADEN, DREI-, VIELECKE** Geraden, Parallelen Geometrische Figuren spiegeln, drehen	Eine Person / Gruppe zeichnet Geraden mit Kreide auf den Pausenplatz. Die zweite Person / Gruppe zeichnet Parallelen in vorgegebenen Abständen und Längen dazu. • Figuren zeichnen, an Spiegelachse spiegeln. • Figuren zeichnen, drehen …	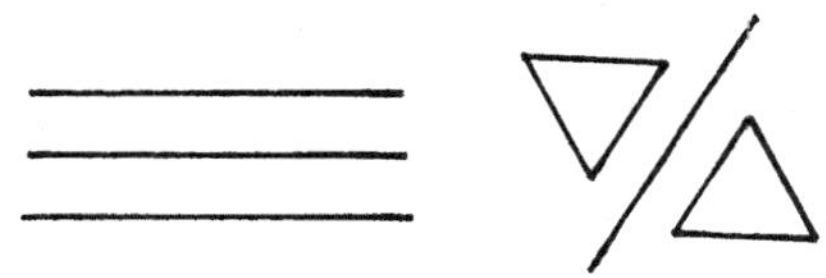
744	**DREIECKE** Dreiecke vermessen Schwerlinien Höhen Winkelhalbierende	Dreiecke mit Kreide auf den Pausenplatz zeichnen, die Seiten und Winkel messen sowie mit Farbe die Schwerlinien und Höhen einzeichnen. • Die Winkelhalbierenden einzeichnen. • Eine Gruppe löst eine Aufgabe, die andere korrigiert. • Die Gruppen stellen einander Aufgaben. • Dreiecke mit Schnüren und Haken auf der Wiese spannen …	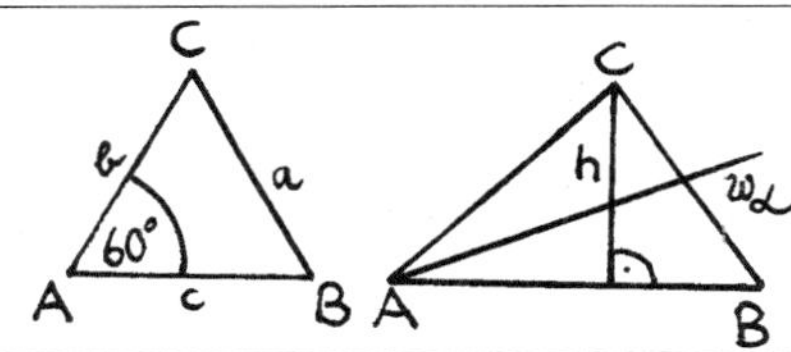
745	**GRAVISSIMO** Begriffe und deren Bedeutung Begriffe zeichnerisch darstellen	Auf kleinen Kärtchen geometrische Eigenschaften notieren, die sich zeichnerisch darstellen lassen (Kante, Scheitel, Prisma, Basis, Sekante, Ellipse, 60°, Translation, konzentrisch, ähnlich, Sehne, Bogen, Ornament Länge, Tangente …). Abwechselnd kommt eine Person an den Hellraumprojektor (an die Tafel) und zeichnet einen Begriff, die anderen raten, um welchen Begriff es sich handelt.	

Nr.	Name der Spielform Ziele / Akzente	Idee / Beschreibung	Hinweise / Organisation
746	**GEOBRETT: HERSTELLUNG** Nagelbretter herstellen	9er Brett: 9 Nägel (1.5x20 mm vernickelt) 10 mm tief in eine 12 mm starke Sperrholzplatte (15x15 cm) gleichmässig einschlagen (Rand = 2.5 cm). • Vorlage für mehrere Bretter: Durch ein Brett die Nägel 15 mm durchschlagen, sie ragen auf der Rückseite 3 mm heraus; auf neues Brett legen, Abdrücke für die Nägel entstehen. • Grössere Bretter mit mehr Nägel / Lochstreifen statt Gummibänder.	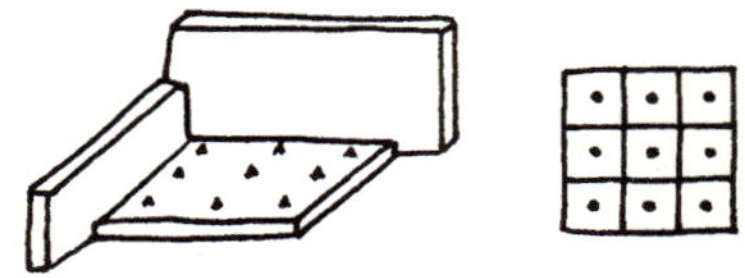
747	**GEOBRETT: FIGUREN** Offene – geschlossene Figuren Diagramme	Auf den Brettern mit Gummibändern geschlossene und nicht geschlossene Figuren (Endpunkte) darstellen. Dann einfache (keine «Kreuzung», keine «Verzweigung») und nicht einfache Figuren darstellen. • Im Kastendiagramm die vier Mengen gliedern. • Im Venn- oder Baumdiagramm ordnen.	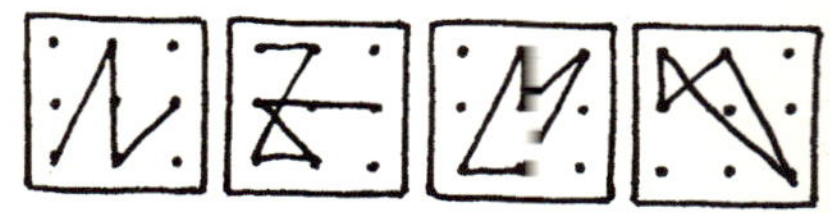
748	**GEOBRETT: DREIECKE** Kongruente und nicht kongruente Dreiecke Diagramme Relationen	Auf dem Geobrett alle möglichen Dreiecke (8) bilden. Einzelne Dreiecke kongruent auf einem zweiten Brett darstellen, dann kongruent und in entsprechender Lage darstellen. • Welches sind die Repräsentanten der acht Klassen kongruenter Dreiecke? • Wie viele Lagemöglichkeiten der einzelnen Dreiecke gibt es? • Kongruente / nicht kongruente Dreiecke / Diagramme / Relationen.	
749	**GEOBRETT: DREHUNG** Drehung, Klappung Symmetrie Winkel Pythagoras	Auf dem Brett Dreiecke verschieben, drehen, klappen. • Symmetrische Muster mit Dreiecken in verschiedenen Lagen / auf einem, auf mehreren Brettern. • Arbeitsanweisungen: drehen um xy°, dann nach oben klappen, dann … • Wie viele Dreiecke mit wie vielen Lagemöglichkeiten? • Wie lang sind die einzelnen Seiten, wie gross sind die Winkel …?	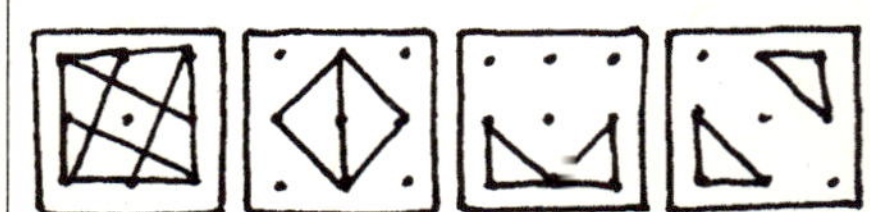
750	**GEOBRETT: LÄNGE, RICHTUNG** Längen Richtungen Seitenlänge Umfang	Wie viele Strecken einer gegebenen Länge (5, 10, 7, 14, 11 cm) sind auf dem Geobrett möglich, wie viele Richtungen gibt es? • Richtung paralleler Geraden / Anzahl möglicher Richtungen. • Dreiecke nach der Grösse des Umfangs ordnen. • Wie viele Dreiecke mit derselben Seitenlänge gibt es? • Gleichschenklige und gleichseitige Dreiecke nennen und unterscheiden …	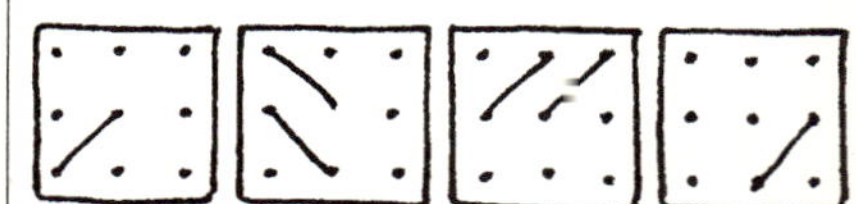

Nr.	Name der Spielform Ziele / Akzente	Idee / Beschreibung	Hinweise / Organisation
751	**GEOBRETT VIERECKE** Rechteck, Quadrat, Trapez, Mengen, Diagramme	Auf dem Geobrett alle möglichen Vierecke (16) spannen. • Welche sind konvex / nicht konvex? • Welche sind Trapeze, welche Rechtecke, welche Quadrate, Parallelogramme, Drachen, Rauten, gleichschenklige Trapeze? • Welche Eigenschaften haben die verschiedenen Vierecke? • Mengen bilden / Diagramme erstellen …	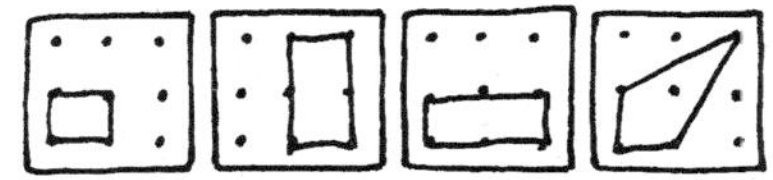
752	**GEOBRETT SPIEGELACHSEN** Spiegelachse Seitenlänge Umfang	Bei verschiedenen Vierecken mit andersfarbigen Fäden die Spiegelachsen spannen. • Vierecke spiegeln, drehen, klappen, verschieben mit einem / zwei Brettern. • Seitenlängen, Umfang bestimmen. • Symmetrische Muster mit Vierecken in verschiedenen Lagen auf einem / auf mehreren Brettern.	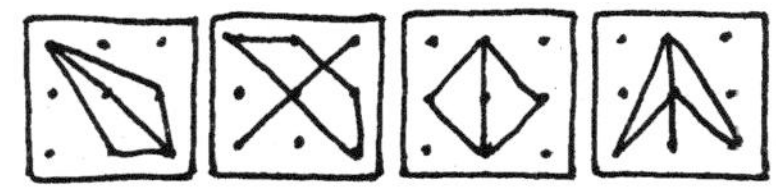
753	**GEOBRETT FLÄCHEN** Flächen zerlegen Flächen bestimmen Vielecke	Auf dem Geobrett Vierecke spannen und mit weiteren Gummibändern, Fäden oder Schnüren die Flächen zerlegen und berechnen. • Verschiedene Flächen nach dem Flächeninhalt ordnen. • Dreiecke in Teildreiecke zerlegen und berechnen. • Vielecke bilden, zerlegen und berechnen. • Verhältnis Anzahl Nägel (in der Fläche / Eckpunkte) und Fläche?	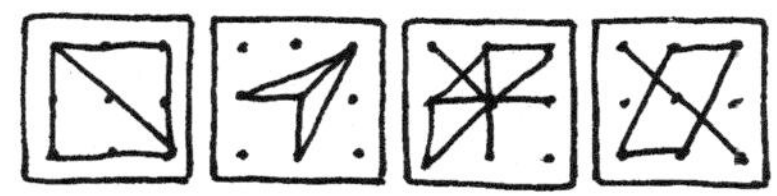
754	**GEOBRETT PAUSENPLATZ** «Geobrett» auf dem Pausenplatz gestalten	Geobrett-Beispiele im Freien grossflächig darstellen: • Wiese: Haken platzieren und Elast / Schnüre spannen. • Hartplatz: Elast / Schnüre um Malstäbe / Beine. • Gruppenarbeit, gleiche / verschiedene Aufträge. • Berechnen, messen / Flächen mit Papier auslegen, verschieben … • Satz des Pythagoras …	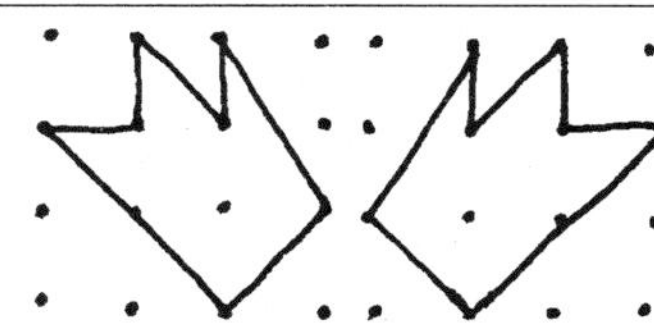
755	**GEOBRETT SPIEL** Gerade Dreieck Strategie	Zwei Spielende spannen abwechselnd auf dem Geobrett mit roten bzw. gelben Gummibändern Geraden. Wer durch seine Gerade zuerst ein Dreieck bildet, hat verloren. • Grösseres Geobrett: Vier Bretter bilden ein Spielbrett. • Viereck verliert.	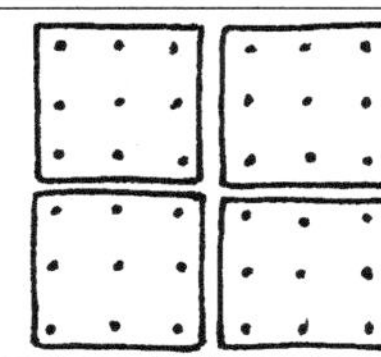

Nr.	**Name der Spielform** Ziele / Akzente	**Idee / Beschreibung**	**Hinweise / Organisation**
756	**HÜLLKURVEN** Mit Geraden Kreise bilden	Der Mathematiker verwendet den Ausdruck «Hüllkurve» für eine Anzahl von Geraden, die eine Figur begrenzen. Auf einer Wiese mit Sägemehl einen Kreis zeichnen (Mittelpunkt, Seil = Radius). In 36 Teile unterteilen (10°) und Haken einschlagen. Jeden Punkt n durch eine Gerade (Wollknäuel) mit dem Punkt n+10 verbinden. Übersteigt n+10 die Wertigkeit 36, dann -36. • Welche Hüllkurve entsteht bei n+5; bei n+15; bei n+25 …? / Fadenbilder.	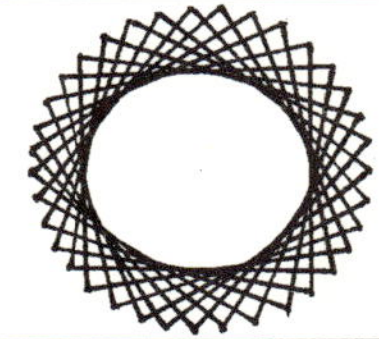
757	**HÜLLKURVE: CARDIOID** Mit Geraden Formen bilden Cardioid Nephroid	Herzförmiges Gebilde auf der Wiese mit Haken spannen: 1 mit 2, 2 mit 4, 3 mit 6, 4 mit 8, 5 mit 10, …, n mit 2n verbinden. • Nephroid (die Form erinnert an eine Niere): 1 mit 3, 2 mit 6, 3 mit 9, 4 mit 12, 5 mit 15, …, n mit 3n verbinden. • Erfinde andere Hüllkurven. Hüllkurven auf Brettern (Fadenbilder). • Auf dem Pausenplatz mit Kreide / Wollknäuel um die Beine spannen.	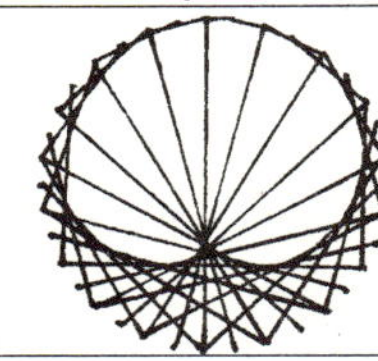
758	**HÜLLKURVE: ELLIPSE** Mit Geraden Ellipsen bilden	Auf der Wiese mit Schnüren zwei parallele Geraden im Abstand von 2–4 m spannen (Haken). Im Abstand von 20 cm (30 cm) die Zahlen -10 bis +10 abtragen und die der Funktion x zu $^1/_x$ entsprechenden Punktepaare mit Schnüren oder Elastbänder verbinden: 1 zu 1, 2 zu 0.5, 3 zu 0.33, 4 zu 0.25, …, 10 zu 0.1. • Was passiert, wenn Haken weiter / näher stehen? Wann entsteht ein Kreis?	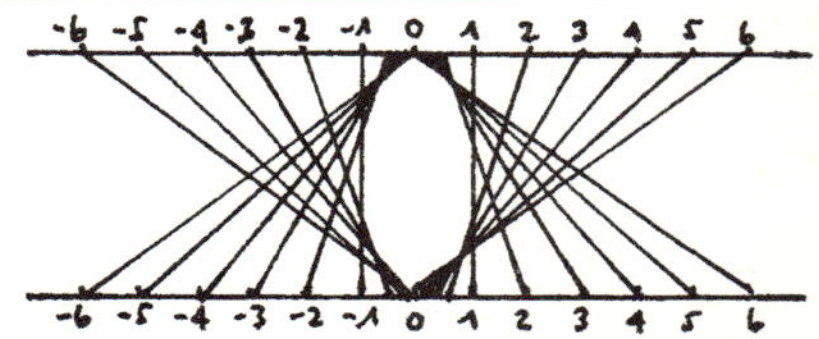
759	**ELLIPSE IM RECHTECK** Eigenschaften einer Ellipse Ellipse zeichnen	Rechteck ABCD mit Kreide auf Hartplatz, doppelt so lang wie breit, mit Geraden ST und VW in vier Rechtecke zerlegt. Geraden ST, AD und BC in acht gleich grosse Abschnitte unterteilen, mit 0–3 beschriften. Von W Gerade durch 1 auf OS und von V Gerade zum Punkt 1' auf AS ziehen, Schnittpunkt = Punkt auf der Ellipse. Von W Gerade durch Punkt 2 auf OS sowie von V Gerade zu 2' auf AS abtragen, Schnittpunkt = Punkt der Ellipse.	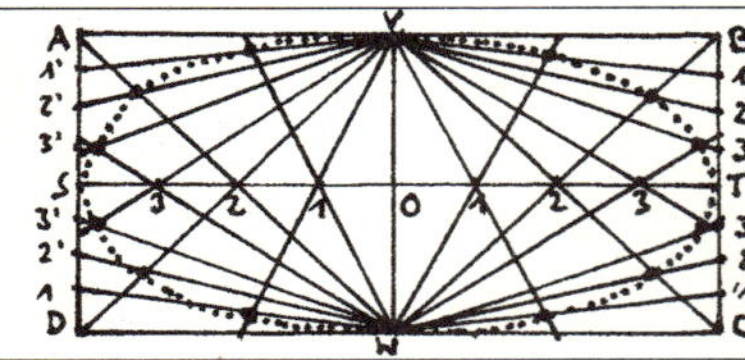
760	**ELLIPSE IM KREIS** Eigenschaften einer Ellipse Ellipse zeichnen	In einem grossen Kreis in Randnähe den Punkt A markieren. Das Zeichendreieck so anlegen, dass der rechte Winkel auf dem Kreisumfang liegt, während ein ihn bildender Schenkel den Punkt A berührt, den zweiten Schenkel als Sehne des Kreises abtragen. Das Dreieck in immer andere Positionen verschieben. Was entsteht, wenn A anders positioniert ist? • Ellipse auf Pausenplatz zeichnen / auf der Wiese mit Haken spannen.	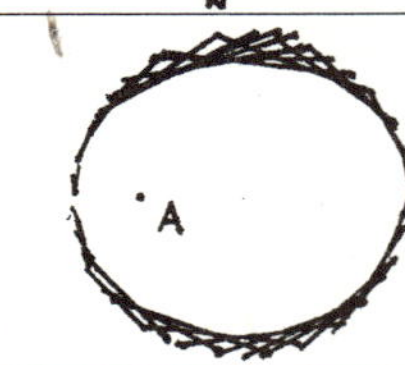

Nr.	Name der Spielform Ziele / Akzente	Idee / Beschreibung	Hinweise / Organisation
761	**PARABEL MIT KREISEN** Eigenschaften einer Parabel Parabel zeichnen	Auf einem Plakat (1x1 m) vom Mittelpunkt A Kreise mit den Radien 5 cm, 10 cm, 15 cm, … bis 45 cm einzeichnen. Parallelen im Abstand von 5 cm so einzeichnen, dass sie die Kreise berühren. Die Schnittpunkte beschriften und zu einer Parabel verbinden.	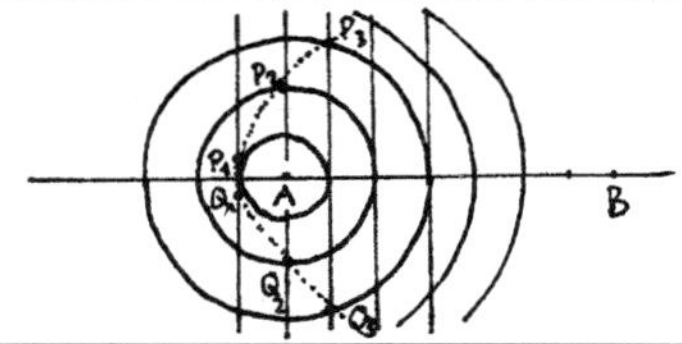
762	**PARABEL MIT WINKELN** Eigenschaften einer Parabel Parabel zeichnen	Auf einer Wiese mit Seilen zwei Geraden im Winkel von ca. 35-65° spannen und in regelmässigen Abständen auf beiden Geraden 10 Haken einschlagen. Den *n*-ten Punkt der Gerade mit dem (11-*n*)-ten Punkt der anderen Gerade verbinden (Wolle, Seile, Schnüre), also 10 mit 1, 9 mit 2, 8 mit 3 … • Mit Kreide auf Hartplatz / Fadenbild auf Brett.	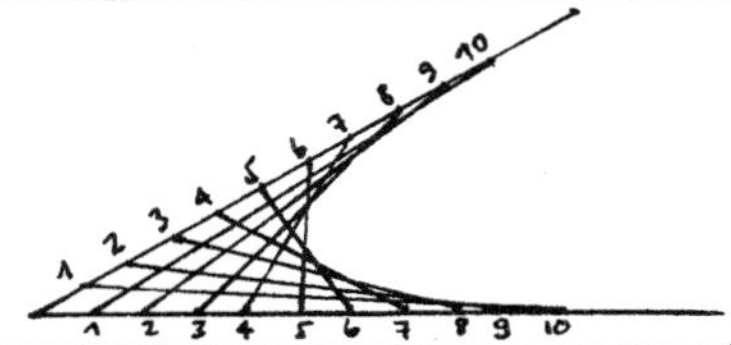
763	**PARABEL MIT GERADEN** Eigenschaften einer Parabel Parabel zeichnen	Auf Plakat oder Hartplatz mit Kreide eine Gerade und deren Mittelpunkt zeichnen, in der Nähe der Mitte einen Punkt A einzeichnen. Das Zeichendreieck (Lineal / Holzleisten) so angelegen, dass der rechte Winkel die Gerade berührt und eine der diesen Winkel bildenden Seiten durch A verläuft. Jeweils die Gerade zeichnen, die nicht durch den Punkt A verläuft. • Auf der Wiese mit Haken Fäden spannen / Fadenbild auf Brett.	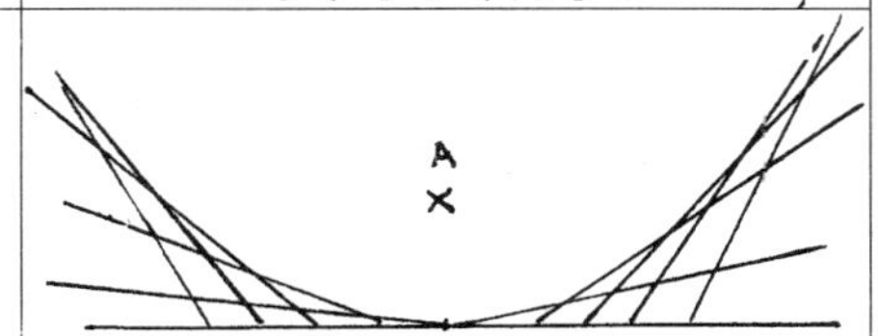
764	**GEOBILLARD** Winkel messen Winkel und Strecken schätzen	2x drei Bocciakugeln und kleinen Ball auf Spielfeld (auf Pausenplatz zeichnen, auf Boden kleben …) legen und Billard spielen: Kugeln nur über Bande anspielen. Kleiner Ball «schiesst», d. h., festlegen, wo der Ball die Bande trifft, Seil zum Spielfeldrand und im gleichen Winkel zweites Seil zum angepeilten Ball spannen. Trifft Seil Kugel, kommt sie raus, fortfahren. Wenn nicht, 40 cm von letzter Bandenberührung kleinen Ball setzen …	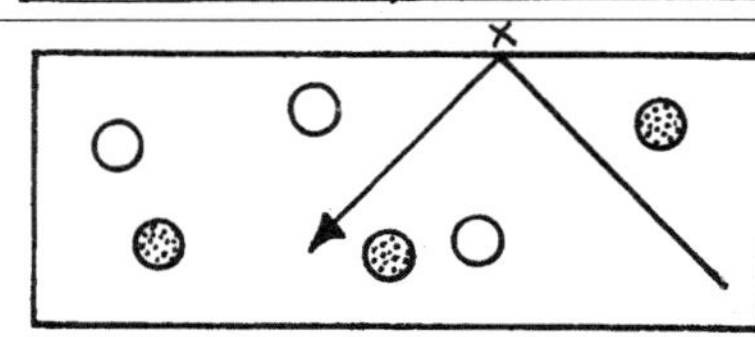
765	**THALESKREIS** Rechtwinklige Dreiecke	Auf einer Wiese mit Sägemehl einen Kreis kennzeichnen (Mittelpunkt, Seil als Radius spannen), dann mit Haken und Wolle (Seil) Gerade durch den Mittelpunkt ziehen = Grundlinie der Dreiecke. Geraden zur Halbkreislinie spannen und Dreiecke bilden, Winkel messen. • Seitenlängen mit Schritten abmessen, vergleichen, erklären … • Mit Kreide und Holzleisten auf Hartplatz.	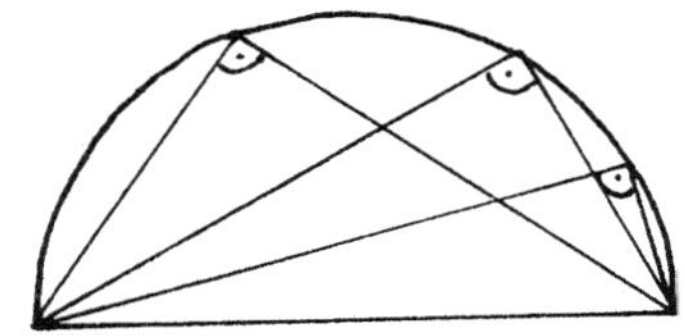

Nr.	Name der Spielform Ziele / Akzente	Idee / Beschreibung	Hinweise / Organisation
766	**PYTHAGORAS: SPIEL** Ähnliche Dreiecke zeichnen und berechnen	Auf einem Plakat (vorgegebene Fläche auf dem Pausenplatz) zeichnen zwei Personen je ein rechtwinkliges Dreieck mit gemeinsamer Seitenlinie. Die erste Person zeichnet ein rechtwinkliges Dreieck an eine «freie» Dreieckseite, diese Seite wird im neuen Dreieck Kathete oder Hypotenuse. Dreieck berechnen. Abwechselnd fortfahren. Wer kein Dreieck mehr im Feld platzieren kann, verliert.	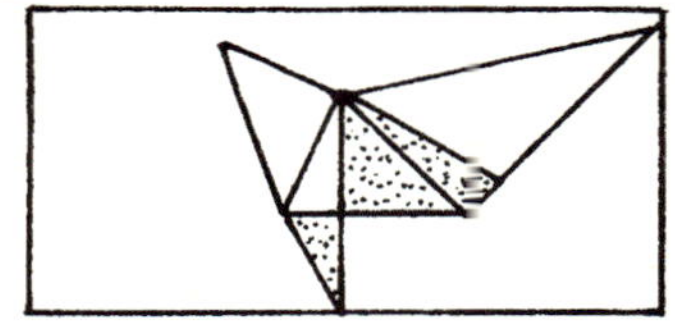
767	**PYTHAGORAS: PARKETT** Satz des Pythagoras beweisen, verstehen	Auf dem Pausenplatz mit Kreide das Pythagoras-Parkett aufzeichnen, Flächen färben oder schraffieren. • Was erkennt man? • Vergleichen, erklären, beweisen. • Wie entstehen Parkette? • Eigene Parkette entwerfen.	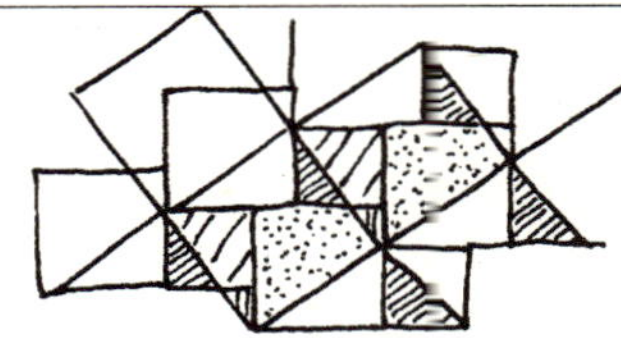
768	**PYTHAGORAS: MARSCH** Satz des Pythagoras beweisen, verstehen	Verschiedene rechtwinklige Dreiecke im Freien mit Kreide, Schnüren, Haken, Gummibändern … abstecken. Die einzelnen Geraden im gleichen Tempo ablaufen, die Zeit messen und mit dem Pythagorassatz vergleichen. • Quadrate über den Katheten bzw. der Hypotenuse mit Backsteinen (Zeichenpapier) auslegen und verschieben, Pythagorassatz beweisen.	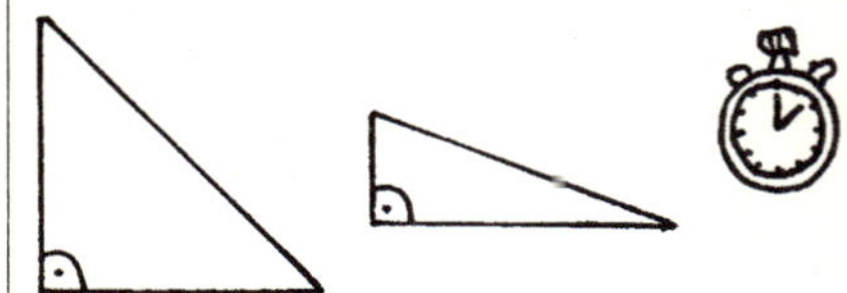
769	**PYTHAGORAS: PUZZLE** Satz des Pythagoras beweisen, verstehen	Zwei 5-teilige Puzzles herstellen. Daraus drei Quadrate bilden. Eckpunkte der Quadrate so verbinden, dass in der Mitte ein rechtwinkliges Dreieck entsteht. Die beiden kleinen Quadrate auf das grosse legen … Feststellung? • 7-, 10-teiliges Puzzle / selber Puzzles herstellen / umgekehrt verfahren. • Flächen im Freien aufteilen / verschieben (siehe Geobrett Pausenplatz).	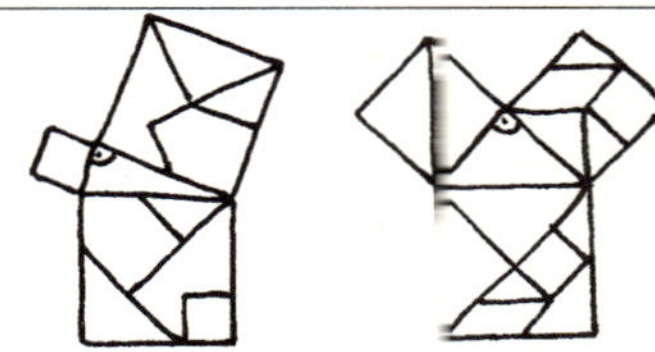
770	**QUADRATZAHLEN** Quadratzahlen bilden und verstehen	Auf einer Wiese bildet die Klasse Quadrate (2x2, 3x3, 4x4). Die Gruppenmitglieder stehen / liegen / sitzen nebeneinander bzw. aufeinander. • Atomspiel «Atom zwei hoch zwei», «Atom drei hoch drei». Wer übrig bleibt, löst eine Zusatzaufgabe, z. B. 5 Liegestütze. • Mit Murmeln / Spielsteinen Quadrate legen. • Kubikzahlen darstellen (Zündholzschachteln, Spielsteine).	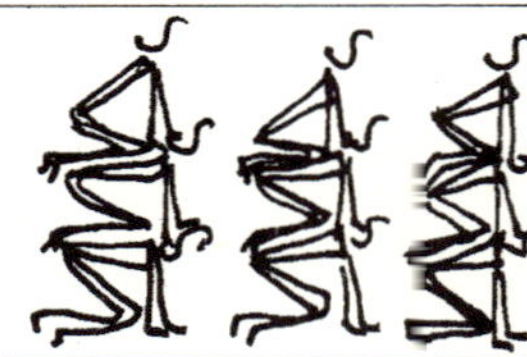

Nr.	Name der Spielform Ziele / Akzente	Idee / Beschreibung	Hinweise / Organisation
771	**MOSAIK** Flächen Formen Symmetrie	Ein Quadrat mit bestimmten Geraden und Parallelen auf ein grosses Plakat oder auf den Pausenplatz zeichnen, die Flächen farbig ausmalen. Formen und Farben gezielt auswählen. • Nach Vorlage / Vorlage selber entwickeln.	
772	**REGELMÄSSIGE VIELECKE** Vielecke Symmetrieachsen	Zwei Spiegel im rechten Winkel zueinander auf ein rechteckiges Stück eines farbigen Papiers stellen. Welche Figuren bilden der Papierausschnitt und seine Spiegelbilder, wenn sich eine Ecke des Papiers zwischen den Spiegeln befindet, wenn eine Kante des Papiers zwischen den Spiegeln steht … • Experimentieren, abzeichnen, folgern … • Eigenes Spiegelbild …	
773	**FOTOJAGD** Dreieck, Viereck, Vieleck, Mosaik, Ornament	Gebäude, Einrichtungen und Gegenstände der Umgebung fotografieren: Dreiecke, Vierecke, Vielecke, Ornamente, Mosaike … Auf einem Plan markieren Zahlen die ungefähren Standorte der zu suchenden Objekte. • Die Anfangsbuchstaben der fotografierten Gebäude … ergeben ein Lösungswort. Suchspiele / Orientierungsläufe / Wettkämpfe veranstalten. • Geometrische Figuren: Pyramide, Prisma, Quader …	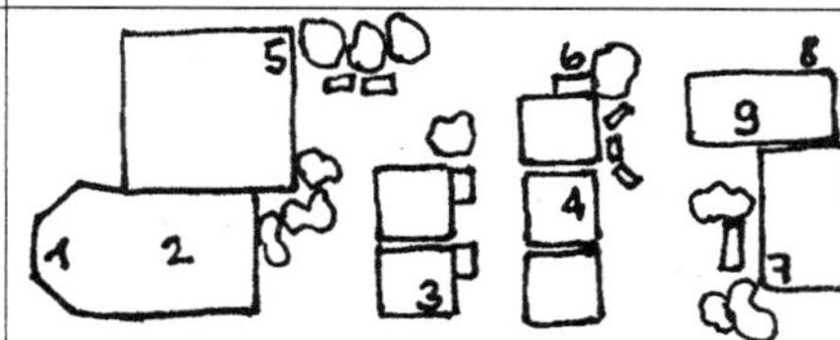
774	**MASSSTAB** Strecken, Höhen Messen, berechnen	Dorf-, Stadt- oder Baupläne der näheren Umgebung haben keine Massstabangaben. Strecken oder Gebäude ausmessen und den Verkleinerungsmassstab herausfinden. • Gegenstand / Gebäude / Baum aus der Umgebung in einem vorgegebenen Massstab zeichnen.	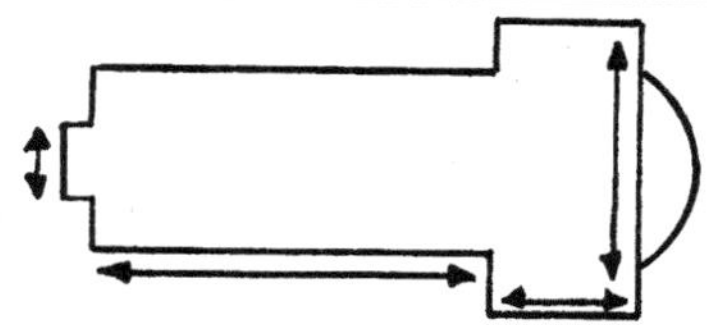
775	**ÜBERSETZUNG** Geschwindigkeit Fahrradübersetzung	Zwei Rollen (Durchmesser 12 cm und 4 cm) über ein Band miteinander verbinden. Wie oft dreht sich die 4-cm-Rolle während einer Umdrehung der grossen Rolle, wie ist das Verhältnis der Geschwindigkeit …? • Andere Rollengrössen. • Fahrrad: verschiedene Übersetzungen beobachten, vergleichen, messen.	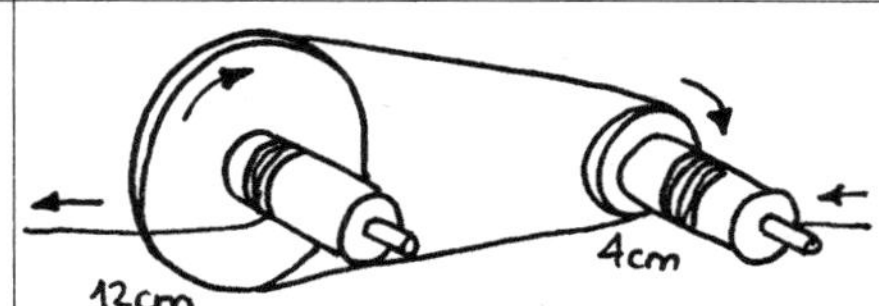

Nr.	Name der Spielform Ziele / Akzente	Idee / Beschreibung	Hinweise / Organisation
776	**GEOMETRISCHE ELASTIKKÖRPER** Geometrische Körper Flächen, Volumen Grund-, Aufrisse	Mit Gummibändern gemeinsam geometrische Formen bauen und verändern. • Längen, Höhen, Flächen, Volumen verändern, verdoppeln … • Einen Körper in einen anderen verwandeln, Formen zusammensetzen … • Formen durchdringen andere Formen. • Grund-, Aufrisse / Grundrisse am Boden mit Kreide nachfahren … • Protokollieren, skizzieren, beschreiben, zeichnen …	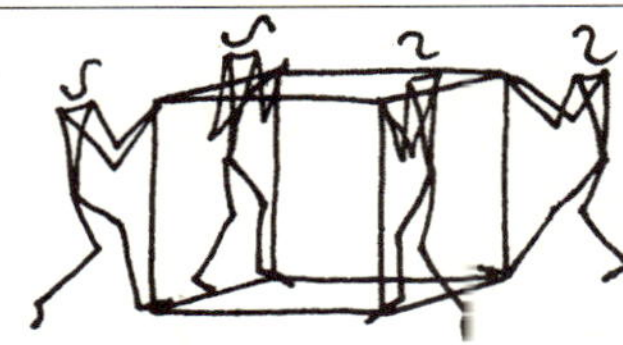
777	**GEOMETRISCHE PLASTIKKÖRPER** Geometrische Körper Flächen, Volumen Grund-, Aufrisse	Mit Trinkstrohhalmen, Faden und Nadel unterschiedliche geometrische Körper herstellen, indem man die Strohhalme auffädelt und die Fadenenden verknotet. • Pyramiden, Tetraeder, Oktaeder … Ikosaeder bilden. • Gleiche geometrische Körper mit unterschiedlich langen Strohhalmen. • Grosse Körper mit Elektrokabelröhren und Gummischnur bilden.	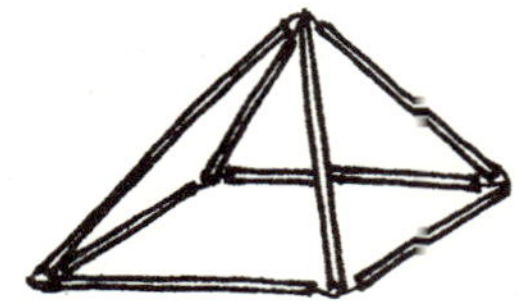
778	**GEOMETRISCHE HOLZKÖRPER** Geometrische Körper Flächen, Volumen Grund-, Aufrisse	In die Enden von Holzstäbchen (Holzleisten) seitlich kleine Löcher bohren und die Enden zusammenbinden. Pyramiden, Tetraeder, Oktaeder … Ikosaeder bilden. • Gleiche geometrische Körper mit unterschiedlich langen Seitenlängen.	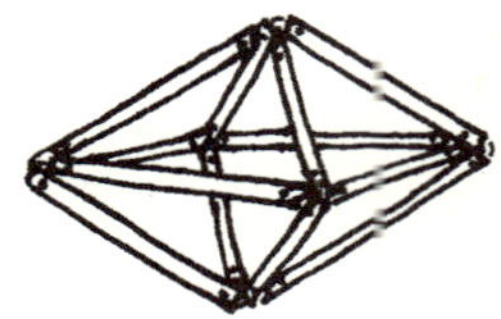
779	**PETERSEN-STRUKTUR HOLZ** Geometrische Körper Grund-, Aufrisse	15 Holzstäbe (15 cm lang) an je drei Enden mit Schnüren zusammenbinden (kleine Löcher bohren). Regelmässiges Fünfeck hinlegen, aus den restlichen Spreizen einen fünfzackigen Stern formen. • Dreieck aus gesamter Struktur zusammenfügen. • Drei Verbindungen, die von einem beliebigen Punkt ausgehen in einziges Bündel vereinigen und Sechseck, Pyramide, Tetraeder formen.	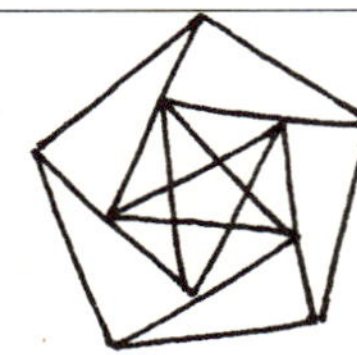 
780	**PETERSEN-STRUKTUR RÖHRE** Geometrische Körper Grund-, Aufrisse	15 Elektrokabelröhren (1 m lang) nummerieren und die Enden mit «+» und «-» beschriften. Dann das Gummiband in folgender Reihenfolge durchziehen: +1, +2, +3, +4, +10, +15, +8, +3, +9, +12, +7, +2,-8, +14, +6, +1, -7, +11, -10, +5, -6, +13, +12, +11, +15, +14, +13, -9, +4, +5. Bei manchen Röhren muss man das Gummiband mehrfach durchziehen. • Dreieck, Sechseck, Pyramide, Tetraeder … bilden.	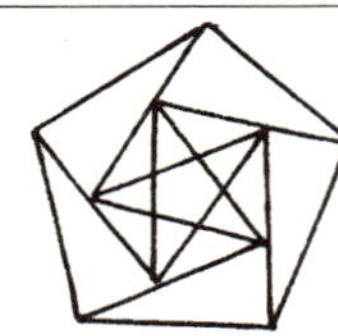 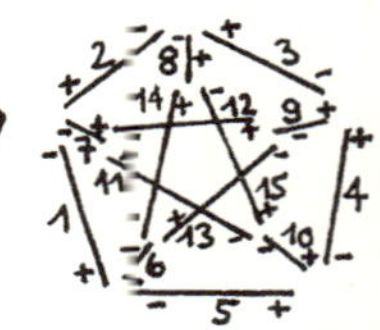

Nr.	Name der Spielform Ziele / Akzente	Idee / Beschreibung	Hinweise / Organisation
781	**VOLUMEN EINER PYRAMIDE 1** Volumenberechnung Verhältnis Würfel – Pyramide	Mit der Styroporschneidemaschine drei Würfel mit 9 cm Seitenlänge aus einem Styroporblock herausschneiden. Alle Würfel diagonal durchschneiden, um eine Vierteldrehung verschieben und nochmals diagonal durchschneiden (zwei Seitenflächen im Winkel von 45° auf eine Spitze hin ausschneiden). Aus den drei Körpern einen Würfel bilden. Erklärung der Formel zur Berechnung des Volumens einer Pyramide.	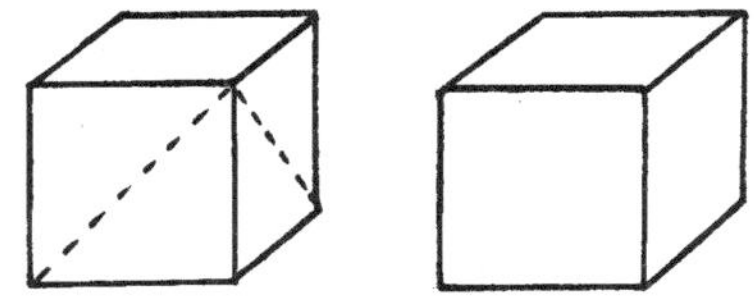
782	**VOLUMEN EINER PYRAMIDE 2** Volumenberechnung Verhältnis Würfel – Pyramide	Mit der Styroporschneidemaschine sechs Quader aus einem 4.5 cm hohen Styroporblock herausschneiden (9x9 cm Grundfläche; 4.5 cm Höhe), dann alle vier Seitenflächen im Winkel von 45° ausschneiden. Aus den sechs Körpern einen Würfel bilden. Erklärung der Formel zur Berechnung des Volumens einer Pyramide.	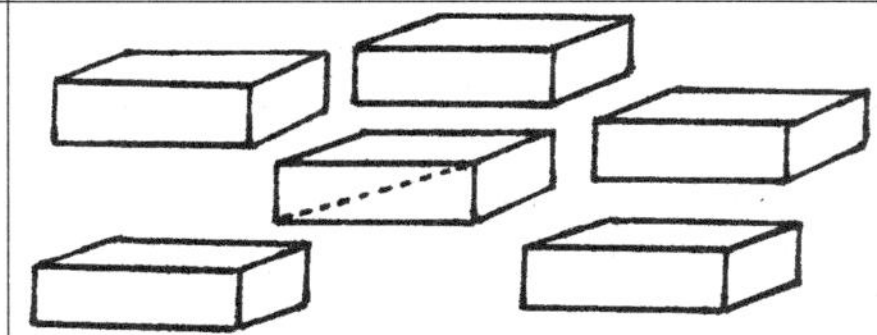
783	**FALTBARES TETRAEDER** Eigenschaften eines Tetraeders Volumenberechnung	Einen 28 cm langen und 4 cm breiten Pappstreifen in vier gleich grosse Rechtecke einteilen. Diagonalen einzeichnen: Im ersten Feld von unten links nach oben rechts, dann von oben nach unten, dann von unten nach oben, dann von oben nach unten. Die Diagonalen mit einer Zirkelspitze einkerben und die Enden des Streifens zu einem Band schliessen. Aus dem Band einen Tetraeder falten.	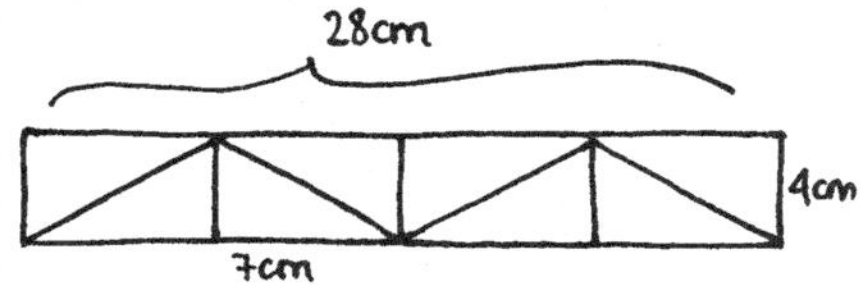
784	**SECHS PYRAMIDEN-WÜRFEL** Eigenschaften einer Pyramide Volumenberechnung	Aus sechs einzelnen Pyramiden (z. B. Seitenlänge der Quadrate 5 cm, Schenkel der Dreiecke 4.3 cm) oder aus zwei Netzen à je drei Pyramiden einen Würfel herstellen. Dazu je die mit A gekennzeichnete Grundfläche fest miteinander verbinden. Es entsteht ein Treppenmuster, das zu einem Würfel gefaltet wird (Pyramidenspitzen zueinander). • Rhombisches Dodekaeder: Pyramidenspitzen nach aussen falten.	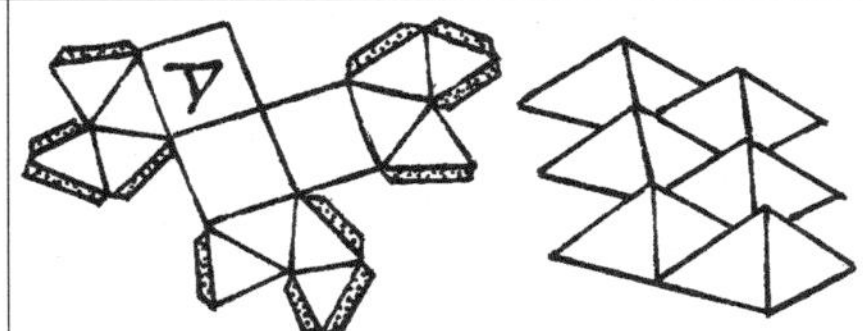
785	**DREI PYRAMIDEN-WÜRFEL** Eigenschaften einer Pyramide Volumenberechnung	Mittels Netz drei identische Pyramiden basteln (Grundfläche, vier rechtwinklige Dreiecke) und auf L-förmige Pappe kleben, dann zu einem Würfel zusammenfügen. • Wie sähe das Netz für alle drei Pyramiden aus?	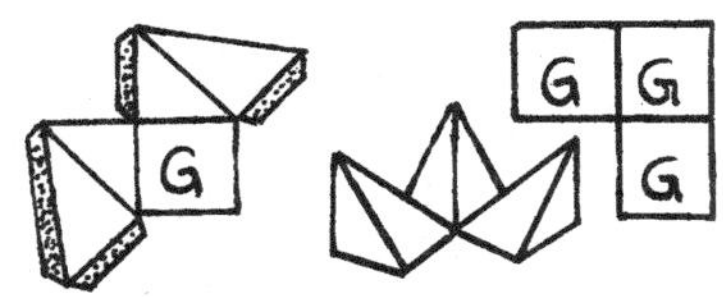

Nr.	Name der Spielform Ziele / Akzente	Idee / Beschreibung	Hinweise / Organisation
786	**VERPACKUNG HERSTELLEN** Netze geometrischer Körper	Für bestimmte Gegenstände (Geschenke) aus Karton originelle Verpackungen herstellen (Quader, Prismen, Zylinder …). Dazu das Netz des geometrischen Körpers ermitteln, aufzeichnen und ausschneiden. • Zusatzkleberänder. • Verpackungen anmalen.	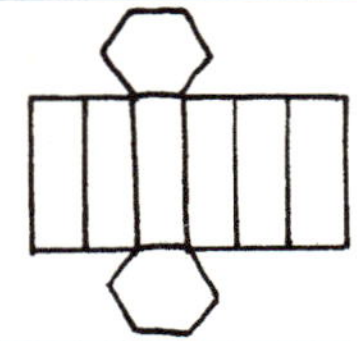 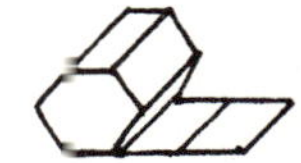
787	**GEBRAUCHS-GEGENSTÄNDE** Geometrische Figuren Kreativität	Aus Mikrowellkarton (Dicke 2 mm) originelle Gebrauchsgegenstände basteln: Zeitschriftenbox, CD-Ständer, Schublade … • Gebrauchsgegenstand vorgegeben, geometrische Form ist frei wählbar. • Gebrauchsgegenstand herstellen, geometrische Form ist vorgegeben.	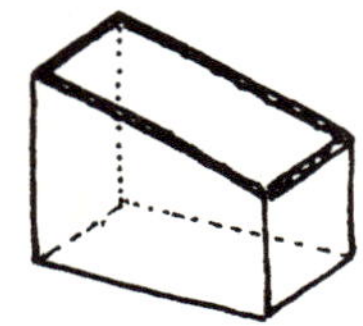 
788	**STREICHHOLZ-SCHACHTELN** Geometrische Figuren Kreativität	Aus Streichholzschachteln, die etwa 6 cm lang, 4 cm breit und 2 cm hoch sind, mit gutem Klebstoff verschiedene Schachtel- bzw. Hüllenkombinationen herstellen. • Geometrische Formen. • Vorgegebene Formen nachbauen, skizzieren …	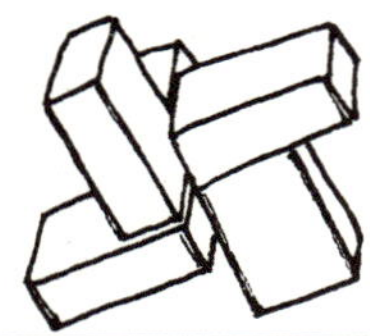 
789	**GEOMETRIE IN DER NATUR** Geometrische Formen erkennen und aufzeichnen	Im Freien verschiedene geometrische Formen suchen und abzeichnen / fotografieren. • Fotografierte geometrische Formen der anderen Gruppe im Freien suchen. • Welche geometrischen Formen findet man bei Kirchen … • Mit Streichholzschachteln und Karton Gebäude nachbilden.	 
790	**KUBIKZAHLEN** Kubikzahlen verstehen und darstellen	Auf einer Wiese oder in der Turnhalle Kubikzahlen darstellen. Personen auf die Schultern nehmen. • Atomspiel (Gruppen von 2x2 / 3x3 / 4x4 / 5x5 Personen bilden: Atom 2 / 3 / 4 / 5), wer übrig bleibt, löst eine Zusatzaufgabe. • Pyramiden bilden.	

Nr.	**Name der Spielform** Ziele / Akzente	**Idee / Beschreibung**	**Hinweise / Organisation**
791	**ÜBERDACHTER RAUM 1** Handelndes Erforschen Architektur-geschichtliche Beispiele	Mehrere Konstruktionen von Überdachungen vergleichen und die «sparsamste» Lösung bestimmen. Dazu ein bewegliches Demonstrationsmodell benützen: Flachdachkonstruktion erfordert Unterbauungen mit Stützfunktionen, Gewölbedachkonstruktion erfordert materialaufwendiges Strebebogenwerk, Gewölbedachkonstruktion mit schräg gestellten Stützen hat minimalsten Materialverbrauch. Beispiele in der Umgebung suchen, beurteilen.	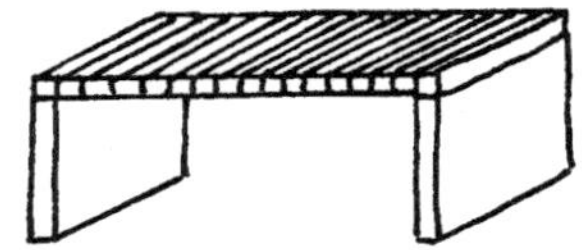
792	**ÜBERDACHTER RAUM 2** Tangentensteigung Funktionsgraph Auswertung der Experimente	Probleme der Gewölbekonstruktion mit schrägen Stützen. 1. «Knickfreier» Übergang zwischen Gewölbe und geraden Stützen: Tangentensteigungen von Stütze und Gewölbe sind in deren «Montage- / Berührungspunkt» gleich gross. 2. Wird die Neigung der Stützen verändert, ändert sich die Form des Gewölbes. Nach welcher Funktionsgleichung kann das Parabeldach konstruiert werden, wenn Neigung der Stützen und ihr Abstand vorgegeben sind?	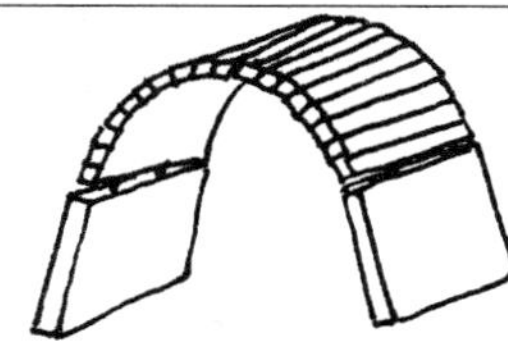
793	**WOHNUNG EINRICHTEN** Messen, vermessen Planen, kalkulieren Preiswert einkaufen Budget	Einen Grundriss einer 4-Zimmer-Wohnung abgeben. Die Wohnung praktisch und preiswert (Budget vorgeben) einrichten. Nach den ersten Planungsarbeiten Einrichtungshäuser besuchen, Möbel auswählen, Masse nehmen und die Preise notieren. 2–3 Vorschläge ausarbeiten (Plan, Modell, Kostenvoranschlag) und der Klasse präsentieren.	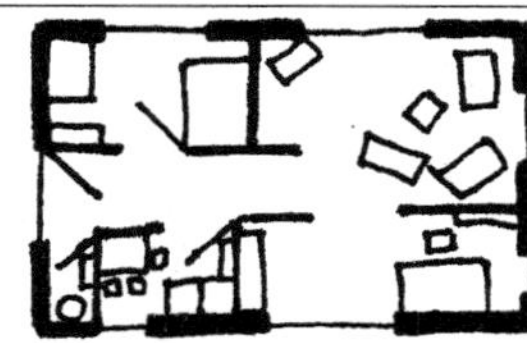
794	**WOHNUNGS-GRUNDRISS** Massstab Einrichten	Jede Gruppe erhält den Grundriss einer Wohnung (unterschiedlich viele Zimmer). Die Wohnung auf dem Pausenplatz in Originalgrösse aufzeichnen und die Klasse durch die Räume führen. Dabei auch Türen, Fenster und Einrichtungsvorschläge nennen. • Möbel, Pflanzen … mit farbiger Kreide einzeichnen. • Auf einer Baustelle Wohnung ausmessen und Grundriss zeichnen.	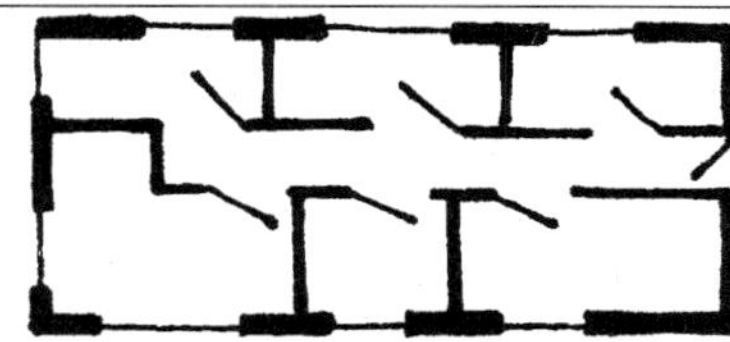
795	**STRASSENBAU** Messen, vermessen Planen, kalkulieren Budget	Nach einem Lageplan die Kirche, Häuser und öffentlichen Gebäude durch Strassen (mit / ohne Budget) verbinden. Dazu stehen Strassenbau-Einheiten (verschiedene Strassenstücke mit der Angabe des Preises für die Realisation: Geraden, Kurven oder Winkel) zur Verfügung. Das Projekt durchdenken, eine Lösung finden und in grösserem Massstab auf den Pausenplatz zeichnen.	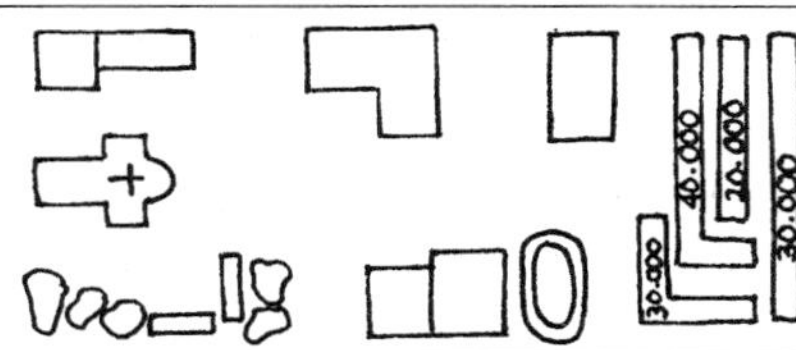

Nr.	Name der Spielform Ziele / Akzente	Idee / Beschreibung	Hinweise / Organisation
796	**STATISCHE VERSUCHE** Konstruktionen vergleichen Stabile Konstruktionen	Papierstreifen gleicher Länge zu Quadern, Zylindern und Prismen falten und verleimen. Mit jeder Faltart drei gleich hohe Türme bauen und die Konstruktionen vergleichen: Bücher auf die Türme legen, bis der Turm zusammenbricht. • Gemäss den gewonnenen Erkenntnissen ein stabiles Bauwerk (mit Papier und Leim) basteln.	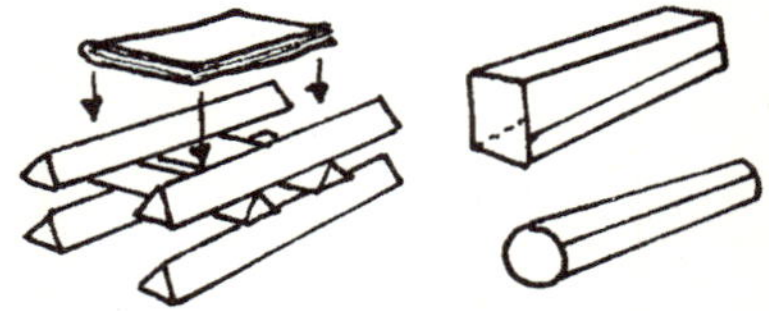
797	**TEIGWAREN-KONSTRUKTION** Geometrische Körper mit Teigwarenstangen bauen	Mit «Teigwarenstangen» (3 mm Durchmesser) und Heissleim mit möglichst wenig Material einen stabilen geometrischen Körper bzw. einen Fantasiekörper, einen Turm, eine Brücke (nur die notwendigen Verstärkungen und Streben einplanen) herstellen. Entwurf auf Papier. Teigwarenstangen mit einer Metallsäge oder einem Küchenmesser zuschneiden.	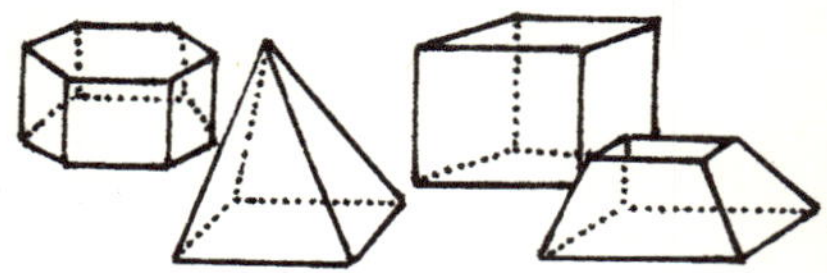
798	**TURMBAU** Stabile Konstruktionen mit Papier bauen	Welche Gruppe baut den höchsten Turm? Dazu werden fünf A-3-Blätter, Papier und Leim abgegeben. • Kunstwerk herstellen. • Wettbewerb. • Das Werk muss einem Buch standhalten, das darauf gelegt wird.	
799	**AUFFANG-KONSTRUKTION** Stabile Konstruktionen mit Papier bauen	Mit fünf Tageszeitungen, einer Rolle Klebeband, einer Rolle Bindfaden und Stoffresten eine Konstruktion herstellen, die ein rohes, mit einem Faden an der Decke aufgehängtes Ei auffängt, wenn der Faden durchschnitten wird. Das Ei soll dabei keinen Schaden nehmen. • 5–6 Gruppen: Welches Ei bleibt unversehrt?	
800	**KARTON-STUHL** Stabile Konstruktionen mit Karton bauen	Mit einer gewissen Anzahl Schachteln (Kartonstücke) einen benützbaren Stuhl bauen. Wer baut den stabilsten / schönsten / bequemsten Stuhl? • Wettbewerb. • Andere Möbelstücke.	

GESTALTUNG
UND
MUSIK

Nr.	Name der Spielform Ziele / Akzente	Idee / Beschreibung	Hinweise / Organisation
801	**FUSSMALEN** Koordination Kooperation	Eine Zeichnung oder ein Plakat mit den Füssen malen / gestalten. • Mit den Füssen malen / Fussabdrücke / Pinsel mit den Zehen halten. • Paarweise einen Pinsel mit dem Fuss halten. • Zehen als Pinsel einsetzen / jede Zehe malt mit einer anderen Farbe. • Bilder von Fussmalkünstlern betrachten.	
802	**PARTNERARBEIT** Kooperation Verständigung ohne Worte	Paarweise ein Plakat mit einem gemeinsamen Pinsel gestalten • Das Thema (vorher) besprechen / nicht besprechen. • Paarweise mit zwei Pinsel. • In der Gruppe mit einem / mehreren Pinseln. • Den Pinsel gemeinsam führen / alleine führen, dann weitergeben.	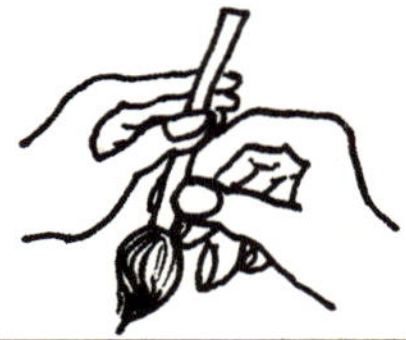
803	**SCHMINKEN** Gesicht schminken Farbwirkung	Sich gegenseitig / alleine schminken: Wie wirken die verschiedenen Farben? Wem stehen welche Farben? Wie verändern sich Gesichter, wenn sie geschminkt sind? • Fastnachtsschminke / Theaterschminke / Festschminke. • Rituale und Schminke. • Tänze / Rituale geschminkt durchführen.	
804	**MODESCHAU** Wirkung von Kleidungsstücken Epochen vergleichen Kreativität	Verschiedene Kleidungsstile vergleichen, eine Modeschau gestalten: Präsentierende Personen, Models, Laufsteg, Publikum, Fotografen … • Vergleich früher – heute. • Vergleich verschiedener Epochen / Mode der Zukunft entwerfen. • Eigene Mode kreieren: Entwürfe, Näh-, Bastelarbeit … • Accessoires erfinden und gestalten.	
805	**PLASTIK** Kreativität Kooperation	Alleine, paarweise oder in Gruppen eine Plastik gestalten. • Ohne zu reden. • Thema frei / vorgegeben. • Nur ein Material (Holz, Metall, Papier, Kunststoff …) gebrauchen. • Plastik aus Wegwerfprodukten / Müll. • Wettbewerb / Ausstellung.	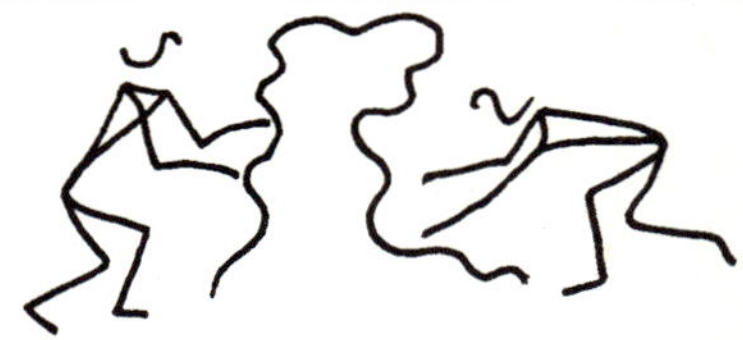

Nr.	Name der Spielform Ziele / Akzente	Idee / Beschreibung	Hinweise / Organisation
806	**SGRAFFITO** Grossflächig zeichnen Entwurf Massstab	Im Winter Eiswürfel aus gefärbtem Wasser herstellen und damit ein Bild auf verschneiter Wiese gestalten. • Winterbild aus der Höhe betrachten / fotografieren. • Schneebild in verschneite Wiese «zeichnen» (durch den Schnee stampfen). • Sgraffito mit dem Rasenmäher auf der Wiese «mähen» oder mit Rasenscheren «schneiden» (beim Hauswart Erlaubnis einholen).	
807	**DEKORATION** Dekorieren Kreativität Kooperation	Das Schulzimmer dekorieren. • Vorgegebenes Thema / vorgegebene Farbe. • Verhüllen (Monte Christo). • Lehrerzimmer, Aula, Mensa … dekorieren. • Festdekoration (Advent, Schulhausfest, Disco, Fastnacht …).	
808	**WETTER UND LICHT** Licht und Schatten Wasserlösliche Farben	Bei unterschiedlichem Wetter und Licht zeichnen / malen. • Im Dunkeln, bei rotem, blauem oder grünem Licht (farbige Glühbirnen). • Mit geschlossenen / verbundenen Augen. • Bei Regen malen: Wasserlösliche Stifte testen / Zeichenpapier in den Regen halten und experimentieren. • Schattenbilder einfangen / abzeichnen / nachfahren.	
809	**FOTO WIRD BILD** Umgebung wahrnehmen Fotografieren Foto abzeichnen Foto ergänzen	Besonderheiten, Ausschnitte von grossen Gegenständen oder Kuriositäten in der Umgebung suchen und fotografieren. Die Fotografien abzeichnen. • Collage. • Foto auf Papier kleben und das Blatt entsprechend ergänzen.	
810	**BEWEGTER MALGRUND** Mit Farbe experimentieren	Farbe auf bewegten Malgrund tropfen lassen, das Zeichenpapier befindet sich z. B. auf einem Drehstuhl, auf einer Schaukel, auf dem Plattenspieler oder einem Kreisel. • Jemand bewegt das Zeichenpapier.	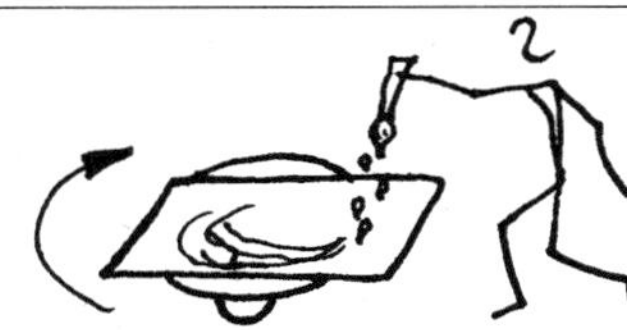

Nr.	Name der Spielform Ziele / Akzente	Idee / Beschreibung	Hinweise / Organisation
811	**AUSSTELLUNG** Gemälde vergleichen Proportionen Vernissage	Museum / Ausstellung besuchen und Körperdarstellungen abzeichnen. Proportionen vergleichen. • Die Körperstellung nachstellen. • Einen Künstler besuchen / interviewen. • Bilder ausstellen / eine Vernissage veranstalten.	
812	**SPORTSTUNDE** Bewegungsablauf Strichfiguren Proportionen	In der Sportstunde Bewegungsabläufe beobachten und skizzieren. • Jemand bewegt sich in Zeitlupe. • Reihenbilder gestalten. • Körper vermessen, in verkleinertem Massstab zeichnen. • Körperproportionen bewusst verändern / Vorher-nachher-Vergleich.	
813	**KUNSTFÜHRER** Kunstführer herstellen Umgebung kennen lernen	In der Umgebung interessante Gegenstände, Objekte oder Kuriositäten abzeichnen (fotografieren) und einen passenden Kunstführer herstellen. • Mit Kritik bzw. Kommentar ergänzen. • Orte in Stadtplan eintragen. • Die Klasse sucht die Objekte mit Hilfe des Kunstführers.	
814	**MEIN KUNSTWERK** Kreativität Proportionen	Aus Schachteln und Abfall ein Kunstwerk gestalten. • Aus Draht und Drahtgeflecht Figur / Tier herstellen und abzeichnen. • Genaue Darstellung eines Tieres in einem bestimmten Massstab. • Ausstellung.	
815	**PUZZLE - MOSAIK** Puzzle herstellen Zeichnung verändern	Puzzle herstellen. Gegenseitig / gemeinsam Puzzle zusammensetzen. • Mit (Mosaik-) Steinen ein Mosaik gestalten. • Zeichnung / Bild in Stücke reissen und wieder zusammenkleben.	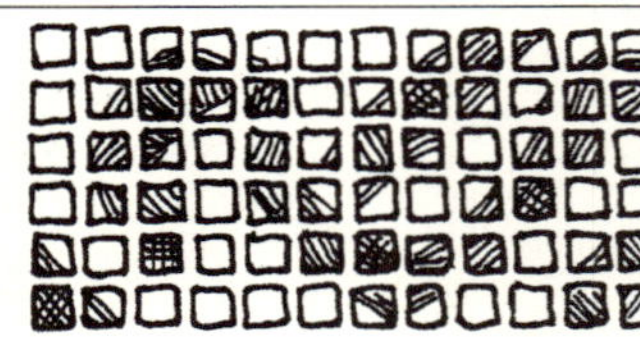

Nr.	Name der Spielform Ziele / Akzente	Idee / Beschreibung	Hinweise / Organisation
816	**LEUCHTE** Direkte-, indirekte Beleuchtung Elektrische Anschlüsse	Eine Leuchte herstellen: Sie soll gut stehen bzw. befestigt werden können. Die Glühbirne soll einen sicheren Abstand zum Schirm haben. Eigene Bedürfnisse berücksichtigen. Einfache, robuste Ausführung, Fassung E 27, 2–4 m Kabel (zweipolig, flach), Stecker und Schalter (SEV-geprüft). Die Werkstoffe und das Verfahren können frei gewählt werden. • Arbeitsplatz direkt / indirekt beleuchten.	
817	**LICHT STEUERN** Schaltdiagramm Elektrische Kontakte Programmschalter	Ausgediente Waschmaschinenschalter (Sanitärinstallateur) demontieren und betrachten, dann eine funktionstüchtige Schaltvorrichtung herstellen, die Lämpchen nach einem vorgegebenen (selber entwickelten) Programm ein- und ausschaltet. Antrieb: von Hand oder mit Elektromotor. • Programmschalter, -träger kennen lernen, Steuerschalter bauen, Achse lagern, Schaltdiagramm anfertigen, Programm auf Walze übertragen …	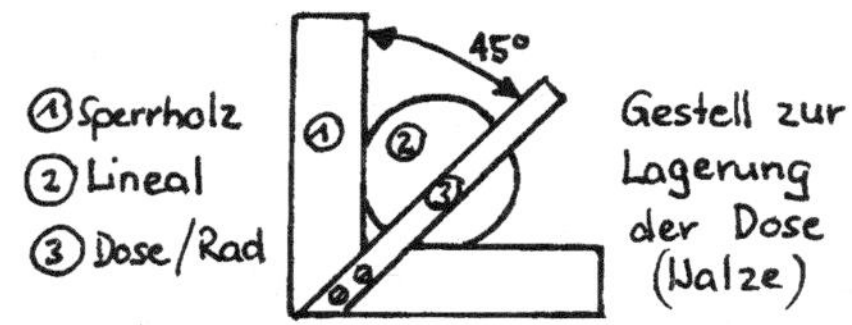
818	**SOLARZELLEN-MODUL** Messen elektrischer Grössen Solarzellen löten	Modul aus mehreren in Serie geschalteten Solar(bruch)zellen herstellen, das zum Nachladen von NiCd-Akkus oder zur Stromversorgung eines Antriebes dient. Die Konstruktion ist spritzwasserdicht, drucksicher und optimal lichtdurchlässig, hat dauerhafte elektrische Ausgänge, der Stromrückfluss ist durch die Diode gesperrt, die Solarzellen können sich ausdehnen. • Messungen an den Zellen / an der Diode.	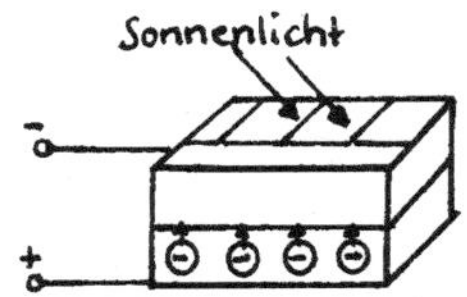
819	**LABYRINTHBAU** Planen, entwerfen Kosten ausrechnen Mauern Wandbemalung	Auf dem Schulgelände ein Labyrinth bauen. Verschiedene Typen von Irrgärten kennen lernen, den zur Verfügung stehenden Platz vermessen. Mauer- und Gangbreite diskutieren. Grundriss-Entwürfe herstellen (Massstab berechnen, Mauerlänge messen, Ecken zählen, Kosten berechnen). Baubewilligung einholen und die Finanzierung (Sammelaktion) abklären. Fachleute hinzuziehen und das Mauern lernen. Das Labyrinth bemalen.	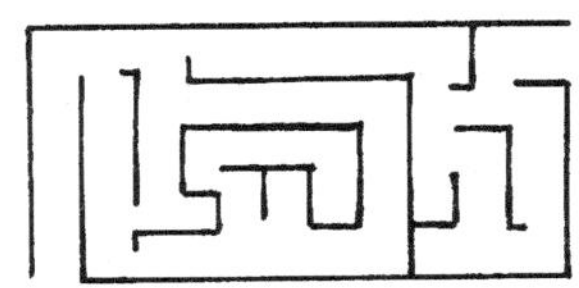
820	**RÄUMLICHES GESTALTEN** Acrylglas verformen Schaumstoffbearbeitung	Acrylglas durch Erwärmen sowie gleichzeitig einwirkende Zug-, Druck- oder Torsionsbewegungen verformen. • Schaumstoffblöcke einschneiden, Teile anders anordnen (nähen) oder durch um- oder niederspannen mit der Saite und der Befestigung an den jeweiligen Stehbolzen verformen. Mit Polyesterüberzug verstärken.	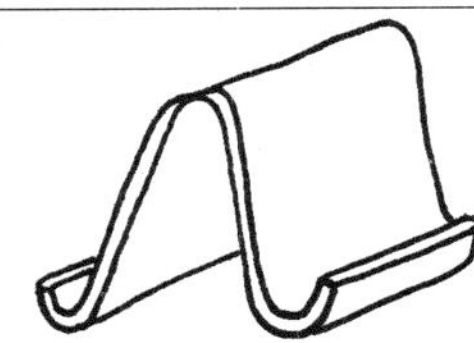

Nr.	Name der Spielform Ziele / Akzente	Idee / Beschreibung	Hinweise / Organisation
821	**LOGO** Grafische Darstellung Zeichen entwickeln Fantasie	Alle entwickeln ein Logo, ein Zeichen, das etwas über die eigene Person aussagt (Gefühle, Interessen, Charaktereigenschaften, Temperament …). Dieses Zeichen mit Kreide auf den Pausenplatz (Betonwände, aufgehängte Plakate) zeichnen und mit einem kurzen Text kommentieren. Anschliessend die Ergebnisse betrachten. Sich je nach Kriterium zu einem Logo hinstellen (Interesse, Gefallen, angesprochen sein, passendes Gefühl …).	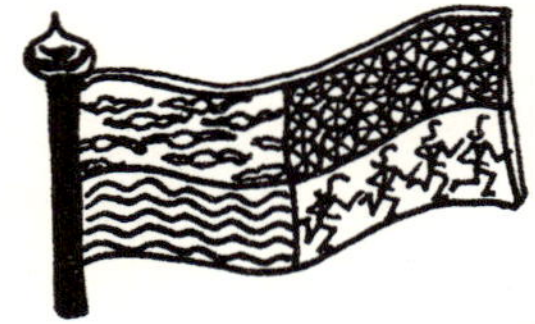
822	**PORTRÄT** Plakat Gemeinsames Ziel Rastervergrösserung	Schwarz-Weiss-Porträtfotografie von mindestens 20x30 cm entsprechend der Klassengrösse in gleich grosse Rechtecke aufteilen. Jedes Puzzleteilchen auf ein vorher vereinbartes Format vergrössern (Zeichenblätter zuschneiden), später zu einem Grossbild zusammensetzen. • Puzzleteile mittels Frottage gestalten (Papier auf Oberflächenstruktur legen, mit Stift auf das Papier durchreiben, Struktur wird sichtbar).	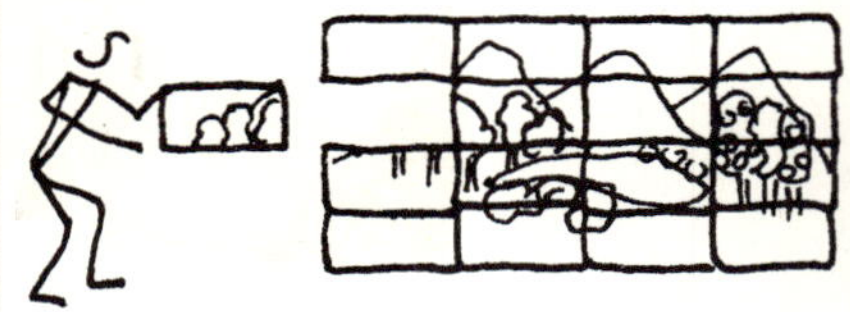
823	**PLASTIK** Bewegungsvorstellung Proportionen Kooperation	Verschiedene lebensgrosse Figuren basteln: Aus Draht (Papier und Klebeband) ein starres Modell eines menschlichen Körpes formen, dann mit Modelliermasse (Pappmaschee) bearbeiten und später anmalen. • Ausstellung, Thema darstellen, Schulhaus schmücken … • Wachsfigurenkabinett. • Tiere.	
824	**BODYPAINTING** Ornamente Bewegung und Wirkung Fotografie, Film	Auf Folien Ornamente zeichnen und auf den Hellraumprojektor legen. Sich anschliessend in das Projektionsfeld des Hellraumprojektors für Fotos hinstellen oder sich im Licht (zu Musik) für Videoaufnahmen bewegen. • Verschiedene Musikstile, passende Bewegungen / Kulturen darstellen. • Ornamente zu verschiedenen Themen gestalten und dann mittels Hellraumprojektor auf die Haut projizieren.	
825	**TATTOO** Körperschmuck Fotografie	Auf Folien Tätowierungsvorschläge zeichnen, dann die Bilder mit dem Hellraumprojektor auf die Haut projizieren. Sich möglichst originell in das «Scheinwerferlicht» stellen, jemand fotografiert. • Collage, Fotoausstellung / vorher – nachher. • Diskussion / Information über Körperschmuck.	

Nr.	Name der Spielform Ziele / Akzente	Idee / Beschreibung	Hinweise / Organisation
826	**WALDFARBEN** Natürliche Farben Wald kennen lernen	Zeichnungen im Wald mit natürlichen Farben (Erde, Beeren, Blütenstaub, Blätter …) färben. • Farben herstellen / mischen. • Gemeinsames Plakat gestalten. • Moderne Kunst. • Blüten, Beeren zuerst bestimmen / bestimmte Pflanzen suchen.	
827	**MEHRFARBEN-DRUCK** Farbe und Wirkung Kooperation Linol-, Holzschnitt Prägedruck	Zeichnungen in der Klasse weiterreichen, jede Person ergänzt ihre Farbe. • In der Klasse / in der Gruppe. • Verschiedene Drucktechniken kennen lernen / Stempel, Druckvorlagen (aus Karton, Holz, Kartoffeln, Gummi, Linol, Schnur …) herstellen. • Bilder mit Schwämmen färben.	
828	**MARMORIEREN** Bindemittel Marmorieren	Mit verschiedenen Bindemitteln experimentieren. Marmorieren auf Kleister, Wasser, geschlagenen Eiern, Quark und Kunstharzfarben. • Karten herstellen / für guten Zweck verkaufen. • Bücher binden / dekorieren.	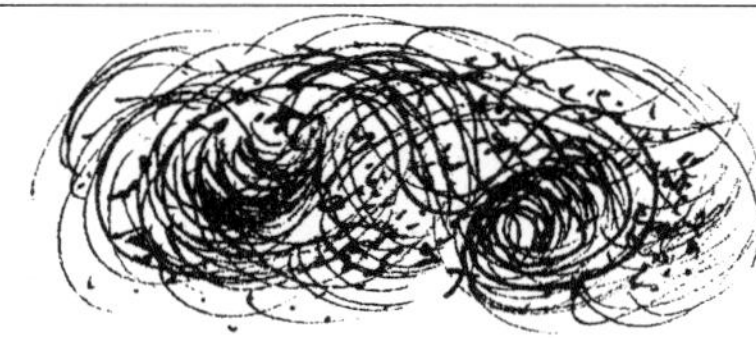
829	**BEWEGTES SCHULHAUS** Schulhaus dekorieren Bilder ausstellen	Das Schulhaus farbig gestalten: Lebensgrosse Figuren aus Spanplatten ausschneiden, grosse Bilder malen und aufhängen, Mobiles anfertigen und aufhängen … • Ausstellung. • Thema bearbeiten, Informationstafeln gestalten, Anschauungsmaterial bereitstellen …	
830	**BEWEGTER PAUSENPLATZ** Pausenplatzspiele anfertigen	Pausenplatzspiele aufzeichnen und Spielfiguren herstellen: Schach, Neun-Steine-Spiel, Dart, Himmel und Hölle, Vier gewinnt, Hutspiel, Leiterspiel … • Halfpipe / Bocciabahn / Kletterwand / Minigolfanlage / Kegelbahn … verwirklichen.	

Nr.	Name der Spielform Ziele / Akzente	Idee / Beschreibung	Hinweise / Organisation
831	**GRAFFITI** Schriftgestaltung Farbliche Ausgestaltung Bewältigung des Formats	In der Umgebung verschiedene Graffitis betrachten. Die Besonderheiten der Schriftformen und die Bedeutung der Schriftzüge diskutieren. Eigenes Graffiti verwirklichen: Filzstiftzeichnung. Auf ein 2x3-m-Plakat vergrössern, ausmalen und an verschiedene Betonwände kleben. Wie wirkt das Plakat? Wo wirkt es am besten? Was ist positiv / negativ? • Graffiti an Schulhauswand (Unterführung, Betonwand …) realisieren.	
832	**KOPIERGLAS** Licht, Schatten Beleuchten Kopieren	Steht eine beleuchtete Glasscheibe vor / auf einem dunklen Grund, so wirft sie ein Bild zurück. Eine Glasscheibe (20x30 cm, Rand abkleben, mit Draht oder Modelliermasse einen «Ständer» bilden) senkrecht zwischen ein Bild (gut beleuchtet) und ein weisses Blatt Papier (im «Schatten») stellen. Schaut man von der Seite des Bildes durch das Glas, erscheint auf dem weissen Blatt das Spiegelbild. Kopie anfertigen (durch Fensterscheibe «kopieren»).	
833	**ZEICHENAPPARAT** Abzeichnen Projizieren	Zeichenapparat aus 8 mm dickem Sperrholz, einem Spiegel (6x6 cm, mit Klebeband befestigen) und einer Glasscheibe (6x9 cm) bauen. Die Zeichenplattte misst 20x28 cm, die Stütze 22x7.3 cm, der Arm 7.3x14.8 cm (3.8 cm von einem Ende entfernt ein Loch von 1 cm Durchmesser als Guckloch bohren). Der hintere Teil des Armes misst 6.5x14 cm, die Seiten des optischen Blocks 6.5x6.5 cm. – Kaleidoskop / Praxinoskop bauen.	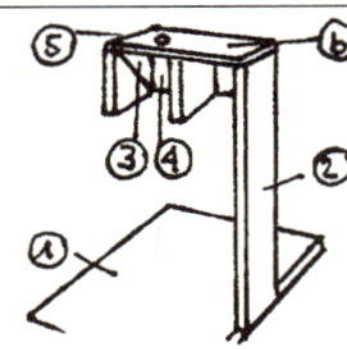
834	**GRUPPENBILD** Kooperation Kreativität Entstehungsprozesse verfolgen	Auf einem Zeichenpapier gemäss Skizze Felder eintragen und sich zu viert vor je ein Dreieck platzieren. Das Dreieck alleine, später das Viereck gemeinsam und am Schluss den Kreis nach Absprache oder zu viert mit einem gemeinsamen Stift gestalten. • Plätze / Guppen während der Gruppengestaltung wechseln. • Wandplakat mit «privaten» und «öffentlichen» Flächen gestalten.	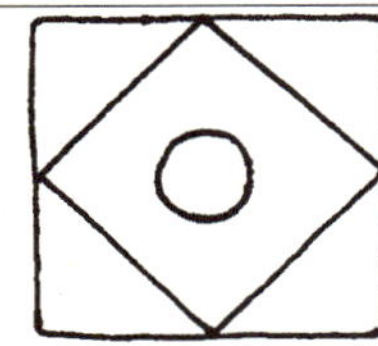
835	**GEMEINSCHAFTS-BILD** Kooperation Kreativität Entstehungsprozesse verfolgen	Gemeinsam eine Glaswand oder eine Fensterfront (Plakatwand, Kellerwand, Stellwand …) anmalen. Für das Gemeinschaftsbild erhält jede Person eine bestimmte Aufgabe (Tier, Pflanze, Mensch, Fahrzeug, Gebäude, Verzierung, Hintergrund, … malen) oder Farbe (rot, blau, grün, gelb, weiss …). • Jede Person erhält ein Feld (Plakat, Zeichenpapier), nach fünf Minuten ein neues Feld bearbeiten.	

Nr.	Name der Spielform Ziele / Akzente	Idee / Beschreibung	Hinweise / Organisation
836	**KOPF DURCH DIE WAND** Kreativität Malen Spielen	Ein Plakat so spannen, dass man den Kopf durch eine Öffnung stecken kann. Während jemand durch die Öffnung schaut, malen die anderen auf das Papier ein passendes (witziges) Bild. Anschliessend stecken verschiedene Personen ihren Kopf durch die Öffnung. • Personen fotografieren. • Sketch spielen / Löcher für Arme / Beine / Füsse.	
837	**NEUES GESICHT** Abbild Karikatur Experimentieren	Auf eine Glasscheibe (auf ein Fenster) eine dahinter stehende Person abzeichnen. Das Ergebnis mit / ohne Person hinter der Scheibe betrachten. • Gesicht wirklichkeitsgetreu malen / Karikatur. • Verschiedene Personen stellen sich hinter das «neue Gesicht». • Den ganzen Körper malen. • Verschiedenen Personen mit «neuem Gesicht» fotografieren.	
838	**FROTTAGEN-DRUCK** Grafische Texturen Texturen kombinieren	Im Frottagendruck grafische Texturen von beliebigen Gegenständen abnehnmen, die man auf der Strasse, einem Platz oder in einem Hof findet: Kanaldeckel, gerasterte Stein- oder Betonplatten, Risse, Löcher. Eine Sammlung dieser Frottagendrucke zu einem bestimmten Motiv anlegen oder unterschiedliche Texturen auf einem Blatt kombinieren. • Material suchen, Prägedruck.	
839	**DRIP-PAINTING** Drip-Painting Schnurverfahren Blastechnik Fliessverfahren	Farbe mit einem Pinsel direkt auf ein grosses Plakat «schleudern» oder mit einer pendelnden, mit Farbe gefüllten, durchlöcherten Dose Farben auf das Papier tröpfeln lassen. • Schnurverfahren: Schnüre in Farbe tauchen über das Papier schlängeln. • Blastechnik mit Farbe und Tusche: Farbe durch Strohhalm blasen. • Fliessverfahren: Farbe auftropfen und verlaufen lassen.	
840	**MASKEN** Aus verschiedenen Materialien Masken herstellen Pantomime, Theater Rituale	Gipsmasken herstellen und anmalen. • Andere Masken (Pappmaschee, Ton, Holz …). • Pantomime / Theater spielen. • Masken zu bestimmten Festen / Traditionen / Themen … herstellen. • Karikaturen.	

Nr.	Name der Spielform Ziele / Akzente	Idee / Beschreibung	Hinweise / Organisation
841	**NATURFARBEN 1** Destillation, Isolation von Naturfarben aus Früchten und Beeren	Becherglas (400 ml) zu einem Drittel mit gewaschenen Johannisbeeren, Blaubeeren, Brombeeren oder Holunderbeeren füllen, mit destilliertem Wasser bedecken und im Mixer zerkleinern. 20 Min. kochen, gegebenenfalls Wasser nachfüllen, dann abkühlen lassen. Mit Mulltuch auspressen. • Mit den Naturfarben aquarellieren. • Naturfarben mit Mehl andicken.	
842	**NATURFARBEN 2** Destillation, Isolation von Naturfarben aus Roter Beete und Blaukraut	Zerkleinertes Pflanzenmaterial mit destilliertem Wasser erwärmen, aber nicht kochen, bei Roter Beete vor dem Erwärmen etwas Salz beigeben, abkühlen und absieben. • Mit den Naturfarben aquarellieren. • Naturfarben mit Mehl andicken. • Farblösungen aus Rotwein, Teeaufgüssen und Kaffee …	
843	**NATURFARBEN 3** Destillation, Isolation von Naturfarben aus Brennnesseln	Gewaschene Brennnesseln (Handschuhe) zerkleinern und in Wasser einweichen, stehen lassen. 30 Min. kochen. Mit Mulltuch auspressen und die Flüssigkeit auf zwei Gefässe verteilen. In ein Gefäss Alaunsalz, in das andere Gefäss Kupfersalz beigeben. • Mit den Naturfarben aquarellieren. • Naturfarben mit Mehl andicken.	
844	**PAPIER-BEARBEITUNG** Texturen Papier durch unkonventionelle Einwirkungen verändern	Zeichenpapier in verschiedene Flächen einteilen, in jeder eine andere graduell differenzierte Textur mit Messer (einritzen, leicht einschneiden, durchschneiden und aufklappen …), Nägel (Nagelkopf unterschiedlich stark mit Hammer gegen Papier schlagen, Streifen ritzen …), Stanzeisen, Stechbeitel (Einkerbungen durch Schläge mit Hammer) oder Nadeln … anwenden. • Plastik, Holz, Karton, Ton … bearbeiten.	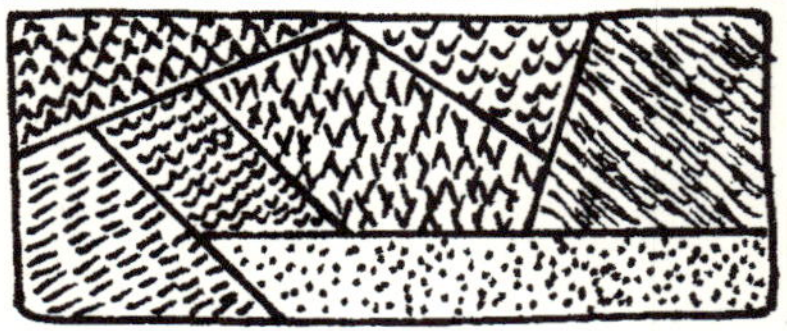
845	**STYROPOR-BEARBEITUNG** Materialstudie Grafische Gestaltung Räumliche Gestaltung	Styropor durch Brechen, Schneiden, Schichten … bearbeiten, Kombinations- und Kompositionsmöglichkeiten erarbeiten. • Styroporblock bearbeiten. • In der Gruppe aus Styroporblock (mindestens 1 m^3) Skulptur formen. • Styropor-Perlen verarbeiten.	

5.1 Bildnerische Gestaltung, Handarbeit / Werken

Gestalterische Prozesse erleben, Mittel einsetzen, Wirkung erkunden

Nr.	Name der Spielform Ziele / Akzente	Idee / Beschreibung	Hinweise / Organisation
846	**FAHRRAD-WERKSTATT** Fahrradtechnik Fahrradphysik Fahrrad und Umwelt Verkehrserziehung	Fahrradwerkstatt einrichten / verwalten. Werkzeug, Ersatzteile, Sperrmüllräder organisieren, verkehrstaugliche Räder bauen. Im Auftrag reparieren … • Radtour / Radrallye (mit selbst zusammengebauten Rädern / Fahrzeugen). • Auswirkungen verschiedener Radtypen, Sattelhöhe und Lenkerstellungen auf die Körperhaltung bzw. den Bewegungsapparat testen / vergleichen. • Reibungswiderstand, Luftdruck, Stromkreis, Bremsen, Hebelwirkung …	
847	**HALFPIPE** Rollbretter bauen Halfpipe realisieren	Rollbretter bauen und testen. Halfpipe vermessen, Kosten berechnen. Bau einer Halfpipe beantragen / beim Bau mithelfen. • Halfpipe-Show durchführen. • Halfpipe-Einführungen planen / durchführen. • Kick-Board bauen.	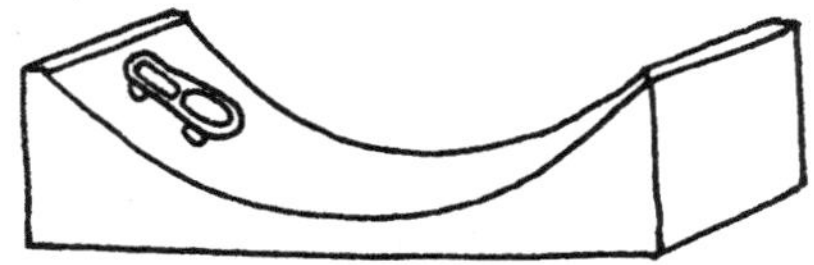
848	**KLETTERWAND** Klettergriffe herstellen Kletterwand realisieren	Kletterwand gestalten. Wand bemalen. Griffe selber herstellen (Self-grip). Unter Beizug eines Kletterexperten die Griffe montieren (Sicherheitsaspekt). • Klettern. • Kletter-Einführungskurse organisieren / durchführen. • Kletterveranstaltung. • An der Kletterwand lernen: Post-it-Zettel ab-, auf-, umhängen …	
849	**GLEICHGEWICHTS-GERÄTEBAU** Balanciergeräte herstellen Balancieren	Verschiedene Gleichgewichtsgeräte selber herstellen: Pedalo, Balancier-Kreisel, Walzenbrett … • Kunststücke lernen / kreieren. • Balancieren und lesen, balancieren und … • Wettbewerb / Veranstaltung. • Pausenspielgeräte für das Schulhaus herstellen.	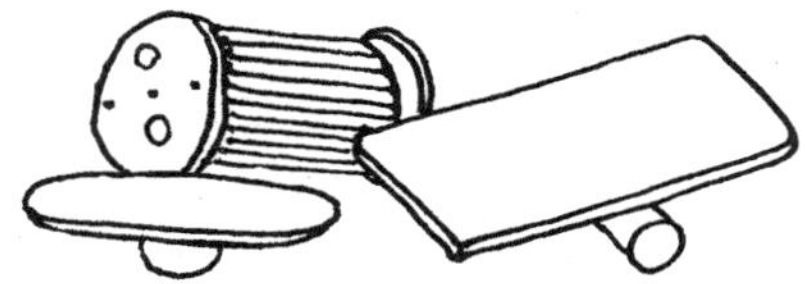
850	**JONGLIER-SET** Jonglierutensilien herstellen Jonglieren	Jonglier-Material selber herstellen: Jonglier-Bälle, Diabolo, Devil-Sticks, Jonglier-Teller, Jonglier-Keulen, Jonglier-Stäbe, Indiaca, Goba-Schläger … • Kunststücke lernen / kreieren. • Jonglieren und diskutieren, jonglieren und balancieren, jonglieren und … • Wettbewerb / Veranstaltung. • Pausenspielgeräte für das Schulhaus herstellen.	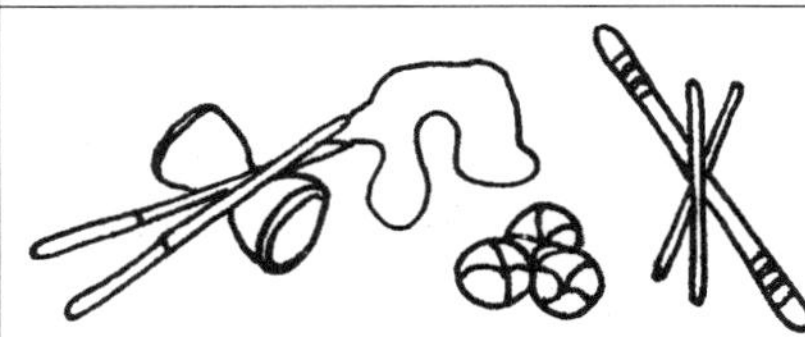

Nr.	Name der Spielform Ziele / Akzente	Idee / Beschreibung	Hinweise / Organisation
851	**SCHATTENSPIEL** Scherenschnitte Spielfiguren Spieltradition Spielcharakter	Geschichte des Schattenspiels, Ursprung, Bedeutung … sowie Schattenspielfiguren verschiedener Länder kennen lernen. In Gruppen ein Stück erarbeiten, Figuren erfinden, gestalten und das Schattenspiel proben: Scherenschnitte aus schwarzem Karton oder 60-cm-Figuren mit Führungsstab und beweglichen Gelenken (mit dünnem Draht verbunden, sowie an den Extremitäten mit Textilklebestreifen dicke Drahtstücke befestigen).	
852	**KOPFBEDECKUNG** Entwicklung der Kopfbedeckung Hutherstellung Funktion der Kleidung	Geschichtliche Entwicklung der Kopfbedeckung, industrielle Hutherstellung sowie Funktion der Kleidung am Beispiel Hut besprechen. Kopfbedeckung (Kopfschmuck / Frisur) selber kreieren bzw. nach Vorlage anfertigen. Rollenspiele. Wie wirken verschiedene Hüte, was gefällt, wie, warum? • Kopftuch, Zipfelmütze, Stirnband mit Sonnenblende, Stoffhut, Filzhut … • Im Freien mit Hüten auftreten, Reaktionen (heimlich) beobachten / filmen.	
853	**SPIELE DER WELT** Neue Spiele lernen Kooperation Sich selbst erfahren Andere kennen lernen	Geschichtliche und geografische Herkunft verschiedener Spiele kennen lernen, dann Spiele anfertigen und in der Klasse / in Gruppen spielen. • Brettspiele auf dem Pausenplatz mit Kreide zeichnen, Menschen sind Spielfiguren. • Spielfest, Spiel ohne Grenzen … für das Schulhaus organisieren und durchführen.	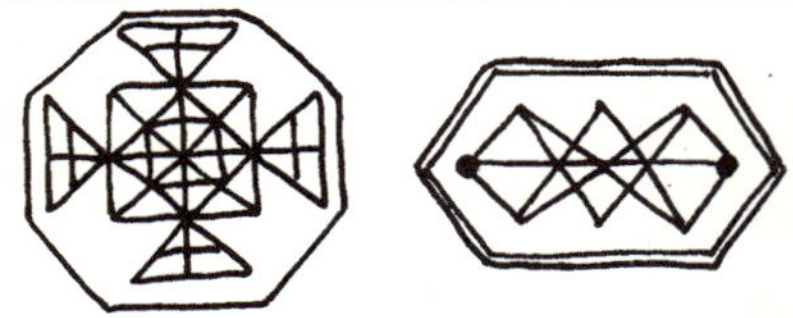
854	**AFRIKA** Stoffe wickeln Stoffe bedrucken Instrumente bauen Afrikanische Tänze Spiele herstellen	Afrikanische Kleider / Tücher und die Bedeutung von Stoffmuster kennen lernen. Tücher um den Kopf / Körper wickeln lernen. Stoffe bedrucken: Dünne und dicke Gummiringe um Holzstücke spannen oder auf die Oberfläche kleben und mit Stofffarbe T-Shirts oder Tücher bedrucken. • Afrikanische Instrumente bauen / Afrikanische Tänze lernen. • Ouré (Afrikanisches Spiel) aus Ton oder Holz herstellen und spielen.	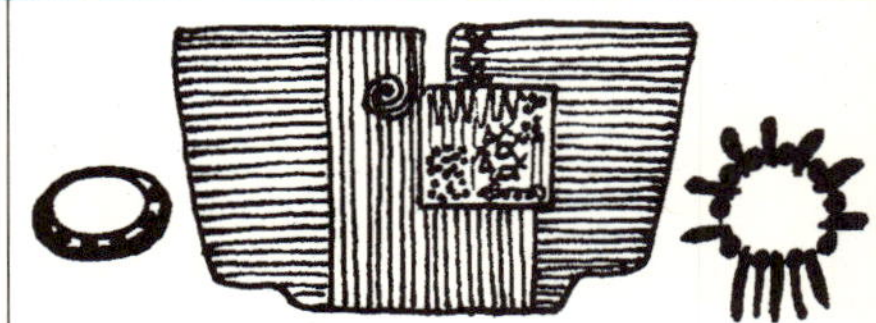
855	**ASIEN** Geisha Schminken Asiatischer Kampfsport Asiatische Spiele, Tänze Asiatisch kochen	Asien kennen lernen und verschiedene Traditionen / Lebensgewohnheiten ausprobieren, nachvollziehen: Tänze, Aufgaben einer Geisha, Schminken, Kampfsportarten, Qi Gong, Thai Chi … • Asiatische Küche: Lebensmittel einkaufen, Gerichte kochen / essen. • Asiatische Spiele kennen lernen, selber herstellen, spielen. • Asiatische Kleidung: Kleider nähen, anprobieren …	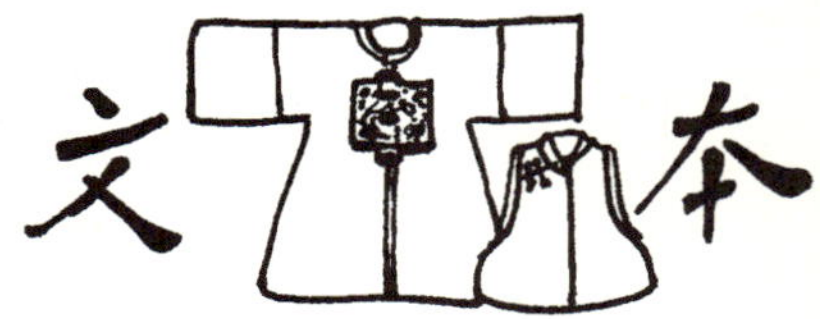

Nr.	**Name der Spielform** Ziele / Akzente	**Idee / Beschreibung**	**Hinweise / Organisation**
856	**MEHANDI** Henna-Painting Kreativität	Hautmalerei aus Indien und Nordafrika kennen lernen. Zeremonie durchführen. Symbole kennen. Einander mit Henna-Farben die Hände und Füsse bemalen. • Passende Musik dazu abspielen. • Beleuchtung, Dekoration, Räucherstäbchen …	
857	**STOFF** Herstellung Verwendung Kosten	Verschiedene Stoffarten vergleichen und bearbeiten. Wozu werden in den verschiedenen Ländern Stoffe verarbeitet? Kosten, Aufwand, Ertrag? • Stoffdruck. • Stoffe bemalen, nähen … • Gegenstände mit Stoff umhüllen (Monte Christo).	
858	**PAPIER** Geschichte des Papiers Papierherstellung Papierkunstwerke	Geschichte, Bedeutung des Papiers in verschiedenen Kulturen vergleichen. • Aufbau der Zellwand pflanzlicher Zellen. • Zellulose: Eigenschaften, Nachweis. • Papier mikroskopisch untersuchen / Papierherstellung. • Auf unterschiedlichem Papier malen / Papierkunstwerke herstellen. • Papierfabrik besuchen / Papiersammlung organisieren und durchführen.	
859	**PAPIER SCHÖPFEN** Papierherstellung Umweltpapier	Kleine Stücke Altpapier einweichen und mit dem Mixer zerfasern, den Brei in eine Wanne giessen, ein Sieb eintauchen und Papier schöpfen. Unter dem Sieb wischen und die Schöpfmasse ablegen. Das Sieb vorsichtig hochnehmen und die Schöpfmasse zwischen Filzpappe auswallen. • Buch binden / Herstellung von Pergamentpapier. • Monte Christo: Gegenstände mit Altpapier umhüllen.	
860	**DINGE** Dinge, die Geschichte machten Kreativität Moderne Kunst	Von mitgebrachten Gegenständen einen auswählen, die Geschichte studieren, daraus etwas Originelles herstellen und präsentieren: Barchent, Brezel, Briefmarke, Beton, Brille, Einweckgummi, Gabel, Gulden, Käse, Kaffee, Kartoffel, Kaugummi, Kautschuk, Knoblauch, Kondom, Kummet, Nudeln, Olive, Osterei, Papyrus, Pergament, Pfeffer, Purpur, Salz, Schiesspulver, Sicherheitsnadel, Spiegel, Stacheldraht, Streichholz …	

Nr.	Name der Spielform Ziele / Akzente	Idee / Beschreibung	Hinweise / Organisation
861	**MENSCHLICHES XYLOPHON** Tonleiter Grundtöne	Acht Personen stehen nebeneinander in einer Reihe. Die erste Person singt einen tiefen Grundton und behält ihn im Gedächtnis. Die zweite Person singt den zweiten Ton der Durtonleiter, usw. Nun spielt jemand Xylophon und drückt auf die ausgestreckten Arme (Tasten). Die Töne ertönen solange, wie der Druck anhält. • Weitere Töne / zweistimmiges Lied.	
862	**LIEDPUZZLE** Lieder erkennen Lieder singen Genau zuhören	Ein Lied in seine Fragmente zerlegen. Jede Person erhält eine Zeile und singt diese ununterbrochen, während sie im Klassenzimmer umhergeht. Wenn sich alle bewegen und singen, versucht eine weitere Person das Lied zu erkennen und die Fragmente zu ordnen. Stehen alle in einer Reihe, singt jede Person der Reihe nach ihren Teil. • Fragmente ohne Text singen (summen, «lala», «nono» …).	
863	**LIEDER-WANDERUNG** Lieder und ihre Wirkungen An verschiedenen Orten singen	Gemeinsam einen Spaziergang oder eine Wanderung unternehmen, dabei singen und die Wirkung verschiedener Lieder beim Gehen erproben: Volkslied, Kanon, Marsch, Polka … • An verschiedenen Orten singen: auf einer Wiese, im Wald, im Keller, am Bach, auf der Strasse, in der Aula, im Flur … Die Wirkung vergleichen.	
864	**GERÄUSCH-SCHARADE** Stimmschulung Kreativität Kooperation	Jemand / die Gruppe erhält die Aufgabe, eine betimmte Stimmung (traurig, aufgeregt, heiter, entspannt, nervös …) oder einen Ort (am Bahnhof, in der Badeanstalt, auf der Wiese, auf dem Marktplatz, am Hafen …) mit Bewegung und Gesang darzustellen. Die anderen raten. • Eine Gruppe stellt der anderen eine Aufgabe, 1–2 Gruppenmitglieder singen vor ihrer Gruppe.	
865	**SÄNGER-SCHARADE** Stimmschulung Kreativität Kooperation	Bekannte Sängerinnen und Sänger imitieren (Videoanalyse). Die Klasse errät den Sänger, die Rockband, die Operettensängerin … • Show ohne (nur die Lippen deutlich bewegen) Gesang / mit Gesang. • Gruppe gegen Gruppe, die Lehrperson stellt die Aufgabe. • Die Aufgabe vorbereiten und den Text sowie die Show einstudieren. • Eine Gruppe stellt der anderen eine Aufgabe.	

Nr.	Name der Spielform Ziele / Akzente	Idee / Beschreibung	Hinweise / Organisation
866	**AUSDAUER-SINGEN** Ausdauer trainieren Atemtraining	Während eines Ausdauerlaufes (Finnenbahn, Walking, Jogging …) singen. • In der Gruppe / Klasse. • Pausen einlegen, dann singen. • Welche Lieder unterstützen die körperliche Anstrengung / welche nicht? • Fröhlich, traurig, schnell, langsam, energisch, beschwingt … singen.	
867	**HANDZEICHEN** Handzeichen kennen Handzeichen üben Rhythmus	Lied mit Silben und Handzeichen singen. • Sich dabei rhythmisch bewegen. • Im Kanon. • Pausen mit Hand- bzw. Körperbewegungen füllen (schnipsen, tippen …).	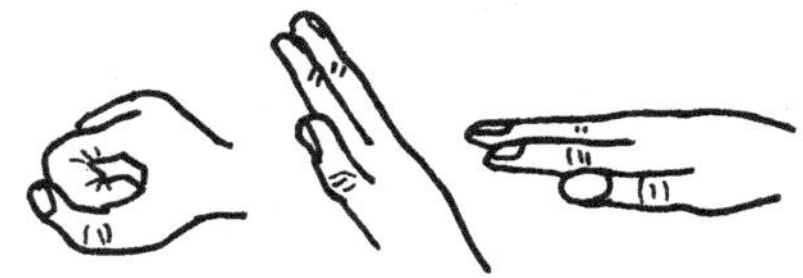
868	**PUBLIKUMS-SINGEN** Vor Publikum singen Lautstärke variieren	In der Gruppe vor den Klassenmitgliedern an verschiedenen Orten (auf dem Pausenplatz, in der Turnhalle auf Geräten, auf einem Hügel …) singen. Die Lautstärke der Umgebung und der Distanz zu den Zuhörenden anpassen. • Das Publikum hört aus unterschiedlicher Entfernung zu. • Jemand dirigiert (und verändert die Lautstärke / Dynamik).	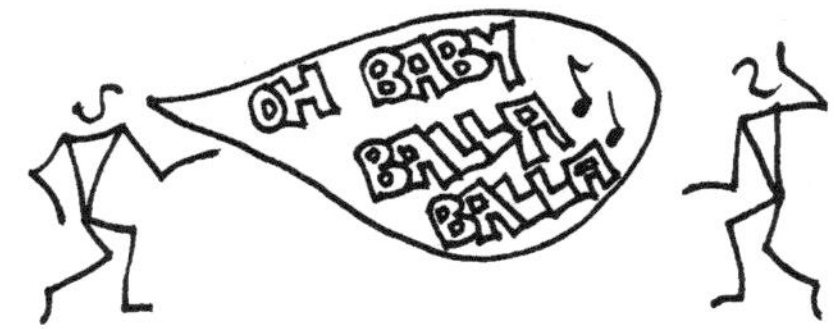
869	**BEWEGTES LIED** Singen und Bewegen Texte verstehen	Lieder singen, dabei den Text in Bewegung umsetzen. • Tanz zu einem Lied gestalten. • Gleiches Lied mit verschiedenen Bewegungen begleiten. Wirkung vergleichen.	
870	**VERTONUNG** Stimmschulung Kreativität Kooperation	In der Gruppe eine Videosequenz mit Gesang (statt Hintergrundmusik) und Geräuschen vertonen. • Stimmen zusätzlich synchronisieren: gleicher / anderer Text. • Operette, Musical … synchronisieren. • Körpergeräusche: Schnipsen, klopfen, schlagen, stampfen, scharren … • Geräusche mit Gegenständen aus dem Klassenzimmer erzeugen.	

Nr.	Name der Spielform Ziele / Akzente	Idee / Beschreibung	Hinweise / Organisation
871	**MATERIAL-SYMPHONIE** Geräusche und Töne mit verschiedenen Materialien und Musikinstrumenten	In der Gruppe mit (selbst kreierten / hergestellten) Instrumenten aus demselben Material Klangmöglichkeiten erproben, dann eine Komposition gestalten: Plastik, Holz, Papier, Steine, Metall, Glas, Wasser … • Differenzieren: Seiden-, Glas-, Pack-, Sand-, Lösch-, …, Zeitungspapier. • Körpergeräusche / Geräusche mit Gegenständen aus dem Klassenzimmer. • Tonbandaufnahmen, Darbietungen.	
872	**AKUSTIK-SCHARADE** Geräusche und Töne mit verschiedenen Materialien und Musikinstrumenten	Die Gruppe erhält die Aufgabe, eine bestimmte Atmosphäre (fröhlich, entspannt, nervös …) oder die Stimmung an einem Ort (auf dem Bauernhof, im Kaufhaus, im Treppenhaus, im Urwald, Spätsommerabend am Strand, beim Abendessen, auf dem Marktplatz …) mit Instrumenten «darzustellen». Die anderen machen mit oder raten.	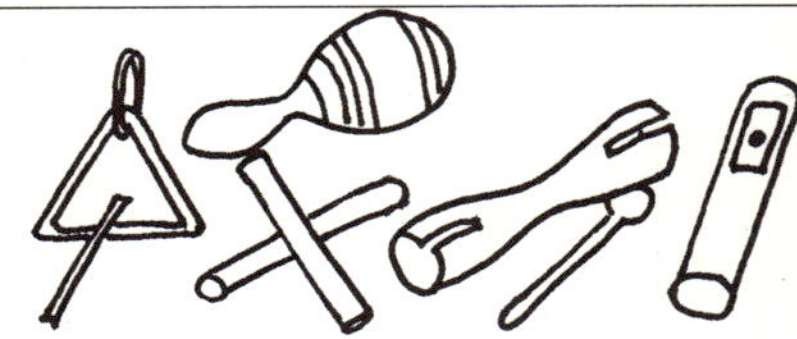
873	**TEXT-VERTONUNG** Geräusche, Klänge Tierimitationen	Einen Text mit Instrumenten vertonen und den Text der Klasse vortragen. Geeignete Instrumente (Materialien) suchen. • Wetter darstellen. • Tierlaute imitieren. • Gefühle, Bewegungen akustisch untermalen.	
874	**FILM-VERTONUNG** Hintergrundmusik Geräuschkulisse Synchronisation Verfremdung	Einen Filmausschnitt gestalten: Hintergrundmusik, Geräuschkulisse, Text synchronisieren oder verändern. • Trickfilm, Spielfilm, politische Sendungen … • Selber hergestellte Tonbandaufnahme zum Film abspielen / den Film «live» begleiten.	
875	**DIA-VERTONUNG** Hintergrundmusik Geräuschkulisse Bilder sprechen lassen	Zu einem (vorgegebenen / selbst gewählten) Thema Dias herstellen, diese präsentieren und «live» mit Hintergrundmusik und Geräuschen untermalen. • Vertonung auf Tonband aufnehmen und abspielen. • Texte einfügen. • Bildergeschichte gestalten.	

Nr.	Name der Spielform Ziele / Akzente	Idee / Beschreibung	Hinweise / Organisation
876	**BLINDES HUHN FINDET KORN** Instrumente unterscheiden	Jemanden mit den Klängen eines Instrumentes zu einem bestimmten Ort im Freien lotsen. Wo steht die Person am Ende der Führung? • Die Person findet / ertastet mit verbundenen Augen einen Gegenstand. • Die Klasse verteilt sich mit je einem Instrument auf dem Pausenplatz. Eine Person mit verbundenen Augen sucht ein bestimmtes Instrument / eine bestimmte Person.	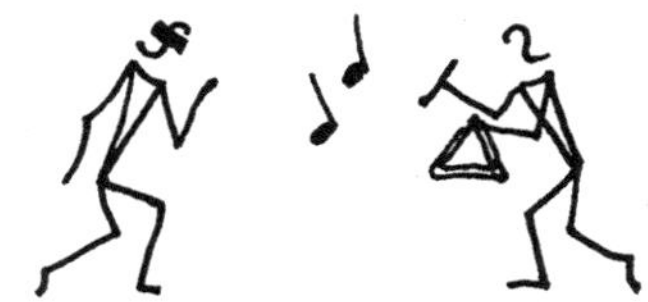
877	**PULSSCHLAG** Musiklautstärke und Puls Musiktempo	Verschiedene Instrumente spielen. Testpersonen messen dabei ihren Pulsschlag. • Verschiedene Musikstile vergleichen. • Pulsvergleich bei unterschiedlicher Lautstärke. • Puls an verschiedenen Veranstaltungen (Konzert, Musical, Disco) messen. • Musik auszählen / Musiktempo (bpm) ausrechnen.	
878	**MUSIK-OL** Noten lernen Nach Noten spielen	Aufgrund einer Karte Stationen finden. An den einzelnen Stationen verschiedene Teile eines Musikstückes erlernen und das ganze Musikstück anschliessend im Klassenzimmer vorspielen. • Instrumente mit auf den OL nehmen / nur die Noten auswendig lernen. • Lieder.	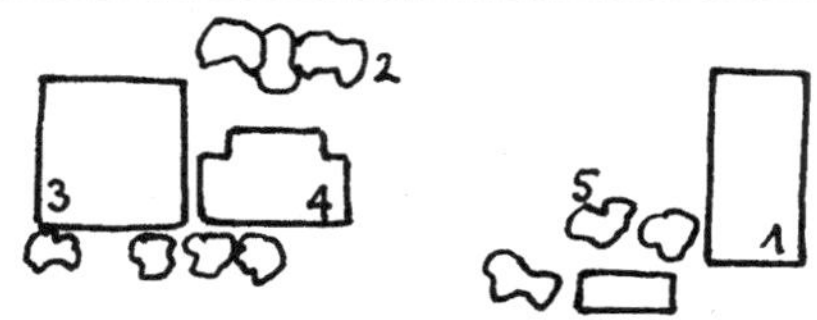
879	**MUSIKSTIL** Musikcharakter Musik und Bewegung	Sich je nach Musikstil passend / gegen den Rhythmus (Charakter) bewegen. • Musik ab CD / MD / die Klasse spielt Instrumente. • Tanz gestalten. • Thema gestalten / bearbeiten.	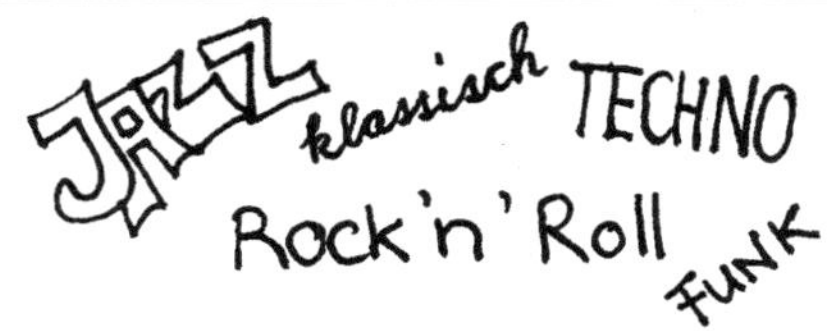
880	**RHYTHMUS-HÜPFEN** Im Takt hüpfen Koordination	Reifen auslegen und im Takt der Musik in die Reifen hüpfen (Reifen in der Mitte: mit beiden Füssen hineinspringen; Reifen rechts: rechtes Bein; Reifen links: linkes Bein; zwei Reifen: je einen Fuss in einen Reifen platzieren). Dabei Armaufgaben lösen (klatschen, rechter bzw. linker Arm seitwärts ausstrecken, beide Arme seitwärts ausstrecken …). • Nach Erfolg erschweren: Arme gegengleich, bei Markierung ohne Arm …	

Nr.	Name der Spielform Ziele / Akzente	Idee / Beschreibung	Hinweise / Organisation
881	**MUSIK-DIALOG** Gesang Stimme Stimmvariation	Zwei Personen tauschen Gedanken aus ohne Worte, nur mit Instrumenten, Geräuschen und Gesang: Die Gedanken einer Person aufnehmen, weiterführen, gleich / variierend wiederholen … • In der Gruppe diskutieren. • Meinungsverschiedenheiten austragen / Zank, Unterdrückung darstellen. • Echo / Frage – Antwort / letzten Teil aufnehmen und neuen Teil anfügen.	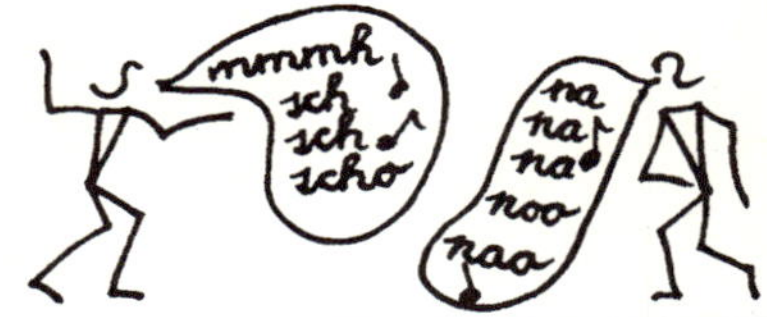
882	**SPORTSPIEL** Sportarten musikalisch darstellen	Mit Musikinstrumenten (Tönen, Geräuschen, Liedern) eine Sportart darstellen: Tennis, Ping-Pong, Snowboard, Surfen, Reiten … • Eine Gruppe agiert, die andere Gruppe ratet. • Scharade.	
883	**MORSEN** Mit Instrumenten morsen Morsekonzert	Mit Instrumenten morsen. • Morse-Alphabet lernen. • Paarweise / in der Gruppe. • Verschiedene Personen morsen gleichzeitig. Wer entschlüsselt am meisten Wörter?	
884	**MUSIK-STAFETTE** Genau zuhören Rhythmus	Rund um das Schulhaus stehen an vereinbarten Orten Gruppenmitglieder mit je einem Instrument. Im Klassenraum hört die erste Person einen Rhythmus (ein Liedfragment), läuft zur zweiten Person, spielt den Rhythmus vor, die zweite Person läuft zur dritten … Die letzte Person spielt im Klassenraum den Rhythmus der Lehrperson vor, erhält einen Punkt, falls der Rhythmus stimmt. Dann erfolgt die nächste Aufgabe.	
885	**GLEICHES INSTRUMENT** Gehör schulen Klänge von Instrumenten	Zwei Gruppen, beide mit denselben Instrumenten versehen, ohne Sichtkontakt. Jemand spielt auf seinem Instrument. Die Person mit demselben Instrument der anderen Gruppe antwortet. • Punkteverteilung: Punktabzug, wenn nicht dasselbe Instrument antwortet. • Mehrere Instrumente spielen gleichzeitig, welche?	

Nr.	**Name der Spielform** Ziele / Akzente	**Idee / Beschreibung**	**Hinweise / Organisation**
886	**MUSIKALISCHE MARIONETTEN** Musik und Bewegung Instrument interpretieren	Marionetten (Menschen oder Puppen) bewegen sich passend zur Musik. • Stück einstudieren, mit Instrumenten und Stimmen begleiten. • Bestimmtes Instrument bedeutet entsprechende Bewegung für die Puppe. • Bewegungen vormachen, dann diese vertonen und wiederholen. • Tanz- und Bewegungsimprovisationen.	
887	**LIEDER DARSTELLEN** Text in Bewegung umsetzen Musikcharakter	In Gruppen Fragmente (Strophen) von Liedern darstellen. Die Klassenmitglieder raten (Inhalt, Interpret, Komponist …). • Jede Person spielt einen Teil / alle spielen gemeinsam das ganze Lied. • Alle stellen das ganze Lied dar / versetzt (Kanon) / Quiz. • Musikcharakter erleben, z. B. Trauermarsch abspielen und einen Trauerzug durch das Klassenzimmer veranstalten.	
888	**MUSICAL** Musik, Handlung und Bewegung verbinden	Ein Musical komponieren. Handlung auswählen, diskutieren, proben. Passende Lieder auswählen bzw. erfinden / gestalten. • Aufführung einstudieren. • Bekannte Texte selber vertonen. • Zu bekannten Melodien eigene Texte schreiben. • Eigene Lieder, Tänze / vorgegebene Handlungen, Texte und Lieder.	
889	**MUSIKTHEATER** Darstellung der Spielhandlung an ausgewählten Musikbeispielen	Rhythmische und melodische Gestaltungen einzelner Textteile in Opern untersuchen, verstehen und mit eigenen Worten ausdrücken. Szenen singen, sprechen und darstellen. • Opernaufführung. • Blick hinter die Kulissen eines Opernhauses / Theaters.	
890	**MUSIKALISCHE SCHNITZELJAGD** Noten lesen Noten entschlüsseln	Jede Gruppe schreibt eine musikalische Wegbeschreibung, wählt eine eigene oder übernimmt die von der Lehrperson vorgegebene Verschlüsselung (Töne bzw. Notenzeichen bedeuten unterschiedliche Richtungsänderungen). Wer findet den vergrabenen Schatz, das Zielobjekt bzw. einen besonderen Ort? • Im Wald, auf dem Schulhausareal, im Dorf, in der Stadt … • Wegbeschreibung spielen und auf Tonband aufnehmen.	

Nr.	Name der Spielform Ziele / Akzente	Idee / Beschreibung	Hinweise / Organisation
891	**INSTRUMENTE UNTERSCHEIDEN** Instrumente erkennen Töne, Klänge Gehör schulen Konzentration	Im Kreis sitzen, jede Person spielt ein anderes Instrument. Jemand stellt sich mit verbundenen Augen in die Mitte und macht das von der Lehrperson genannte Instrument ausfindig, während alle gleichzeitig spielen. • Welches Instrument spielt nicht? • Überdimensionale Klaviertasten auf den Pausenplatz zeichnen, von Taste zu Taste hüpfen, während die anderen den passenden Ton spielen / singen.	
892	**AUSFINDIG MACHEN** Instrumente erkennen Töne, Klänge Gehör schulen Konzentration	Jemand lehnt sich mit verbundenen Augen gegen eine Wand im Klassenraum, die anderen verteilen sich im Raum. Die «blinde» Person nennt einen Namen, daraufhin spielt die angesprochene Person auf ihrem Instrument. Wer befindet sich wo mit welchem Instrument? • Zwei Instrumente wechseln ihre Position, welche? • Geräusche / Klänge mit dem Klassenzimmermobiliar.	
893	**RHYTHMISCHE KETTE** Rhythmus einprägen Konzentration	Im Kreis sitzen, jede Person spielt ein (anderes) Instrument. Alle erfinden einen eigenen kurzen Rhythmus. Die erste Person beginnt, die zweite Person wiederholt den Rhythmus und fügt ihren eigenen hinzu, usw. • Rhythmus auf den Rücken des Nachbarn klopfen und ihn so eine Runde «zirkulieren» lassen. Stimmt er am Schluss noch? • Rhythmus auf den Rücken klopfen, jede Person fügt kurzen Teil hinzu.	
894	**LEBENDES INSTRUMENT** Gruppenerlebnis Kooperation Kreativität Improvisation	Jemand legt sich auf den Boden, 6–8 Personen setzen sich im Kreis rundum. 2–3 Sängerinnen und Sänger singen ein bekanntes Lied, die anderen (Musikerinnen und Musiker) begleiten sie. Ihre Instrumente sind die Körperteile der liegenden Person, die Musiker «betätigen» ihr Instrument und geben entsprechende Töne und Klänge von sich. • Bei Betätigung des Instrumentes (Musiker) erfolgt Ton durch Sänger.	
895	**BEWEGUNGS-GESTALTUNG** Sich passend zur Musik bewegen	Sich zur Musik / zum Charakter der Musik bewegen. • Jemand macht etwas vor und verweilt in einer Körperstellung. Die Gruppenmitglieder wiederholen das Bewegungsmuster. Sind sie wiederum in der Endstellung erfolgt ein neues Bewegungsmuster. • 1x8 (2x8 / 4x8) etwas vormachen bzw. nachahmen. • Immer nach 2x8 die Fortbewegung ändern …	

Nr.	Name der Spielform Ziele / Akzente	Idee / Beschreibung	Hinweise / Organisation
896	**MUSIK-GATTUNGEN** Ausschnitte aus verschiedenen Sparten unserer Musikkultur	Ausschnitte aus verschiedenen Sparten der Musikkultur hören: Anhänger der jeweiligen Musikrichtung beschreiben und charakterisieren und eine für sie typische Szene oder Situation erfinden / spielen (Rocker, Operettenbesucher, Leute in einem Festzelt …). • Musik verschiedener Kulturen hören und dazu passend tanzen (Afro, Samba, Bauchtanz, Flamenco …).	
897	**MUSIKFAN** Musikstil Fanartikel Kleider, Aufmachung verschiedener Musiker	Verschiedene Musikstile, die bei Jugendlichen «in» sind, analysieren (Techno, Hip-Hop, Rock, Pop, Boy- / Girlgroups …). Poster, Hefte, Fanartikel, typische Kleider und Musikbeispiele sammeln. • Sich wie ein Gruppenmitglied schminken, anziehen, bewegen. • Sich als Fan «verkleiden». • Ein «Konzert» geben / Playbackkonzert mit Tänzern.	
898	**BRAVO-TV** Hitparade Neuerscheinungen Musiker-Interview	Bravo-TV-Show gestalten: Moderatorin führt durch die Sendung, Gäste erscheinen (Musiker, Fans), Neuerscheinungen präsentieren (Gruppe spielt neuen Song), Chartliste durchgehen (Lieder der Hitparade kurz anspielen bzw. in Gruppen singen), Berichterstattungen einflechten (Sketch) … • Bravo-TV-Show auf Video aufnehmen / einer Klasse vorführen. • Hitparade / Concours d'Eurovision …	
899	**VIDEOCLIP** Videoclip herstellen	Zu einem Song ein Videoclip drehen. Szenen auswählen, filmen, schneiden, vertonen … • Eigenes Lied aufnehmen. • Videoclip neu vertonen: Andere / eigene Musik spielen, dazu singen. • Einen Text rappen. Dazu passend tanzen.	
900	**KARAOKE** Lieder singen Lieder nachsingen	Bekannte Sängerinnen und Sänger imitieren. Dabei entweder nur die Lippen bewegen oder selber singen. • Zu Instrumentalmusik singen (bekannte Lieder / Eigenkompositionen). • Karaoke-Wettbewerb: Jedes Klassenmitglied lernt einen Song und die passende Show. • Lieder aus verschiedenen Sparten unserer Musikkultur auswählen.	

Für die Zukunft lernen, auch im Sportunterricht

Walter Bucher / Gregor Wick (Red.)

1016 Spiel- und Übungsformen für Sportarten mit Zukunft

2., unveränderte Auflage 1994

1991. DIN A 5 quer, 224 Seiten,
ISBN 3-7780-6362-6, (Bestellnummer 6362)
öS 218.–; sFr. 27.50; **DM 29.80**

Die Grundidee dieses Bandes ist es, 1000 Spiel- und Übungsformen für Einsteiger (sowohl Lehrende wie auch Lernende) in 10 bei uns noch wenig bekannten Sportarten vorzustellen! Dabei wurde das bewährte Konzept der 1000er-Buchreihe beibehalten.

Verlag Karl Hofmann Postfach 1360 · 73603 Schorndorf · Telefon (0 71 81) 402-125
Fax (0 71 81) 402-111 · E-Mail: hofmann@hofmann-verlag.de

ANHANG

6.1 Entspannen, Konzentrieren, Bewegen

Einleitung

In eine «Bewegte Schule» gehören nicht nur bewegte Lernaufgaben sondern ebenso *aktive* wie *passive* Unterrichtspausen. Um die Lernleistungsfähigkeit zu verbessern brauchen auch Jugendliche Wechsel zwischen Ruhe und Bewegung, Anstrengung und Entspannung, Konzentration und körperlicher Belastung.

In diesem Kapitel folgen Bewegungspausen-Beispiele für Jugendliche alleine, zu zweit oder in Gruppen, um ruhig zu werden und Energie zu schöpfen oder um die Konzentrations- und Merkfähigkeit zu verbessern.

Viele dieser Ideen eignen sich auch als Einstieg oder Abschluss einer Unterrichtsstunde oder können als tägliches oder wöchentliches Ritual verwendet werden.

Aktive Pausen (Gymnastik, Spiele, Koordinationsübungen …) verbessern die Hirndurchblutung und fördern die Wachheit und die Aufnahmefähigkeit. Feinmotorische Übungen insbesondere der Finger und Hände aber auch Aufgaben für die Füsse und Zehen haben äusserst positive Auswirkungen auf die Denkleistung.

Passive Pausen (Entspannungs- und einfache Meditationsübungen) sensibilisieren für körperliche Spannungszustände. Die Jugendlichen lernen, Spannung und Entspannung zu regulieren, Anspannungen und beginnende Verspannungen frühzeitig wahrzunehmen und darauf mit Entspannung richtig zu reagieren. Bei Angespanntheit und Stress können sie – auch zu Hause – Entspannungsübungen anwenden, um sich in einen optimalen Zustand für geistige Leistung beziehungsweise innere Ruhe zu bringen.

Nr.	Name der Spielform Ziele / Akzente	Idee / Beschreibung	Hinweise / Organisation
901	**AM STRAND** Entspannen Ruhig werden Energie tanken	Entspannte Position im Sitzen oder Liegen einnehmen, die Augen schliessen, tief und regelmässig atmen. Sich vorstellen, dass man an einem Strand alleine spaziert, die Sonne wärmt den Körper, das Meer rauscht. Die frische Luft einatmen, das Meer, den Himmel, die Wolken betrachten … • Am Strand / am See / in den Bergen liegen / sitzen / spazieren … • Sonnenuntergang / einsame Insel …	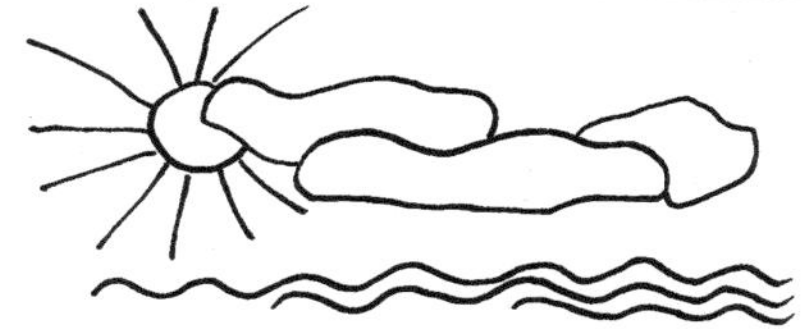
902	**SANDUHR** Entspannen Ruhig werden Stress abbauen	Entspannte Position im Sitzen oder Liegen einnehmen, die Augen schliessen, tief und regelmässig atmen und sich in eine überdimensionale Sanduhr verwandeln. Nun strömt der Sand langsam aus den Fingerkuppen und den Zehenspitzen und mit ihm alle Sorgen und Belastungen des Alltags. • Die Sanduhr im Stehen darstellen und den Sand aus dem Körper schütteln. • Alleine / zu zweit: den Arm, das Bein, den Oberkörper schütteln …	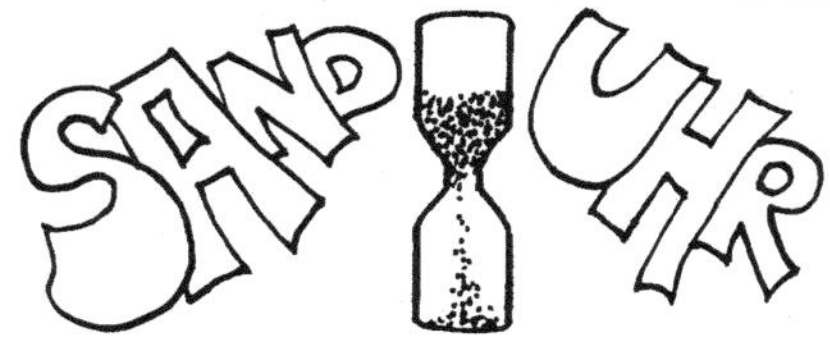
903	**JACOBSEN-TRAINING** Muskelentspannung Stress abbauen	Sich bei völliger Ruhe mit geschlossenen Augen hinsetzen, nacheinander einzelne Muskelgruppen 5–7 Sekunden anspannen, gegen Schluss leicht steigern und wieder lösen: Dominante Hand und Unterarm (mit Faust), dominanter Oberarm. Anderer Arm. Stirn (Augenbrauen nach oben ziehen), obere Wangenpartie und Nase (Nase rümpfen, Augenlider zusammenpressen), untere Wangenpartie und Kiefer, Nacken und Hals (Kinn gegen Brust) …	
904	**KERZE** Entspannen Ruhig werden Energie tanken	Die Augen schliessen und sich eine brennende Kerze vorstellen. Die Flamme wird grösser, dann wieder kleiner, heller, dann wieder schwächer. Der regelmässige Atem lässt die Flamme flackern, aber nicht erlöschen. Dann wird alles hell erleuchtet und bevor man die Augen öffnet, strahlt die Kerze ein angenehmes Licht und eine wohlige Wärme aus. • Die Kerze im Stehen darstellen.	
905	**ROLLTREPPE** Entspannen Ruhig werden Energie tanken	Sich in liegender Position vorstellen, sich auf einer endlos langen Rolltreppe zu befinden. Leicht abwärts fahren, regelmässig atmen und immer freier werden und alle Sorgen und Belastungen abstreifen. • Lehrperson «fährt» mit den Schülern die Rolltreppe hinunter und kommentiert, was man loslässt und / oder wegwirft. • Beim «Abwärtsfahren» Sorgen wegwerfen / abschütteln.	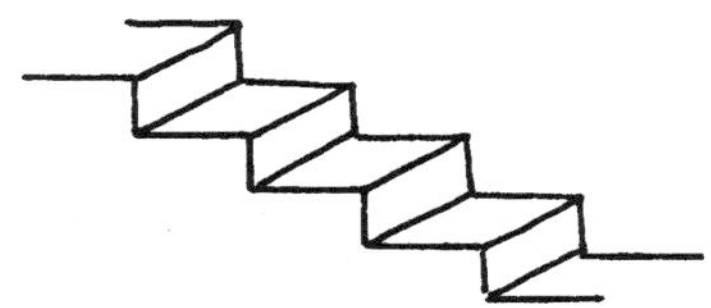

Nr.	Name der Spielform Ziele / Akzente	Idee / Beschreibung	Hinweise / Organisation
906	**MUSIKMALEN** Lebensenergie Selbstbewusstsein Gelassenheit	Zu Musik auf ein grosses Blatt Papier mit Ölkreide, Farbstift, Filzstift, Kohle … Melodien, Rhythmen und Bewegungen malen. • Jugendliche bringen entspannende Musikstücke mit. • An verschiedenen Orten / in unterschiedlichen Körperstellungen.	
907	**AUGEN ENTSPANNEN** Lebensenergie Selbstbewusstsein Gelassenheit	Sich aufrecht und entspannt hinsetzen. Die Handinnenflächen aneinander reiben, bis sie warm werden. Dann die Hände als hohle Handschalen auf die geschlossenen Augenlider legen, ruhig und regelmässig atmen. Nach einer Weile die Hände auf den Schoss senken und mit geschlossenen Augen die Stille geniessen. • Im Schneidersitz.	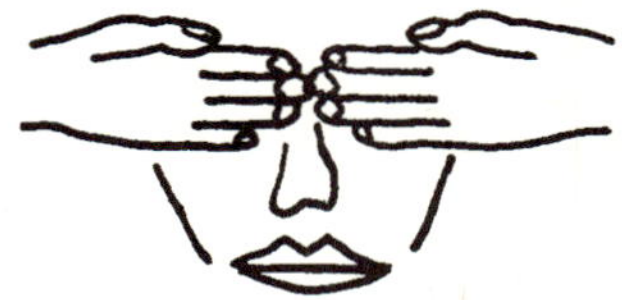
908	**ATEM-ÜBUNGEN** Lebensenergie Selbstbewusstsein Gelassenheit	Sich aufrecht hinstellen, breite Fussstellung, die Arme über den Kopf anheben, einatmen. Arme nach vorne fallen lassen, sich beugen, ausatmen und laut «Ha» rufen (Ärger herauslassen, Verkrampfungen lösen: Sich etwas vorstellen, z. B. ein Brett entzweischlagen …). • Mit geballten Fäusten. • Übung mehrmals wiederholen.	
909	**AUTOGENES TRAINING** Lebensenergie Selbstbewusstsein Gelassenheit	Imaginär etwas / jemanden mit dem Atem anmalen. Intensiv aus- und einatmen. Versuchen, die Luft bis tief in den Bauch zu bringen (Zwerchfellatmung). Zur Kontrolle die Handflächen auf den Bauch legen.	
910	**FANTASIE-REISEN** Lebensenergie Selbstbewusstsein Gelassenheit	Eine Entspannungsposition einnehmen, die Augen schliessen. Jemand erzählt eine Fantasiereise: Im Ballon abheben, schweben und die Welt und alle Gefühle von der Höhe aus betrachten; ein Mondflug mit Landung und Schwerelosigkeit; Tauchen und farbigen Pflanzen und Tieren begegnen … • Sich mit geschlossenen Augen entsprechend bewegen. • Im Zauberwald, -schloss / auf dem fliegenden Teppich / als Schmetterling.	

Nr.	Name der Spielform Ziele / Akzente	Idee / Beschreibung	Hinweise / Organisation
911	**SCHÜTTEL-GYMNASTIK** Muskelentspannung Aktivierung zwischen Arbeitsphasen	Hüftbreit, leicht im Knie stehen, die Arme locker hängen lassen. Den Körper in Schüttelbewegungen versetzen. Alles abschütteln, was bedrückt, beschwert, belastet. • Sich zu Musik bewegen. • Am Boden liegen und den Körper (im Rhythmus der Musik) locker und entspannt schütteln / zu zweit, jemand schüttelt den Arm, das Bein …	
912	**SCHLÄFENDRUCK** Rasche Entspannung Aktivierung zwischen Arbeitsphasen	Sich mit geradem Rücken und geschlossenen Augen bequem hinsetzen. Dann mit mittlerem Druck gleichzeitig die Fingerkuppen der linken Hand an die linke Schläfe und die Fingerkuppen der rechten Hand an die rechte Schläfe pressen. Tief einatmen, die Luft kurz anhalten, dann langsam und ruhig ausatmen. Anschliessend die Entspannung bewusst erleben und die Übung zweimal wiederholen.	
913	**LIEBLINGSWORT** Muskelentspannung Vorbereitung auf Arbeit Körperwahrnehmung Visualisierung	Sich auf den Boden legen und sich während ein paar Minuten ein beliebiges Schriftbild eines Wortes vorstellen. Sich mit geschlossenen Augen auf das Wort konzentrieren. Im Hintergrund entspannende Musik abspielen. • Beim Einatmen «RU-», beim Ausatmen «-HE» denken. • An eine Situation denken, die besonders erfolgreich und schön war.	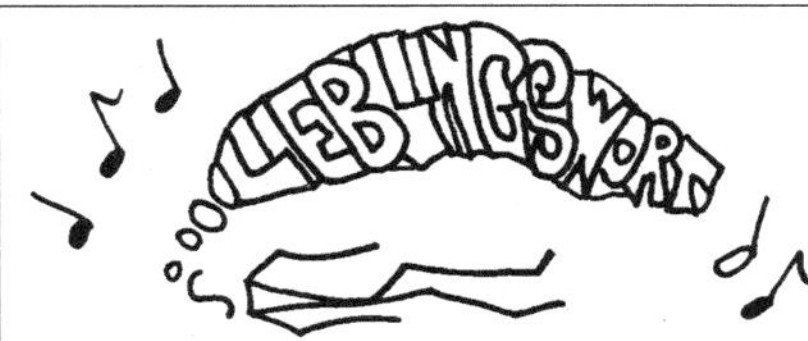
914	**TRANCE-INDUKTION** Entspannung von Körper und Geist Körperwahrnehmung	Sich auf den Boden legen, die Augen schliessen und sich auf die monotone Stimme der Lehrperson konzentrieren: 5x: Ich bin vollkommen ruhig, ruhig gelöst, entspannt. 5x: Atmet ruhig ein, haltet kurz die Luft an, atmet langsam aus. 5x erster Satz. 5x: Mein rechter Arm ist schwer. 5x erster Satz. 5x: Mein linker Arm ist schwer. 5x erster Satz. 5x: Beide Arme sind schwer … Nehmt die Entspannung wahr … Übung zurücknehmen!	5x bin vollkommen ruhig… bin vollkommen ruhig… ich bin vollkommen ruhig… ich bin vollkommen ruhig…
915	**SICH BEFREIEN** Aktivierung vor und während Arbeitsphasen Abbau von Aggression	Sich im Klassenzimmer irgendwo aufstellen. Auf ein Zeichen der Lehrperson Gesäss-, Arm- und Beinmuskulatur anspannen, gleichzeitig die Arme in die Höhe reissen und einen lauten Schrei ausstossen. Dann wieder die Ausgangsstellung einnehmen und während 45 Sekunden die Augen schliessen und in den Körper «reinhören». Die Übung zweimal wiederholen.	

Nr.	**Name der Spielform** Ziele / Akzente	**Idee / Beschreibung**	**Hinweise / Organisation**
916	**ENTLASTUNGS-STELLUNGEN** Den Rücken entlasten Sitzalternativen	Während des Unterrichts, vor allem beim Zuhören, darf man sich über den Tisch lehnen (Arme verschränken, Kopf auf die Arme legen), die Ellbogen auf dem Pult aufstützen, aufstehen, sich auf den Rücken legen (und die Beine auf dem Stuhl hochlagern), den Stuhl drehen und den Oberkörper an der Stuhllehne abstützen, sich über den Gymball legen … • Auf dem Gymball sitzen, Sitzkeile benützen, Ballkissen …	
917	**ENTSPANNUNG IN DER SCHAUKEL** Muskelentspannung Aktivierung zwischen Arbeitsphasen	Sich mit gefassten Händen gegenüber knien. Jemand legt sich auf die Arme der Gruppenmitglieder und schliesst die Augen. Die Gruppe steht gemeinsam (mit geradem Rücken) auf und schaukelt die liegende Person hin und her.	
918	**HAND AUFLEGEN** Körperwahrnehmung Körperkontakt erleben	Jemand steht (liegt) mit geschlossenen Augen in der Mitte einer Gruppe. Die Gruppenmitglieder legen nun je eine Hand oder beide Hände auf den Körper der Person in der Mitte (Tabustellen besprechen). Diese versucht zu spüren, wie viele Hände aufliegen. 2–3x wiederholen, dann wechseln. • Hände berühren den Körper nicht (Wärme / Energie spüren). • Hände wärmen Körperstellen (Hände «auflegen»).	
919	**WAND STEMMEN** Muskelentspannung Abbau von Aggression Körperwahrnehmung	Sich mit dem Rücken an eine Wand stellen, Handflächen liegen an der Wand. Alle Körperteile ungefähr 20 Sekunden intensiv gegen die Wand stemmen, die Augen schauen dabei geradeaus. Anschliessend lösen und stehend mit geschlossenen Augen während knapp einer Minute in den Körper «reinhören». 1–2x wiederholen. • Am Boden liegend, alle Muskeln anspannen, halten, dann wieder lösen.	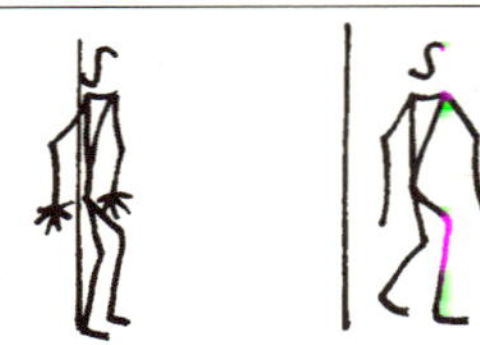
920	**ATMUNG** Verschiedene Atemtechniken	Aufrecht auf einem Stuhl sitzen, die Augen schliessen und verschiedene Atemtechniken testen: Brustatmung, Bauchatmung. Durch ein Nasenloch, durch das andere Nasenloch atmen. In einem bestimmten Rhythmus atmen. In den oberen Rückenteil atmen … Die Lehrperson führt dabei die Klasse und gibt Anweisungen, was man tun und worauf man achten soll. • In den Körperteil atmen, an dem man berührt wird (sich berührt).	

Nr.	Name der Spielform Ziele / Akzente	Idee / Beschreibung	Hinweise / Organisation
921	**MOTORISCHER HOMUNCULUS** Feinmotorische Übungen zur Förderung der Denkleistung	Der motorische Homunculus (lat., die Bewegung betreffendes Menschlein) zeigt im Grössenvergleich, wie stark einzelne Teile der Körperoberfläche in der Hirnrinde, dem somatischen Cortex, vertreten sind. Feinmotorische Übungen der Hände und Finger, auch der Füsse, des Mundes und der Augen haben äusserst positive Auswirkungen auf die Denkleistung. Sie sorgen für eine erhöhte Hirndurchblutung: Entsprechende Übungen durchführen.	
922	**DURCHSTREICHEN** Informations-verarbeitungs-geschwindigkeit	Nach einer bestimmten Vorgabe oder einem bestimmten Muster Zahlen-, Buchstaben oder Symbolkombinationen schnell erkennen und durchstreichen. • Alleine / paarweise / in der Gruppe. • Zu zweit, je ein Papier im Klassenzimmer aufhängen, 3 Minuten Zahlen aufschreiben, zehn Muster verstecken. Wechsel, wer findet sie zuerst?	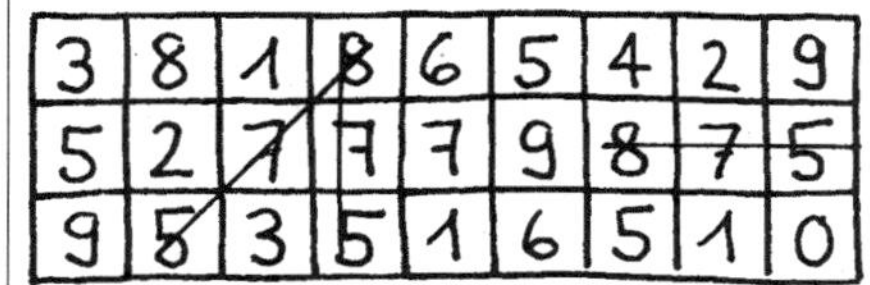
923	**SCHAU GENAU** Merkspanne	Am Lehrerpult deckt die Lehrperson 5–10 Spielkarten (Uno, Speed, Spielkarten) im Sekundenrhythmus auf, anschliessend die Farben, Zahlen bzw. Zeichen am Platz notieren. • Zeichen an die Tafel schreiben, 5 Sekunden ansehen, am Platz notieren.	
924	**ABLENKUNG** Basis-Lern-Geschwindigkeit	Sich Zahlen, Buchstaben, Informationen, Wörter oder Symbole merken, eine andere Aufgabe lösen (gezielte Ablenkung, z. B. Gruppendiskussion, Rechenaufgabe, Skizze anfertigen und beschriften, Bewegungsaufgabe) und anschliessend das zu Beginn Gemerkte notieren. • Zahlen einprägen, 7er-Reihe bis 105 aufsagen, Zahlen notieren. • Silben merken, Rechenaufgabe, falsche Silben durchstreichen.	
925	**BUCHSTABEN-SALAT** Gehirngymnastik Steigerung der Leistungsfähigkeit	Im Klassenzimmer hängen Buchstaben. Wer hat zuerst alle möglichen Wörter / den Satz am Platz notiert? • Wörter zu bestimmten Themen (Esswaren, Sportarten, Musikgruppen). • Gruppenwettkampf. • Sich gegenseitig Aufgaben stellen / Zettel aufhängen.	

Nr.	Name der Spielform Ziele / Akzente	Idee / Beschreibung	Hinweise / Organisation
926	**FINGER ZU FINGER** Gehirngymnastik Hirndurchblutung Feinmotorik Steigerung der Leistungsfähigkeit	Die Finger wie abgebildet durchnummerieren, dann den Finger mit der von der Lehrperson genannten Zahl zum Daumen führen. • Finger zu Finger führen: 5 zu 9, 3 zu 6, 2 zu 4 … • Füsse von 11 bis 20 nummerieren: Zehe zu Finger, Zehe zu Zehe … • Paarweise / in der Gruppe. • Abwechselnd jeden Finger zum Daumen (vw. / rw. / re. / li.) führen.	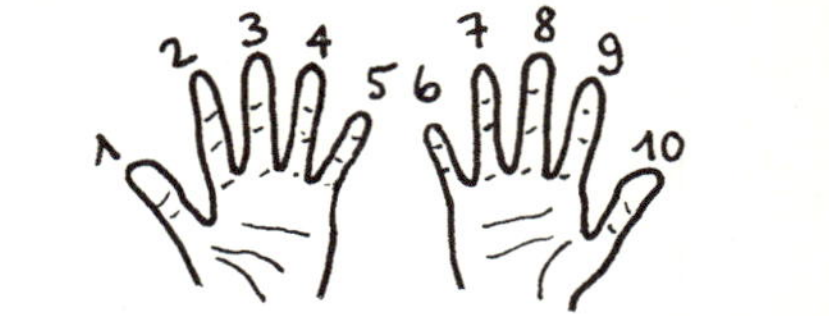
927	**FORM FINDEN** Gehirngymnastik Reaktion Steigerung der Leistungsfähigkeit	Die Gruppe stellt sich im Quadrat / Rechteck auf. Alle prägen sich ein, wo und neben wem sie stehen. Im Raum (zur Musik) umhergehen, auf Kommando (bei Musikstopp) sich wieder entsprechend aufstellen. • Andere Formationen / Formation um 90 Grad, 180 Grad drehen. • Beim Umhergehen zwei Mitspielende bestimmen, die in der Formation ihren Platz wechseln.	
928	**LIK LEK** Gehirngymnastik Reaktion Steigerung der Leistungsfähigkeit	Kreisaufstellung. Jedes Gruppenmitglied stellt den beiden benachbarten Personen eine Frage betreffend Hobby, Musikgeschmack oder Sternzeichen und merkt sich diese Information. Die Spielleitung steht in der Mitte und sagt zu einem Mitspielenden «lik» oder «lek». Diese nennt die Information zur Person links bzw. rechts. Bei «lik lek» wechseln alle ihre Plätze. Wer keinen Platz hat bzw. bei einer Frage zu spät oder falsch reagiert, wird Spielleiter.	
929	**HÖRSPIEL** Gehirngymnastik Steigerung der Leistungsfähigkeit	Im Klassenraum umhergehen. Die Lehrperson spielt verschiedene Töne und Geräusche. Anschliessend die erkannten Töne / Geräusche am Platz notieren. • Musikstücke / Werbung / Spielfilmszenen / Märchenkassetten … • Post-it's hängen im Raum. Wer hängt zuerst den passenden Zettel ab? • Sich passend zum Ton / Geräusch / zur Musik bewegen.	
930	**NUMMERNLAUF** Gehirngymnastik Reaktion Steigerung der Leistungsfähigkeit	Im Klassenzimmer hängen an den Wänden gut verteilt die Zahlen 1–20 (1–15 / 20–48). Jedes Klassenmitglied startet bei einer anderen Zahl und läuft der Reihe nach zur nächst höheren Zahl (Zettel visieren: Anna beginnt bei 5 und visiert «Anna 1», bei 6 «Anna 2», bei 7 «Anna 3» …).	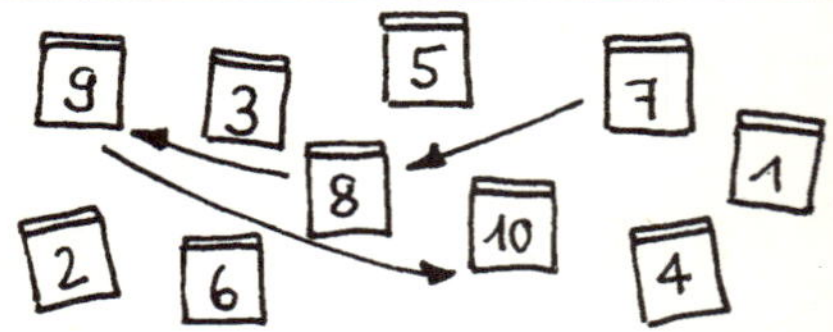

Nr.	**Name der Spielform** Ziele / Akzente	**Idee / Beschreibung**	**Hinweise / Organisation**
931	**RAUM-ORIENTIERUNG** Konzentration Visualisierung	Im Klassenzimmer umhergehen, auf ein Zeichen der Lehrperson stillstehen, die Augen schliessen und sich vorstellen, wo die anderen Klassenmitglieder stehen. • Die Lehrperson nennt einen Namen, man zeigt in die Richtung, in der diese Person steht. 2–3x wiederholen. Anschliessend die Augen öffnen und kontrollieren.	
932	**PUZZLE** Konzentration Visualisierung Assoziation	An den Wänden des Klassenzimmers hängen einzelne Teile eines Puzzles (an Pulten, an der Diele oder hinter der Wandtafel). Wer erkennt das Bild am schnellsten, ohne die Teile zusammenzustellen? • Zwei oder drei Puzzles, die Gruppen suchen die passenden Teile. • Aufgehängte Buchstaben (Wörter), wie lautet das Wort (der Satz / die Redewendung / das Sprichwort)?	
933	**SPAZIERGANG** Konzentration Visualisierung Assoziation	Im Klassenzimmer hängen Wörter, Zahlen oder Sätze verteilt. Während 2–4 Minuten im Klassenzimmer umhergehen und sich das Geschriebene einprägen, dann am Platz notieren. • Sätze sammeln, am Platz notieren, wieder aufhängen … • Wort- / Satzpaare. • Zettel im Schulhof aufhängen.	
934	**ZAHLEN MERKEN** Konzentration Gedächtnistraining Prüfungsvorbereitung	Eine lange Zahlenkombination (mehrere Telefonnummern, Masse / Einheiten, AHV- bzw. individuelle Personalnummern / Kontonummern …) in einer bestimmten Zeit einprägen: Dafür Nomen, Sätze oder Bilder als Eselsbrücke verwenden. Dabei im Flur spazieren. • Zahlen spielen / darstellen.	
935	**TURMBAU** Ruhig werden Konzentration	Als kurze Unterbrechung einer Unterrichtsstunde in Kleingruppen «Jenga» spielen. Ersatzweise eine Zündholzschachtel aufstellen und Zündhölzer kreuz und quer auf die Schachteloberseite legen. Mit 20 Streichhölzer beginnen und der Reihe nach ein Streichholz auf die Schachtel legen. Was hinunterfällt, muss in die Hand genommen werden. Wer hat zuerst alle Streichhölzer auf die Schachtel gelegt?	

Nr.	**Name der Spielform** Ziele / Akzente	**Idee / Beschreibung**	**Hinweise / Organisation**
936	**ZEITUNGS-KLOPFEN** Reaktion	Im Kreis (am Boden) sitzen, jede Person stellt sich mit einem speziellen Namen vor (Tier, Gegenstand, Lebensmittel), die Gruppenmitglieder merken sich möglichst alle Namen. Jemand ruft einen Namen, diese Person nennt sofort die nächste Person. Eine weitere Person steht mit einer gerollten Zeitung in der Mitte und versucht mit der Zeitung der Person auf die Beine zu «klopfen», die nicht, falsch oder zu spät reagiert.	
937	**«OH» – «SO» – «MI»** Reaktion Konzentration	Im Kreis sitzen und drei Töne und Hand- / Armbewegungen in der gleichen Reihenfolge weitergeben. Die Richtung durch die Zeigerichtung der Finger angeben: «OH» = Faust an Stirn, wobei der abgespreizte Daumen in die Richtung zeigt, woher der zweite Ton erfolgen soll; «SO» = Arme vor der Brust verschränkt, wobei ein abgespreizter Zeigefinger die Richtung bestimmt; «MI» = flache Hand an Hals, die Finger zeigen den «Weg» …	
938	**BLINDE LEITUNG** Reaktion	Zwei Gruppen stehen sich auf zwei Linien gegenüber, fassen sich an den Händen, schliessen die Augen. An einem Ende steht ein Gegenstand, am anderen Ende werfen zwei Personen eine Münze. Bei «Kopf» geben sie sofort den Händedruck weiter, bei «Zahl» nicht. Die letzten der Reihe greifen nach erhaltenem Händedruck nach dem Gegenstand. Punkt, wer schneller ist, Punktabzug bei falscher Reaktion.	
939	**KAMERA** Vertrauen Kooperation	Zu zweit, jemand ist der Fotograf, jemand die Kamera. Die Kamera wird blind durch den Raum (das Schulhaus, auf dem Pausenhof …) geführt. Bei einem interessanten Motiv bleibt man stehen, betätigt den Auslöser (vereinbartes Zeichen). Daraufhin öffnet die Kamera für 1–2 Sekunden die Augen und «fotografiert» das Panorama bzw. die Nahaufnahme. Nach zirka zehn Fotografien nennt die Kamera die Fotos und die Standorte.	
940	**WAND-MEMORY** Wörter, Sätze, Bilder einprägen	Im Klassenraum hängen Zettel verteilt. Zwei passen jeweils zusammen (Wortpaare, Wort und Bild, Bildpaar). Während 5 (10) Minuten im Zimmer umhergehen, die Paare suchen und sich die Wörter, Texte oder Bilder sowie deren Standort einprägen. • Anschliessend Paare einsammeln, wer findet mehr? • Anschliessend Paare aufschreiben / Standorte auf einer Skizze festhalten.	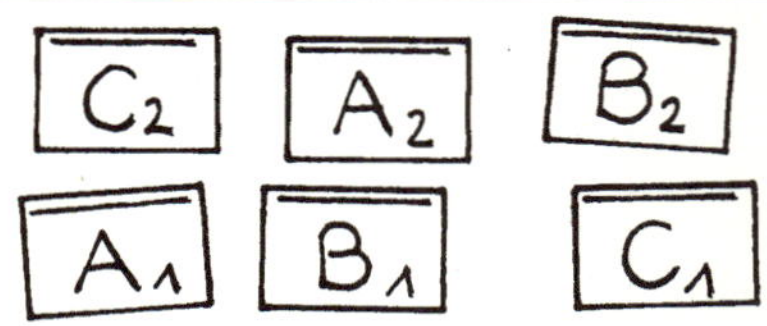

<table>
<tr><th>Nr.</th><th>Name der Spielform
Ziele / Akzente</th><th>Idee / Beschreibung</th><th>Hinweise / Organisation</th></tr>
<tr><td>941</td><td>GYMBALL IM KLASSENZIMMER
Entspannung
Aktivierung zwischen Arbeitsphasen</td><td>Im Klassenzimmer befindet sich mindestens ein Gymball. Sich zwischendurch auf den Ball legen, schaukeln oder kreisende Bewegungen ausführen und den Rücken entlasten.
• Vorgegebene Übungen auf / mit dem Ball ausführen.
• Ballmassage.</td><td></td></tr>
<tr><td>942</td><td>RÄKELN
Muskelentspannung
Vorbereitung auf Arbeit
Körperwahrnehmung
Sich strecken</td><td>Sich auf den Boden legen und sich während einer Minute mit geschlossenen Augen räkeln, den Körper dabei intensiv strecken und dehnen. Dann mit geschlossenen Augen liegen bleiben und die entspannende Wirkung erleben.
• Erwachen und sich dabei strecken und recken wie eine Katze. Kräftig durchatmen, gähnen, sich in alle Richtungen strecken, die Augen reiben …</td><td>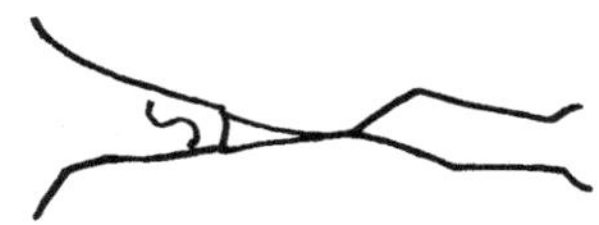</td></tr>
<tr><td>943</td><td>GLEICHGEWICHTS-GERÄTE
Aktivierung zwischen Arbeitsphasen
Gleichgewicht</td><td>Im Klassenzimmer befinden sich mehrere Gleichgewichtsgeräte. Wer eine Aufgabe beendet hat oder beim Zuhören eine Bewegungspause braucht, begibt sich auf ein Pedalo, einen Balancier-Kreisel, auf ein Walzen-Brett, auf eine Balancier-Kugel …</td><td></td></tr>
<tr><td>944</td><td>KNOBEL-AUFGABEN
Aktivierung zwischen Arbeitsphasen
Konzentration</td><td>Knobelaufgabe lösen: 1 Streichholz so verschieben, dass 1 Quadrat entsteht; die Zahl 100 mit Hilfe von 6 Neunern darstellen; aus 6 Streichhölzern eine Konfiguration mit 4 gleichseitigen Dreiecken bilden; die Figur mit einer einzigen Linie zeichnen, ohne den Stift vom Papier abzusetzen und eine Linie zweimal zu ziehen; während 3 Minuten auf verschiedene originelle Arten an einer 2 m langen Schnur Knoten knüpfen …</td><td>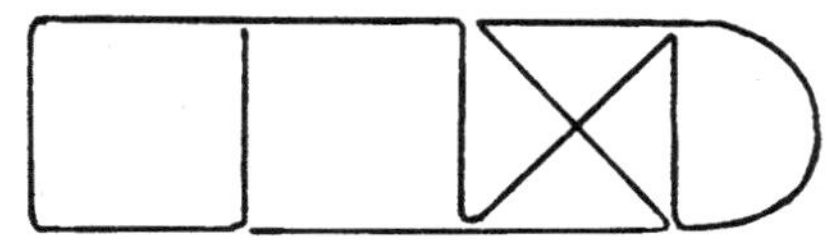</td></tr>
<tr><td>945</td><td>FITNESS-PROGRAMM
Gesundheitsbewusstsein
Wellness</td><td>Jede Person stellt ihr persönliches «Fitnessprogramm» zusammen und schreibt auf, was sie wann kräftigen bzw. dehnen möchte. Die Lehrperson stellt dafür pro Schul-Halbtag 2x5 Minuten zur Verfügung.
• Fitnesstagebuch führen.
• Pro Tag darf / muss eine Einheit Entspannung sein.
• Gemeinsames Wochenprogramm, individuelle Wiederholungszahlen.</td><td><table><tr><th></th><th>Mo</th><th>Di</th><th>Mi</th><th>Do</th><th>Fr</th></tr><tr><td>Rumpfbeugen</td><td>20x</td><td>20x</td><td>25x</td><td></td><td></td></tr><tr><td>Liegestütze</td><td>10x</td><td>12x</td><td>15x</td><td></td><td></td></tr><tr><td>Finnenbahn</td><td>2</td><td>1</td><td>3</td><td></td><td></td></tr></table></td></tr>
</table>

Nr.	Name der Spielform Ziele / Akzente	Idee / Beschreibung	Hinweise / Organisation
946	**ACHTER-BEWEGUNGEN** Muskelentspannung Gehirnströme anregen Konzentration steigern	Im Stehen mit dem Kopf, dem Becken, den Armen, den Handgelenken, den Unterschenkeln … grosse Achterbewegungen ausführen. • Dabei auf einem Gymball sitzen und hüpfen / mitrollen. • Grosse Acht an der Wandtafel / auf einem Plakat zeichnen. • Körperteile einzeln / kombiniert bewegen.	
947	**BAUM** Muskelentspannung Kraft schöpfen	Im Stehen die Augen schliessen und sich vorstellen, man sei ein Baum, der durch leichten Wind bewegt wird. Dabei die Muskeln lockern und sich völlig entspannen. Pendeln, kreisen, die Arme durch die Luft schwingen. • Mit / ohne Musik. • Achterbewegungen. • Aus den Wurzeln «Lebenskraft und Energie saugen».	
948	**EINE RUNDE** Bewegung Herz-Kreislauf Konzentration steigern	Als Bewegungspause einmal um das Schulhaus rennen, einmal die Treppen hinauf und hinunter, einmal zur Turnhalle und wieder zurück joggen, eine Runde auf der Aschenbahn absolvieren … • Die letzte Person löst Zusatzaufgabe (Tafel wischen, Papierkorb leeren). • Ball eine «Runde» weiterreichen / zuspielen.	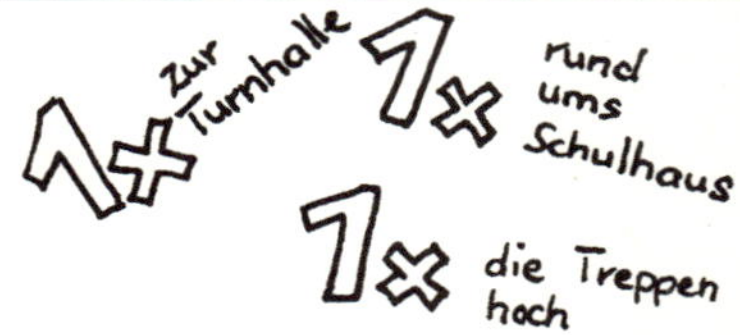
949	**ZEHNERLEIN** Aktivierung zwischen Arbeitsphasen Kräftigung	An der Wand hängt ein Plakat mit 10 Bewegungsaufgaben («Zehnerlein»): 10x Rumpfbeugen, 9x Liegestütze, 8x Rückenpresse, 7x Bizeps curls … Wer eine Aufgabe beendet hat, löst einmal das «Zehnerlein». • Wer zwischendurch Bewegung braucht, löst das «Zehnerlein». • Die Klasse stellt selber «Zehnerlein» zusammen, mehrere hängen im Klassenraum.	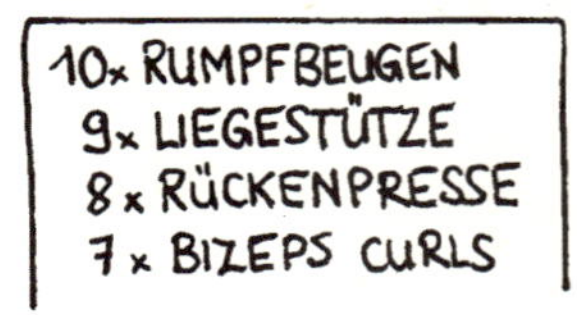
950	**FITNESS-ECKE** Aktivierung zwischen Arbeitsphasen Kräftigung Stretching Entspannung	In einer Ecke des Klassenzimmers befinden sich Matten und Hanteln. Wer eine Aufgabe beendet hat, kann in der Ecke nach Lust und Laune entspannen, dehnen oder kräftigen.	

Nr.	**Name der Spielform** Ziele / Akzente	**Idee / Beschreibung**	**Hinweise / Organisation**
951	**1. TIBETER** Lebensenergie Selbstbewusstsein Gelassenheit	Die «fünf Tibeter» sind fünf Übungen, die regelmässig angewendet, den Alterungsprozess physisch und psychisch verlangsamen sowie für verstärktes Selbstbewusstsein, mehr Lebensmut und Gelassenheit sorgen sollen. • Sich aufrecht mit ausgebreiteten Armen hinstellen und von links nach rechts um die eigene Achse drehen.	
952	**2. TIBETER** Lebensenergie Selbstbewusstsein Gelassenheit	• Sich auf den Boden legen, die Arme liegen seitlich neben dem Körper, dann den Kopf anheben und das Kinn zur Brust ziehen. Die Beine in die Senkrechte heben, dann Kopf und Beine gleichzeitig senken. Beim Heben einatmen, beim Senken ausatmen.	
953	**3. TIBETER** Lebensenergie Selbstbewusstsein Gelassenheit	• Aufrecht knien, Hände seitlich an die Oberschenkel legen, den Kopf nach vorne neigen, das Kinn zur Brust ziehen und ausatmen. Dann den Kopf nach hinten legen und gleichzeitig zurücklehnen, indem man die Wirbelsäule nach hinten beugt, dabei einatmen.	
954	**4. TIBETER** Lebensenergie Selbstbewusstsein Gelassenheit	• Im Sitzen die Hände neben dem Becken aufstützen, das Kinn zur Brust ziehen, dann den Kopf nach hinten neigen und das Becken anheben. Beim Heben des Körpers tief einatmen, den Atem kurz anhalten und beim Senken ganz ausatmen.	
955	**5. TIBETER** Lebensenergie Selbstbewusstsein Gelassenheit	• Liegestützposition mit gestreckten Armen und aufrechter Kopfstellung, dann das Kinn zur Brust ziehen und das Becken anheben, einatmen, beim Senken wieder ausatmen.	

Nr.	Name der Spielform Ziele / Akzente	Idee / Beschreibung	Hinweise / Organisation
956	**FINGERTROMMEL** Gehirngymnastik Hirndurchblutung Steigerung der Leistungsfähigkeit	Mit den Fingerkuppen kräftig auf einen harten Untergrund trommeln. Dabei jeden Finger abwechselnd gebrauchen. • Die Lehrperson nennt den jeweiligen Finger / Ort (Material, Gegenstand). • Gemeinsam verschiedene Rhythmen trommeln / Lieder erkennen. • Trommelschlag mitzählen, wer ist zuerst bei 100 angelangt?	
957	**FINGERGESCHICK** Gehirngymnastik Hirndurchblutung Feinmotorik Steigerung der Leistungsfähigkeit	Möglichst viele Spielsteine (Würfel, Korken, Knöpfe) zwischen die Finger einer Hand klemmen. • Zeit vorgeben. • Die zweite Hand darf nicht zu Hilfe genommen werden. • Die Spielsteine während eines Spazierganges einklemmen (die zweite Hand hält die Steine / die Steine befinden sich in der Hosentasche).	
958	**FINGERÜBUNG** Gehirngymnastik Hirndurchblutung Feinmotorik Steigerung der Leistungsfähigkeit	Den Zeige- und Mittelfinger gegen den Daumenballen pressen, dann mit dem Ringfinger und dem kleinen Finger bestimmte Tätigkeiten ausführen: Türe / Fenster öffnen / schliessen, etwas aus der Hosentasche holen, etwas an die Tafel schreiben … • Rechte und linke Hand.	
959	**HANDKREISEN** Gehirngymnastik Hirndurchblutung Steigerung der Leistungsfähigkeit	Die Arme in die Höhe halten und möglichst schnelle Drehbewegungen mit den Handgelenken ausführen (Hirndurchblutung lässt sich um zirka 30 % erhöhen). • Dabei im Klassenzimmer umhergehen.	
960	**ÜBERKREUZEN** Gehirngymnastik Zusammenspiel beider Gehirnhälften	Im Stehen abwechselnd linke Hand zum rechten Knie bzw. rechte Hand zum linken Knie führen. • Dabei hüpfen. • Mit den Augen einen Punkt auf Augenhöhe fixieren, mit der linken, dann rechten Hand eine Acht um diesen Punkt in die Luft zeichnen. • Andere Achterbewegungen / Überkreuzungen ausführen, erfinden.	

Nr.	Name der Spielform Ziele / Akzente	Idee / Beschreibung	Hinweise / Organisation
961	**JE EINE HAND** Konzentration Koordination Kooperation	Paarweise eine Aufgabe lösen, dabei lediglich die rechte / linke Hand benützen und die linke / rechte Hand auf den Rücken legen. • Ein Paket einpacken, einen Apfel schälen, Schuhe binden … • Sich paarweise gegenübersitzen und mit je der linken Hand gemeinsam etwas schreiben oder bewerkstelligen. • Mit / ohne Kommunikation.	
962	**KOMMANDO-SPIEL** Sich bewegen Sich strecken Reagieren	Sich gemäss Kommando im Zimmer bewegen oder eine abgemachte Körperstellung einnehmen, z. B. «Jog» = joggen, «Jack» = Grätschhüpfen, «Stein» = Kauern, «Schwan» = Standwaage, «Turm» = auf den Stuhl stellen. • Nur reagieren, wenn der Befehl mit «Kommando …» beginnt. • Kommandierende Person versucht die Klasse durch falsche Bewegungen / Anleitungen irrezuführen. Wer falsch reagiert, übernimmt die Führung.	
963	**MENSCHEN BEFÖRDERN** Kraft Körperspannung Kooperation	Eine Person über den Köpfen der Klassenmitglieder, die in einer Reihe stehen, «weiterreichen». Die Person (beste Arbeit, zuletzt reagiert bei Spiel, etwas vergessen …) im Handstand aufladen und am Ende der Reihe wieder auf die Füsse stellen (seitlich sichern). • «Förderband» im Liegen: Zwei Reihen, Kopf an Kopf, Hände in die Höhe. • Schaukel: Zwei Reihen, Handfassung, Person aufladen und schaukeln.	
964	**PARTNER-ENTSPANNUNG** Muskelentspannung Aktivierung zwischen Arbeitsphasen Kooperation	Folgende Übungen paarweise durchführen, dabei während 20–30 Sekunden die Muskulatur anspannen, sich dann auf den Boden legen und während 30–45 Sekunden entspannen: – Rücken an Rücken am Boden sitzen, die Oberkörper gegeneinander stemmen. – In der Rückenlage die Füsse gegen die des Gegenübers stemmen. – Sich im Schneidersitz nahe gegenübersitzen, Handflächen auf die des Gegenübers legen und Druck ausüben.	
965	**HERR UND HUND** Aktivierung zwischen Arbeitsphasen Kooperation	Jemand macht verschiedene Bewegungen vor, die zweite Person imitiert: Kräftigungsübungen, Gangart, Parcours durch das Klassenzimmer … • Jemand führt, die Klasse folgt. • Im Gang, im Schulzimmer, auf dem Pausenplatz. • Spiegelbild / Echo / Frage – Antwort.	

Nr.	Name der Spielform Ziele / Akzente	Idee / Beschreibung	Hinweise / Organisation
966	**BLINDLINGS** Präzise Anweisungen Kooperation Vertrauen	Eine Person mit verbundenen Augen durch den Klassenraum führen. Wo befindet sie sich am Ende der Führung? • Eine Person nur verbal führen / am Arm führen. • Einen kleinen Parcours durch das Klassenzimmer gestalten / Stafette. • Die Person darf nirgends anstossen und nichts berühren.	
967	**MIT HÄNDEN AUSDRÜCKEN** Sensibilisierung für nonverbale Kommunikation Körperkontakt erleben	Sich paarweise auf den Boden setzen, an den Händen fassen und die Augen schliessen. Eine Person versucht, der anderen nur durch Handkontakt / Händedruck etwas (ein Gefühl, eine Nachricht, eine Rückmeldung …) mitzuteilen. Anschliessend kurz besprechen und die Rollen tauschen. • Die Lehrperson schreibt an die Tafel, was der zweiten Person mitgeteilt werden soll.	
968	**SPAZIERGANG OHNE WORTE** Nonverbale Kommunikation Körpersprachliche Kommunikationssignale	Im Klassenraum ohne ein Wort zu sprechen umhergehen, dabei die Klassenmitglieder nonverbal grüssen sowie ihnen Botschaften übermitteln. Die Mitteilungen anschliessend austauschen und vergleichen. • Zwei Gruppen: Ein Gruppenmitglied erhält eine Botschaft (ein Geheimzeichen), die (das) es den anderen weitermelden muss. Sich gegenseitig ausspionieren. Wer errät die Mitteilung?	
969	**SCHREI DICH FREI** Aktivierung zwischen Arbeitsphasen	Im Schulzimmer umhergehen, die Lehrperson gibt Anweisungen: Umhergehen ohne miteinander zu sprechen, stehen bleiben, immer mindestens einen Meter Abstand zu den anderen Gruppenmitgliedern halten, auf Kommando «jetzt» einen lauten Schrei ausstossen, umhergehen, stillstehen, auf Kommando dreimal seinen Vornamen schreien, umhergehen, stillstehen, auf Kommando wie ein Wolf heulen …	
970	**CHOREOGRAFIE** Spontaneität Fantasie Musikgefühl	Einen kurzen Ausschnitt aus einem Musikstück 2–3x abspielen. In Gruppen dazu eine passende Bewegung (Bewegungsgestaltung, Gangart, Tanz …) ausdenken und der Klasse präsentieren.	

Nr.	Name der Spielform Ziele / Akzente	Idee / Beschreibung	Hinweise / Organisation
971	**WASCHSTRASSE** Kooperation Einander wahrnehmen	Die Klasse / Gruppe stellt sich in zwei Reihen auf und bildet eine «Waschstrasse». Wer durch die Waschstrasse will, nennt das entsprechende Programm (Schongang, mittlere Reinigung, stark schrubben …) und wird dementsprechend massiert (Tabustellen besprechen).	
972	**BEGEGNEN BEGRÜSSEN** Einander wahrnehmen Klassengeist	Im Klassenraum umhergehen. Wer an einer anderen Person vorbeigeht, grüsst sie (grüsst in einer Fremdsprache, steht kurz still und schaut tief in die Augen des Gegenübers, klatscht beide Hände parallel gegen die der anderen Person …). • Raum immer mehr eingrenzen / im Freien. • Verschiedene Gangarten / Begrüssungsmöglichkeiten.	
973	**WO SIND WIR?** Spontaneität Kreativität	Zwei Gruppen stehen sich gegenüber, die Lehrperson nennt der einen Gruppe einen Ort oder Anlass (z. B. Bahnhof, Flughafen, Heirat, Taufe, Seenot, Beerdigung, Ausstellung, Lift, vor dem Prüfungszimmer, Wartezimmer …), welchen sie darzustellen versucht. Findet die zweite Gruppe die richtige Lösung, wechseln die Aufgaben.	
974	**DURCH DAS ZIMMER** Bewegung Kreativität	Durch den Klassenraum gehen, auf ein Zeichen abrupt stillstehen, auf ein weiteres weitergehen. • Jede Person erfindet einen imaginären Parcours (über Zaun, unter …). • Jeweils 30 Sekunden: stillstehen, gähnen, blind gehen, hüpfen … • Jemand mit Hut führt die Klasse und gibt den Hut später weiter.	
975	**KLATSCHSPIELE** Konzentration Koordination	Im Kreis verschiedene Rhythmen klatschen (in die Hände, auf die Beine, an die Backen …). Jemand erfindet ein Muster, die Klasse übernimmt. • Reime / Sprüche dazu erfinden. • Rechte Hand auf linkes Bein, linke Hand auf rechtes Bein, rechte Hand an linke Schulter …	

Nr.	Name der Spielform Ziele / Akzente	Idee / Beschreibung	Hinweise / Organisation
976	**MÖRDER, GOOFY UND VAMPIRE** Aktivierung zwischen Arbeitsphasen	Alle gehen mit geschlossenen Augen durch den Raum. Die Lehrperson tippt jemanden an. Diese Person wird ein Vampir. Wer in der Folge einem Vampir begegnet (bei Berührung zischt der Vampir), wird auch Vampir. • Goofy: Wenn man jemandem begegnet, fragt man «Goofy?». Ist das Gegenüber Goofy, antwortet es nicht und man wird auch Goofy. • Mörder «töten» durch blinzeln, Agenten suchen Mörder.	
977	**AGENTENSPIEL** Aktivierung zwischen Arbeitsphasen Kooperation	Die Gruppe steht mit geschlossenen Augen im Kreis. Die Lehrperson gibt 3 Klassenmitgliedern ein kleines Stück Papier. Alle öffnen die Augen. Die Lehrperson bestimmt 1–2 Polizisten. Während die Klasse im Raum umhergeht, wechseln die Papierstücke heimlich ihre Besitzer. Nach ein paar Minuten soll die Geheimpolizei die drei Papierbesitzer festnehmen. • Punktverteilung bei richtiger Festnahme / gutem Versteckthalten.	
978	**STOP AND GO** Spontaneität Fantasie Aktivierung zwischen Arbeitsphasen	Die Klasse geht langsam durch den Raum und findet gemeinsam den Moment, in dem alle stehen bleiben. Aus dem Stillstand soll wiederum der Moment erfühlt werden, bei dem sich alle erneut in Bewegung setzen. • Herumlaufen und von 1–20 (je nach Klassengrösse) durchnummerieren, ohne vorher die Reihenfolge bestimmt zu haben. Sprechen zwei gleichzeitig beginnt man wieder bei «1».	
979	**ZOO** Spontaneität Aktivierung zwischen Arbeitsphasen	Die Klasse sitzt im Kreis. Bis drei durchzählen. Jede Nummer ist ein Tier, z. B. 1 = Affen, 2 = Elefanten, 3 = Kängurus. Die Spielleitung steht in der Mitte und ruft einen Tiernamen. Die betroffenen Tiere tauschen mit Tierlauten und entsprechenden Bewegungen ihren Platz. Dabei versucht die Person in der Mitte einen Platz zu ergattern. Wenn die Spielleitung «Zoo» ruft, wechseln alle Tiere ihren Platz.	
980	**POSTKARTE** Spontaneität Fantasie Aktivierung zwischen Arbeitsphasen Sprachgewandtheit	Eine Gruppe stellt einen Ferienort oder eine Stadt als «Postkarte» in einem Standbild dar. Die übrigen Klassenmitglieder erraten den Ort. • Die Klasse nennt den Text der Postkarte. • Schlagzeile in einem Standbild darstellen, Titel erraten, Text formulieren. Als Standbild darstellen, was vorher bzw. nachher geschah.	

Nr.	Name der Spielform Ziele / Akzente	Idee / Beschreibung	Hinweise / Organisation
981	**GRUPPEN-DARSTELLUNG** Spontaneität Fantasie Aktivierung zwischen Arbeitsphasen	Eine Gruppe stellt etwas dar (Ping-Pong-Spiel, Marktplatz, Leichtathletikwettkampf, Karussell-Fahrt …), wobei alle Bewegungen (und Geräte) mit den Personen dargestellt werden. Wenn die andere Klassenhälfte die Situation richtig erkennt, wechseln die Aufgaben. • Die Lehrperson nennt die darzustellenden Situationen. • Imaginäres Gruppenspiel, z. B. Indiaca, Volleyball, Basketball …	
982	**GORDISCHER KNOTEN** Aktivierung zwischen Arbeitsphasen Kooperation	Im Kreis stehen und sich gegenseitig an den Händen fassen. Dann sich «verknoten», indem man über die gefassten Hände der anderen steigt bzw. unten durchschlüpft. Eine weitere Person versucht anschliessend den Knoten wieder zu entwirren.	
983	**MEISTER PROPER** Spontaneität Fantasie Aktivierung zwischen Arbeitsphasen	Im Kreis stehen. Jemand beginnt: «Weisst du schon, Meister Proper liegt im Krankenhaus, er hat zwei Finger unter der Zunge eingeklemmt …». Während des letzten Teilsatzes Finger unter die Zunge legen und so sprechen. Die nächste Person erzählt der dritten Person (mit den Fingern unter der Zunge): «Weisst du schon, Meister Proper liegt im Krankenhaus, er hat zwei Finger unter der Zunge eingeklemmt und die Nase verstopft …».	
984	**WORTWIRBEL** Spontaneität Aktivierung zwischen Arbeitsphasen	Im Kreis stehen und möglichst schnell ein Wort an die nächste Person weitergeben, dabei den Kopf drehen und das Wort sagen. • Zeitmessung einer Runde, dann Rekordversuche anstellen / Seitenwechsel. • Jede zweite oder dritte Person muss ein neues Wort weitergeben. • Tierlaute möglichst echt weitergeben, nach Lust und Laune neues Tier imitieren, dabei tierische Bewegungen ausführen.	
985	**KREISMASSAGE** Körperkontakt erleben Entspannung	Im Kreis stehen und einander den Rücken massieren. • Wetter darstellen (Regen, Hagel, Nieselregen, Sturm, Sonnenschein …). • Geschichte, die (von der Lehrperson) erzählt wird, auf dem Rücken darstellen. • Jemand liegt auf dem Bauch, 4–8 Personen massieren (Tabustellen besprechen).	

<table>
<tr><th>Nr.</th><th>Name der Spielform
Ziele / Akzente</th><th>Idee / Beschreibung</th><th>Hinweise / Organisation</th></tr>
<tr><td>986</td><td>PERIPHERIE

Peripheres Sehen
Gruppenkontakt</td><td>Im Raum umhergehen, dabei alle Personen im Blickfeld behalten. Eine Person fixieren und die anderen im Blickfeld behalten. Später eine zweite Person fixieren und möglichst oft zwischen den beiden hindurch laufen.
• Wer glaubt zu wissen, von wem man «fixiert» wurde?
• Auflösung: Jemand beginnt, nennt die beiden Personen, sie stellen sich hinzu und werden von der 1. Person berührt. Sie nennen ihre Personen …</td><td></td></tr>
<tr><td>987</td><td>IMAGINATION

Imaginäres Spiel
Pantomime</td><td>In Kleingruppen eine Pausenbeschäftigung (Gummitwist, Seilspringen, Himmel und Hölle …) ohne Worte darstellen.
• Etwas in Zeitlupe ausführen.
• «Heisses Eisen» weitergeben, ohne sich die Finger zu verbrennen.</td><td>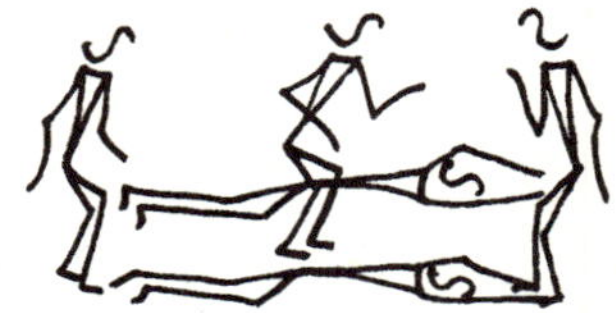</td></tr>
<tr><td>988</td><td>ZEHN MINUTEN

Meditatives Laufen
Zeitgefühl</td><td>Die Klassenmitglieder haben genau 10 Minuten Zeit, sich stumm von einer Wand zur gegenüberliegenden Wand des Raumes zu bewegen.
• Die Lehrperson nennt zwischendurch die verstrichene Zeit.
• Man nennt keine Zeit und schaut, wer wann wo ist.</td><td></td></tr>
<tr><td>989</td><td>TINTENFISCH

Gruppenkontakt
Aktivität, Passivität einzelner Teilnehmer</td><td>Gerade Teilnehmerzahl, ein Springseil pro Paar. Die Lehrperson fasst die Seile in der Mitte und dreht «das Ende» 2–3x. Alle nehmen ein Seilende (ist ein Paar nicht verknüpft, wiederholen oder sie verknüpfen). 2 Minuten ohne Worte durch Über- / Untersteigen der Seile den Knoten weiter verknüpfen (zu Ende verknüpfen). Dann wieder auflösen. Aktionen beobachten.
• Zeitmessungen / Wettbewerb / Spielverderber …</td><td>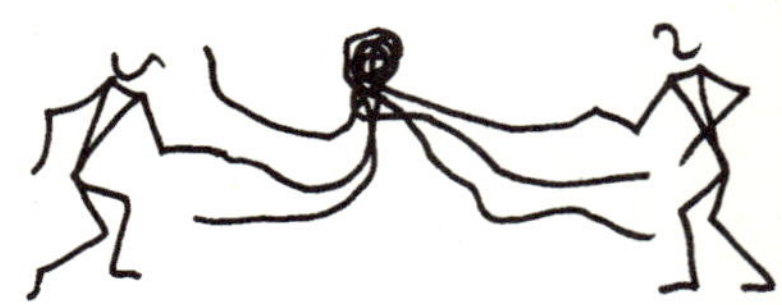</td></tr>
<tr><td>990</td><td>WOCHEN-MARATHON

Ausdauer
Wellness
Kooperation</td><td>Innerhalb einer Woche läuft jede Gruppe einen Marathon. Die Meter bzw. Kilometer werden in der Gruppe addiert und bei unterschiedlichen Gelegenheiten absolviert: Unterrichts- oder Bewegungspausen, vor oder nach Schulbeginn. Verschiedene Strecken dafür bestimmen und messen: Lauf um das Schulhaus, Finnenbahn, Strecke um Sportanlage …</td><td><table><tr><th>KM</th><th>MO</th><th>DI</th><th>MI</th><th>DO</th><th>FR</th><th>SA</th></tr><tr><td>Moni</td><td>1,2</td><td>1,7</td><td>2.5</td><td></td><td></td><td></td></tr><tr><td>Urs</td><td>2,2</td><td>2.8</td><td>3.5</td><td></td><td></td><td></td></tr><tr><td>Elia</td><td>1,8</td><td>3.0</td><td>2.6</td><td></td><td></td><td></td></tr></table></td></tr>
</table>

Nr.	Name der Spielform Ziele / Akzente	Idee / Beschreibung	Hinweise / Organisation
991	**FINGERKONTAKT** Gehirngymnastik Hirndurchblutung Feinmotorik Steigerung der Leistungsfähigkeit	Paarweise durch den Raum gehen, dabei einen / zwei Korken zwischen den Zeigefingerspitzen gemeinsam eingeklemmt halten. • Mehrere Korken zwischen den Kuppen mehrerer Finger. • Blind umhergehen.	
992	**KÖRPERTEIL** Kooperation Reaktion	Alle gehen im Raum umher, die Spielleitung nennt Körperteile, die berührt werden sollen. Die Klasse führt aus, was die Spielleitung sagt, nicht aber was sie tut. Wer eine falsche Bewegung ausführt, übernimmt die Leitung. • Fuss an Wade, Kopf an Knie … • Paarweise / in der Gruppe: Kopf an Kopf, Gesäss an Gesäss, Hand an Knie. • Nachahmen, was gezeigt und nicht tun, was gesprochen wird.	
993	**BODENKONTAKT** Kooperation Reaktion	Die Spielleitung nennt eine Zahl. Aufgabe: Paarweise oder in der Gruppe (mit gefassten Händen) mit entsprechend vielen Körperteilen den Boden berühren. • Welche Gruppe hat die «geforderte» Position zuerst eingenommen? • Zusätzlich zur genannten Zahl wird gefordert, einen bestimmten Gegenstand, ein Tier … darzustellen.	
994	**HÄNDE FINDEN** Konzentration Orientierung Kooperation	Im Kreis die Handflächen gegen die der beiden Nachbarn halten. Alle schliessen die Augen und zählen gemeinsam langsam von 1 bis 4. Dabei dreht man sich bei «1» einmal um sich selber, bei «2» berührt man den Boden, bei «3» klatscht man die Hände über dem Kopf zusammen und sucht bei «4» die Hände der Nachbarn. • Wiederholen, Veränderungen feststellen / eigene Handlungen erfinden.	
995	**KNOPF WEITERREICHEN** Kooperation Feinmotorik	Einen Knopf weiterreichen, indem er auf der Zeigefingerkuppe der nächsten Person hingestreckt wird. Diese legt ihren Zeigefinger auf den Knopf, beide drehen ihre Arme, der Knopf liegt auf der Fingerkuppe der zweiten Person. • Im Kreis / auf der Linie / Knopfverfolgung / Stafette. • Bälle (Tischtennisball, Billardkugel, Murmel) zwischen Zeigefinger und Daumen halten und weiterreichen.	

Nr.	Name der Spielform Ziele / Akzente	Idee / Beschreibung	Hinweise / Organisation
996	**MARIONETTE** Gehirngymnastik Feinmotorik	Paarweise. Jemand liegt am Boden und spielt eine Marionette. Die zweite Person beginnt die Puppe mit imaginären Fäden zu bewegen. • Wechsel.	
997	**SAFARI** Kooperation Reaktion Steigerung der Leistungsfähigkeit	Die Klasse steht im Kreis. Die Spielleitung erzählt von einer Safari und zeigt bei bestimmten Tieren und Pflanzen auf einen Mitspielenden im Kreis. Diese Person stellt mit den benachbarten Personen links und rechts das Entsprechende dar. Gemeinsam ahmen sie die Bewegungen und Geräusche bzw. Tierlaute nach.	
998	**HANDKREIS** Reaktion Steigerung der Leistungsfähigkeit	Im Kreis um einen Tisch sitzen, die Hände auf den Tisch legen, dabei überkreuzen sich die Arme der jeweiligen Nachbarn. Reihum klatschen nun die Hände auf den Tisch. Klatscht jemand zweimal kurz hintereinander, wechselt die Bewegungsrichtung. • Im Kreis auf dem Boden auf dem Bauch liegend.	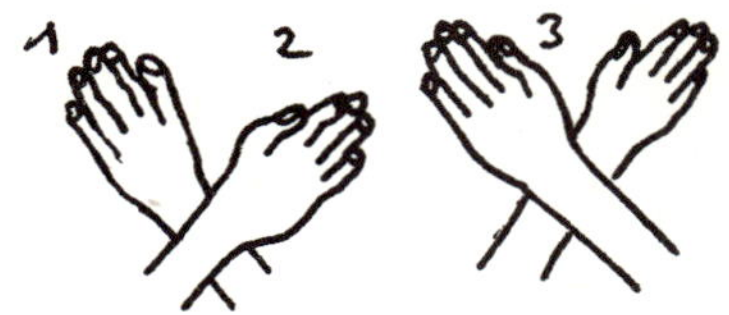
999	**FINGERTHEATER** Reaktion Steigerung der Leistungsfähigkeit Gehirngymnastik Feinmotorik	Jeder Finger hat einen Namen. Jemand erzählt eine Geschichte und die Gruppe spielt mit den entsprechenden Fingern passend zur Geschichte. • Die Arme überkreuzt ausstrecken, die Hände falten, die Unterarme eindrehen und so einen entsprechenden Finger in die Höhe strecken. • Die Hände abwechselnd falten und öffnen. Nach jedem Öffnen in die nächste Lücke falten (Verschiebung der Finger nach rechts bzw. links).	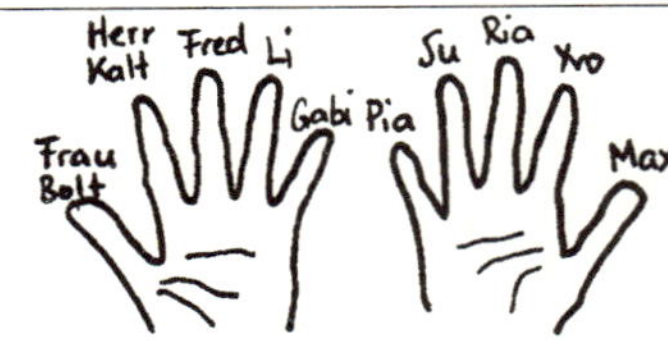
1000	**BIERDECKEL-PARCOURS** Steigerung der Leistungsfähigkeit	Im Klassenzimmer Bierdeckel verteilen und sich auf den Bierdeckeln fortbewegen. • Parcours (unter Tische / über Stühle). • Im Flur, auf dem Pausenplatz … • Stafetten. • Sich auf anderen «Geräten» (movin'steps) fortbewegen.	

6.2 Das Vario-Cube-Lernsystem

Das Vario-Cube-Lernsystem© ist für das spielerische Lernen und Üben entwickelt worden. Kernelement ist ein Schaumstoffwürfel. Seine auswechselbaren Fronten («Lernkarten») ermöglichen die vielfältigsten Spiel- und Lernformen. Die speziellen Einsteckkarten können mit allen möglichen Sujets beschriftet, bemalt oder beklebt werden (Rastergrösse aus diesem Buch auf 140 % vergrössern = Originalgrösse CUBE; dann beschriften, ausschneiden und aufkleben).

Die Einsteckkärtchen haben die Masse einer PC-Diskette und können daher in handelsüblichen Disketten-Behältern aufbewahrt werden.

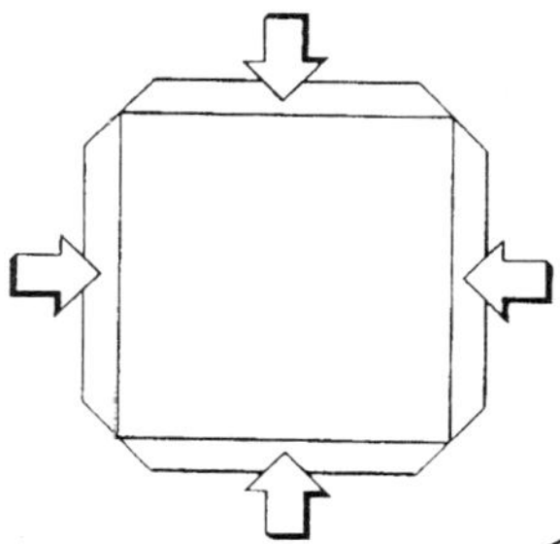

Laschen nach unten biegen und in die Schlitze der Vertiefung stecken!

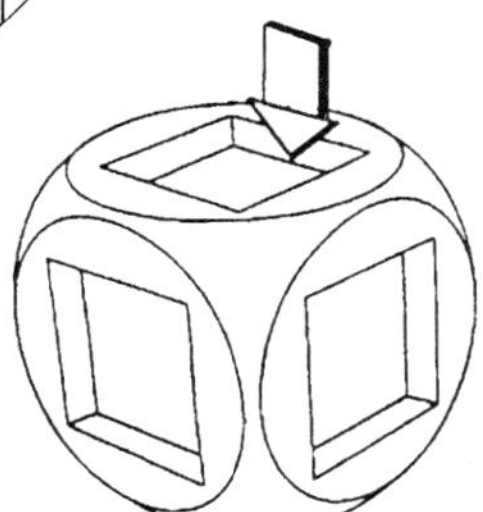

In der Folge werden Anregungen für die **Oberstufe** vorgestellt. Viele Ideen sind auch mit normalen Würfeln und Zusatzblättern bzw. -plakaten mit der Beschreibung oder Skizzierung der Aufgaben für die Augenzahlen 1–6 durchführbar.

Im Rahmen dieses Buchprojektes wurde ein spezielles Cube-Würfel-Angebot mit folgenden Elementen zusammengestellt:

- *2 Cube-Schaumstoffwürfel*
  (2 Farben)
- *6 Ex. Blanco-Kärtchen*
  (DIN A-4-Karton mit je 6 vorgestanzten Steckkarten)

Bezugsquellen/Prospekte/Auskünfte:

Schweiz:	Vario-Cube-System Degenstrasse 4 CH-9442 **Berneck** Tel./Fax 071 744 46 41	**Spezialpreis:** **sFr. 43.-** zuzügl. Porto und Verpackung
Deutschland:	Wehrfritz GmbH Postfach 1107 D-96473 **Bad Rodach** Tel. 0800 822 77 73 Fax 09564-929224	**Spezialpreis:** **DM 55.-** zuzügl. Porto und Verpackung; inkl. MwSt.
Österreich:	Paper clip Schillerstrasse 10 A-6800 **Feldkirch** Tel./Fax 055 22 751 95	**Spezialpreis:** **ÖS 410.-** zuzügl. Porto und Verpackung; inkl. MwSt.

Wichtig: Dieses Sonderangebot gilt nur, wenn auf der Bestellung der Vermerk ***«Bewegtes Lernen»*** aufgeführt ist.

Nr. 1001	**Name der Spielform** / **Ziele / Akzente**	Text zur Augenzahl 1	Text zur Augenzahl 2	Text zur Augenzahl 3
Grammatische Zeiten Satzarten Aussagesätze in die entsprechende Satzart bzw. Zeitform verändern		**FRAGESATZ**	**VERNEINTER SATZ**	**PRÄTERITUM**
Stafette: Zwei Teams. Zwei Personen treten gegeneinander an. Einen Satz (mit Overheadprojektor an die Wand projiziert) in entsprechender Satzart bzw. Zeitform an die Tafel schreiben. Für jeden fehlerfreien Satz erhält das Team einen Punkt.		Text zur Augenzahl 4 **FUTUR**	Text zur Augenzahl 5 **PLUSQUAM-PERFEKT**	Text zur Augenzahl 6 **PERFEKT**

Nr. 1002	**Name der Spielform** / **Ziele / Akzente**	Text zur Augenzahl 1	Text zur Augenzahl 2	Text zur Augenzahl 3
Vortragen **Mimik und Gestik** Sich angemessen ausdrücken Überzeugen Sich präsentieren		**WERBEN**	**ARGUMEN-TIEREN**	**DOKUMEN-TIEREN**
Im Kreis jemandem den Vario-Cube-Würfel zurollen. Die Person steht auf und wirbt für ein Produkt, argumentiert zu einem Thema, dokumentiert ein Ereignis, trägt ein Anliegen vor, philosophiert über eine Sache oder fabuliert, je nach Aufforderung des Würfels und nach Begriff, den die Lehrperson dazu nennt. Danach den Würfel einer Person zurollen.		Text zur Augenzahl 4 **VORTRAGEN**	Text zur Augenzahl 5 **PHILO-SOPHIEREN**	Text zur Augenzahl 6 **FABULIEREN**

Nr. 1003	**Name der Spielform** / **Ziele / Akzente**	Text zur Augenzahl 1	Text zur Augenzahl 2	Text zur Augenzahl 3
In Bewegung lernen	Sich einen Text, Wörter oder Zahlen einprägen, während man sich bewegt	**SPAZIERGANG**	**BALANCIEREN**	**GLEITEN**
Einen Text, Wörter oder Zahlen in einem bestimmten Zeitraum lernen, während man einen Spziergang unternimmt, während man auf einem Gleichgewichtsgerät (Gymball, Pedalo, Balancier-Kreisel, Balancier-Brett ...) balanciert, während man gleitet (Inline-Skates, Rollbrett, Slide), beim Hüpfen oder Fahren (auf dem Gymball hüpfen / wippen, auf dem Rebounder hüpfen, seilspringen, Fahrrad fahren ...), beim Schaukeln (Schaukelstuhl, Hängematte, Schaukel, an den Ringen, an der Stange ...) oder beim Treppensteigen. Jedes Klassenmitglied würfelt und lernt entsprechend im Zimmer, im Flur, im Freien und auf dem Spielplatz.		Text zur Augenzahl 4 **HÜPFEN oder FAHREN**	Text zur Augenzahl 5 **SCHAUKELN**	Text zur Augenzahl 6 **TREPPEN-STEIGEN**

<table>
<tr><td>Nr.
1004</td><td>Name der Spielform
Ziele / Akzente</td><td rowspan="3">Text zur Augenzahl 1

ADDIEREN

Text zur Augenzahl 4

MULTIPLI-
ZIEREN</td><td rowspan="3">Text zur Augenzahl 2

SUBTRA-
HIEREN

Text zur Augenzahl 5

RADIZIEREN</td><td rowspan="3">Text zur Augenzahl 3

DIVIDIEREN

Text zur Augenzahl 6

POTENZIEREN</td></tr>
<tr><td colspan="2">Grundoperationen verstehen und ausführen
Addieren, Subtrahieren, Dividieren, Multiplizieren, Radizieren, Potenzieren</td></tr>
<tr><td colspan="2">Den Vario-Cube-Würfel dreimal (mehrmals) würfeln, dann nennt die Lehrperson ein Resultat. Wer schreibt am schnellsten eine Rechnung mit den drei (vier, fünf, sechs …) Grundoperationen an die Tafel, welche genau (+ / - 10) diese Zahl als Resultat hat.

• Zwei Teams spielen gegeneinander.
• Die Operationen und Zahlen stehen (mehrmals) auf A-5-Zettel. Wer bildet am Boden am schnellsten eine passende Kette (Rechnung).</td></tr>
</table>

Nr. 1005	**Name der Spielform** / **Ziele / Akzente**	Text zur Augenzahl 1	Text zur Augenzahl 2	Text zur Augenzahl 3
Aktivierung zwischen Arbeitsphasen Kräftigen, Ausdauer trainieren, Dehnen, Entspannen		**5 MINUTEN STRETCHEN**	**20-mal DIE BAUCH-MUSKULATUR KRÄFTIGEN, GERADE UND SCHRÄGE**	**IM FLUR 3 MINUTEN SEILSPRINGEN**
Jedes Klassenmitglied würfelt und führt die entsprechenden Bewegungspausen durch. Wer schnell fertig ist, würfelt nochmals.		Text zur Augenzahl 4	Text zur Augenzahl 5	Text zur Augenzahl 6
		EINMAL RUND UM DAS SCHULAREAL RENNEN	**DIE FÜNF TIBETER**	**20 LIEGE-STÜTZE**

6.3 Bewegte Unterrichtsauswertung (Evaluation)

Einleitung

Lernkontrollen sind notwendig
Lernende und Lehrende bemühen sich, bestimmte Ziele zu erreichen. Um dies kontrollieren zu können, sind immer wieder *Lernkontrollen* notwendig.

Es gibt verschiedene Möglichkeiten, Lernerfolge, Handlungsgeschehen, Resultate und Fortschritte auszuwerten. Bei jeder Evaluationsform ist eine *Gesamtbeurteilung* anzustreben, welche sowohl das Lern-, das Arbeits- sowie das Sozialverhalten berücksichtigt.

Wer evaluiert?
Wenn die Lernenden im Verlauf ihrer Schulzeit von der Fremdbeurteilung durch die Lehrperson immer mehr zur Selbstbeurteilung angeleitet werden, dann erhöht sich dadurch auch ihre Lernbereitschaft. Dies setzt voraus, dass Lehrpersonen die Lernenden zur regelmässigen Reflexion des Geschehens ermutigen. Dazu gehört, dass sich Lernende auch selber Ziele setzen und ihre Lernfortschritte mit Interesse verfolgen.

Warum wird evaluiert?
Es gibt verschiedene Gründe, weshalb beurteilt werden soll. Einerseits werden Lernende und Lehrende auf diese Weise über den Leistungsstand *informiert.* Andererseits wollen die Lernenden Rückmeldungen über ihr Handeln erhalten.

Eine geschickte Beurteilungsform, welche objektiv und anerkennend ist, gibt den Lernenden Vertrauen in ihr individuelles Können, führt zu weiteren Lernanstrengungen und *motiviert.*

Was wird evaluiert?
Bei der Beurteilung müssen jene Elemente im Mittelpunkt stehen, welche in der Planung festgelegt wurden. Die Kriterien müssen transparent und allen bekannt sein. Wichtig ist, dass nicht nur die Leistungen und Verhaltensweisen der Lernenden bewertet werden, sondern auch, dass die Lernenden Möglichkeiten erhalten, ihre Lehrperson – ohne Angst auf daraus resultierenden Folgen (!) – beurteilen zu dürfen.

Wie wird evaluiert?
Es gibt verschiedene Methoden der Unterrichtsauswertung. In den meisten Fällen erfolgt dies durch Prüfungen und Noten.

Eine geeignete Form ist das Führen eines Schülerheftes («Lernjournal»). In diesem Heft protokollieren die Jugendlichen ihre Lern- und Leistungsentwicklungen. Es eignet sich auch als vertrauliches Bindeglied zwischen Lehrperson und Lernenden: Lernende beschreiben darin ihre persönlichen Probleme, Lernschwierigkeiten und Bedürfnisse. Lehrpersonen erhalten dadurch Zugang zu individuellen Problemen und können auf diese Weise auch differenziert und angepasst reagieren.

Bewegte Unterrichtsevaluation
Im vorliegenden Buch werden einige Formen von bewegter Evaluation vorgestellt. Die Beispiele sollen dazu anregen, ohne grossen Aufwand in kurzer Zeit allen am Lernprozess Beteiligten ein (Stimmungs-) Bild der Lehr- und Lernerfolge aufzuzeigen. Wichtig dabei ist eine präzise Frage- bzw. Aufgabenstellung, welche ein entsprechendes Bewegungsverhalten auslösen soll.

6.3 Bewegte Unterrichtsauswertung (Evaluation)

Nr.	Name der Spielform Ziele / Akzente	Idee / Beschreibung	Hinweise / Organisation
1006	**LEITER** Meinung äussern Beurteilen	Eine Leiter im Klassenzimmer aufstellen. Je nach Bewertung die Rückmeldung höher oder tiefer an der Leiter befestigen. • Sich je nach Beurteilung auf die Leiter stellen. • Eine Leiter auf ein Plakat zeichnen, Rückmeldungen ankleben. • Sich auf die Stufen der Schulhaustreppe stellen.	
1007	**SKULPTUR** Meinung äussern Beurteilen	Eine Jury baut zu einem Vortrag oder zu einer Lektion eine passende «Skulptur», indem sie sich dementsprechend gemeinsam positionieren. • Mehrere Gruppen bewerten, indem sie eine «Skulptur» bauen. • Der Skulptur einen Titel geben, den Titel erraten. • Sich selber beurteilen und eine passende Körperstellung einnehmen.	
1008	**KUNSTWERK** Meinung äussern Beurteilen	Zu einer Arbeit, einem Referat oder einer Unterrichtsstunde ein Bild malen. Die eigene Meinung mit Farbe und Form ausdrücken. • Die Bilder je nach Kritik höher oder tiefer an die Wände hängen. • Die Bilder auf einem beiliegenden Zettel kommentieren. • Kritiken besprechen, interpretieren, begründen.	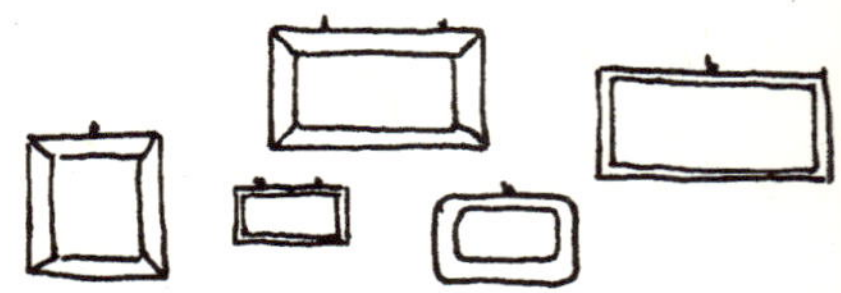
1009	**FARBPUNKTE** Meinung äussern Beurteilen	Im Anschluss an eine Arbeit oder einen Vortrag im Klassenzimmer umhergehen und der Referentin oder dem Referenten farbige Klebepunkte an die Kleider / auf den Rücken (je heller die Farbe, desto besser die Beurteilung) kleben. • Auf ein Blatt, auf die Arbeit, an die Wandtafel kleben.	
1010	**SMILY** Meinung äussern Beurteilen	Arbeiten mit bestimmten Zeichen (lachendes, weinendes Gesicht / Sonne, Wolke, Regen …) beurteilen. • An den Rücken der betroffenen Person (Sicherheitsnadeln) heften. • Magnete an der Wandtafel anbringen. • Auf A-5-Karten zeichnen und in einen Briefkasten werfen …	

6.3 Bewegte Unterrichtsauswertung (Evaluation)

Nr.	Name der Spielform Ziele / Akzente	Idee / Beschreibung	Hinweise / Organisation
1011	**MIES – MEGA** Meinung äussern Beurteilen	Sich zu einer Arbeit, einem Vortrag, einer Unterrichtsstunde oder einer Meinung unterschiedlich im Klassenzimmer positionieren: Mies = Sich auf den Boden setzen / legen. Mittelmässig = Sich auf den Stuhl setzen. Gut = Sich auf die Stuhllehne setzen. Mega = Sich auf den Stuhl / das Pult stellen.	
1012	**WELLE** Meinung äussern Beurteilen	Nach einem Vortrag oder einer Schulstunde gibt die Klasse ihre Rückmeldung, indem sie: Auf den Tisch klopft = mittelmässig. Mit den Füssen stampft = gut. Eine Standing Ovation gibt = sehr gut. Eine Welle macht = mega.	
1013	**RECHTS ODER LINKS** Meinung äussern Beurteilen	Sich zu einem Thema, einem Vortrag oder einer Lektion äussern, indem man sich im Klassenraum gezielt aufstellt: von rechts an der Wand = sehr gut, bis links an der Wand = sehr schlecht. • Interessant – uninteressant. • Ja – nein …	
1014	**PLAKATRUNDE** Meinung äussern Beurteilen	An den Wänden hängen Plakate. Im Klassenzimmer umhergehen und seine Meinung / Rückmeldung auf die Plakate schreiben. • Die Stunde / der Vortrag war … • Ich fand gut … • Ich fand schlecht …	
1015	**DREI WÄNDE** Meinung äussern Beurteilen	Beurteilung an drei Wänden notieren: An der Wandtafel, auf einem Plakat an der rechten und an der linken Wand. • Einstieg, Hauptteil, Schluss. • Sehr gut, mittelmässig, schlecht. • Arbeiten in Gruppen, mein Einsatz, Resultat. • Thema, Material, Auftrag …	

Nr.	Name der Spielform Ziele / Akzente	Idee / Beschreibung	Hinweise / Organisation
1016	**STANDPUNKT** Meinung äussern Beurteilen	Die Gruppe bildet einen Kreis, der Reihe nach geht jemand in die Mitte und äussert seine Meinung / Einschätzung der letzten Stunde / Aktivität (zu einem Vortrag, zum persönlichen Einsatz …). Die Gruppenmitglieder reagieren auf diese Aussage, indem sie sich näher zu dieser Person stellen (Übereinstimmung / Zustimmung) oder sich von ihr entfernen (Ablehnung). Wer mit einer Aussage nichts anfangen kann, bleibt stehen.	
1017	**LINIE** Meinung äussern Beurteilen	Auf den Boden mit Kreide eine Linie ziehen. Sich nach abgeschlossener Arbeit zur Beurteilung auf die Linie stellen (die Endpunkte der Linien stehen für die beiden Extremvarianten, z. B. gut / schlecht; interessant / uninteressant …). • Die Lehrperson nennt Kriterien. • Selbstbeurteilung.	
1018	**KUNSTWERK** Meinung äussern Beurteilen	Eindrücke eines Projektes oder einer Schulwoche mit einem kleinen Kunstwerk darstellen. Die passenden Materialien selber suchen. • Im Klassenzimmer (Farbstifte, Papier, Gummi, Stühle, Bücher …). • Auf dem Pausenhof (Steine, Laub, Papier …).	
1019	**PLASTIK** Meinung äussern Beurteilen	Aus einem Tonklumpen soll eine Plastik entstehen, die zeigt, wie etwas (Lektion, Vortrag, Projekt …) auf einen gewirkt hat. • Eine Plastik in Kleingruppen herstellen. • Die einzelnen Werke anschliessend zu einer Gesamtplastik verarbeiten.	
1020	**STÄNDCHEN SINGEN** Meinung äussern Beurteilen	Nach einem Vortrag oder Referat erhält die Klasse den Auftrag, während 5 Minuten in Kleingruppen ein kurzes «Ständchen» einzuüben, das danach der Referentin bzw. dem Referenten dargeboten wird (kleines Lied, Sketch, Rap, Skulptur …). Das «Ständchen» soll eine Rückmeldung beinhalten. • Im Kreis sitzen; in der Mitte liegt eine Flasche. Die Flasche drehen. Wenn sie ruht, zeigt der Flaschenhals zu einer Person. Diese evaluiert.	

Nr.	Name der Spielform Ziele / Akzente	Idee / Beschreibung	Hinweise / Organisation
1021	**STIMMUNGS-BAROMETER** Meinung äussern Beurteilen	Auf einem Plakat oder Blatt Papier die eigene Stimmung während der Lektion, den Informationsgehalt der Stunde oder das eigene Interesse am Thema notieren, dann die Rückmeldung aufhängen. • Die Rückmeldungen wiederum gegenseitig kommentieren (direkt auf die Zeichnung / auf ein Blatt neben der Zeichnung).	
1022	**KÖRPER-AUSDRUCK** Meinung äussern Beurteilen	Die Zuhörenden drücken mit ihrem Körper aus, wie sie etwas empfinden oder wie sie sich fühlen. Sie nehmen eine entsprechende Körperhaltung bzw. Körperstellung ein. • Der Körperausdruck verändert sich während eines Vortrages. • Nach dem Vortrag Körperhaltung einnehmen, diese kommentieren.	
1023	**ANONYMUS** Meinung äussern Beurteilen	Die Bewertung einer Lektion bzw. eines Referates auf einen kleinen Zettel notieren und der betroffenen Person mit einer Sicherheitsnadel auf den Rücken heften. So erhält jede Person eine kritische Rückmeldung, die Jury bleibt dabei anonym. • Punkte von 1–10 verteilen (zu Arbeit, Benehmen …) / plus (+), minus (-). • Lachendes, weinendes Gesicht …	
1024	**KOMMENTAR ZU KOMMENTAR** Meinung äussern Beurteilen	Kommentare auf einen Zettel schreiben und in einen Kübel werfen. Alle holen wieder einen anderen Zettel, lesen die Rückmeldung vor und äussern sich dazu. • 2–3x wiederholen. • Gemeinsam anschauen / sortieren (positiv, neutral, negativ …).	
1025	**VERNISSAGE** Meinung äussern Beurteilen	Arbeiten, Aufsätze beispielsweise, ausstellen oder aufhängen. Im Klassenraum umhergehen, die Werke studieren und auf einen beigelegten Zettel einen Kommentar notieren. • Auch Farben und Zeichnungen erlaubt.	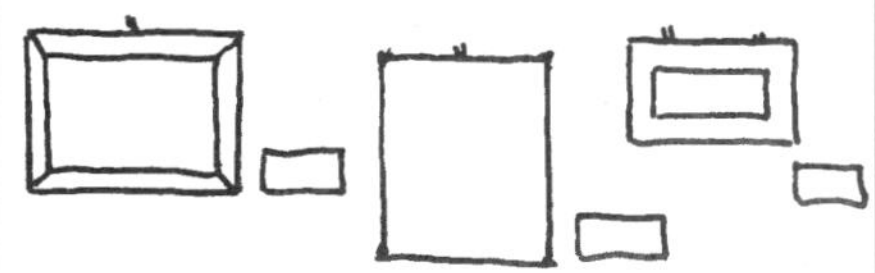

Nr.	Name der Spielform Ziele / Akzente	Idee / Beschreibung	Hinweise / Organisation
1026	**KONTROLL-LEITERSPIEL** Repetition Stoff vertiefen	Im Schulhaus hängen Zettel. Auf der Vorderseite steht eine Zahl, auf der Rückseite eine Aufgabe (Kontroll-, Prüfungsfrage). In Gruppen das Leiterspiel spielen. Würfeln, Spielfigur auf das entsprechende Feld setzen, die Zahl im Schulhaus suchen und die Frage bei der Lehrperson beantworten. Ist die Antwort richtig, weiterwürfeln und neue Zahl suchen. Ist die Antwort falsch, drei Felder zurück und die entsprechende Zahl suchen …	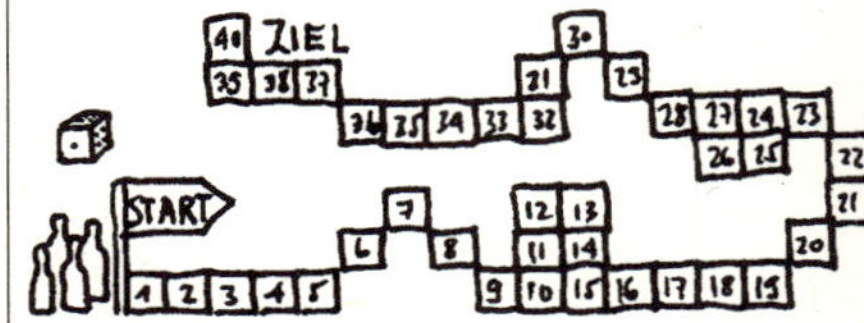
1027	**KONTROLL-FRAGEN** Repetition Stoff vertiefen	Im Klassenzimmer (Schulhaus) hängen Zettel (unter dem Pult, an der Diele, hinter der Wandtafel …): auf den einen stehen Fragen, auf den anderen Antworten. Umhergehen, lesen, kombinieren, Lösungen notieren … • Zettelpaare suchen, richtige Zahlenkombinationen aufschreiben. • Zettelpaare abhängen, nie mehr als zwei Zettel in Händen tragen. • Kontrollposten. Zettelpaare können verglichen / korrigiert werden.	
1028	**KONTROLL-OL** Repetition Stoff vertiefen	Stationen im Schulhausareal (Wald) suchen (mit / ohne Plan). An den Stationen findet man Repetitionsfragen. • An jeder zweiten Station findet man Antworten. • Die erste Gruppe schreibt Antworten auf die Zettel, die zweite korrigiert. • Zwei Gruppen. Jede organisiert einen «Kontroll-OL». Diesen durchführen und gegenseitig kontrollieren / korrigieren.	
1029	**KONTROLL-QUIZ** Repetition Stoff vertiefen Fragen zum Thema suchen	Zum behandelten Stoff in Gruppen ein Quiz oder Kreuzworträtsel organisieren / ausdenken. • Kreuzworträtsel auf den Pausenplatz mit Kreide zeichnen. • An verschiedenen Orten hängen Fragen. Wer findet und löst mehr Rätsel? • Alle schreiben Fragen zum Thema auf A-5-Karten. Im Klassenraum umhergehen, gegenseitig Fragen stellen, nachfragen, beantworten …	
1030	**KONTROLL-STAFETTE** Repetition Stoff vertiefen	Die Klasse stellt sich in zwei Reihen auf. Das vorderste Paar beantwortet die gestellte Frage. Wer die Antwort weiss, schliesst hinten an. Welche Gruppe schafft zuerst einen Durchgang (alle sitzen / stehen wieder in der Ausgangsposition)? • Drei, vier, fünf Reihen nebeneinander. • Jede Gruppe darf einmal den Joker setzen (Gruppe hilft bei der Antwort).	

Nr.	Name der Spielform Ziele / Akzente	Idee / Beschreibung	Hinweise / Organisation
1031	**GYMBALL** Dynamisches Sitzen Bewegungspause Gerhirngymnastik	Mindestens ein Gymball befindet sich im Klassenraum. Man kann sich (auch während des Unterrichts) auf den Ball setzen, wippen, mit dem Kopf Achterbewegungen ausführen, das Becken, den Oberkörper kreisen; sich auf den Ball legen und den Rücken entlasten, schaukeln, Achterbewegungen ausführen; auf dem Ball hüpfen oder mit ihm kräftigen … • Der Ball dient als Sitzalternative oder wird bei Lernaufgaben eingesetzt.	
1032	**GYMBÄLLE** Dynamisches Sitzen Bewegungspause Gerhirngymnastik	Mehrere Gymbälle befinden sich im Klassenraum. Die Bälle dienen als Sitzalternative und werden von allen abwechselnd benützt. • Wer den Ball hat, kann sich (auch während der Lektion) auf ihn legen, auf ihm hüpfen, mit dem Ball kräfteschöpfende Übungen ausführen. • Gemeinsam mit den Bällen Energie tanken (Spiele, Partnerübungen, Ballmassage, Lernaufgaben …).	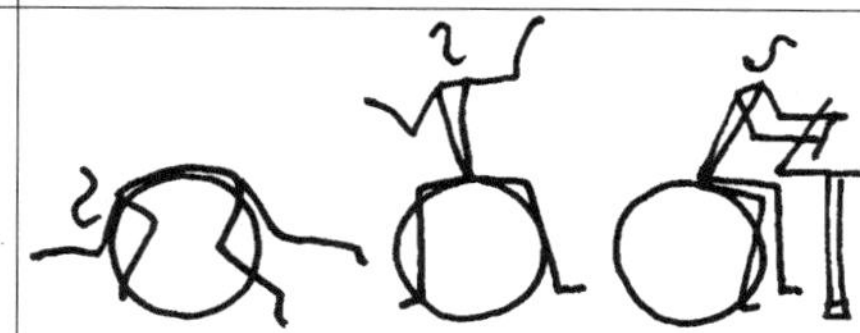
1033	**GLEICHGEWICHTS-GERÄTE** Gleichgewicht Steigerung der Leistungsfähigkeit Gehirngymnastik	Verschiedene Gleichgewichtsgeräte (Walzenbrett, Pedasan, Einrad, Balancier-Kugel, «Skiangel», …) einsetzen: in der Pause, in Unterrichtspausen, beim Vortragen, beim Vorlesen, bei einem Spiel, während man eine Aufgabe löst, während man sich etwas einprägt … • Man kann auch während dem Unterricht auf den Geräten balancieren und zuhören, etwas lesen …	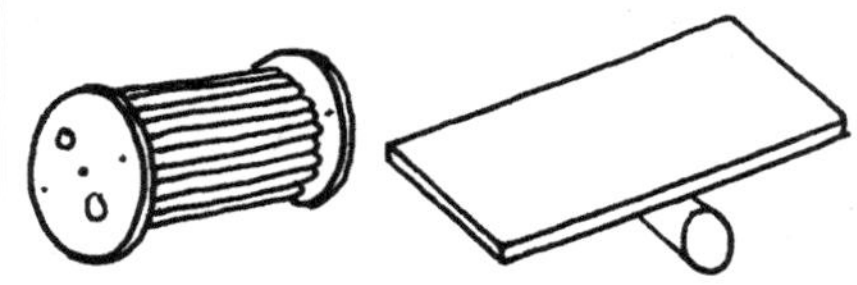
1034	**BALANCIER-KREISEL** Koordination Gehirngymnastik Steigerung der Leistungsfähigkeit	Balancier-Kreisel (mit oder ohne Aufsätze für Bewegungsaufgaben) dürfen in «Bewegungspausen» auch während dem Unterrricht benützt werden. Man kann auf ihnen balancieren und zuhören, lesen oder etwas vortragen. • Balancier-Kreisel in Unterrichtspausen benützen. • Auf dem Kreisel balancieren und lesen, balancieren und referieren …	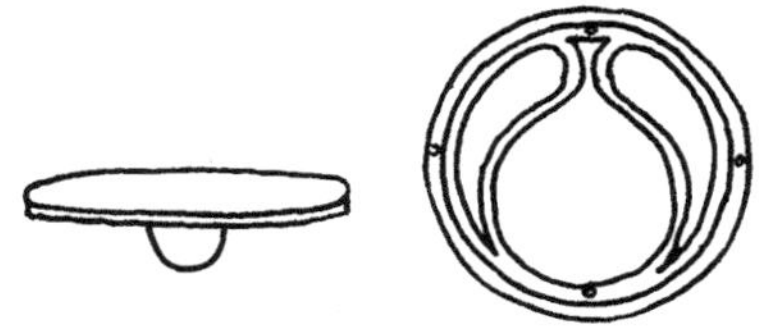
1035	**PEDALO** Koordination Gehirngymnastik Sinne ansprechen Steigerung der Leistungsfähigkeit	Pedalos (Einzel-Pedalo, Doppel-Pedalo) befinden sich im Schulzimmer. Sie dürfen auf den Pausenplatz mitgenommen werden. Im Unterricht können sie als Bewegungspause benützt werden oder man löst eine spezielle Aufgabe: sich darauf fortbewegen und Fragen beantworten / etwas auswendig lernen oder lesen … • Im Flur / auf dem Pausenplatz.	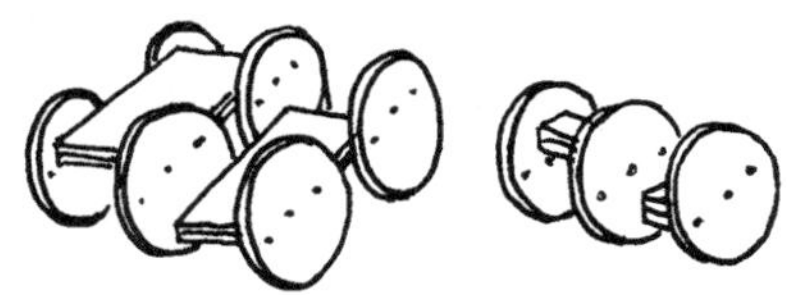

Nr.	Name der Spielform Ziele / Akzente	Idee / Beschreibung	Hinweise / Organisation
1036	**REBOUNDER** Herz-Kreislauf-Training Bewegungspause Gehirngymnastik Steigerung der Leistungsfähigkeit	Auf dem Rebounder (eine Art Minitrampolin) nach Lust und Laune hüpfen, z. B. in Unterrichtspausen oder als Bewegungspause. • Hüpfen und eine Aufgabe lösen (Fragen beantworten, zuhören …). • Jede Person wählt im Klassenraum einen Ort bzw. ein Gerät, um sich aktiv zu erholen.	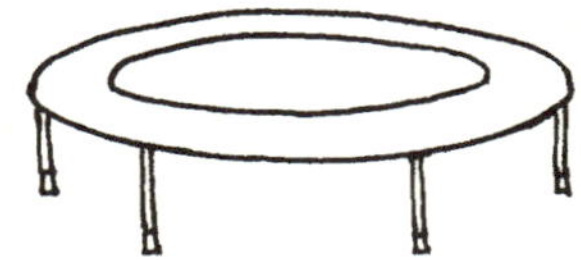
1037	**FUSSTRAINER** Fussreflexzonen-Massage Training Fussmuskulatur	Auf dem Fusstrainer laufen: In Unterrichtspausen oder während man zuhört, etwas liest oder vorträgt. Dabei die Feinmotorik, die Koordination und den Gleichgewichtssinn verbessern.	
1038	**TRIDEX-BAND** Bewegungspause Steigerung der Leistungsfähigkeit	Mit dem Gummi-Band in Unterrichtspausen kräftigen bzw. dehnen. Das Band auch für Spiele oder Schulaufgaben benützen: Darstellungen (Strecken, Grafik), Verbindungen (etwas verknüpfen) …	
1039	**IGELBÄLLE** Bewegungspause Gehirngymnastik Steigerung der Leistungsfähigkeit	Mit Massage-Igeln sich in Unterrichtspausen massieren, alleine oder zu zweit. • Auch während der Unterrichtszeit mit Igelbällen oder Knetkugeln die Muskulatur lockern bzw. stärken.	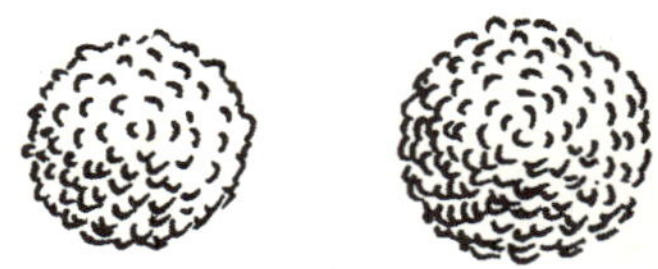
1040	**KREIDE** Mit Gips Kreiden herstellen	Pausenplatz-Kreiden aus Gips selber herstellen, mit Wasserfarben färben. WC-Rollen auf einer Seite zukleben, mit gefärbtem Gips auffüllen. Felder, Diagramme, Verbindungen etc. auf dem Pausenplatz aufzeichnen. • Backsteine.	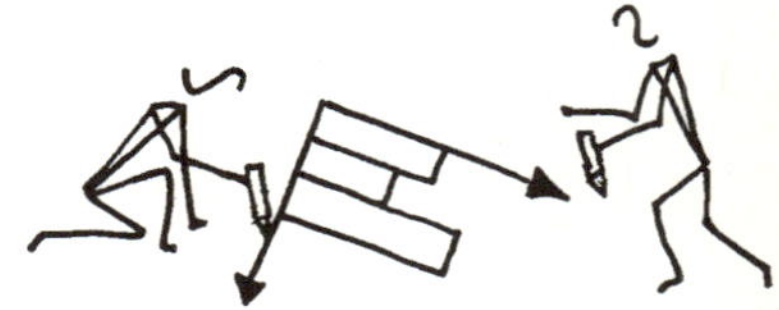

Nr.	Name der Spielform Ziele / Akzente	Idee / Beschreibung	Hinweise / Organisation
1041	**JONGLIERBÄLLE** Gehirngymnastik Koordination Bewegungspause	Sich mit verschiedenen Bällen in den Pausen im Jonglieren üben. Die Bälle bei Lernspielen einsetzen: einander einen Ball zuwerfen und antworten / die Meinung äussern; jonglieren und argumentieren; jonglieren und zuhören …	
1042	**DIABOLO** Gehirngymnastik Koordination Bewegungspause	Nach erledigter Aufgabe oder in den Unterrichtspausen mit dem Diabolo Kunststücke einstudieren. • Im Klassenzimmer / auf dem Pausenhof. • Diabolo spielen und argumentieren / zuhören …	
1043	**DEVIL STICKS** Gehirngymnastik Koordination Bewegungspause	Nach beendeter Aufgabe oder in den Unterrichtspausen mit Devil-Sticks (Jonglierstäben, Jonglierringen, Jonglierkeulen, Jonglierteller) jonglieren lernen. • Im Klassenzimmer / auf dem Pausenhof. • Jonglieren und argumentieren, jonglieren und zuhören …	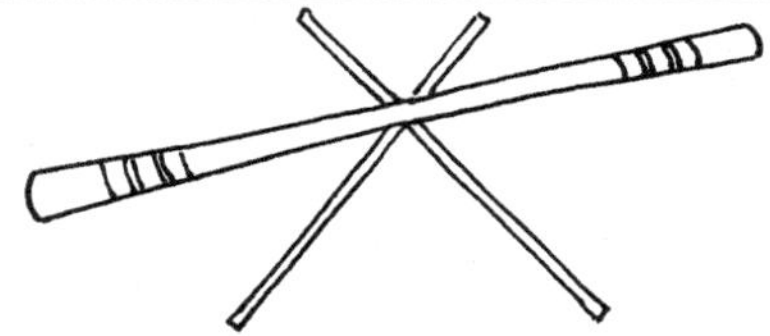
1044	**REIFEN** Koordination Bewegungspause Unterrichtsaufgaben	In Gymnastikreifen stehen, hüpfen oder Zettel / Material sortieren. • Zu lösende / gelöste Aufgaben hineinlegen. • Sortieren (Mengen, Begriffe, Themen …). • Rhythmushüpfen im Flur. Arm- und Klatschaufgaben integrieren. • Bewegungspause: Parcours, durch Reifen schlüpfen, Hula-Hopp …	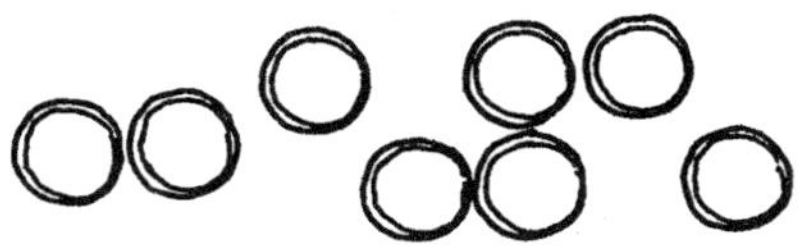
1045	**BIERDECKEL** Koordination Bewegungspause Unterrichtsaufgaben	Auf Bierdeckel Wörter, Buchstaben, Zahlen oder Symbole schreiben und Unterrichtsaufgaben stellen: Sortieren, aufhängen, Paare bilden, rechnen, Diagramme herstellen, Konstruktionen erfinden … • Parcours im Klassenzimmer: Bierdeckel verteilen, sich nur auf den Bierdeckeln bewegen: Auf / unter den Tischen, über die Stühle …	

Nr.	Name der Spielform Ziele / Akzente	Idee / Beschreibung	Hinweise / Organisation
1046	**STANGE** Kräftigung Bewegungspause Unterrichtsaufgaben	Im Türrahmen ist eine Stange befestigt. An der Stange kann man hangeln oder schwingen, den Rücken entlasten oder Kräftigungsübungen ausführen (dient auch zum Ergreifen des Kletterbalkens, der über dem Türrahmen montiert ist; vgl. Nr. 1047). • An der Stange hangeln und etwas erzählen oder zuhören …	
1047	**KLETTERBALKEN** Kräftigung Bewegungspause Unterrichtsaufgaben	Ein Kletterbalken (Trainingsboard) hängt oberhalb der Eingangstüre. Bewegungsaufgaben lösen, in Unterrichts- bzw. Bewegungspausen die Finger, die Arme, die Schultern, den Rücken kräftigen …	
1048	**KLETTERWAND** Kräftigung Bewegungspause Unterrichtsaufgaben	An der Klassenzimmerwand Klettergriffe montieren. In Unterrichtspausen an der Wand klettern. An der Wand klettern und eine Aufgabe lösen: Post-it-Zettel ab- oder aufhängen (z. B. Wortpaare suchen, Zettel zu Sätzen zusammenfügen, Klebezettel der Reihe nach ordnen …).	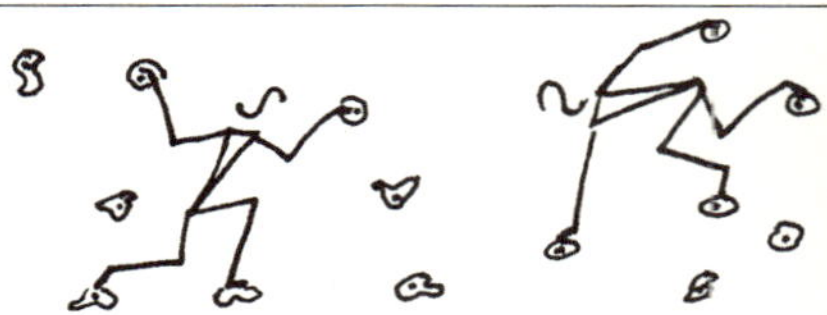
1049	**SPROSSENWAND** Kräftigung Bewegungspause Unterrichtsaufgaben	Man kann an der Sprossenwand hangeln und den Rücken entlasten. Beim Hochsteigen kräftigt man den Bewegungsapparat. Die Sprossenwand in den Unterricht miteinbeziehen: Oberhalb der Sprossenwand Arbeiten aufhängen bzw. abhängen (Pinwand erhöht anbringen), nach / bei Lernaufgaben einmal hochklettern oder eine Übung ausführen, Post-it-Zettel an den Sprossen anbringen …	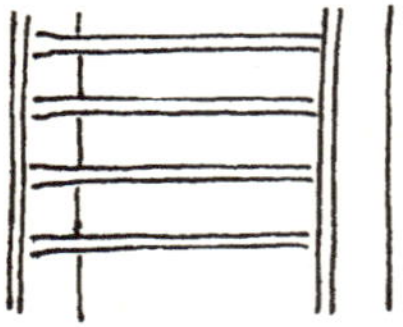
1050	**HANTELN** Kräftigung Bewegungspause	Hanteln verschiedener Grössen (von den Schülern mitgebracht) liegen im Klassenraum verteilt und werden bei Bewegungspausen für Kräftigungsübungen eingesetzt. • Nach beendeter Aufgabe kräftigen, stretchen oder entspannen. • Kraftprogramme zusammenstellen, täglich 3x5 Minuten kräftigen.	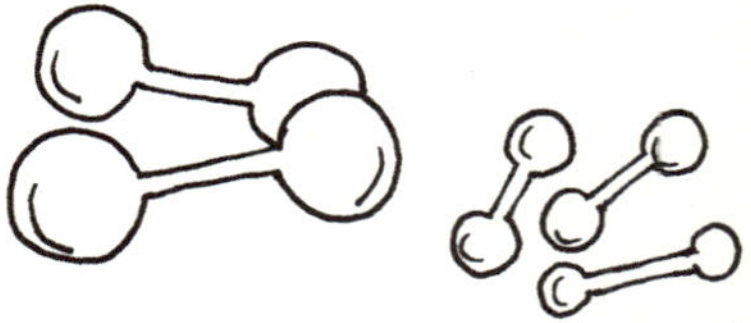

Nr.	Name der Spielform Ziele / Akzente	Idee / Beschreibung	Hinweise / Organisation
1051	**BALL** Lernspiele Bewegungspausen	Einen Ball bei verschiedenen Lernspielen einsetzen: Aufforderung zur Unterrichtsbeteiligung (Zuspiel), Bewegungspause (Zuspiel in der Gruppe / welche Gruppe ist schneller), Quiz (nenne die Antwort) … • Mit dem Ball in der Pause spielen (Basketball, Volleyball …).	
1052	**WÜRFEL** Lernspiele Bewegungspausen	Schaumstoff-Würfel für Stafetten, Lern- und Bewegungsspiele benützen. Mit Stecknadeln lassen sich Wörter, Zahlen oder Bilder anheften. Der Vario-Cube-Würfel ist speziell dafür präpariert, um an jeder Würfelseite eine Aufgabe anzubringen (Cube: Vgl. S. 231 ff.).	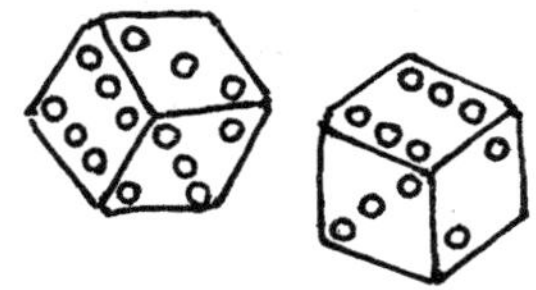
1053	**POST-IT** Bewegungspausen Unterrichtsaufgaben	Mehrere Post-it-Zettel in unterschiedlichen Farben regen an, Wörter, Sätze oder Aufgaben auf-, abzuhängen oder zu verstecken: Wortpaare / Lösungen / Antworten suchen, ab- oder dazuhängen. Die Zettel im Schulhaus oder im Freien aufhängen und wieder entfernen.	
1054	**LEINE** Unterrichtsaufgaben	Mindestens eine Leine durch das Klassenzimmer (quer oder längs) spannen. An die Leine Zettel / Arbeiten auf- bzw. abhängen: Sätze oder Geschichten in der richtigen Reihenfolge befestigen, Wortpaare suchen, Antworten / Lösungen / Rückmeldungen dazuheften. • Stafetten / Gruppenaufgaben (bei zwei Leinen). • Seile / Springseile.	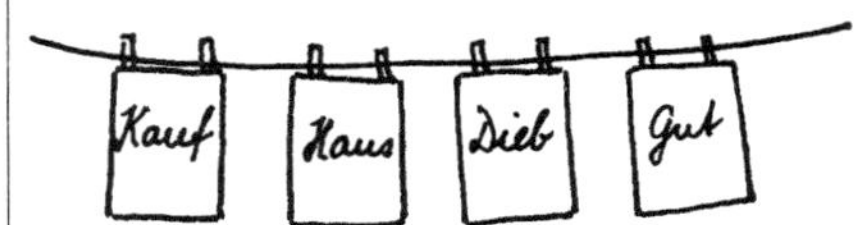
1055	**PINWAND** Unterrichtsaufgaben	Mindestens eine Pinwand, wenn möglich erhöht oder oberhalb der Sprossenwand («Kletterwand») montiert. Arbeiten auf-, ab- oder umhängen.	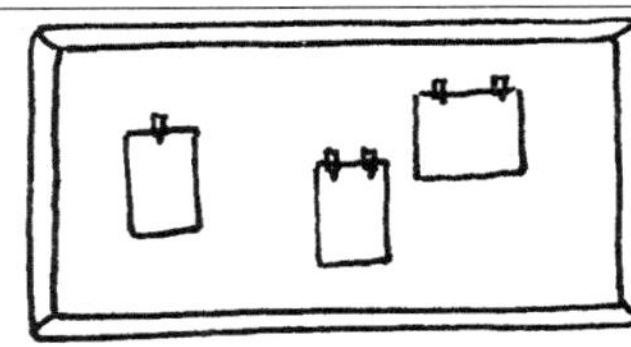

Nr.	Name der Spielform Ziele / Akzente	Idee / Beschreibung	Hinweise / Organisation
1056	**ERGONOMISCHE STÜHLE** Verschiedene «gesunde» Sitzgelegenheiten anbieten / wechseln	In einem «bewegten» Klassenzimmer befinden sich ergonomische Stühle, eventuell sogar verschiedene Sitzgelegenheiten (Gymbälle, Ruhesessel, Drehstühle mit Wippfunktion, Ruhesessel mit Kuven, Kniestühle, Stühle), die in ihrer Höhe verstellbar sind und die Körperhaltung optimieren.	
1057	**VERSTELLBARE PULTE, STEHPULT** Körperhaltung optimieren Im Stehen Wirbelsäule weniger belasten	In einem «bewegten» Klassenzimmer ist die Pulthöhe der Körpergrösse der Jugendlichen angepasst (möglichst Einzelpulte; vorteilhaft Pulte, die sich in Stehpulte verwandeln lassen), die Arbeitsflächen lassen sich schräg stellen (Entlastung der Nackenmuskulatur, bessere Haltung durch aufrechten Oberkörper).	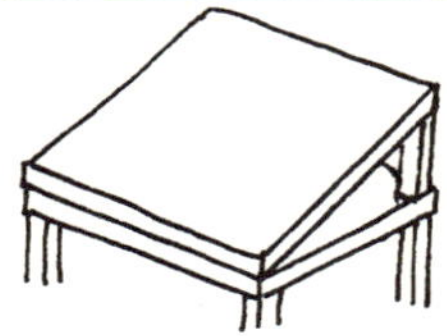
1058	**PULTAUFSATZ** Körperhaltung optimieren Im Stehen Wirbelsäule weniger belasten	Lassen sich Pulte nicht schräg stellen, bietet ein Pultaufsatz die Alternative (Entlastung der Nackenmuskulatur, bessere Haltung durch aufrechten Oberkörper). • Pultaufsätze können auch im Werken aus Holz oder Acrylglas hergestellt werden, mit zwei Teilen lässt sich ein Stehpult einrichten.	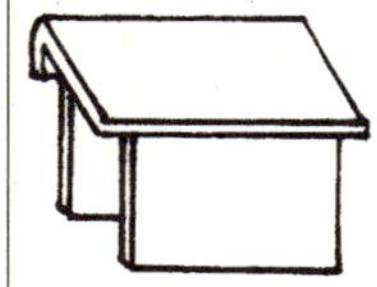 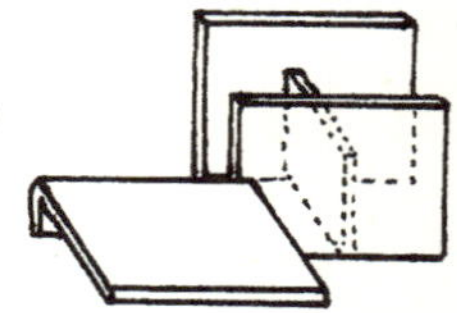
1059	**SITZKEIL** Sitzgelegenheiten variieren Körperhaltung optimieren	Durch den Sitzkeil die Sitzfläche abschrägen und aufrechter und natürlicher sitzen. Ein paar Sitzkeile (Movin'Sit, Ballkissen, Disc'o'Sit) wechseln im Klassenraum ihren Besitzer und bieten alternative Sitzgelegenheiten. • Sitzkissen selber herstellen (Holz, Schaumstoff …).	 
1060	**BALLKISSEN** Aktiv dynamisch sitzen Körperhaltung optimieren Kräftigen Koordinieren	Dynamisches Sitzen auf dem Ballkissen (Optimierung der Körperhaltung, Förderung der Rückenmuskulatur). Auf dem Ballkissen (wie auch Gymball) gymnastische Übungen für die Wirbelsäule, die Rücken- und Bauchmuskulatur (Becken aufrichten, kreisen; Wirbelsäule aufrichten, beugen, neigen) sowie Koordinations- und Kräftigungsübungen für die Bein- und Fussmuskulatur (auf dem Kissen stehen, gehen, Fersen anheben …) durchführen.	 

Nr.	**Name der Spielform** Ziele / Akzente	**Idee / Beschreibung**	**Hinweise / Organisation**
1061	**MATTE** Arbeits-, Entspannungs-Ecke Matte, Matratze neu überziehen	16-cm-Niedersprungmatten liegen unterhalb der Sprossenwand oder unter Klettergriffen. Die Matten dienen auch zum Lesen, Arbeiten, oder Entspannen. Im Klassenzimmer eine Sitz- und Arbeits-Ecke einrichten. • Ausgediente Matratzen / Matten von Turnhallen neu überziehen.	
1062	**KISSEN** Arbeits- und Entspannungs-Ecke Kissen, Säcke herstellen	Mit Kissen, Sitzsäcken und Sitzwürfel im Klassenzimmer eine Sitz- und Arbeitsecke einrichten bzw. bequemer gestalten (Lese-Ecke, Pausen-Ecke, Gruppen-Arbeitsplatz, Gymnastik-Ecke …). • Selber Kissen / Säcke nähen bzw. füllen.	
1063	**GYMNASTIK-MATTEN** Arbeits- und Entspannungs-Ecke	Im Klassenraum Gymnastikmatten deponieren, die für Pausengymnastik, Spiele, Entspannungsübungen etc. eingesetzt werden. • Fitnessprogramm gestalten, täglich 3x5 Minuten kräftigen, dehnen bzw. entspannen (Wochen- / Klassen- oder individuelle Programme). • Wer eine Aufgabe beendet hat, darf irgendwo im Raum sich kräftigen, stretchen oder entspannen.	
1064	**STEHLEITER** Leiter als Bühne, Plakatwand oder Steighilfe Unterrichtsaufgaben	An eine Stehleiter verschiedene Zettel oder Plakate hängen. Die Leiter als «Rednerpult» (auf die Leiter steigen und referieren), als Lernspiel-Herausforderung (wer die Lösung weiss, steigt einen Tritt höher), als Tribüne (auf der Leiter zuhören / zuschauen / beobachten) oder Steighilfe (etwas erhöht auf- oder abhängen / Zettelpaare suchen und abhängen) benützen.	
1065	**FLUR** Flur als Arbeits-, Entspannungs- und Bewegungsraum	Im Flur als Bewegungspause Einrad oder Pedalo fahren. Hüpf- und Koordinationsspiele ausführen, rollen, gleiten, balancieren, spielen. Aufgaben lösen, lesen, rechnen, in Gruppen arbeiten oder sich gegenseitig massieren, entspannen … • Balancieren und lesen … • Gleiten und auswendig lernen …	

6.4 Bewegtes Klassenzimmer

Nr.	**Name der Spielform** Ziele / Akzente	**Idee / Beschreibung**	**Hinweise / Organisation**
1066	**TURNHALLE** Schulstunde in der Turnhalle	Freie Turnhalle als Schulzimmer benützen: Rollen, Gleiten, Balancieren, Schaukeln und dabei zuhören oder sich mitteilen. Texte darstellen, Textausschnitte in Bewegung umsetzen. Referate aus erhöhter Position (auf Geräte klettern, Tribünen herstellen …) halten. • Bewegungspausen. • Entspannnungs- und Konzentrationsübungen.	
1067	**BEWEGTES ZIMMER** Bewegungs-, Entspannungs-Zimmer einrichten	Im Schulhaus gemeinsam einen Bewegungs- und Entspannungsraum einrichten: Matten für Entspannungsübungen / zur Massage, Balancier- und Jongliermaterial, Klettergriffe, Hanteln, Lernspiele … • Den Raum stundenweise oder für kurze Unterrichtspausen benützen. • Material von zu Hause mitbringen (Einrad, ausgediente Matratzen …). • Den Raum auch in offiziellen Pausen benützen.	
1068	**PAUSENPLATZ** Bewegter Pausenplatz Bewegter Unterricht auf dem Pausenplatz	Der Pausenplatz ist so gestaltet, dass er in den Pausen zum Bewegen animiert: Kletterwand, Halfpipe, Streetball, Balanciergeräte … • Auf dem Pausenplatz arbeiten: Diagramme mit Kreide aufzeichnen, auf der Wiese Verbindungen bzw. geometrische Figuren mit Bänder und Haken abstecken …	
1069	**IM FREIEN** Im Wald Auf der Wiese Am Bach …	Der idealste Lernort ist immer dort, wo sich das Betreffende abspielt: Erkundungen, Experimente, Projekte in der freien Natur. • Wettbewerb. • Gruppenaufträge. • Experten beiziehen.	
1070	**AN ORT UND STELL** Exkursionen Landdienst …	Betriebe, öffentliche Institutionen, Arbeitsplätze … besichtigen, nach Möglichkeit Arbeiten ausführen / mithelfen: Wald reinigen, Leute pflegen, Landdienst, Arbeit auf einer Baustelle … • Einen Tag eines Metzgers, einer Verkäuferin, eines Strassenkehrers, einer Politikerin … miterleben. • Experten informieren an Ort und Stelle.	

6.5 Bewegungsmobiliar

„ GYMNIC® - Line... - *The Way to Move* “

Besuchen Sie unsere Website **«www.newmed-gymnic.com»**. Sie finden dort eine Liste über Bezugsquellen (Rubrik „Dealers“) und weitere Informationen über Anwendungs-möglichkeiten, Recycling, Sicherheit und Produktetests.

GYMNIC® LINE
The Way to Move

Der Gymnic®-PLUS (pat pend.) ist ein neuartiges Produkt, das auch höchste Sicherheitsansprüche erfüllt. Ein spezielles Herstellungsverfahren sorgt dafür, dass im Fall einer Beschädigung der Ballhaut kein plötzlicher Druckabfall erfolgt. Die Produkte in „Plus-Qualität“ tragen das Siegel BRQ (Burst Resistant Quality).

Die Firma **Ledraplastic spa**. stellt seit 1963 Artikel für Spiel, Sport, Fitness und Therapie her. Zu den bekanntesten Produkten gehören die grossen Gymnastik-, Therapie und Sitzbälle „GYMNIC®“, die weltweit in über 40 Ländern erfolgreich eingesetzt werden.
Zu unseren besonderen Stärken gehören Qualität, Innovation, Sicherheit und Umweltbewusstsein. Wir sind ständig bemüht, den neuen Anforderungen im Bewegungsbereich Rechnung zu tragen und unser Leitbild „On the Move - Gesundheitsförderung durch Bewegung“ umzusetzen.

NEWMED
BERNARD PREBANDIER

Marketing & Entwicklungsabteilung von Ledraplastic spa für Europa

Tel. (032) 841 42 59
Fax (032) 841 42 87
E-mail: office@newmed-gymnic.com
Internet: **www.newmed-gymnic.com**

RITMOBIL® – *Spielen, Lernen, Üben*

Spielen ist eine der wichtigsten Tätigkeiten im Leben des Menschen. Spielen und Bewegen sind für die Entwicklung von Kindern und Jugendlichen von gleicher elementarer Bedeutung wie eine gesunde Ernährung. Spielerisches Lernen fördert die motorischen Fähigkeiten, die Persönlichkeit und das Sozialverhalten, die wichtige Hand-Augen-Koordination usw., aktiviert aber auch bestimmte Hirnregionen. Dies führt zur Vermehrung von Kontaktstellen (Synapsen) im zentralen Nervensystem und begünstigt dadurch die Entwicklung der intellektuellen Fähigkeiten.

RITMOBIL® steht für unser neues Sortiment und Konzept, denn die über 300 Produkte in unserem Sortiment sind nicht nur einzeln verwendbar, sondern wurden sorgfältig auf möglichst vielseitige Einsatz- und Kombinationsmöglichkeiten ausgesucht.
Fordern Sie unseren Gesamtkatalog an!

VISTA WELLNESS

Postfach 48
CH-2014 Bôle
Tel. (032) 841 42 52
Fax (032) 841 42 87
E-mail: office@vistawellness.ch
Internet: www.vistawellness.ch

Beachten Sie auch die Anzeige auf der gegenüberliegenden Seite!
Wir sind Generalvertreter von Ledraplastic spa. in der Schweiz.

6.6 Sachregister

6.7 Verwendete und weiterführende Literatur

BASLER, H.:	Schulprogramm Gewaltprävention. Berlin 1997.
BASTIAN, J. u. a.:	Natur zum Anfassen. Hamburg 1988.
BECK, E. u. a. (Hrsg.):	Eigenständig lernen. St. Gallen 1995.
BECKER, P. u.a.:	Spielpläne Musik 1+2 (Lehrerband). Stuttgart. 1991/1992, 1995.
BERG, H.-C.:	Lehrkunstwerkstatt I. Didaktik in Unterrichtsexempeln. Neuwied 1997.
BERTSCHI, K. u. a.:	Licht / Hüte. Köniz 1988.
BOLT, B.:	Die zweite mathematische Fundgrube. Stuttgart 1989.
BOYES BREAM, P.:	Einführung in die Gebärdensprache Gehörloser und ihre Erforschung. Hamburg 1995.
BRÜGEL, E.:	Praxis Kunst / Zufallsverfahren. Bonn 1996.
BUGDAHL, V.:	Kreatives Problemlösen im Unterricht. Frankfurt 1995.
BURKI, P. / WIPRÄCHTIGER, P.:	Kommunikation. Begleitmaterial zum Lehrplan Naturlehre. Luzern 1999.
CRUMMENERL, R.:	Streng geheim. Geheimsprachen, Geheimschriften. Würzburg 1997.
DATTA, A.:	Projektwoche Dritte Welt. Weinheim und Basel 1988.
DEXLER, A.-M.:	Energie für helle Köpfe: Strom unter der Lupe. Solothurn 1986.
DOMONT, Ph. / ZARIC, N.:	Waldführer für Neugierige. 300 Fragen und Antworten über Wälder und Bäume. Zürich 1999.
DUNKER, L. / POPP, W.:	Fächerübergreifender Unterricht in der Sekundarstufe I und II. Bad Heilbrunn 1998.
EILERS, B.:	Schad- und Fremdstoffe in Haushalt und Umwelt. Hannover 1988.
ELMADFA, I. u. a.:	Die grosse GU-Nährwert-Tabelle. Gießen 1990.
ERNST, K. u. a.:	10 x 10 Spiele für den Sprachunterricht. Zofingen 1997.
ERNST, K. u. a.:	10 x 10 Spiele zur Einstimmung. Zofingen 1997.
FALTERMEIER, R.:	Praktischer Unterricht: Biologie. Stuttgart 1996.
FISCHER, D. u. a.:	Die Klima-Experimentier-Werkstatt. Lichtenau 1996.
FISCHER, M. W.:	Karten, Menschen, Märkte. Simulationsspiele für den Geografie-Unterricht. Mülheim a / Ruhr 1996.
FRANKLIN, E.:	Dynamic Alignment / Through Imagery. 1996.
FREY, J. M.:	Physik. Experimente zu Umwelt und Technik. Zürich 1993.
GÄCHTER, A. A.:	Spuren der Mathematik: Die Kathedrale von Chartres. Rorschach 1997.
GILSDORF, R. / KISTNER, G.:	Kooperative Abenteuerspiele. Seelze 1995.

GRAMATZKI, H.: Spiele im Geschichtsunterricht der Sekundarstufe I. Stuttgart 1994.
GREVING, J. / PARADIES, L.: Unterrichts-Einstiege. Berlin 1996.
GUDJONS, H.: Neue Tips für besseren Unterricht. Hamburg 1997.
HANN, J.: Spannende Projekte und Versuche aus Wissenschaft und Technik. München 1992.
HÄNSEL, D. / MÜLLER, H.: Das Projektbuch Sekundarstufe. Basel 1988.
HEIDORN, F. (Hrsg.): Wetter, Wind und Wolkenbruch. Hannover 1996.
HEITMANN, F.: Mathe mit Witz und Grips. Lichtenau 1995.
HEYER, S. / MORLOCK, B.: Kreativer Kunstunterricht in der Sekundarstufe I. Donauwörth 1996.
HOBERG, G. / VOLLMER, G.: Stress unter Kontrolle. Stuttgart 1988.
JASPER, B. M.: Brainfitness: Denken und Bewegen. Aachen 1998.
JEFFERYS, K.: Streiten – Schlichten – Lösen: das Schüler-Streit-Schlichter-Programm. Lichtenau 1995.
KARSTEN, P. u. a.: Räume – Zeiten – Gemeinschaften. Köln 1995.
KEMPE, A. / WINKELMANN, U.: Das Klassenzimmer als Bühne. Donauwörth 1998.
KLEESATTEL, W. (Hrsg.): Die Fundgrube für den Biologie-Unterricht. Berlin 1997.
KLIEBISCH, U. W.: Entspannung / Konzentration. Interaktionsspiele mit Jugendlichen. Hohengehren 1997.
KLIEBISCH, U.: Kommunikation und Selbstsicherheit. Mühlheim an der Ruhr 1995.
KLIPPERT, H.: Teamentwicklung im Klassenraum. Weinheim und Basel 1998.
KOHLMANN, W.: Projekte im Musikunterricht. Weinheim und Basel 1978.
KORTMANN-NIEMITZ, I.: Einfache Experimente zur Umwelterziehung im Erdkundeunterricht. Stuttgart 1990.
KORTMANN-NIEMITZ, I.: Einfache Experimente für den Erdkundeunterricht. Stuttgart 1988.
KUHN, M.: Aktionsbuch für Freizeit, Fortbildung, Therapie und Alltag. Ravensburg 1975.
LANGDON, N. / SNAPE, Ch.: Mathematische Schatzkiste. Düsseldorf 1995.
LICHTENBERGER, J.: Spiele: mathematisch. Düsseldorf 1991.
LUTHER, M.: Königsweg Kreativität: Powertraining für kreatives Training. Paderborn 1998.
MAIER, M.: Elementare Entwurfs- und Gestaltungsprozesse. Bern 1987.
MESSMER, M. u. a.: Energie – Schlüsselgrösse unserer Zeit. Aarau 1997.
MEYENBURG, C.: Die Sache mit dem «BrainGym» in der Schule. Freiburg 1996.

OBERDORFER, G.: Das springende Ei. Bern 1991.
OBERDORFER, G.: Phänomenale Mathe-Magie. Experimente aus dem Bereich der Mathematik. Bern 1994.
PFEIFER, F. u. a.: Verkehr als Umweltproblem. Zürich 1988.
RAAF, H. / SOWADA, H.: Physik macht Spass. Freiburg i. B. 1990.
REBEL, G.: Mehr Ausstrahlung durch Körpersprache. München 1997.
RENTZSCH, W.: Experimente mit Spass 1–7. Wien 1995.
SANDOZ: Experimente für den Chemieunterricht. Muttenz 1989.
SCHNAUDER, J.: Lernspiele zur neuen Mathematik. Rothenburg 1980.
SCHÖDEL, M. / ZOLG, M.: Wetter, Wind und Wolkenbruch. Hannover 1996.
SCHRATZ, M. / STEINER-LÖFFLER, U.: Die lernende Schule. Weinheim und Basel 1998.
SCHÜTZ, E. u. a.: Konsum als Umweltproblem. Zürich 1986.
SEITZ, R.: Phantasie & Kreativität. München 1998.
STORMS, G.: Spiele mit Musik. Aarau / Frankfurt am Main 1984.
STREIBL, H.: Geo-Brett im Unterricht. Göttingen 1976.
TRUCCO, U.: 1019 Spiel- und Übungsformen mit dem Gymball. Schorndorf 1998.
UNICEF: Spiele der Welt. Amsterdam 1975.
VATER, B.: Projekt Tee. Mülheim an der Ruhr 1991.
VAUPEL, D.: Handeln und Lernen in der Sekundarstufe. Weinheim und Basel 1997.
VERFÜHRT, M.: Kompendium Didaktik. Biologie. München 1987.
VOLLMER, G.: / HOBERG, G.: Lern- und Arbeitsstrategien. Stuttgart 1990.
WALKER, J.: Gewaltfreier Umgang mit Konflikten in der Sekundarstufe I. Frankfurt am Main 1995.
WALLERT, W. (Hrsg.): Die Welt zur Jahrtausendwende. Weltbevölkerung. Luzern 1998.
WÄLTI, B.: Mathematikspiele für die Sekundarstufe I. Zürich 1996.
WALZ, A. (Hrsg.): Chemie für Ernährung und Hauswirtschaft. Hannover 1984.
WEINREBE, H.: Spiel und Spass im Unterricht. Diesterweg. 1993.
ZIMMER, R.: Sinneswerkstatt. Projekte zum ganzheitlichen Leben und Lernen. Freiburg i. B. 1997.

«Bewegtes Lernen» … mit freundlicher Genehmigung der Autorin Marie Marcks